高等学校"十二五"规划教材
新会计与财务管理系列

审 计 学

AUDITING

马云平　赵严翠　许延明　编著

哈尔滨工业大学出版社

内 容 简 介

本书贯彻现代风险导向审计理念，紧扣我国最新颁布的《中国注册会计师执业准则(2010)》《企业内部控制基本规范》和《企业内部控制配套指引》等法规制度，比较全面地阐述了注册会计师审计的基本原理与方法。全书共12章，分别为总论、审计监督体系、注册会计师执业规范体系、注册会计师的职业道德和法律责任、审计目标与审计程序、审计证据和审计工作底稿、计划审计工作、内部控制、审计抽样、财务报表审计、审计报告和其他鉴证与非鉴证业务。

本书可作为高等院校会计学、审计学专业和有关经济管理专业的教材，也可作为企事业单位、会计师事务所等从事审计实际工作人员及高等院校财经类教师的参考用书。

图书在版编目(CIP)数据

审计学/马云平,赵严翠,许延明编著. —哈尔滨:哈尔滨工业大学出版社,2014.2(2016.1 重印)
ISBN 978－7－5603－4512－3

Ⅰ.①审… Ⅱ.①马…②赵…③许… Ⅲ.①审计学-高等学校-教材 Ⅳ.①F239.0

中国版本图书馆 CIP 数据核字(2013)第 297034 号

责任编辑	许雅莹
封面设计	刘长友
出版发行	哈尔滨工业大学出版社
社　　址	哈尔滨市南岗区复华四道街10号　邮编150006
传　　真	0451－86414749
网　　址	http://hitpress.hit.edu.cn
印　　刷	黑龙江省地质测绘印制中心印刷厂
开　　本	787mm×1092mm　1/16　印张21.5　字数523千字
版　　次	2014年2月第1版　2016年1月第3次印刷
书　　号	ISBN 978－7－5603－4512－3
定　　价	38.00元

(如因印装质量问题影响阅读,我社负责调换)

前 言

随着我国社会经济改革的不断深入和市场经济发展,尤其是我国资本市场的日趋完善,审计在保证会计信息真实性和公允性方面的作用日益凸显,越来越多的人开始重视审计工作,努力学习审计理论并积极应用审计方法。

为适应审计环境的变化,并与国际审计准则持续趋同,提高准则理解和执行的一致性,财政部于2011年正式发布修订的38项审计准则,并于2012年1月1日起实行。为此,我们按照新审计准则体系提出的新要求,对照财政部、证监会、审计署、银监会、保监会联合发布的《企业内部控制基本规范》和《企业内部控制配套指引》,同时吸收近年来审计研究的最新成果,组织编写了本教材。

本教材的编写主要有以下特点:

1. 借鉴并采用了新的企业会计审计准则体系和审计研究的最新成果。

本教材按我国最新的《中国注册会计师执业准则(2010)》《企业内部控制基本规范》和《企业内部控制配套指引》等法规制度以及有关学者、机构审计研究的最新成果,对审计基本原理进行了阐述。

2. 以注册会计师审计为主线。

本教材的体系结构与内容是以注册会计师审计为主线,并考虑企业经营过程的特点对财务报表审计的要求来安排,比较全面地阐述了注册会计师审计的基本原理与方法。其中,第1~9章主要阐述了审计的含义与种类、审计监督体系、注册会计师执业规范体系、注册会计师审计的职业道德规范和法律责任、审计目标与审计程序、审计证据与审计工作底稿、计划审计工作、内部控制和审计抽样等内容。第10、11章主要介绍基于企业业务循环划分的、涵盖销售与收款循环、购货与付款循环、生产循环、筹资与投资循环、货币资金和特殊项目的财务报表审计,以及审计报告的含义、类型、审计意见的类型等内容。第12章主要阐述注册会计师其他鉴证与非鉴证业务,包括验资、财务信息执行商定程序等。

3. 理论联系实际,突出实务。

审计学是一门对理论性和实践性均要求较高的课程,单纯的理论说教枯燥乏味。本教材按照出版社提出的"不要说教式,必须理论联系实际,引人入胜"、"从案例分析、例题讲解中,对理论进行论述"、"除必要的基础理论讲述外,更多要注意应用"等编写要求,以审计基本理论适度、够用为原则,在内容阐述方面注重理论联系实际,运用大量实务案例来阐述审计方法及其运用。

4. 注重对学生自学能力的培养。

为便于学生把握每章的总体内容和重点,在编写体例上,本教材设置了"在本章中,你将学到——"、"新准则提示"、"中英文关键词语对照"、"导入案例"、"案例分析"、"复习思考题"、"练习题"等栏目,便于学生加深对课本知识的理解及课后复习、巩固。

本书由佳木斯大学马云平、许延明和哈尔滨工业大学(威海)赵严翠编著。马云平编写第3、6、7、11、12章;许延明编写第1、8、10章;赵严翠编写第2、4、5、9章。全书由马云平总纂定稿。

本书可以作为高等院校会计学、审计学专业和有关经济管理专业的教材,也可作为企事业单位、会计师事务所等从事审计工作的人员及高等院校财经类教师的参考用书。

本书在编写过程中参考了大量国内外的审计学相关著作、网络资料、教材和文献,在此向有关作者致以诚挚谢意。

由于我国审计理论和实务改革的不断深入、丰富和发展,而编者的学术水平和经验有限,书中难免会有一些不妥和疏漏之处,恳请各位读者提出宝贵意见,以利于今后改进。

编　者
2013年10月

目　录

第1章　总　论 ……………………… (1)
　1.1　审计的定义与种类 ……………… (3)
　1.2　审计的职能、目的和对象 ……… (5)
　1.3　注册会计师审计的起源与发展 … (8)
　复习思考题 …………………………… (12)
　练习题 ………………………………… (12)

第2章　审计监督体系 ………………… (14)
　2.1　国家审计 …………………………… (16)
　2.2　内部审计 …………………………… (22)
　2.3　注册会计师审计 …………………… (28)
　复习思考题 …………………………… (31)
　练习题 ………………………………… (31)

第3章　注册会计师执业规范体系 …… (33)
　3.1　注册会计师执业准则体系 ……… (35)
　3.2　鉴证业务基本准则 ……………… (40)
　3.3　质量控制准则 …………………… (47)
　复习思考题 …………………………… (57)
　练习题 ………………………………… (57)

第4章　注册会计师的职业道德和法律
　　　责任 ……………………………… (59)
　4.1　注册会计师的职业道德 ………… (61)
　4.2　注册会计师的法律责任 ………… (63)
　复习思考题 …………………………… (67)
　练习题 ………………………………… (67)

第5章　审计目标与审计程序 ………… (69)
　5.1　财务报表审计总体目标 ………… (71)
　5.2　认定与审计具体目标 …………… (73)
　5.3　审计目标的实现过程 …………… (76)
　复习思考题 …………………………… (80)
　练习题 ………………………………… (80)

第6章　审计证据和审计工作底稿 …… (82)
　6.1　审计证据 …………………………… (84)
　6.2　审计工作底稿 …………………… (93)
　复习思考题 …………………………… (102)
　练习题 ………………………………… (102)

第7章　计划审计工作 ………………… (105)
　7.1　初步业务活动 …………………… (107)
　7.2　审计业务约定书 ………………… (110)
　7.3　审计计划 ………………………… (117)
　7.4　审计重要性 ……………………… (122)
　7.5　审计风险 ………………………… (131)
　复习思考题 …………………………… (146)
　练习题 ………………………………… (146)

第8章　内部控制 ……………………… (148)
　8.1　内部控制的目标与要素 ………… (150)
　8.2　了解和记录内部控制 …………… (165)
　8.3　内部控制测试 …………………… (186)
　8.4　与内部控制有关的重大错报风险的
　　　评估 ……………………………… (192)
　复习思考题 …………………………… (195)
　练习题 ………………………………… (196)

第9章　审计抽样 ……………………… (198)
　9.1　审计抽样概述 …………………… (200)
　9.2　样本的设计 ……………………… (203)
　9.3　选取样本和实施审计程序 ……… (208)
　9.4　评价样本结果 …………………… (210)
　9.5　记录抽样程序 …………………… (215)
　复习思考题 …………………………… (216)
　练习题 ………………………………… (216)

第10章 财务报表审计 …… (218)
10.1 销售与收款循环审计 …… (221)
10.2 购货与付款循环审计 …… (233)
10.3 生产循环审计 …… (241)
10.4 筹资与投资循环审计 …… (248)
10.5 货币资金和特殊项目审计 …… (256)
复习思考题 …… (267)
练习题 …… (267)

第11章 审计报告 …… (271)
11.1 审计报告概述 …… (273)
11.2 审计报告的基本类型 …… (278)
11.3 审计报告的编制 …… (286)
11.4 期后发现的事实 …… (298)
11.5 特殊目的审计报告 …… (300)
复习思考题 …… (303)
练习题 …… (303)

第12章 其他鉴证与非鉴证业务 …… (307)
12.1 验资 …… (308)
12.2 其他鉴证业务 …… (322)
12.3 非鉴证业务 …… (326)
复习思考题 …… (332)
练习题 …… (332)

参考答案 …… (333)

参考文献 …… (334)

第 1 章

总　论

新准则提示

《中国注册会计师审计准则第 1101 号——财务报表审计的目标和一般原则》

在本章中,你将学到——

- 审计的定义与本质特征
- 审计的各种类型及其特点
- 审计的职能、目的和对象
- 注册会计师审计的产生和发展历程
- 经济的发展对注册会计师审计的影响以及注册会计师审计在社会经济特别是市场经济发展中的作用

中英文关键词对照——

- 审计 Auditing
- 注册会计师审计 Certified Public Accountant Audit
- 注册会计师 Certified Public Accountant(CPA)
- 财务报表审计 Audit of Financial Statement
- 经营审计 Management Audit
- 全面审计(综合审计) Comprehensive Audit
- 局部审计 Partial Audit
- 专题审计 Special Audit
- 就地审计 Site Audit
- 送达审计 Delivered Audit
- 事前审计 Preaudit
- 事中审计(期中审计) Interim Audit
- 事后审计 Past Audit
- 期末审计 Completed Audit

2006年7月17日,上海市劳动和社会保障局局长祝均一因涉嫌违规使用32亿元社保基金而落马的消息不啻于一枚重磅炸弹,令举国震惊。抽丝剥茧,背后黑手被揭开神秘面纱——中央政治局委员、上海市委书记陈良宇因涉案而被中纪委调查。2006年9月25日新华社报道,中共中央政治局召开会议,审议了中共中央纪律检查委员会《关于陈良宇同志有关问题初核情况的报告》。陈良宇涉及上海市劳动和社会保障局违规使用社保资金、为一些不法企业主谋取利益、袒护有严重违纪违法问题的身边工作人员、利用职务上的便利为亲属谋取不正当利益等严重违纪问题,造成了恶劣的政治影响。

众所周知,社保基金是广大劳动者失业、养老的资金来源,这些资金能否被恰当地使用,不会成为人人都想分一杯羹的唐僧肉,关系到千千万万百姓的生活。除了社保基金,还有众多的公共资金,例如三峡工程的资金支出、各种慈善捐款的收取和使用,等等,谁来监管这些资金的使用呢?

假如你想给自己定个理财方案,用你收入的三分之一去投资。存银行利息太低,买房地产资金不足，炒期货又不懂行情，最后选择了股票作为投资对象。心想一定要买一支能赚得多的股票。可是那么多上市公司，股票价格瞬息变幻，哪家公司的股票更赚钱呢？常听人说业绩是股票市场永远的题材，你知道要了解业绩就需要查这些公司的财务报表等资料。可是这些年来新闻媒体频频报道的会计信息舞弊案件又让你对公司的财务报表心存疑虑：怎样才能证明这些财务报表是可信赖的呢？

1.1 审计的定义与种类

1.1.1 审计的定义

审计是由独立的专门机构或人员接受委托或根据授权，对国家行政、事业单位和企业单位及其他经济组织的财务报表和其他资料及其所反映的经济活动进行审查，并发表意见的经济监督、鉴证、评价活动。

审计的定义包含了以下几个方面的含义：

首先，它明确了审计的本质特征，即"独立性"。为了确保审计工作的质量，保证审计意见的客观、公正，审计工作必须保证独立性。独立性包括两层含义，一是实质上的独立；二是形式上的独立。所谓实质上的独立性是指审计人员必须保持一种超然独立的内心状态，以确保其审计意见能够不受到任何可能有损于其职业判断的因素的影响，从而能够客观、公正地作出评价和判断，保持其应有的职业谨慎。所谓形式上的独立性则是指，审计人员应当避免出现可能导致拥有充分相关信息的理性第三方合理推定审计机构或人员的公正性、客观性或职业谨慎受到损害的重大情形。

其次，它明确了审计的主体。所谓审计主体是指审计行为的执行者，即由谁来执行审计。审计定义中的"专门机构或人员"即审计主体通常分为三种，即国家审计机关及其工作人员、会计师事务所及其注册会计师、部门单位内部的审计机构及其工作人员。

第三，它明确了审计的第三关系人，即授权人或委托人。审计活动必须在依法授权或接受委托的前提下才能开展。审计有三个方面的关系人，第一关系人是审计主体，第二关系人是审计客体，第三关系人则是授权人或委托人。前文所述审计的本质——独立性，就是指审计主体应当独立于审计客体和授权人或委托人。

第四，它明确了审计的客体，即审计对象。所谓审计对象是指审计行为所指向的标的，是审计行为的接受者和针对的具体内容，它包括工作对象和业务对象两部分。工作对象是指审谁，业务对象则是指审什么。根据定义，审计的工作对象是国家行政、事业单位和企业单位及其他经济组织；业务对象则是财务报表和其他资料及其所反映的经济活动。

第五，它明确了审计目的。审计的目的是要对审计的对象发表意见。这些意见包括财务报表和其他资料及其所反映的经济活动的真实性、合法性、效益性、公允性，等等。

第六，它明确了审计的职能。通过审计，对被审计单位的财务报表和其他资料及其所反映的经济活动的真实性、合法性、效益性、公允性等进行经济监督、经济鉴证和经济评价。

1.1.2 审计的分类

从不同的角度进行考察,可以将审计划分成不同的类型,从而帮助我们更好地认识和理解审计。审计的分类标志有很多,表1.1为常见的审计分类。其中,按审计主体和审计内容与目的的不同分类,属于审计的基本分类。

表1.1 常见的审计分类

序号	划分标准	类型		特　　点
1	审计主体不同	国家审计		由国家审计机关实施的审计
		注册会计师审计		由会计师事务所及其注册会计师实施的审计
		内部审计		由部门或单位内部的审计机构或人员实施的审计
2	审计内容和目的不同	财务报表审计		内容:被审计单位的财务报表 审计目的:对财务报表是否按照适用的标准编制以及是否公允反映发表审计意见。适用的标准是财务报表及其基础数据生成时期所使用的相关国家会计准则、会计制度等有关法规制度
		经营审计		内容:被审计单位的经营程序和经营方法 目的:评价被审计单位经营活动的效率和效果。针对审计过程中发现的问题,向被审计单位管理当局提出经营管理的建议
		合规性审计		内容:特定活动的法律、法规遵循情况 目的:依照有关法律、法规等标准的要求,判断确定被审计单位是否遵守了上述标准
3	审计主体与客体的关系	内部审计		由被审计单位内部设立的审计部门执行的审计。内部审计的独立性体现为一种相对独立
		外部审计		由被审计单位以外的审计机构或人员执行的审计。国家审计和注册会计师审计属于外部审计。在独立性上,外部审计与内部审计相比,独立性更强
4	审计范围不同	空间和业务范围	全面审计	对被审计单位全部经营活动和全部工作部门进行的审计
			局部审计	对被审计单位部分经营活动和部分工作部门进行的审计
		审计项目范围	综合审计	对被审计单位多种审计项目全部进行审核的审计
			专题审计	仅针对某个特定项目,例如存货进行的审计
5	审计施行时间不同	被审计单位经济业务发生的时间	事前审计 事中审计 事后审计	事前审计和事中审计更适用于内部审计 注册会计师财务报表审计属于典型的事后审计
		是否定期进行	定期审计	按照预先规定的时间进行的审计
			不定期审计	出于需要而随时安排进行的审计
		财务报表的报告期	期中审计	在财务报告期间进行的审计
			期末审计	在财务报告期终结时进行的审计

续表1.1

序号	划分标准	类型	特　点
6	审计地点不同	就地审计	指审计人员到被审计单位所在地进行的审计,有利于深入了解被审计单位,减少资料的传递,可以提高审计效率
		报送审计	指被审计单位将需要审计的资料送达审计机构所在地进行的审计
7	是否有偿	有偿审计	指审计主体对所执行的审计工作收取审计费用的审计,如注册会计师审计
		无偿审计	指审计主体对所执行的审计工作不收取审计费用的审计,如国家审计和内部审计

1.2 审计的职能、目的和对象

1.2.1 审计的职能

审计的职能是指审计本身所具有的功能,它是适应社会经济发展需要所具备的能力。研究审计职能的目的,是为了更准确地把握审计这一客观事物,有效地发挥审计的作用和更好地指导审计实践。从不同主体审计的产生和发展历程上看,我们不难发现,审计具有经济监督、经济鉴证和经济评价三大职能。

1. 经济监督

经济监督是指对经济活动的监察和督促,是审计的基本职能。国家审计就是应对财政收支活动进行监督这一需求而产生的。从我国国家审计来讲,历代王朝的国家审计都是由皇帝授权委派,对国家财产和钱粮赋税收支等财政收支实施的一种经济监督活动,自始至终都贯穿着经济监察的主线,围绕着国家审计监察这一基本点而展开的。因此,我们说国家审计的基本职能是经济监督。前已述及,我国宪法的91条规定:"国务院设立审计机关,对国务院各部门和地方各级政府的财政收支,对国家的财政金融机构和企业事业组织的财务收支,进行审计监督。"

注册会计师审计和内部审计同样具有经济监督职能。注册会计师审计产生伊始就是要查错防弊,监督经营管理者经营责任的履行情况。虽然随着注册会计师审计的发展,查错防弊一度成为次要目的,但时至今日,揭露财务报表中的重大错误和舞弊仍然是注册会计师的重要责任。内部审计通过监察和督促本单位的经济活动是否符合既定的目标以及是否在规定的范围内正常进行,监察和督促各职能部门忠实地履行责任,稽查损失浪费,判断管理缺陷等。凡此种种,无不体现了审计的监督职能。

2. 经济鉴证

经济鉴证职能是指通过审核检查,鉴定和证明被审计单位的财务报表和其他经济资料及其所反映的经济活动是否符合适用标准的要求,内容是否公允,是否可信赖等,并根据审计结果做出书面证明,以取信于社会公众的一种职能。经济鉴证职能是随着商品经济发展的需求而逐步为人们所认识的。这一点,从注册会计师审计的起源和发展历程中可以得到证明。现在鉴证是注册会计师的主要业务范围。

经济鉴证职能包括鉴定和证明两个方面。只有通过对被审计单位经济活动的鉴定,才能在取得充分、适当的证据的基础上做出证明。例如注册会计师执行的财务报表审计,就是通过审计鉴定和证明被审计单位财务报表的合法性和公允性,并出具审计报告,发表鉴定意见。

3. 经济评价

经济评价职能是指根据一定的标准,通过对被审计单位的经济资料及经济活动,如经济决策、计划方案、经营结果、经济效益、经营责任等进行审核检查,对其可行性、效益性、效果性等进行评定,并提出相关意见、建议和措施等,以帮助被审计单位改善经营管理,提高经济效益。经营审计是最能体现经济评价职能的一种审计。内部审计工作也突出地体现了经济评价职能。

1.2.2 审计的目的

审计的目的是指审计所要达到的目标和要求。审计目的受授权人或委托人的具体要求和审计职能以及审计对象的制约。国家审计产生伊始,其目的就是监督、检查政府财政收支的合理性、合规性,并据以对负责财政收支活动的官员进行业绩考核,以确保各项财政收支活动符合政府的要求和目标。注册会计师审计则是基于对合伙企业的账目进行审核检查,以鉴证经营者受托经营责任履行情况的需求而产生的,其目的就是对反映企业经营情况的会计资料以及其他经济资料的可靠性进行鉴定和证明,并查错防弊。内部审计则是应企业或组织内部加强经营管理的需要而产生的,侧重于对内部控制的评审,旨在改善经营管理,提高经济效益。

可见,不同主体所执行的审计其目的有一个共同之处,就是通过客观地获取和评价有关经济活动与经济事项认定的证据,以证实这些认定与既定标准的符合程度,并将证实的结果以在审计报告中发表审计意见的方式传达给有关使用者。区别只在于评价的经济事项或经济活动认定不同、相关认定的既定标准不同。从注册会计师审计表讲,其审计的目的是提高财务报表预期使用者对财务报表的信赖程度。因为,注册会计师一般会对财务报表以及其他可能的信息进行检查或审核,信息的提供者和使用者通常都认为注册会计师的意见可以提高信息的可靠性或可信度。此外,经过审计的财务报表,可以对市场早先收到的信息进行确认或纠正。事实上,经过审计的财务报表可以通过降低不准确信息的流传时间或阻止其传播,以保证市场的效率。

注册会计师审计的目的可以通过注册会计师对财务报表是否在所有重大方面按照适用的财务报告编制基础编制发表审计意见得以实现。适用的财务报告编制基础,是指法律法规要求采用的财务报告编制基础;或者管理层和治理层(如适用)在编制财务报表时,就被审计单位性质和财务报表目标而言,采用的可接受的财务报告编制基础。

财务报告编制基础分为通用目的编制基础和特殊目的编制基础。通用目的编制基础,是指旨在满足广大财务报表使用者共同的财务信息需求的财务报告编制基础,主要是指会计准则和会计制度;特殊目的编制基础,是指旨在满足财务报表特定使用者对财务信息需求的财务报告编制基础,包括计税核算基础、监管机构的报告要求和合同的约定等。

管理层,是指对被审计单位经营活动的执行负有经营管理责任的人员。在某些被审计单位,管理层包括部分或全部的治理层成员,如治理层中负有经营管理责任的人员,或参与日常经营管理的业主。治理层,是指对被审计单位战略方向以及管理层履行经营管理责任负有监督责任的人员或组织。治理层的责任包括监督财务报告过程。在某些被审计单位,治理层可能包括管理层,如治理层中负有经营管理责任的人员,或参与日常经营管理的业主。

就大多数通用目的财务报告编制基础而言,注册会计师针对财务报表是否在所有重大方面按照财务报告编制基础编制并实现公允反映发表审计意见。

在对财务报表是否在所有重大方面按照通用目的编制基础编制发表审计意见时,注册会计师审计意见的内容包括以下两个方面:

一是合法性。合法性是指财务报表是否按照适用的会计准则和相关会计制度的规定编制。企业会计政策的选择、会计估计的做出和财务报表的列报是否符合适用的会计准则和相关会计制度的规定,决定着有关企业财务状况、经营成果、现金流量方面的会计信息披露是否真实,以及企业的资产是否安全、完整。因此,注册会计师应当通过审计,对被审计单位财务报表的编制是否合法表达意见。

二是公允性。公允性是指财务报表是否在所有重大方面公允反映被审计单位的财务状况、经营成果和现金流量。由于企业的财务报表是企业会计信息使用者赖以作出经济决策的重要依据,因此,企业会计信息的使用者最关心的,就是企业对外公布的财务报表是否公允反映了企业的财务状况、经营成果和现金流量。注册会计师应当通过审计,对被审计单位的财务报表的可靠程度表达意见。

1.2.3 审计对象

前已述及,审计对象是指审计行为所指向的标的,是审计行为的接受者和针对的具体内容。概括而言,审计的对象是指被审计单位的经济活动。被审计单位是工作对象,经济活动则是业务对象。根据审计的定义,审计的工作对象是国家行政、事业单位和企业单位及其他经济组织;业务对象则是财务报表和其他资料及其所反映的经济活动。

从不同主体审计的产生发展的历程上看,审计对象在不同国家、不同历史时期和不同的经济发展水平下有所不同。也就是说,审计的对象不是一成不变的,它是一个历史范畴。为便于审计机构和人员履行审计职责,世界各国的相关法规都明确规定了审计对象。在我国,政府审计的对象,根据宪法规定,是国务院各部门和地方各级政府及其各部门的财政收支,国有的金融机构和企业、事业的财务收支;注册会计师审计的对象是委托人指定的被审计单位的财务收支及其有关的经营管理活动;内部审计的对象则是本部门、本单位的财务收支以及其他有关的经济活动。

综上所述,不论是传统审计还是现代审计,不论是政府审计还是注册会计师审计、内部审计,其审计对象都可以概括为以下两方面的内容:

(1)被审计单位的财务收支及其有关的经营管理活动。
(2)被审计单位的会计资料及其相关资料。

后者是现象,前者才是本质。被审计单位的会计资料及其相关资料是记载被审计单位的财务收支及其有关的经营管理活动等信息的载体,包括会计凭证、会计账簿、财务报表等会计资料,也包括被审计单位制定的有关计划、预算、经营目标、预决策方案、签订的经济合同、甚至股东大会等重要的会议记录等其他资料。这些载体可以是书面的,也可以是电子数据。

1.3 注册会计师审计的起源与发展

注册会计师审计是商品经济发展到一定阶段的产物,其产生的直接原因是财产的所有权与经营管理权的分离。注册会计师审计的产生与发展历程,可以用三句话来概括:起源于意大利的合伙企业制度,形成于英国的股份有限公司制度,发展和完善于美国发达的资本市场。

1.3.1 注册会计师审计的起源

注册会计师审计起源于16世纪的意大利。随着资本主义的萌芽和商品经济的发展,16世纪意大利地中海沿岸兴起了很多商业城市,商业经营规模不断扩大,传统的独资经营方式逐渐难以满足企业扩大经营规模后所需的资金要求,合伙企业应运而生。在合伙企业中,有的合伙人参与企业的经营管理,有的合伙人不参与企业的经营管理,从而出现了财产的所有权与经营管理权(简称两权)的分离。两权分离的结果,使得参与经营管理的合伙人与不参与经营管理的合伙人都产生了一个新的需求:不参与经营管理的合伙人希望及时了解和监督企业的经营情况;而参与经营管理的合伙人则有责任向不参与经营管理的合伙人证明其经营管理责任的履行情况,及时报告企业的财务状况和经营成果等经营信息。基于这种需求,双方都希望有一个与任何一方均无利害关系的独立第三方能客观、公正地对合伙企业的经营情况进行监督、检查,对记录合伙企业经营情况的会计账目等进行鉴定和证明。于是专门从事查账和公证工作的职业会计师应运而生,这就是注册会计师审计的起源。随着从业人员的日渐增多,1581年在威尼斯成立了由这些人创建的威尼斯会计协会。其后,米兰等地也成立了类似的职业会计师组织。

1.3.2 注册会计师审计的形成

尽管注册会计师审计发源于意大利,但注册会计师的真正诞生地却是在英国。18世纪,随着英国资本主义的迅速发展,企业所有权与经营管理权的分离,英国也出现了以查账为职业的独立会计师。他们接受企业主的委托,对企业的会计账目进行审查,以查错防弊,然后将检查结果向委托人即企业主报告。此时独立会计师所从事的审计工作属于任意审计,即是否聘请独立会计师审查企业账目由业主决定。

注册会计师诞生的标志——英国"南海公司事件"

真正促进和导致注册会计师诞生的是发生在英国的"南海公司事件"。1721年,"南海公司"编造虚假会计信息,导致其股票价格飞涨,许多投资人受到蒙骗。其后不久,没有真实业绩支撑的"南海公司"即告破产。损失惨重的股东和债权人对此十分不满,一时间英国朝野上下为之震惊。为此英国议会聘请了会计师查尔斯·斯奈尔(Charles Snell)对"南海公司"进行审计。根据审计结果，斯奈尔以"会计师"的名义出具了一份"查账报告书"。这份以"会计师"的名义出具的"查账报告书"的问世，宣告了独立会计师即注册会计师的诞生。

随着资本主义经济的发展，股份有限公司这种新的企业组织形式在英国兴起，绝大多数股东都不从事企业的经营管理工作，财产的所有权与经营管理权进一步分离。同时公司经营规模的不断扩大，使得金融资本不断向产业资本渗透。出于自身利益的考虑，投资人与债权人对公司有关财务状况和经营成果等方面的信息产生了强烈的需求，为鉴定和证明上述信息的真实性和可靠性，迫切需要独立会计师对公司提供的反映这些信息的财务报表进行审计，以监督公司经营者经营责任的履行情况，防范错误和舞弊发生，保护投资人和债权人的利益，防止"南海公司事件"重演。1844年英国政府颁布了《公司法》，规定股份有限公司必须设监察人，负责审查公司账目。为加强监督力度，1845年，英国政府又修订了《公司法》，规定股份有限公司的账目必须经董事以外的人员审计。这一法规的出台，大大促进了独立会计师业务的发展，从业规模迅速扩大。为规范这一业务的发展，赢得各方的认可，英国政府又对一批精通会计业务、熟悉查账知识的独立会计师进行了资格确认。1853年，拥有资格的独立会计师们在苏格兰爱丁堡成立了世界上第一个注册会计师的专业团体——爱丁堡会计师协会。该协会的成立，标志着一个新的职业——注册会计师职业的诞生。1862年，英国再度修订《公司法》，规定注册会计师为法定的破产清算人，从而确立了注册会计师的法律地位。

从1844年到20世纪初，是注册会计师审计形成的时期。由于英国的《公司法》等相关法律规定所有的股份公司和银行必须聘请注册会计师审计，对注册会计师审计的发展起到了极大的促进和推动作用，并对欧美和日本等国产生了重大影响。这一时期注册会计师审计主要具有以下特点：

（1）由以往的任意审计转变为法定审计；
（2）审计的目的是查错防弊，保护资产的安全完整；
（3）审计方法是账项基础审计（Accounting Number-Based Audit Approach，又称详细审计），即对所有会计账目进行审计；
（4）审计结果主要向股东报告。

1.3.3 注册会计师审计的发展

注册会计师审计的发展，大体上经历了三个阶段：

第一阶段，20世纪初到20世纪30年代，资产负债表审计阶段。

从20世纪初开始，全球经济发展的重心逐渐由欧洲转向美国，特别是美国资本市场的逐步建立和完善，使注册会计师审计得到了迅速发展。并对全球注册会计师职业的发展产生了极大的推动作用，注册会计师审计的业务范围不断扩大。金融资本向产业资本更加广泛地渗透，使作为企业重要债权人的银行对企业的信用状况高度关注，从而产生了以鉴定和证明企业资信状况和偿债能力为目的的资产负债表审计。同时由于统计学与概率理论等的发展，出现了抽样审计。因此这一阶段注册会计师审计的主要特点是：①审计对象由传统的会计账目扩大到资产负债表；②审计目的是判断企业的资信状况；③审计方法开始由详细审计逐渐转向抽样审计；④审计结果除了向股东报告，还要向债权人报告。

第二阶段,20世纪30年代至40年代,财务报表审计阶段。

1929年到1933年,席卷美英等资本主义国家的有史以来最为严重的经济危机,使大批企业破产倒闭,给投资人和债权人带来了巨大的经济损失。投资人和债权人开始关注企业的获利能力和盈利水平,迫切需要注册会计师对反映企业盈利能力的损益表进行审计。同时随着美国资本市场的逐步完善,股份公司成为最主要的企业组织形式,社会公众日益关注企业的经营状况。为满足各方对企业会计信息的需求,1933年,美国颁布《联邦证券法》,要求在证券交易所上市的企业的财务报表必须接受注册会计师审计,并向社会公众公布注册会计师出具的审计报告。这一阶段注册会计师审计的主要特点是:①审计对象转变为包括资产负债表和损益表在内的全部财务报表和相关财务资料;②审计目的由传统的查错防弊转为对所审计的财务报表的可信性发表意见,查错防弊成为次要目的;③审计方法已广泛采用抽样审计,建立在对企业内部控制进行测试基础上的制度基础审计方法(System-Based Audit Approach)开始出现;④审计报告的使用人范围扩大,不仅包括投资人和债权人,还包括证券交易所、税务机关等机构和社会公众;⑤审计准则开始拟定,注册会计师资格考试制度得到广泛推行,注册会计师审计工作走上了标准化、规范化的道路,注册会计师的自身素质和执业质量普遍提高。

第三阶段,20世纪40年代特别是第二次世界大战结束以后。

随着战争的结束,世界各国纷纷开始发展经济,出现了跨国公司,资本的国际间流动,促使注册会计师审计跨国发展,形成了一大批国际会计师事务所。注册会计师的业务范围也从传统的财务报表审计,拓展到了会计咨询与会计服务、税务代理、管理咨询等多方面。这一阶段注册会计师审计的主要特点是:①审计方法开始广泛采用制度基础审计,其后,又建立了审计风险模型,并在此基础上形成了风险导向审计方法(Risk-Oriented Audit Approach);②计算机辅助技术开始在审计中广泛采用;③注册会计师的业务范围扩大,增加了预测性财务信息审核、内部控制审核、会计服务、税务服务和管理咨询等。

我国注册会计师审计发展历程

我国注册会计师审计始于辛亥革命之后,是随着我国资本主义经济的发展而发展起来的。当时我国的注册会计师审计业务主要由外国注册会计师从事。为发展我国的注册会计师事业,维护民族利益,1918年9月,北洋政府农商部颁布了《会计师暂行章程》,这是我国第一部注册会计师法规。同年,由我国著名会计学家、中国第一位经政府授予资格的注册会计师谢霖先生创办的中国第一家会计师事务所——正则会计师事务所宣告成立。之后,国民政府又为一大批具备条件的人员确认了注册会计师资格,出现了多家会计师事务所。1930年,国民政府颁布了《会计师条例》,从而明确了注册会计师的法律地位。之后,广州、上海、天津等地成立了多家会计师事务所。1925年注册会计师的行业性组织"全国会计师公会"在上海成立。1933年又成立了"全国会计师协会"。到新中国成立时,全国注册会计师已达2 619人。然而由于旧中国一直处于战乱状态,政局不稳,经济发展受到严重影响,注册会计师审计职业的发展也受到了影响,注册会计师的业务局限于会计咨询与会计服务。

新中国建立初期,注册会计师审计通过审查工商企业账目,对平抑物价、打击不法资本家偷税漏税、囤积居奇、投机倒把和扭转国家财政经济状况做出了极大贡献。随着我国开始实行前苏联高度集中的计划经济模式,中国注册会计师审计失去了用武之地,从而在中国的经济舞台上销声匿迹。直到1978年12月18日党的十一届三中全会召开,改革开放政策的出台,我国开始大力发展商品经济,大量引进外资,对注册会计师业务的需求迫切要求恢复注册会计师制度,才使得我国注册会计师业务重新迎来了春天。1980年12月14日,财政部颁布的《中华人民共和国中外合资经营企业所得税法实施细则》规定,外资企业财务报表必须由注册会计师进行审计。同年12月23日,财政部发布《关于成立会计顾问处的暂行规定》,1981年1月1日,新中国第一家会计师事务所——"上海会计师事务所"成立。1984年9月25日,财政部印发《关于成立会计咨询机构问题的通知》,对注册会计师的业务范围进行了确定。1985年1月实施的《中华人民共和国会计法》规定:"经国务院财政部门批准组成会计师事务所,可以按照国家有关规定承办查账业务。"1986年7月3日,国务院颁布《中华人民共和国注册会计师条例》,同年10月1日开始实施。1988年11月15日,中国注册会计师协会成立。1991年我国开始实行注册会计师全国统一考试制度。1993年10月31日,《中华人民共和国注册会计师法》颁布,并于1994年1月1日开始实施。同年起,通过注册会计师全国统一考试成为取得注册会计师资格的前提条件。有关法律、法规的规范和统一考试制度的执行,为提高从业人员的业务素质和执业质量,规范注册会计师行业的健康发展提供了保障。1996年10月4日,中国注册会计师协会加入亚太会计师联合会,1997年4月当选为亚太会计师联合会理事。1997年5月8日,中国注册会计师协会成为IFA(International Federation of Accountants:国际会计师联合会)正式会员,并依据IFA章程规定,同时成为IASC(International Accounting Standard Committee:国际会计准则委员会)的正式成员。目前,中国注册会计师协会已于50多个国家和地区的会计师团体建立了友好关系。

注册会计师行业演变大事记

1721年——查尔斯·斯奈尔受英国议会委托对"南海公司"进行审计,成为第一位注册会计师。

1853年——爱丁堡会计师协会成立,标志着注册会计师职业的诞生。

1933年——美国《证券法》规定,上市公司的财务报表必须接受注册会计师审计,向社会公众公布注册会计师出具的审计报告。

20世纪80年代——世界民间审计领域"八强混战",时称国际会计八大家。即:安达信(Arthur Anderson,AA)、阿瑟·扬(Arthur Young,AY)、永道(Coopers & Lybrand,C&L)、迪洛斯·赫斯与金丝·赛尔斯(Deliotte Haskins & Sells DHS)、恩斯特·惠尼(Ernst & Whiney,EW);毕马威(Klynveld, Peat, Marwick, Goerdeler, KPMG);普华(Price Water-House,PW);塔奇·罗斯(Touche Ross,TR)。

1989年——恩斯特·惠尼与阿瑟·扬合并为安永;塔奇·罗斯、迪洛斯·赫斯与金丝·赛尔斯合并为德勤,八大合并为六大。

20世纪90年代中后期,普华、永道也合并为普华永道,八大变成五大。

2002年——安达信因安然公司财务舞弊案破产,五大仅存四大,即普华永道、安永、毕马威、德勤。

2001年,美国发生了震惊世界的安然公司(Enron Corporation)财务舞弊丑闻:安然公司是全球最大的能源交易商,经营业务覆盖全球40多个国家和地区,在美国《财富》杂志

"美国500强"企业排行榜上排名第7。在1997至2000年期间,安然公司利用SPE(Special Purpose Entity,特殊目的实体)进行表外融资、出售回购等关联交易,以夸大利润、隐瞒负债、虚构营业规模。自1985年安然公司成立以来就为其提供财务报表审计业务的"五大"之一安达信会计师事务所,在安然公司发生财务舞弊案行为的1997至2000年度,一直在其审计报告中发表了无保留意见。2002年3月,安达信因涉嫌舞弊和销毁证据而被美国司法部门以"妨碍司法"罪名提出刑事指控,2002年6月,美国联邦大陪审团裁定罪名成立,安达信因此丧失了审计上市公司的资格,安达信海外办事处也纷纷与其他国际会计师事务所合并。

复习思考题

1. 什么是审计?为什么说审计是社会生产经济发展到一定阶段的产物?
2. 审计的目的是什么?
3. 注册会计师审计为什么会发源于意大利、形成于英国、发展和完善于美国?
4. 审计的职能为什么是经济监督、经济鉴证和经济评价?
5. 简述注册会计师审计的发展历程。
6. 请谈谈你对本章前面所附案例中所提出问题的看法。

练 习 题

一、单项选择题

1. 审计的对象,可以高度概括为(   )。
   A. 被审计单位的经济活动   B. 被审计单位的会计资料
   C. 被审计单位的财务报表   D. 被审计单位的财务收支及其经济管理活动
2. CPA审计起源于(   )。
   A. 美国发达的资本市场   B. 英国的股份有限公司制度
   C. 意大利的合伙企业制度   D. 以上都对
3. CPA的诞生标志是(   )。
   A. 1721年英国的"南海公司事件"   B. 1853年爱丁堡会计师协会的成立
   C. 1887年美国会计师公会的成立   D. 1916年AICPA的成立
4. 注册会计师职业诞生的标志是(   )。
   A. 1721年英国的"南海公司事件"   B. 1853年爱丁堡会计师协会的成立
   C. 1887年美国会计师公会的成立   D. 1916年AICPA的成立
5. 注册会计师审计的目的是(   )。
   A. 判断会计资料及其他有关资料的真实性、合法性
   B. 判断财务状况、经营成果及资金变动情况
   C. 审计经济活动及其有关会计资料并发表意见
   D. 提高财务报表预期使用者对财务报表的信赖程度

二、多项选择题

1. 注册会计师审计发展到资产负债表时期时,下列说法正确的是(   )。
   A. 审计对象由会计账目扩大到资产负债表
   B. 抽样审计方法得到广泛运用
   C. 审计的主要目的是通过对资产负债表的数据审查判断企业的信用状况

D. 审计报告使用人除股东外,更突出债权人
2. 下列各项中,属于被审计单位违反可比性原则的有(　　)。
 A. 企业按新会计准则的要求改变了会计处理方法,但未在财务报表中披露
 B. 企业经营环境发生了重大变化,变更了会计处理方法,但未在财务报表中披露
 C. 企业选用了与会计准则相抵触的会计政策,但已在财务报表中披露
 D. 企业的会计处理方法与以前年度一致
3. 审计的职能包括(　　)。
 A. 经济监督　　　B. 经济鉴证　　　C. 经济管理　　　D. 经济评价
4. 审计按主体不同可分为(　　)。
 A. 政府审计　　　B. CPA 审计　　　C. 内部审计　　　D. 经营审计
5. 特殊目的财务报告编制基础,主要是指(　　)。
 A. 会计准则和会计制度　　　B. 计税核算基础
 C. 监管机构的报告要求　　　D. 合同的约定

三、判断题

1. 审计的一般目的和特殊目的均包括对审计对象的合法性和公允性发表审计意见。(　　)
2. 在注册会计师审计的形成时期,审计报告的使用人主要为企业的股东和债权人。(　　)
3. 在注册会计师审计的形成时期,审计方法从详细审计初步转向抽样审查。(　　)
4. 通用目的编制基础,是指旨在满足广大财务报表使用者共同的财务信息需求的财务报告编制基础,主要是指会计准则和会计制度。(　　)
5. 审计的独立性是审计的最根本属性。(　　)

第2章

审计监督体系

 新准则提示

《中国注册会计师鉴证业务基本准则》
《中国注册会计师审计准则第 1101 号——注册会计师的总体目标和审计工作的基本要求》
《中国注册会计师审计准则第 1602 号——验资》
《中国注册会计师审计准则第 1611 号——商业银行财务报表审计》
《中国注册会计师审计准则第 1632 号——衍生金融工具的审计》
《中国注册会计师审阅准则第 2101 号——财务报表审阅》
《中国注册会计师相关服务准则第 4101 号——对财务信息执行商定程序》
《中国注册会计师相关服务准则第 4111 号——代编财务信息》
《中国注册会计师其他鉴证业务准则第 3101 号——历史财务信息审计或审阅以外的鉴证业务》

在本章中,你将学到——

- 国家审计的历史沿革、机构设置和审计程序
- 内部审计的历史沿革、机构设置和内部审计规范
- 注册会计师的考试与注册登记、注册会计师的业务范围
- 会计师事务所的组织形式及设立条件
- 注册会计师协会及会员管理
- 注册会计师的行业管理

中英文关键词对照——

- 国家审计 Governmental Audit
- 内部审计 Internal Audit
- 国际内部审计师协会 Institute of Internal Auditors(IIA)

保障性安居工程是"十二五"时期一项重大的民生工程。2012 年 11 月至 2013 年 3 月,审计署组织全国近 2 万名审计人员,对 31 个省(区、市)、5 个计划单列市和新疆生产建设兵团 2012 年城镇保障性安居工程的投资、建设、分配、后续管理及相关政策执行情况进行了审计。

从审计的总体情况看,地方各级政府能认真贯彻落实中央的部署和要求,把住房保障作为公共服务的重要内容,加快推进城镇保障性住房建设和棚户区改造,相关部门和项目建设管理单位能够较好地执行国家政策法规,城镇保障性安居工程的资金管理、项目建设管理和分配管理等逐步规范,总体情况较好。但审计也发现,一些地方和单位还存在保障性住房分配不公平、挪用专项资金、未按规定筹集管理资金和项目建设管理不规范等问题。

上述问题的产生有多方面的原因,主要有:一是我国住房保障制度不够健全完善,资金监管、待遇资格审核审批、保障性住房后续管理等配套政策和工作机制还不健全;二是相关资金分配使用的跟踪控制、保障对象家庭收入住房信息的审查核实、保障性住房交付使用与保障待遇分配的衔接等基础工作不够扎实;三是一些单位和个人财经法纪意识不强,导致违反住房保障政策和规定的行为发生。

针对审计发现的问题,地方各级政府和相关部门高度重视,坚持边审计、边整改、边规范,及时纠正违规问题。截至目前,大部分问题已经整改纠正,并建立健全了保障性安居工程资金管理、待遇审核审批、保障性住房后续管理等一系列制度,从体制、机制和管理上进行规范,推动城镇保障性安居工程建设管理的规范有序。

(资料来源:审计署网站 http://www.audit.gov.cn)

资料中所提到的审计属哪种类型的审计?应该由哪类机构来执行?如何执行?与其他审计类型有什么区别与联系?本章将对构成审计监督体系的三类审计进行详细介绍。

审计按主体不同可划分为国家审计、内部审计和注册会计师审计,相应形成三类审计组织机构,共同构成审计监督体系。审计监督体系三方既相互联系,又各自独立、各司其职、泾

渭分明地在不同领域实施审计,它们各有特点,相互不可替代。

2.1 国家审计

国家审计,是指由国家审计机关代表国家所实施的审计。实施国家审计的主体是国家审计机关,它代表国家在法律授权范围内履行审计职责,是国家政权的重要组成部分。

2.1.1 国家审计的历史沿革

在原始社会,由于生产力水平低下,没有剩余产品,也没有私有财产,人类的社会生产活动仅限于满足生存的需要。随着社会经济的发展,社会分工的出现和剩余产品的逐渐增加,人类由原始社会过渡到了奴隶社会,奴隶主阶级建立了国家。为了维持国家机器的运转,必须利用强权参与社会产品的再分配,从而取得财政收入,以用于进行各项支出。为了对财政收支活动和记载财政收支的账目进行监督检查,政府开始设置审计人员和审计机构,从而产生了国家审计(也称政府审计,在我国旧称官厅审计)。据史料记载,古罗马帝国时代就已经有了审计活动,政府采用"听证"的方式来检查财政收支活动及其负责官员。所谓"听证"是指检察人员通过对同一事项记录内容听取不同相关人员汇报的方式,确定相关记录的真实性和可靠性。英文中的审计(Audit)一词就是来源于拉丁语(Auditus),即听证人的意思。古埃及、古希腊等国家都有相关的史料记载有关国家审计的萌芽情况。我国早在西周时期也出现了审计活动,是世界上国家审计发源较早的国家之一。纵观我国国家审计的发展,大体上经历了以下六个阶段。

1. 西周时期初步形成

古代中国的经济发展一度处于世界领先的地位,西周是我国奴隶制社会发展的鼎盛时期,社会经济繁荣发展。国家审计的产生发展也验证了这一点。早在距今3000年前的西周时期,中国就出现了带有审计职能的官职——宰夫,这是中国国家审计的萌芽。

2. 秦、汉时期最终确立

秦朝实行"上计"制度,由三公之一的"御史大夫"负责对王朝的财政收支活动进行监督。"上计"制度起源于春秋、战国时期,是指每到年终,各级地方政府负责将其辖区范围之内人口的增减、钱粮的收支、土地的开垦等情况编造成册,逐级上报到朝廷,由朝廷指派专人进行考核,据以作为评价官员业绩依据并进行奖惩的一种制度。到秦汉时期,这一对财政收支等经济活动的监督手段逐渐成熟,秦朝将"上计"作为一项制度确定下来,汉代延续了这一制度,并将其进一步完善,形成了一部律法,称为"上计律",这是我国历史上第一部关于审计的法律。"上计律"的颁布,确定了国家审计的法律地位,强化了审计工作的权威性。

3. 隋唐至宋日臻完善

隋唐时期,在刑部下设"比部",专门负责审计工作。"比部"是我国历史上第一个独立的专职审计机构。将"比部"隶属于负责司法的刑部,体现了审计工作的权威性,审计监督的性质也因此开始由监察和行政监督向司法监督性质转变。唐朝是我国封建社会发展的鼎盛时期,政治稳定,经济繁荣,因而负责监督财政经济活动的审计机构也得到了进一步的确立和加强。

宋代大体上保持了唐代比部的审计制度,审计程序和审计方法也与唐代基本相同,审计工作没有任何发展和创新。值得一提的是,审计一词是在北宋时首次出现的,对后世产生了一定的影响。北宋时期政府设置了审计司,南宋时期则在户部下设置了审计院,负责审计工作。与唐代相比,这一时期的审计职权较分散,从其隶属机构上看,也在一定程度上削弱了审计的独立性和权威性。

4. 元明清逐渐衰落

审计制度在元朝被进一步削弱。明代则取消了比部,建立了都察院,负责审计工作。然而都察院并不是一个独立的专职审计机构,这使得隋唐以来形成的司法性质的审计体制又转变为行政监察性质的审计体制。清代沿用了明代的审计体制,仍由都察院统一负责审计工作。然而审计工作逐渐流于形式,都察院形同虚设,没能发挥其应有的监督职能,致使官场腐败盛行。

5. 民国时期不断演进

1912 年 9 月,北洋政府成立中央审计处,隶属于国务总理,负责全国会计监察事务。其职权范围包括了政府机密费以外的国家一切财政收支。1914 年,北洋政府进行大规模财计制度改革,于同年 6 月改中央审计处为审计院,隶属于大总统,负责国家财政收支决算的审计工作。期间颁布了包括《审计处暂行章程》、《审计条例》、《审计法》(1914 年 10 月)等一系列审计法规,从而开始了我国审计法规的建设。这一时期的审计,形式上初步具备了近代国家审计的基本条件,标志着中国近代国家审计的逐步形成。但是,这一时期由于政局动荡,经济难以稳定发展,加上北洋政府腐朽没落,因而审计机构形同虚设,诸多审计法规也就成了一纸空文。

第二次国内革命战争时期,中国共产党领导下的革命根据地也实行了审计监督制度。1932 年,中央革命根据地成立了中华苏维埃中央审计委员会;1934 年,中华苏维埃共和国中央政府颁布了《审计条例》,明确规定了中华苏维埃共和国审计机关的职权、审计程序、审计规则等。这是中央苏区第一部完整的审计法律文献。

6. 新中国重新振兴

1949 年 10 月至 1983 年 8 月的 34 年间,我国一直未设立独立的政府审计机关,对国家财政收支的监督工作主要由财政和监察等部门负责。新中国的审计监督制度是伴随着改革开放、发展经济的脚步开始建立的。1982 年 12 月颁布的《中华人民共和国宪法》规定了中国实行独立的审计监督制度。《中华人民共和国宪法》第 91 条规定,"国务院设立审计机关,对国务院各部门和地方各级政府的财政收支,对国家的财政金融机构和企业事业组织的财务收支,进行审计监督";"审计机关在国务院总理领导下,依照法律规定独立行使审计监督权,不受其他行政机关、社会团体和个人的干涉";并规定在县级以上的地方各级人民政府设立审计机关等。从而确立了审计监督的法律地位。

1983 年 9 月,中华人民共和国审计署成立。县级以上地方各级人民政府也相继设立审计机关,审计工作在全国范围内逐步展开;1994 年 8 月 31 日,《中华人民共和国审计法》正式颁布,自 1995 年 1 月 1 日起施行。自 1983 年审计机关成立特别是《中华人民共和国审计法》颁布实施以来,全国各级审计机关不断建立健全审计法规,拓展审计领域,规范审计行为,改进审计方法,审计工作逐步走上了法制化、制度化、规范化的轨道。

1996年12月6日审计署发布了《中华人民共和国国家审计基本准则》和《审计机关审计方案编制准则》等38个审计规范项目文本,并于1997年1月1日起实施。1997年10月21日,国务院发布了《中华人民共和国审计法实施条例》。2000年1月28日审计署发布并实施了《中华人民共和国国家审计基本准则》和《审计机关审计处理处罚的规定》等规范。之后,审计署又陆续颁布和实施了一大批审计规范。1996年颁布的审计规范陆续被废止。

2006年2月28日,修订后的《中华人民共和国审计法》正式颁布,自2006年6月1日起施行。修订后的《中华人民共和国审计法实施条例》自2010年5月1日起施行。

2010年9月1日,审计署8号令公布了修订后的《中华人民共和国国家审计准则》,自2011年1月1日起施行,同时废止了审计署以前发布的《中华人民共和国国家审计基本准则》等28项审计准则和相关规定。《中华人民共和国国家审计准则》的修订和颁布,是继审计法和审计法实施条例修订后我国审计法制建设的又一件大事,是完善我国审计法律制度的重大举措,是国家审计准则体系建设史上一个重要的里程碑,对规范审计机关和审计人员执行审计业务的行为,保证审计质量,防范审计风险,发挥审计保障国家经济和社会健康运行的"免疫系统"功能有重大的意义。

2.1.2　国家审计机关的设置

目前,世界上许多国家都建立了与本国国情相适应的政府审计组织,负责本国的政府审计工作。

1. 国家审计机关设置的模式

虽然各国政府审计组织的称谓不尽相同,职责也存在差别,但就其基本组织模式看,不外乎以下三种主要类型。

(1)议会领导模式。议会领导模式是指国家审计机关由国家的立法机构——议会直接领导,不受政府的控制和干预,依照国家法律赋予的权力,对各级政府机关的财政经济活动以及公共企业事业单位的财务活动独立行使审计监督权,并对议会负责,有些国家在议会设立审计委员会,专门领导国家审计机关的工作。审计机关隶属于议会模式是世界上最普遍的模式,西方许多发达国家如美国、加拿大、英国、澳大利亚等国都采用了这种模式。隶属于议会模式的审计机关在履行其职权时,独立性强,权威性大,能摆脱或较少地受到行政管理部门的干预和施加的影响,基本能独立地作出审计报告,帮助议会实施对国家行政管理部门的监督。

(2)政府领导模式。政府领导模式是指国家审计机关直接由各级政府领导,按照国家赋予的权限,对各级政府所属部门、各单位的财政财务收支活动进行审计监督,并对政府负责。人们又把这种国家审计监督模式称之为政府审计。政府领导模式相对于议会领导模式来讲,其独立性、权威性相对较差,在行使审计职权时,不能避开政府的控制和干预,并且对各级政府本身难以实施审计。因此政府审计实质起到的是政府内部审计的作用。

(3)独立于议会、政府的模式。独立于议会、政府的审计模式是指国家审计机关既不隶属于议会,也不隶属于政府,是完全独立的国家审计机关。这种国家审计机关的模式以法国、德国、日本等国家为代表,其独立性明显要高于上述两种模式。这些国家的审计机关又分两种:一种以法国为代表,该国的审计机关称之为审计法院,审计法院有独立行使经济审判的职能;还有一种以德国为代表,这些国家的审计机关没有独立的审计处理权,他们只能独立地对被审事项做出判断,这种判断没有法定的约束力。

2. 我国的国家审计机关

我国现行的国家审计属于政府领导模式。审计机关分三个层次:中央审计机关、地方各级政府的审计机关、审计署及地方审计机关根据需要设立的派出机构。

(1)中央审计机关。中央审计机关设在国务院,称为中华人民共和国审计署,接受国务院总理领导,主管全国的审计工作,对国务院负责并报告工作。

为履行职责,审计署设置了13个内设机构、7个直属事业单位、25个派出审计局和18个驻地方特派员办事处。

(2)地方各级政府的审计机关。地方各级政府的审计机关设在县以上的地方各级政府。地方各级审计机关对本级人民政府和上一级审计机关负责并报告工作,审计业务以上级审计机关领导为主。

(3)审计署及地方审计机关根据需要设立的派出机构。审计署向地方、有关部门和单位设立派出机构须经国务院批准。地方审计机关设立派出机构,须经本级人民政府批准,并报上一级审计机关备案。哪一级审计机关可以设置派出机构,法律并没有限制。实践中,地市级以上政府的审计机关有设置派出机构的情况,县级政府的审计机关设置派出机构的情况还不多见。

2.1.3 国家审计机关的职责和权限

根据《中华人民共和国审计法》,各级审计机关对国务院各部门和地方各级人民政府及其各部门的财政收支、国有的金融机构和企业事业组织的财务收支以及其他依照本法规定应当接受审计的财政收支、财务收支的真实性、合法性和效益性,依法进行审计监督。我国国家审计机关的主要职责包括:

(1)审计署在国务院总理领导下,对中央预算执行情况和其他财政收支情况进行审计监督,向国务院总理提出审计结果报告;

(2)地方各级审计机关分别在省长、自治区主席、市长、州长、县长、区长和上一级审计机关的领导下,对本级预算执行情况和其他财政收支情况进行审计监督,向本级人民政府和上一级审计机关提出审计结果报告;

(3)审计署对中央银行的财务收支,进行审计监督,审计机关对国有金融机构的资产、负债、损益,进行审计监督;

(4)审计机关对国家的事业组织和使用财政资金的其他事业组织的财务收支,进行审计监督;

(5)审计机关对国有企业的资产、负债、损益,进行审计监督;

(6)对国有资本占控股地位或者主导地位的企业、金融机构的审计监督,由国务院规定;

(7)审计机关对政府投资和以政府投资为主的建设项目的预算执行情况和决算,进行审计监督;

(8)审计机关对政府部门管理的和其他单位受政府委托管理的社会保障基金、社会捐赠资金以及其他有关基金、资金的财务收支,进行审计监督;

（9）审计机关对国际组织和外国政府援助、贷款项目的财务收支，进行审计监督；

（10）审计机关按照国家有关规定，对国家机关和依法属于审计机关审计监督对象的其他单位的主要负责人，在任职期间对本地区、本部门或者本单位的财政收支、财务收支以及有关经济活动应负经济责任的履行情况，进行审计监督；

（11）除本法规定的审计事项外，审计机关对其他法律、行政法规规定应当由审计机关进行审计的事项，依照本法和有关法律、行政法规的规定进行审计监督。

审计机关依照法律规定独立行使审计监督权，不受其他行政机关、社会团体和个人的干涉。根据《中华人民共和国审计法》的规定，审计机关在审计过程中主要具有下列监督检查权：

（1）审计机关有权要求被审计单位按照审计机关的规定提供预算或者财务收支计划、预算执行情况、决算、财务会计报告，运用电子计算机储存、处理的财政收支、财务收支电子数据和必要的电子计算机技术文档，在金融机构开立账户的情况，社会审计机构出具的审计报告，以及其他与财政收支或者财务收支有关的资料，被审计单位不得拒绝、拖延、谎报。

（2）审计机关进行审计时，有权检查被审计单位的会计凭证、会计账簿、财务会计报告和运用电子计算机管理财政收支、财务收支电子数据的系统，以及其他与财政收支、财务收支有关的资料和资产，被审计单位不得拒绝。

（3）审计机关进行审计时，有权就审计事项的有关问题向有关单位和个人进行调查，并取得有关证明材料。有关单位和个人应当支持、协助审计机关工作，如实向审计机关反映情况，提供有关证明材料。审计机关经县级以上人民政府审计机关负责人批准，有权查询被审计单位在金融机构的账户。审计机关有证据证明被审计单位以个人名义存储公款的，经县级以上人民政府审计机关主要负责人批准，有权查询被审计单位以个人名义在金融机构的存款。

（4）审计机关进行审计时，被审计单位不得转移、隐匿、篡改、毁弃会计凭证、会计账簿、财务会计报告以及其他与财政收支或者财务收支有关的资料，不得转移、隐匿所持有的违反国家规定取得的资产。如有违反，审计机关有权予以制止；必要时，经县级以上人民政府审计机关负责人批准，有权封存有关资料和违反国家规定取得的资产；对其中在金融机构的有关存款需要予以冻结的，应当向人民法院提出申请。

审计机关对被审计单位正在进行的违反国家规定的财政收支、财务收支行为，有权予以制止；制止无效的，经县级以上人民政府审计机关负责人批准，通知财政部门和有关主管部门暂停拨付与违反国家规定的财政收支、财务收支行为直接有关的款项，已经拨付的，暂停使用。

（5）审计机关认为被审计单位所执行的上级主管部门有关财政收支、财务收支的规定与法律、行政法规相抵触的，应当建议有关主管部门纠正；有关主管部门不予纠正的，审计机关应当提请有权处理的机关依法处理。

（6）审计机关可以向政府有关部门通报或者向社会公布审计结果。审计机关通报或者公布审计结果，应当依法保守国家秘密和被审计单位的商业秘密，遵守国务院的有关规定。

2.1.4 国家审计程序

我国国家审计程序通常包括制定审计项目计划、审计准备、审计实施和审计终结四个阶段。

1. 制定审计项目计划

审计机关应根据国家社会和经济发展的方针政策,对一定时期的审计工作目标任务、内容重点、保证措施等进行事前安排,作出审计项目计划,以指导、控制和促进审计工作,达到预期审计目的。

2. 审计准备

审计机关根据审计项目计划确定的审计事项,选派审计人员组成审计组,并指定审计组组长。上级审计机关对统一组织的审计项目应当编制审计工作方案,每个审计组实施审计前应当进行审前调查,编制具体的审计实施方案。审计组编制审计实施方案时,应当收集、了解与审计事项有关的法律、法规、规章、政策和其他文件资料,运用重要性和谨慎性原则,在评估审计风险的基础上,围绕审计目标确定审计的范围、内容、步骤和方法。

审计机关应当在实施审计 3 日前,向被审计单位送达审计通知书。遇有特殊情况,经本级人民政府批准,审计机关可以直接持审计通知书实施审计。

3. 审计实施

审计组在实施审计时,应当深入调查了解被审计单位的情况,对相关内部控制进行测试、分析和评价,进一步确定审计重点、步骤和方法,必要时可以按照规定的程序调整审计实施方案。

审计人员实施审计时可以通过检查、监盘、观察、查询及函证、计算、分析性复核等方法,审查被审计单位会计凭证、账簿、报表,查阅与审计事项有关的文件、资料,检查现金、实物、有价证券和被审计单位运用电子计算机管理财政收支、财务收支的财务会计核算系统,向有关单位和个人调查等,取得审计证据。审计过程中,审计人员应当将获取的审计证据的名称、来源、内容和时间等记录到审计工作底稿中,与审计结论或者审计查出问题有关的所有事项以及审计人员的专业判断及其依据也都记录到审计工作底稿中,审计人员对审计工作底稿的真实性负责。

4. 审计终结

审计组对审计事项实施审计后,应当向审计机关提出审计报告。审计报告报送审计机关前,应当征求被审计单位的意见。被审计单位应当自接到审计报告之日起 10 日内,将其书面意见送交审计组或者审计机关。在规定期限内没有提出书面意见的,视同无异议,并由审计人员予以注明。被审计单位对审计报告有异议的,审计组应当进一步研究、核实。如有必要,应当修改审计报告。但是征求被审计单位意见的审计报告应予保留,不得遗弃、增删或者修改。

审计组应当将审计报告、被审计单位对审计报告的书面意见及审计组的书面说明或者修改意见,一并报送审计机关进行审核、复核,然后由审计机关审计业务会议审定。

审计机关审定审计报告,对审计事项作出评价,出具审计意见书;对违反国家规定的财政财务收支行为,需要依法给予处理、处罚的,在法定职权范围内作出审计决定或者向主管机关提出处理、处罚意见。

2.2 内部审计

内部审计,是指组织内部的一种独立客观的监督和评价活动,它通过审查和评价经营活动及内部控制的适当性、合法性和有效性来促进组织目标的实现。

2.2.1 内部审计的历史沿革

内部审计的产生与发展经历了漫长的历史过程,它萌芽于奴隶社会,形成于中世纪,发展于19世纪后期。它因财产所有权与经营权的分离而产生,它因管理层次增多、分权管理的开始而发展,它因管理内容复杂、管理难度的加大而最终形成完善的组织和理论体系。

19世纪末20世纪初,随着资本主义经济的发展,出现了许多大型的公司。管理机构日渐庞大,经营活动日趋复杂。企业的高层管理者很难对企业的各项经营活动进行直接的有效管理。出于经营管理的需要,公司必须对各层次管理者所提供的资料及其所反映的经营管理情况进行监督检查。这就是近代内部审计的最初形式。此时的内部审计还没有专门的技术和专职的机构。

20世纪30年代,经济危机的爆发和日趋激烈的市场竞争,使企业的治理层日益重视对企业的管理,强化内部控制机制,以增强企业的竞争力。聘用外部审计人员来提供这一服务既要承担较高的费用,而作为外部审计人员又受其自身职业所限,不可能像企业内部的员工那样对企业的经营管理情况进行经常性的深入细致的审核评价。在企业内部设立审计机构,则可以解决上述问题。于是一些大中型企业开始在内部设立审计机构,不仅从事常规的事后审计,还逐步开展了对相关经营项目、经营方案等的事前审计。

1941年,美国维克多·布瑞克的《内部审计——程序的性质、职能和方法》和约翰·瑟斯顿的《内部审计原理和技术》两书的出版,对内部审计的理论作了较系统的总结,从而宣告了内部审计学的诞生。同年,在约翰·瑟斯顿的倡议下,一个国际性的审计专业组织——内部审计师协会在美国成立,当时有25个成员国。

20世纪六七十年代以来,内部审计走上了规范化的道路,逐步建立了自己的规章制度和相应的职业道德标准。现在,内部审计不仅成为审计监督体系的一个重要组成部分,而且成为企业管理体系的一个重要组成部分。

我国自1982年恢复审计制度以来,在审计署的组织和推动下,许多部门和单位相继成立了内部审计组织。1985年12月5日,审计署颁布了《关于内部审计工作的若干规定》,明确了应当设立内部审计机构单位的范围、内部审计机构的领导体制、主要任务、职权、主要工作程序等有关问题,为内部审计工作提供了法律性依据。1987年7月,国务院办公厅转发了审计署《关于加强内部审计工作的报告》,极大地推动和促进了我国内部审计的发展。1988年11月发布的《中华人民共和国审计条例》也对内部审计的有关事项作出了明确规定。1989年12月,审计署发布《审计署关于内部审计工作的规定》,对《审计条例》的内容作了具体规定。1995年7月14日,为适应不断变化的经济形势,推动现代企业制度的建立,审计署重新发布了《审计署关于内部审计工作的规定》。2003年3月4日,审计署再度发布了《审计署关于内部审计工作的规定》,并于2003年5月1日起实行。1995年7月14日发布的《审计署关于内部审计工作的规定》同时废止。

中国内部审计学会在 1997 年与国际内部审计师协会签订协议,将国际注册内部审计师考试(CIA 考试)引入我国,目前在我国的北京等十多个城市设有考点。1998 年经审计署批准,中国内部审计学会更名为协会,使其成为对企业、事业行政机关和其他事业组织的内审机构进行行业自律管理的全国性社会团体组织。

中国内部审计协会依据《中华人民共和国审计法》、《审计署关于内部审计工作的规定》及相关法律法规制定了内部审计准则,进一步加强了内部审计工作,保证内部审计质量,实现内部审计的制度化、规范化和职业化。目前,许多部门和单位的内部审计机构在维护财经纪律,保护国家和单位的合法权益,改善经营管理,提高经济效益等方面已经发挥了积极的作用,成为企业决策者和经营管理者不可或缺的助手和参谋。

2.2.2 内部审计机构的设置

内部审计机构是对部门、单位实施内部监督,按照一定标准检查会计账目及其相关资料,查证单位内部各项财务收支和经济活动的真实性、合法性和效益性的专门组织。

1. 内部审计的国际组织

内部审计的国际组织为国际内部审计师协会。作为一个独特的行业,内部审计人员希望通过建立内部审计的职业组织来提高内部审计的地位。随着内部审计组织活动蓬勃开展,美国的一些内部审计的先驱者们认识到有必要建立一个全国性的内部审计师组织,于是他们于 1941 年成立了内部审计师协会。该协会于 1941 年 12 月 9 日举行了第一次年会,以"共同进步"作为协会的座右铭。内部审计师协会在其章程中明确地阐述了它的宗旨。内部审计师协会创立以后得到了迅速发展,成为一个国际性的内部审计组织。至 2005 年 7 月,国际内部审计师协会(IIA)在全球的会员人数为 10.7 万人,获得 CIA 资格的内部审计师已超过 5 万人。1987 年中国内部审计学会成立,年底加入国际内部审计师协会。

国际内部审计师协会的建立和发展,提高了内部审计人员的素质和职业地位,也使内部审计的工作范围从原来对企业财务活动进行的防护性审计,转向对经济管理活动进行的建设性评价,促使审计由财务审计向管理审计和经营审计的方向发展。毫无疑问,国际内部审计师协会对现代内部审计的发展起到了积极的推动作用。

CIA 简介

CIA(Certified Internal Auditor)是国际注册内部审计师的简称,是 IIA 主办的全球性资格证书,是国际内部审计领域专家身份的标志。它以其先进性和科学性,为各国内部审计人员学习国际先进内部审计知识、迎接内部审计面临的挑战提供了宝贵机会。CIA 也是内部审计优良品质的标志,是国外很多企业评价内部审计人员知识技术水平的重要标准,同时它也是内部审计的国际通行证。

CIA 考试是在 1974 年发展起来的,它的权威性在于它的"四个统一",也就是全世界统一时间、统一科目、统一命题、统一阅卷。IIA 每年在全球指定地点举行 CIA 资格考试,给考试合格者颁发资格证书。目前全球已经有 100 多个国家和地区实施了这项考试,一共有 200 多个考点,中国是全球最大的考区。中国开始引进这项考试的时间是 1998 年。1998 年 6 月,经审计署批准,中国内部审计协会与国际内部审计师协会签署了在中国开展 CIA 资格考试的协议。

(资料来源:中内协网 http://www.ciia.com.cn)

2. 国外的内部审计机构的领导体制

西方国家内部审计机构的领导体制主要有四种类型：
(1) 受单位董事会或董事会下设的审计委员会的直接领导；
(2) 受所在单位最高管理者的直接领导，如受总经理领导；
(3) 受所在单位会计长的领导；
(4) 受董事会的审计委员会和会计长的双重领导。

不同领导体制下的内部审计机构，工作侧重点不同。董事会领导下的内部审计机构侧重于对企业管理者执行董事会决议情况进行监督，以保护企业所有者的利益；总经理领导下的内部审计机构往往是基于内部管理分权导致管理跨度增大的情况，侧重于监督管理决策的执行情况；会计长领导下的内部审计机构，其工作侧重于保证内部会计信息的真实可靠和对财务风险的控制。内部审计机构直属领导的层次越高，其独立性越强，权威性越高，工作越容易开展，越能发挥它的审计监督作用。内部审计机构的设置必须平行或略高于其他职能部门，否则就很难开展工作。

审计委员会的组织形式在美国、加拿大等国家都按法定要求设立，有些国家虽然没有法定要求，但设置非常普遍。早在20世纪40年代，美国证券交易委员会和纽约证券交易所就建议在股票上市公司中成立审计委员会，但是只有个别企业设置这个组织。1967年美国注册会计师协会建议在上市公司中成立审计委员会。1977年美国证券交易所强制要求每一个股票上市公司都必须最迟在1978年6月30日前建立一个完全独立于管理部门的由非执行董事组成的审计委员会进行内部审计监督。国际内部审计师协会（IIA）对《关于审计委员会的立场》这一文件作如下声明："国际内部审计师协会建议每一个股份公司都设立审计委员会，作为董事会的常设委员会。协会还鼓励在其他组织中也建立审计委员会，包括非营利企业和政府部门。"在IIA的影响下，西方国家中除上市公司外，其他组织也成立审计委员会加强对内部审计的领导。

审计委员会通常是董事会的一个常设委员会，向董事会提交工作报告。它一般由董事会聘请的非执行董事担任，人数为3~8人，大多数是来自企业界的具有财务知识的人员，也有一定数量的其他专业人员（如法律、工程技术人员等），有些公司可能聘请一些社会的代表人物参加。审计委员会的成员不一定懂审计，但要求具有勇于提出问题和洞察问题的能力。审计委员会的基本职责包括：
(1) 负责任命内部审计负责人；
(2) 检查内部审计部门的职责要求、目标及有关内部审计的政策；
(3) 聘请外部注册会计师进行审计；
(4) 审查内部审计部门的年度工作计划；
(5) 确定内部审计计划完成情况的经验教训以及内部审计的活力；
(6) 对企业关系重大的审计项目进行审议；
(7) 定期与内部审计部门负责人会面并交换意见；
(8) 向董事会报告工作，并与董事会随时保持联系。

3. 我国内部审计机构的设置

根据我国目前已经建立的内部审计机构来看，内部审计机构的组织形式，主要有以下三种类型：

（1）内部审计机构隶属于单位的财会部门，由本单位的会计主管领导；

（2）内部审计机构与单位的其他各职能部门平行，由单位的总会计师或总经济师领导；

（3）内部审计机构由单位的主要负责人或监督机构直接领导，其地位和职权超越单位的其他职能部门，如由董事会（或下属的审计委员会）、总经理、监事会直接领导。

相对而言，第三种组织形式的内部审计机构独立性较强。2003年5月发布的《审计署关于内部审计工作的规定》也支持第三种组织形式，该规定的第四条指出："内部审计机构在本单位主要负责人或者权力机构的领导下开展工作。"在第三种组织形式中，由审计委员会领导内部审计机构的模式最为常见，独立性也最强。

要提高我国内部审计工作的水平，使其更好地发挥作用，当前在机构设置和领导体制上要作以下努力：

一是探索多种形式的内部审计机构设置方式。要结合现代企业制度的建立，在企业改制的同时，设置适合企业管理特征的内部审计机构。如在董事会下设立审计委员会，确立监事会与内部审计的关系，建立总审计师制度等。内部审计机构设置要考虑：是否与其他职能机构的设置相适应，要独立于其他职能部门；是否与管理要求相适应，信息沟通渠道上要能及时向管理当局汇报审计结果、提出审计建议，审计项目选择上应能体现管理当局的要求；是否便于工作的开展，在地理位置上不应远离单位的主要经营活动场所，以利于随时取得信息，及时开展工作；是否有相应的职权和资源等。

二是提高内部审计机构的地位。在领导关系上要提高内部审计机构负责人的地位，以增强内部审计机构的独立性和权威性。在领导体制的选择上要考虑审计活动与业务经营活动、财会工作和其他管理工作的关系，尽量避免一人既领导财会工作，又领导审计工作（如总会计师领导审计）；既领导某项业务活动，又领导对这项业务活动的审计（如基建工作与基建决算审计）。否则，就容易影响审计的独立性。

三是内部审计机构要按需设置。政府机构的庞大和低效率会影响经济的增长。同样，企业内部机构的臃肿和低效也影响企业的经济效益。一个企业应不应设置内部审计机构，要看是否有进行内部审计的必要性和内部审计工作量的大小两个方面。有无开展内部审计的必要性，要看一个单位和管理者是否能亲自监督检查全部需要监督检查的活动，如果有这种能力，就没有必要去设置内部审计机构。否则，就应该建立内部审计机构，专职从事监督检查工作。决定是否设置内审机构还要看内部审计工作量，如果虽有开展内部审计的必要，但是工作量有限，也可采用聘请外部审计人员来提供内部审计服务的方式，而不必设置专门的内部审计机构。

2.2.3 内部审计的职责和权限

根据2003年5月发布的《审计署关于内部审计工作的规定》，内部审计机构按照本单位主要负责人或者权力机构的要求，履行下列职责：

（1）对本单位及所属单位（含占控股地位或者主导地位的单位，下同）的财政收支、财务收支及其有关的经济活动进行审计；

（2）对本单位及所属单位预算内、预算外资金的管理和使用情况进行审计；

（3）对本单位内设机构及所属单位领导人员的任期经济责任进行审计；

(4)对本单位及所属单位固定资产投资项目进行审计；

(5)对本单位及所属单位内部控制制度的健全性和有效性以及风险管理进行评审；

(6)对本单位及所属单位经济管理和效益情况进行审计；

(7)法律、法规规定和本单位主要负责人或者权力机构要求办理的其他审计事项。

内部审计机构每年应当向本单位主要负责人或者权力机构提出内部审计工作报告。单位主要负责人或者权力机构应当制定相应规定，确保内部审计机构具有履行职责所必需的权限，主要包括：

(1)要求被审计单位按时报送生产、经营、财务收支计划、预算执行情况、决算、会计报表和其他有关文件、资料；

(2)参加本单位有关会议，召开与审计事项有关的会议；

(3)参与研究制定有关的规章制度，提出内部审计规章制度，由单位审定公布后施行；

(4)检查有关生产、经营和财务活动的资料、文件和现场勘察实物；

(5)检查有关的计算机系统及其电子数据和资料；

(6)对与审计事项有关的问题向有关单位和个人进行调查，并取得证明材料；

(7)对正在进行的严重违法违规、严重损失浪费行为，作出临时制止决定；

(8)对可能转移、隐匿、篡改、毁弃会计凭证、会计账簿、会计报表以及与经济活动有关的资料，经本单位主要负责人或者权力机构批准，有权予以暂时封存；

(9)提出纠正、处理违法违规行为的意见以及改进经济管理、提高经济效益的建议；

(10)对违法违规和造成损失浪费的单位和人员，给予通报批评或者提出追究责任的建议。

单位主要负责人或者权力机构在管理权限范围内，授予内部审计机构必要的处理、处罚权。

百事集团的内部审计机制

百事集团的内部审计部门是在集团总经理和董事会审计委员会的双重领导下进行工作的，完全独立于其他业务事业部及其财务部门。内部审计部门一切开销入总部账户，其对各子公司的审计报告都将直接抄送集团首席执行官、首席财务官、董事会审计委员会、各相关事业部总裁等高级管理人员。审计报告的结果将直接影响到各子公司及事业部的业绩，较差的评定结果极可能导致撤换该公司的领导人。因此，无论是事业部还是子公司对内审都极为重视并予以积极配合，内审机构的独立性和权威性都是不容置疑的。

百事集团内审部门首先会根据《百事财务政策手册》制定《百事内审标准》并发放至集团总公司和全球各子公司作为定期自查工具。《百事内审标准》是就《百事财务政策手册》中所有重要制度来分类、设计审查事项并以问卷形式反映出来一套风险评估标准。内审部门在对子公司审计过程中会侧重两方面：一是子公司有否完全按《百事财务政策手册》运作；二是及时查找手册在实际操作中有无漏洞，对其进行不断更新。内审部门对各子公司进行定期审计的结果分为四个等级：良好控制、较高标准控制、基本控制和较低标准控制。子公司若拿到最高等级评定，将可以在四年后再接受内审，第二等级是三年，第三等级是两年，最差等级则需第二年重新接受评定。对评为最差等级的子公司，审计部门及其所属事业部的财务人员会联合进驻协助整改。内审结果需双方同意，若子公司对评定结果有异议的，亦可直接与内审最高管理人员协商,若无法解决仍可向集团提申诉,从而保证审计结果的公正客观性,起到相互牵制的作用。

百事集团内审部门进行审计的程序如下:首先,一组内审人员会在审计前一星期内通知子公司将进行内审并告知其内审重点及时间,避免子公司为应付审计提早作准备;内审人员到达公司后先了解公司业务运作再做出审计计划,然后分头进行审计,提出他们发现的问题要求予以答复,若答复不能令人满意,审计人员将把此问题及整改建议列入评定报告,并根据其风险及严重性分为A、B、C、D四类。

内审组会根据所查出的A、B、C、D各类问题数量给出最初评级并将评估报告送交审计总部作最终评审,审计结果将抄送集团最高管理层。整个内审的时间一般为一个月。

百事内审人员不但肩负查找子公司问题的重任,还需就所提问题提出整改建议。它不但可以增强内审人员工作的审慎性和专业性,被审查的子公司还可通过他们获得其他子公司的先进管理经验,从而达到在企业集团内部进行横向交流的良好效应。

百事集团有一批素质较高的内审队伍。内审人员绝大部分都是从世界各著名会计师事务所招募进来的,有十分丰富审计经验和独立工作能力的审计人士。他们进入百事后会接受全面的业务及财务审计政策培训并跟随其他审计小组进行学习。在他们正式接受内审工作后,仍会定期接受集中培训。为增强内审工作的客观公正性,各内审小组会经常有其他区域的同事加入。同时,内审人员若非高级管理人员,其任职期限一般为三年,期满后原则上不可以转入百事集团财务或其他业务部门,从而确保内审人员与被审部门不存在利益关系。内审人员较高的收入报酬可以尽可能杜绝其接受贿赂的可能性,内审纪律规定内审人员不得在审计期间接受被审单位的请客及送礼。由此可见,一支素质高、纪律严的内审队伍对百事集团是何其重要。

(资料来源:《从百事集团看企业的内审监控》.中华财会网网站http://www.e521.com)

2.2.4　内部审计规范

中国内部审计协会准则委员会负责依据《中华人民共和国审计法》、《审计署关于内部审计工作的规定》及相关法律法规制定内部审计准则。中国内部审计准则适用于内部审计机构和人员进行内部审计的全过程。中国内部审计准则适用于各类组织。无论组织是否以盈利为目的,也无论组织规模大小和组织形式如何,内部审计机构和人员在进行内部审计时,都应遵循内部审计准则。

中国内部审计准则是中国内部审计工作规范体系的重要组成部分,由内部审计基本准则、内部审计具体准则、内部审计实务指南三个层次组成。

(1)内部审计基本准则。内部审计基本准则是内部审计准则的总纲,是内部审计机构和人员进行内部审计时应当遵循的基本规范,是制定内部审计具体准则、内部审计实务指南的基本依据。内部审计基本准则包括总则、一般准则、作业准则、报告准则、内部管理准则、附则共六章二十七条。

(2)内部审计具体准则。内部审计具体准则是依据内部审计基本准则制定的,是内部审计机构和人员在进行内部审计时应当遵循的具体规范。

(3)内部审计实务指南。内部审计实务指南是依据内部审计基本准则、内部审计具体准则制定的,为内部审计机构和人员进行内部审计提供的具有可操作性的指导意见。

2.3 注册会计师审计

注册会计师审计是指注册会计师依法接受委托,对被审计单位的财务报表及相关资料进行独立审查,并发表审计意见。财务报表审计属于鉴证业务,注册会计师的审计意见旨在提高财务报表的可信赖程度。鉴证业务是指注册会计师对鉴证对象信息提出结论,以增强除责任方之外的预期使用者对鉴证对象信息信任程度的业务,包括历史财务信息审计业务、历史财务信息审阅业务和其他鉴证业务。

2.3.1 注册会计师考试与注册制度

注册会计师是依法取得注册会计师证书并接受委托从事审计和会计咨询、会计服务的执业人员。根据《中华人民共和国注册会计师法》的规定:我国实行注册会计师全国统一考试和注册登记制度。目前,世界上许多国家为了保证审计工作质量,保护投资者合法权益,维护注册会计师职业在公众心目中应有的权威性,都相继制定了较为完善的注册会计师考试和注册制度。我国于1991年建立了注册会计师全国统一考试制度,并从1994年起,通过注册会计师全国统一考试才是取得注册会计师资格的前提。

根据《中华人民共和国注册会计师法》及《注册会计师全国统一考试办法》的规定,具有高等专科以上学校毕业学历、或者具有会计或者相关专业中级以上技术职称、具有完全民事行为能力的人,均可申请参加注册会计师全国统一考试;具有会计或者相关专业高级技术职称的人员,可以申请免予专业阶段考试1个专长科目的考试。

考试划分为专业阶段考试和综合阶段考试。专业阶段考试设会计、审计、财务成本管理、公司战略与风险管理、经济法、税法6个科目,专业阶段考试的单科考试合格成绩5年内有效。考生在通过专业阶段考试的全部科目后,才能参加综合阶段考试。综合阶段考试设职业能力综合测试1个科目。每科考试均实行百分制,60分为成绩合格分数线。全科成绩合格的,取得全科合格证书和注册会计师资格,并可申请加入中国注册会计师协会,成为非执业会员。非执业会员要取得执业资格,还必须加入一家事务所,具有两年以上审计工作经验,并符合其他审批条件,才能获准注册,成为执业注册会计师。

2.3.2 注册会计师业务范围

从全球注册会计师行业的发展现状和趋势看,注册会计师能够提供的会计服务种类很多,而且其范围在不断扩大。我国恢复与重建注册会计师制度的历史不长,业务拓展方面与发达国家相比有一定差距。《中华人民共和国注册会计师法》规定,注册会计师依法承办审计业务和会计咨询、会计服务业务。审计业务属于法定业务,非注册会计师不得承办。

在审计业务中又包括以下四种:①审查企业会计报表,出具审计报告;②验证企业资本,出具验资报告;③办理企业合并、分立、清算事宜中的审计业务,出具有关的报告;④法律、行政法规规定的其他审计业务。

注册会计师依法执行审计业务出具的报告,具有证明效力。

注册会计师还可以承办会计咨询、会计服务业务,主要包括代理纳税申报、培训财务会计人员、担任会计顾问、设计会计制度、提供会计、财务、税务和经济管理的咨询、代办申请注册登记、协助拟定章程合同和其他经济文件、进行资产评估和参与可行性研究等。

在我国,注册会计师不能以个人名义承办业务,而必须由会计师事务所统一接受委托。

2.3.3 会计师事务所

会计师事务所是注册会计师依法承办业务的机构。综观注册会计师行业在各国的发展,会计师事务所主要有独资、普通合伙制、股份有限公司制、有限责任合伙制四种组织形式。

1. 独资会计师事务所

独资会计师事务所,是由具有注册会计师执业资格的个人独立开业,承担无限责任。它的优点是,对执业人员的需求不多,容易设立,执业灵活,能够在代理记账、代理纳税等方面很好地满足小型企业对注册会计师服务的需求,虽承担无限责任,但实际发生风险的程度相对较低。缺点是,无力承担大型业务,缺乏发展后劲。

2. 普通合伙制会计师事务所

普通合伙制会计师事务所,是由两位或两位以上注册会计师组成的合伙组织。合伙人以各自的财产对事务所的债务承担无限连带责任。它的优点是,在风险的牵制和共同利益的驱动下,促使事务所强化专业发展,扩大规模,提高规避风险的能力。缺点是,建立一个跨地区、跨国界的大型会计师事务所要经历一个漫长的过程;同时,任何一个合伙人执业中的错误与舞弊行为,都可能给整个会计师事务所带来灭顶之灾,使之一日之间土崩瓦解。

3. 股份有限公司制会计师事务所

股份有限公司制会计师事务所,是由注册会计师认购会计师事务所股份,并以其所认购股份对会计师事务所的债务承担有限责任。会计师事务所以其全部资产对其债务承担有限责任。它的优点是,可以通过股份制形式迅速聚集一批注册会计师,建立规模型大所,承办大型业务。缺点是,降低了风险责任对执业行为的高度制约,弱化了注册会计师的个人责任。

4. 有限责任合伙制会计师事务所

有限责任合伙制会计师事务所,是事务所以全部资产对其债务承担有限责任,各合伙人对个人执业行为承担无限责任。它的最大特点在于,既融入了合伙制和股份有限公司制会计师事务所的优点,又摒弃了它们的不足;既能壮大会计师事务所规模,又能促进注册会计师关注审计风险,因而得到国际注册会计师执业界的认可。

在我国,会计师事务所是国家批准、依法设立并独立承办注册会计师业务的机构,实行自收自支、独立核算、依法纳税的原则。当前,我国会计师事务所有三种组织形式:有限责任制、合伙制和特殊普通合伙制。

(1)设立有限责任会计师事务所,应当具备下列条件:①有 5 名以上的股东,②有一定数量的专职从业人员,③有不少于人民币 30 万元的注册资本,④有股东共同制定的章程,⑤有会计师事务所的名称,⑥有固定的办公场所。

(2)设立合伙会计师事务所,应当具备下列条件:①有 2 名以上的合伙人,②有书面合伙协议,③有会计师事务所的名称,④有固定的办公场所。

(3)特殊普通合伙制会计师事务所是由事务所的合伙人设立。各合伙人根据协议出资、合伙经营、共享收益、共担风险。当一个合伙人或者数个合伙人在执业活动中因故意或者重大过失造成合伙企业债务时,应当承担无限责任或者无限连带责任,其他合伙人以其在合伙企业中的财产份额为限承担责任。合伙人在执业活动中非因故意或者重大过失造成的合伙企业债务以及合伙企业的其他债务,由全体合伙人承担无限连带责任。特殊普通合伙作为一种新型合伙组织形式,既保留了传统合伙制下的个人责任的特色,又把合伙人的法律责任风险控制在一定范围内,使责任承担更加公平,令专业人士既感到压力,又不至于丧失信心。

设立特殊普通合伙制会计师事务所,应当具备下列条件:①有取得注册会计师证书后最近连续5年(其中在境内会计师事务所的经历不少于3年)在会计师事务所从事审计业务经历的合伙人不少于25名,②有50名以上的注册会计师,③有人民币1 000万元以上的资本,④有书面合伙协议,⑤有固定的办公场所。

要成为事务所的合伙人或股东,需具备严格的条件,如持有注册会计师证书、专职执业、具有丰富的审计经验和良好的道德记录等。

2.3.4 注册会计师协会

中国注册会计师协会是依据《中华人民共和国注册会计师法》和《社会团体登记条例》的有关规定设立的社会团体法人,是中国注册会计师行业的自律管理组织,成立于1988年11月,1996年10月加入亚太会计师联合会,1997年5月加入国际会计师联合会,并与50多个境外会计师职业组织建立了友好合作和交往关系。

中国注册会计师协会的宗旨是服务、监督、管理、协调,即以诚信建设为主线,服务本会会员,监督会员执业质量、职业道德,依法实施注册会计师行业管理,协调行业内、外部关系,维护社会公众利益和会员合法权益,促进行业健康发展。

中国注册会计师协会会员分为团体会员、个人会员和名誉会员三类。

1. 团体会员

凡依法批准设立的会计师事务所,均为中国注册会计师协会的团体会员。设立团体会员,是因为考虑到目前我国法律规定,注册会计师不允许个人开业,必须加入事务所才能接受委托承办业务。事务所作为协会的团体会员,便于协会对其实施有效的监督,也便于事务所向协会反映工作中的意见和建议。

2. 个人会员

凡参加注册会计师全国统一考试全科合格并经申请批准者,以及依照规定原考核取得会员资格者,为中国注册会计师协会个人会员。个人会员分为执业会员和非执业会员。其中,凡经审批注册并专职在中国境内会计师事务所职业的个人会员,可称为执业会员;其余不在事务所专职工作的个人会员,可称为非执业会员。

3. 名誉会员

对注册会计师行业作出重大贡献的境内、外有关知名人士,经有关方面推荐,由理事会批准,可授予本会名誉会员称号。

2.3.5 我国注册会计师行业的管理体制

自我国恢复注册会计师制度以来,注册会计师行业的管理体制始终得到了有关方面的高度重视,经过 20 多年的努力,目前已初步形成了一套包含法律、部门规章、行业自律性规范等内容的多层次、全方位的行业管理体制,为保障注册会计师事业的健康发展发挥了重要的作用。

(1)法律规范。《中华人民共和国注册会计师法》是规范注册会计师执业行为,保障社会主义市场经济有序运转的重要法律。它的颁布实施有助于把各种相互抵消的力量统一起来,从而真正形成一个以注册会计师为主体的社会经济监督体系,使社会主义市场经济条件下的整个社会监督体系在法制化的轨道上有效地、规范化地运转。

《中华人民共和国注册会计师法》共分七章四十六条,主要内容包括:注册会计师考试与注册、注册会计师业务范围和规则、会计师事务所管理、行业协会以及法律责任等内容。在我国,会计师事务所和注册会计师执行审计业务、政府有关部门及行业协会对注册会计师行业实施管理必须遵守该法的规定。

(2)行政管理。我国有权对注册会计师行业进行行政管理的部门主要有财政部门、工商税务部门和中国证监会。其中:①国务院财政部门和省级人民政府财政部门,负责对注册会计师行业进行监督和指导,包括对注册会计师和会计师事务所的执业行为进行监督和收费管理,对注册会计师和会计师事务所执业过程忠的违法和违规行为进行相应的处罚;②工商行政管理部门,可以依法对会计师事务所进行工商登记、对其业务范围进行监督;③税务部门,主要是对会计师事务所进行税务登记、税收征收和管理工作;④证监会,可会同财政部对注册会计师和会计师事务所从事证券、期货相关业务的资格确认,对其执业行为进行监督检查等。

(3)行业自律。我国注册会计师行业自我管理的组织是各级注册会计师协会。中国注册会计师协会是注册会计师的全国组织,省、自治区、直辖市注册会计师协会是注册会计师的地方组织。在国务院财政部门领导下,中国注册会计师协会通过制定注册会计师审计准则和其他执业规范、组织注册会计师考试与培训、规范注册会计师的执业行为,提高了注册会计师审计工作的质量,有力地维护了注册会计师审计职业的声誉,促进了注册会计师审计事业的快速健康发展。

复习思考题

1. 根据国家审计、内部审计、注册会计师审计的产生与发展历程理解三种类型审计的区别与联系。
2. 不同的审计类型在机构设置以及职责权限方面有何异同。

练习题

一、单项选择题

1. 下列各项中,不属于注册会计师鉴证业务的有(   )。
   A. 验证企业资本 B. 审核盈利预测
   C. 设计会计制度 D. 审计简要会计报表
2. 以下关于政府审计的说法正确的是(   )。

A. 经营权和所有权的分离是催生政府审计的主要动因
B. 政府审计要求审计人员对被审计单位会计报表合法性和公允性发表意见
C. 政府审计在获取有关证据时可以不经过被审计单位有关人员的同意
D. 在我国,审计署在发现被审计单位重大错误和舞弊并确认后,可以就有关责任当事人作出严肃处理

3. 在申请注册者取得注册会计师证书之前,可能从事的业务是(　　)。
   A. 对按特殊编制基础编制的会计报表进行审计
   B. 从事税务代理、代办纳税
   C. 对拟公开发行股票公司编制的下年度盈利预测进行审核
   D. 验证企业资本、出具验资报告

4. 注册会计师所从事的会计咨询和会计服务业务的范围,不应包括(　　)。
   A. 担任某企业的常年会计顾问
   B. 对企业注册资本的实收情况进行审验
   C. 对企业会计政策的选择和运用提供建议
   D. 代企业编制会计报表

二、判断题

1. 具有会计或相关专业(指审计、统计、经济)中级以上专业技术职称者在参加注册会计师全国统一考试时可以申请免试一门科目。(　　)
2. 只要注册会计师考试全科合格,并加入会计师事务所者,即为注册会计师。(　　)
3. 会计咨询、会计服务业务属于法定业务,非注册会计师不得承办。(　　)
4. 验资属于注册会计师的会计服务业务。(　　)
5. 目前我国不允许设立独资的会计师事务所。(　　)
6. 注册会计师承办审计业务时,可以按会计师事务所自定收费标准收费。(　　)
7. 会计师事务所经有关方面推荐,由理事会批准,可以加入中国注册会计师协会成为团体会员。(　　)

第3章

注册会计师执业规范体系

新准则提示

《中国注册会计师鉴证业务基本准则》
《会计师事务所质量控制准则第 5101 号——业务质量控制》
《中国注册会计师审计准则第 1121 号——历史财务信息审计的质量控制》

在本章中,你将学到——

- 注册会计师执业准则体系的基本框架
- 鉴证业务基本准则
- 质量控制准则

中英文关键词对照——

- 执业准则体系 Engagement Standards
- 国际审计准则 International Standards on Auditing
- 鉴证业务 Assurance Engagement
- 质量控制准则 Quality Control Standards
- 职业道德准则 Professional Ethics Standards

麦克逊·罗宾斯药材公司事件

麦克逊·罗宾斯(Mckesson&Robbins)药材公司在1937年的资产负债表中虚构1 907.5万美元的资产,其中包括存货虚构1 000万美元,销售收入虚构900万美元,银行存款虚构7.5万美元。罗宾斯药材公司的债权人朱利安·汤普森公司,在审核罗宾斯药材公司财务报表时发现了疑点,请求官方协调控制证券市场的权威机构——纽约证券交易委员会调查此事。调查发现该公司在经营的十余年中,每年都聘请了美国著名的普赖斯·沃特豪斯会计师事务所对该公司的财务报表进行审定。在查看这些审计人员出具的审计报告中,审计人员每年都对该公司的财务状况及经营成果发表了"正确、适当"等无保留的审计意见。

在此基础上,调查人员对该公司经理的背景作了进一步调查,结果发现公司经理菲利普·科斯特及其同伙,相互勾结,侵吞公司资产。根据调查结果,罗宾斯药材公司的实际财务状况早已"资不抵债",应立即宣布破产。而首当其冲的受损失者是汤普森公司。为此,汤普森公司指控沃特豪斯会计师事务所,要求赔偿其全部损失。

在听证会上,沃特豪斯会计师事务所拒绝了汤普森公司的赔偿要求。会计师事务所认为,他们执行的审计,遵循了美国注册会计师协会在1936年颁布的《财务报表检查》(审计准则的前身)中所规定各项规则。药材公司的欺骗是由于经理部门共同串通合谋所致,审计人员对此不负任何责任。最后,在证券交易委员会的调解下,沃特豪斯会计师事务所以退回历年来收取的审计费用共50万美元,作为对汤普森公司债权损失的赔偿。

美国执业会计师协会对此也作出积极反应,建立了"审计程序委员会",并于1939年制定了《审计程序的扩展》,对审计程序的完善从以下方面提出了更加具体的要求:对存货检查,通过实地盘存确认存货数量,并将之作为必须的审计程序;对应收账款检查,应积极采用函询法,对债务人直接询证;对审计报告格式及内容加以规范,将其分为范围段和意见段等。

1947年10月,美国职业会计师协会的审计程序委员会,颁布了《审计标准草案——公认的意见和范围》,1954年对其修改,改名为《公认审计标准——其意义和范围》。从此,民间审计有了一套公认的执业标准。

麦克逊·罗宾斯药材公司事件证明了没有明确、严格的审计规范及审计理论做指导,审计实践必然出现盲目性,审计工作质量难以保证。审计准则是审计理论的重要组成部分,它反映了审计工作的客观规律和基本要求,是人们在长期的审计实践中摸索、总结出来的,它既是一个经济范畴,又是一个历史范畴。它是从理论上对审计实践的总结,反过来又指导实践,服务于审计实践,成为指导审计工作的原则和规范。

2012年1月1日开始执行的注册会计师执业准则体系采用了风险导向审计的理念,并在很大程度上实现了与国际审计准则体系的趋同,充分体现了国内外审计理论与实践的最新成果。

2010年2月15日财政部发布了新的"中国注册会计师执业准则体系",标志着我国已建立起一套适应社会主义市场经济发展要求,顺应国际趋同大势的中国注册会计师执业准则体系。2009年我国对"注册会计师执业准则体系"进行了修订,于2010年11月正式发布并在2012年1月1日开始执行。我们应该如何准确理解和把握新准则呢?

3.1 注册会计师执业准则体系

3.1.1 国际审计准则

1. 国际审计准则的制定

第二次世界大战以后,国际经济进入一个新的发展阶段。国际间商品、资本、知识、劳动力、信息的交流,达到了前所未有的规模,各国在经济上相互依存、相互促进的关系日益明显。随着投资范围的扩大和企业经营的国际化,会计准则和审计准则的国际协调显得非常重要。这是因为:一方面,国际投资者要求国家间会计准则、审计准则趋于一致,以便使各国依据会计准则编制的会计报表和依据审计准则出具的审计报告具有可比性、可理解性和可靠性;另一方面,为了保护本国投资者的利益,注册会计师也开始跨国界执业,国际性会计师事务所的崛起,使注册会计师审计不再以一国的疆界为限。

为了加强国际间的经济交流,创造良好的国际投资环境,国际会计准则委员会(IASB)和国际会计师联合会(IFAC)为制定国际会计准则、国际审计准则作出了积极的努力。国际会计师联合会是一个由不同国家和地区职业会计师组织组成的非营利性、非政府性和非政治性机构,在瑞士日内瓦注册。总部设在美国纽约,它代表着受雇从事公共实务(Pubic Practice)和在工商业、公共部门和教育部门任职的会计师。国际会计师联合会的目标是努力发展会计师行业,促进其准则在全球范围内协调统一,使会计师能够站在公众利益的角度提供持续高质量的服务。国际会计师联合会的前身是一个国际性的协调机构,称为协调委员会。在1972年召开的第10届世界会计师大会上,与会主要会计职业团体倡议成立国际会计准则委员会(IASC)和国际会计师联合会。随后,国际会计准则委员会于1973年在英国正式成立(2001年改组为国际会计准则理事会);国际会计师联合会于1977年在德国慕尼黑召开的第11届世界会计师大会上宣告成立。国际会计师联合会吸收国家或地区认可的全国性或地区性会计职业组织成为会员,会计个人不能加入该组织。目前,国际会计师联合会有三种会员,即正式会员(Full)、准会员(Associate)和联系会员(Affiliate)。中国注册会计师协会于1997年5月8日加入国际会计师联合会,并同时成为国际会计准则委员会成员。目前,国际会计师联合会拥有来自114个国家和地区的156个会员团体,代表全球范围内240多万名会计师。

国际会计师联合会下设会员大会、理事会、秘书处以及七个专业委员会和若干特别工作组,并设主席、副主席、秘书长等职。会员大会是国际会计师联合会的最高权力机构,每个会员团体可选派一名代表参加。会员大会每年召开一次会议,负责决定一些重大问题以及选举理事会。理事会由主席和来自16个国家的代表组成,任期三年,负责制定政策和监督国际会计师联合会的运作、计划的执行以及各专业委员会和特别工作组的工作。秘书处负责总体的指导和管理工作,职员是来自世界各地的会计专业人员。其中专业委员会主要有:①国际审计与鉴证准则理事会(IAASB),2002年3月进行了改组并更改为现名,它的主要任务是,发布审计与鉴证业务方面的文告并提高其在全球范围内的接受程度,以促进世界范围内审计服务和相关服务的统一。②遵循委员会(Compliance Committee),主要目标是鼓励各会员团体更好地遵循会员的义务。它与各会员团体、外部专业团体密切合作,鼓励更好地遵循国际会计师联合会和国际会计准则理事会发布的准则、道德守则和其他文告。③教育委员会(Education Committee),负责制定指南、开展研究工作和促进信息体提名,任期为三年。

在国际审计准则发布之前,已有许多国家制定了本国的审计准则,或以法规、公告形式发布了有关的审计条例。这些准则和条例在内容、形式上有很多不一致的地方。国际审计与鉴证准则理事会在了解、分析、研究了这些分歧的基础上制定国际审计准则,因此国际审计准则具有一定的概括性和代表性。

国际审计与鉴证准则理事会制定国际审计准则的工作程序是:①将选定的各项专题交给为此专题而设置的小组详细讨论,并责成小组起草审计准则。该小组研究的基础资料是会员团体、地区性组织或其他团体所发布的有关审计的法规、条文、准则等。根据研究成果,小组草拟出准则征求意见稿,送国际审计与鉴证准则理事会考虑。②如理事会以总表决权的3/4以上票数(但不少于到会代表中的10票)通过,则征求意见稿广泛发给国际会计师联合会的各会员团体讨论;同时,也发给国际审计与鉴证准则理事会指定的国际机构。凡发给有关人员或组织讨论时,都安排有适当的考虑时间。③经过讨论后,收到的评论和建议由国际审计与鉴证准则理事会进行考虑,并对征求意见稿适当进行修改。如修改稿由国际审计与鉴证准则理事会以3/4以上票数(但不少于到会代表中的10票)通过,则作为正式的国际审计准则发布,并自文中规定日期开始生效。到2001年12月止,该委员会已陆续颁布了50项国际审计准则和国际审计实务公告。这些准则的颁布,提高了全世界审计实务一致性的程度,进一步促进了注册会计师审计事业的发展。

2. 国际审计准则体系

国际审计准则(International Standards on Auditing,ISA)是在1991年7月10日由过去的国际审计指南(International Auditing Guidelines,IAG)易名得来的。

2008年底,国际审计与鉴证准则委员会完成了全部明晰项目,对现行36项准则全部改写,对其中16项进行了实质性修订,制定了1项新审计准则。在国际审计准则体系中包括注册会计师业务,历史财务信息的审计和审阅业务,除历史财务信息的审计和审阅以外的其他鉴证业务、相关服务业务,与其相关的其他鉴证业务准则以及相关服务准则,而且公告还包括用于保证各类业务质量的会计师事务所质量控制准则。

3.1.2 注册会计师执业准则体系的基本框架

注册会计师执业准则体系涵盖注册会计师所有执业领域,包括审计准则、审阅准则、其他鉴证业务准则以及相关服务准则,此外,还包括用于保证各类业务质量的会计师事务所质量控制准则。其中,审计准则是执业准则体系的核心内容。注册会计师执业准则体系的基本框架如图3.1所示。

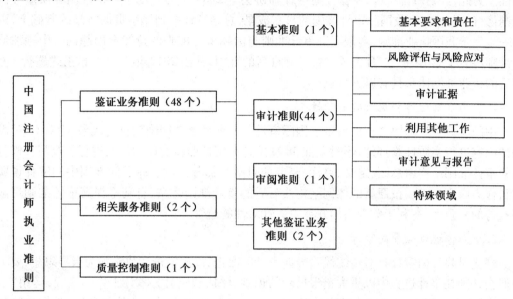

图3.1 注册会计师执业准则体系的基本框架

1. 鉴证业务准则

审计准则、审阅准则和其他鉴证业务准则,统称鉴证业务准则。审计准则是用来规范注册会计师执行历史财务信息(主要是财务报表)审计业务,要求注册会计师综合使用审计方法,对财务报表获取合理程度的保证;审阅业务准则是用来规范注册会计师执行历史财务信息(主要是财务报表)审阅业务,要求注册会计师主要使用询问和分析程序,对财务报表获取有限程度的保证(在国外,主要服务于上市公司中期财务报表审阅);其他鉴证业务准则是用来规范注册会计师执行除历史财务信息审计和审阅以外的非历史财务信息的鉴证业务。

我国鉴证业务准则体系设计为两个层次:第一个层次为鉴证业务基本准则,第二个层次为审计准则、审阅准则和其他鉴证业务准则。

2. 相关服务准则

相关服务准则用来规范注册会计师代编财务报表、执行商定程序、管理咨询、税务咨询和其他服务,即非鉴证业务。由于业务性质属于代理、咨询服务,故注册会计师不提供任何程度的保证。

3. 质量控制准则

质量控制准则适用于会计师事务所及其人员对财务信息审计和审阅、其他鉴证业务以及相关服务的质量控制,是对会计师事务所及其人员提出的质量控制政策和程序的要求。

3.1.3 注册会计师执业准则的特点

建立一套全球公认的高质量的审计准则,是经济全球化发展趋势的必然要求,对在全球范围内降低投资者的决策风险,实现更有效的资源配置,推动经济发展和保持金融稳定发挥重要作用。审计准则国际趋同是正确的方向,全球金融危机彰显了审计准则国际趋同的重要性。为此,经财政部批准,中国注册会计师协会于2009年初启动了审计准则和质量控制准则修订项目,在吸收国际审计准则的最新成果、总结审计准则体系贯彻实施的基础上,以进一步完善我国执业准则,实现我国审计准则与国际审计准则的持续全面趋同。中国注册会计师协会于2010年11月正式发布了修订后的准则,并于2012年1月1日正式施行。修订后的执业准则体系具有以下特点:

1. 提高准则理解和执行的一致性

中国注册会计师协会充分借鉴了国际审计与鉴证理事会明晰项目的成果,除对16项准则的内容进行实质性修订外,还对全部38项审计准则按照新的体例结构进行了改写。修订后的审计准则结构由总则、定义、目标、要求和附则5部分构成。原审计准则中的解释说明材料作为应用指南。按照新的体例结构改写后的审计准则体系,有利于提高审计准则理解和执行的一致性,有利于监管机构开展更有针对性的监管。

2. 全面体现风险导向审计

现代风险导向审计是对传统风险导向审计的改进,以系统论和战略观为指导思想,要求注册会计师在审计过程中以重大错报风险的识别、评估和应对为审计工作的主线,运用"自上而下"和"自下而上"相结合的审计思路,掌握企业可能存在的重大错报风险,根据风险评估结果分配审计资源,做到有的放矢,提高审计效率。

本次修订工作,进一步强化了风险导向审计的思想,除修订核心风险审计准则外,对其他审计准则也作出修改,将风险导向审计理念全面彻底地贯彻到整套审计准则中。例如,对关联方、会计估计、公允价值、对被审计单位使用服务机构的考虑等准则,强化重大错报风险的风险识别、评估和应对,摆脱原来的审计程序导向思维;对函证、分析程序等准则,从风险识别、评估和应对的高度要求注册会计师考虑是否实施及如何实施这些程序;对特殊目的审计报告类准则,在描述注册会计师所做审计工作时强调风险导向审计思想等。本次修订后,风险导向审计的理念将充分体现到整套审计准则体系中的每项审计准则中,避免了准则体系的内在不一致。

3. 增强识别舞弊风险的有效性

准则对注册会计师发现和报告舞弊的责任作出了明确的规定,即注册会计师有责任按照审计准则的规定实施审计工作,获取财务报表在整体上不存在重大错报的合理保证,无论该错报是由于舞弊还是错误导致。新审计准则以积极的姿态,设定了注册会计师发现舞弊的责任,明确地指出舞弊与财务报表错报的固有联系。审计的目标是对财务报表是否存在影响信息使用者决策的重大错报发表审计意见,既然重大舞弊通常会导致财务报表重大错报,合理保证发现导致财务报表重大错报的舞弊就不是注册会计师的分外之事,而是应尽职责。

此外,准则还对注册会计师如何履行这一职责提供了更详细的指导和要求,包括要求注册会计师积极主动地识别、评估和应对舞弊发生的风险,包括保持职业怀疑态度、增加审计程序的不可预测性、项目组就舞弊风险进行专题讨论、考虑舞弊产生的条件(动机、机会和将舞弊行为合理化)、考虑管理层凌驾于内部控制之上的风险、假定收入确认存在舞弊风险等。特别是对关联方、会计估计和公允价值、集团会计等舞弊高发领域,新审计准则既进一步明确了工作要求,又细化了对注册会计师的指导,要求注册会计师合理运用职业判断,按照风险导向审计的要求,识别、评估和应对这些领域的舞弊风险。

4. 加强与治理层有效的沟通

公司治理层和注册会计师在健全完善公司治理结构中都扮演着重要的角色,两者在对管理层编制的财务报表进行监督方面具有共同的关注点。为此,治理层和注册会计师对各自从不同层面掌握的情况和信息进行有效沟通,对于公司治理层对管理层进行监督和制衡,以及增强注册会计师审计工作的针对性,特别是保护注册会计师独立性不受管理层干扰,有着积极作用。

注册会计师和治理层进行有效的双向沟通十分重要,有助于实现以下目标:一是注册会计师和治理层了解与审计相关的背景事项,并建立建设性的工作关系;二是注册会计师向治理层获取与审计相关的信息,例如,治理层可以帮助注册会计师了解被审计单位及其环境,确定审计证据的适当来源,以及提供有关具体交易或事项的信息;三是治理层履行其对财务报告过程的监督责任,从而降低财务报表重大错报风险。

准则一方面规范了治理层在监督财务报告方面的职责和作用,对管理层与治理层在财务报告方面的职责作出明确区分;另一方面,要求注册会计师就审计工作中遇到的重大困难、对被审计单位会计处理质量的看法、审计过程中发现的错报、违反法律法规行为、舞弊等及时与治理层沟通。同时要求注册会计师向治理层和管理层恰当通报注册会计师在审计过程中识别出的,根据职业判断认为足够重要从而值得治理层和管理层各自关注的内部控制缺陷。

5. 增强对小型企业审计的相关性

准则取消了现行的《中国注册会计师审计准则第 1621 号——对小型被审计单位审计的特殊考虑》,代之以在每项审计应用指南中增加"对小型被审计单位的特殊考虑"部分。这种做法将显著增强对审计小型被审计单位的指导力度,有效提高审计准则的适用性。

3.1.4 注册会计师执业准则的作用

注册会计师执业准则体系的推行,为注册会计师执行各项业务提供了执业标准和指导,也便于考核注册会计师为客户提供的各项服务的质量。注册会计师执业准则的作用主要体现在以下几个方面:

1. 注册会计师行业的服务质量

注册会计师执业准则体系要求注册会计师在执业过程中保持必要的职业怀疑态度,对财务报表审计、审阅、验资、执行商定程序等业务做出了详细的规定,为注册会计师执行上述业务提供了规范,有助于注册会计师行业服务质量的提高。

2.有助于评价注册会计师行业的服务质量

注册会计师执业准则体系的相关规定可以用于评价会计师事务所和注册会计师的执业质量。在注册会计师行业内部进行执业质量检查、会计师事务所(或者注册会计师)被起诉时,注册会计师执业准则体系都是用于评判会计师事务所(或者注册会计师)是否存在过失或不当行为的重要依据。

3.有助于促进审计经验的交流

自2012年1月1日开始执行的注册会计师执业准则体系采用了风险导向审计的理念,并在很大程度上实现了与国际审计准则体系的趋同,充分体现了国内外审计理论与实践的最新成果。

3.2 鉴证业务基本准则

随着经济的发展和社会的需求,注册会计师的业务范围经历由法定审计业务向其他领域扩展的过程。目前,我国注册会计师承办业务类型多样,既有财务报表审计和审阅、内部控制审核等业务,也有代编财务报表、执行商定程序、管理咨询、税务咨询等其他业务。《中国注册会计师鉴证业务基本准则》统领审计准则、审阅准则和其他鉴证业务准则,内容包括鉴证业务的定义和目标、业务承接和鉴证业务要素等。

3.2.1 鉴证业务的定义与目标

1.鉴证业务的定义

鉴证业务是指注册会计师对鉴证对象信息提出结论,以增强除责任方之外的预期使用者对鉴证对象信息信任程度的业务。上述定义可从以下几个方面加以理解:

(1)鉴证业务的用户是"预期使用者",即鉴证业务可以用来有效地满足预期使用者的需求;

(2)鉴证业务的目的是改善信息的质量或内涵。增强除责任方之外的预期使用者对鉴证对象信息的信任程度,即以适当保证或提高鉴证对象信息的质量为主要目的,而不涉及为如何利用信息提供建议;

(3)鉴证业务的基础是独立性和专业性,通常由具备专业胜任能力和独立性的注册会计师来执行,注册会计师应当独立于责任方和预期使用者;

(4)鉴证业务的"产品"是鉴证结论,注册会计师应当对鉴证对象信息提出结论,该结论应当以书面报告的形式予以传达。

2.鉴证对象信息的定义

鉴证对象信息是按照标准对鉴证对象进行评价和计量的结果,如责任方按照会计准则和相关会计制度(标准)对其财务状况、经营成果和现金流量(鉴证对象)进行确认、计量和列报(包括披露,下同)而形成的财务报表(鉴证对象信息)。

3. 鉴证业务类型

按鉴证对象信息是否以责任方认定的形式为预期使用者所获取来分类,鉴证业务分为基于责任方认定的业务和直接报告业务。

在基于责任方认定的业务中,责任方对鉴证对象进行评价或计量,鉴证对象信息以责任方认定的形式为预期使用者获取。如在财务报表审计中,被审计单位管理层(责任方)对财务状况、经营成果和现金流量(鉴证对象)进行确认、计量和列报(评价或计量)而形成的财务报表(鉴证对象信息)即为责任方的认定,该财务报表可为预期使用者获取,注册会计师针对财务报表出具审计报告。这种业务属于基于责任方认定的业务。

在直接报告业务中,注册会计师直接对鉴证对象进行评价或计量,或者从责任方获取对鉴证对象评价或计量的认定,而该认定无法为预期使用者获取,预期使用者只能通过阅读鉴证报告获取鉴证对象信息。如在内部控制鉴证业务中,注册会计师可能无法从管理层(责任方)获取其对内部控制有效性的评价报告(责任方认定),或虽然注册会计师能够获取该报告,但预期使用者无法获取该报告,注册会计师直接对内部控制的有效性(鉴证对象)进行评价并出具鉴证报告,预期使用者只能通过阅读该鉴证报告获得内部控制有效性的信息(鉴证对象信息)。这种业务属于直接报告业务。

4. 鉴证业务的目标

鉴证业务的保证程度分为合理保证和有限保证。合理保证的保证水平要高于有限保证的保证水平。

正确理解鉴证业务准则中的保证概念,首先要将它们与"绝对保证"的概念作一区分。这里,对绝对保证、合理保证和有限保证作一界定是有必要的。绝对保证是指注册会计师对鉴证对象信息整体不存在重大错报提供百分之百的保证。合理保证是一个与积累必要的证据相关的概念,它要求注册会计师通过不断修正的、系统的执业过程,获取充分、适当的证据,对鉴证对象信息整体提出结论,提供一种高水平但非百分之百的保证。与合理保证相比,有限保证在证据收集程序的性质、时间、范围等方面受到有意识的限制,它提供的是一种适度水平的保证。可以看出,三者提供的保证水平逐次递减。合理保证的保证水平要高于有限保证的保证水平,但合理保证不等于绝对保证。正确理解合理保证与绝对保证的关系,有助于减轻注册会计师承担不必要的责任风险。

合理保证鉴证业务的目标是注册会计师将鉴证业务风险降至该业务环境下可接受的低水平,以此作为以积极方式提出结论的基础。如在历史财务信息审计中,要求注册会计师将审计风险降至该业务环境下可接受的低水平,对审计后的历史财务信息提供高水平保证(合理保证),在审计报告中对历史财务信息采用积极方式提出结论。这种业务属于合理保证的鉴证业务。

有限保证的鉴证业务的目标是注册会计师将鉴证业务风险降至该业务环境下可接受的水平,以此作为以消极方式提出结论的基础。如在历史财务信息审阅中,要求注册会计师将审阅风险降至该业务环境下可接受的水平(高于历史财务信息审计中可接受的低水平),对审阅后的历史财务信息提供低于高水平的保证(有限保证),在审阅报告中对历史财务信息采用消极方式提出结论。这种业务属于有限保证的鉴证业务。

3.2.2 业务承接

在接受委托前,注册会计师应当初步了解业务环境。业务环境包括业务约定事项、鉴证对象特征、使用的标准、预期使用者的需求、责任方及其环境的相关特征,以及可能对鉴证业务产生重大影响的事项、交易、条件和惯例等其他事项。

在初步了解业务环境后,只有认为符合独立性和专业胜任能力等相关职业道德规范的要求、并且拟承接的业务具备下列所有特征,注册会计师才能将其作为鉴证业务予以承接:鉴证对象适当;使用的标准适当且预期使用者能够获取该标准;注册会计师能够获取充分、适当的证据以支持其结论;注册会计师的结论以书面报告形式表述,且表述形式与所提供的保证程度相适应;该业务具有合理的目的。如果鉴证业务的工作范围受到重大限制,或者委托人试图将注册会计师的名字和鉴证对象不适当地联系在一起,则该项业务可能不具有合理的目的。

当拟承接的业务不具备上述鉴证业务的所有特征,不能将其作为鉴证业务予以承接时,注册会计师可以提请委托人将其作为非鉴证业务(如商定程序、代编财务信息、管理咨询、税务咨询等相关服务业务),以满足预期使用者的需要。

3.2.3 鉴证业务的三方关系

鉴证业务涉及的三方关系人包括注册会计师、责任方和预期使用者。责任方与预期使用者可能是同一方,也可能不是同一方。三方之间的关系是,注册会计师对由责任方负责的鉴证对象或鉴证对象信息提出结论,以增强除责任方之外的预期使用者对鉴证对象信息的信任程度。

鉴证业务以提高鉴证对象信息的可信性为主要目的。由于鉴证对象信息(或鉴证对象)是由责任方负责的,因此,注册会计师的鉴证结论主要是向除责任方之外的预期使用者提供的。在某些情况下,责任方和预期使用者可能来自同一企业,但并不意味着两者就是同一方。例如,某公司同时设有董事会和监事会,监事会需要对董事会和管理层提供的信息进行监督。

由于鉴证结论有利于提高鉴证对象信息的可信性,有可能对责任方有用,因此,在这种情况下,责任方也会成为预期使用者之一,但不是唯一的预期使用者。例如,在财务报表审计中,责任方是被审计单位的管理层,此时被审计单位的管理层便是审计报告的预期使用者之一,但同时预期使用者还包括企业的股东、债权人、监管机构等。

因此,是否存在三方关系人是判断某项业务是否属于鉴证业务的重要标准之一。如果某项业务不存在除责任方之外的其他预期使用者,那么该业务不构成一项鉴证业务。

鉴证业务还会涉及委托人,但委托人不是单独存在的一方,委托人通常是预期使用者之一,委托人也可能由责任方担任。

1. 注册会计师

注册会计师是指取得注册会计师证书并在会计师事务所执业的人员,有时也指其所在的会计师事务所。如果鉴证业务涉及的特殊知识和技能超出了注册会计师的能力,注册会计师可以利用专家协助执行鉴证业务。在这种情况下,注册会计师应当确信包括专家在内的项目组整体已具备执行该项鉴证业务所需的知识和技能,并充分参与该项鉴证业务和了解专家所承担的工作。

2. 责任方

对责任方的界定与所执行鉴证业务的类型有关。责任方是指下列组织或人员：

(1)在直接报告业务中,对鉴证对象负责的组织或人员。例如,在系统鉴证业务中,注册会计师直接对系统的有效性进行评价并出具鉴证报告,该业务的鉴证对象是被鉴证单位系统的有效性,责任方是对该系统负责的组织或人员,即被鉴证单位的管理层。

(2)在基于责任方认定的业务中,对鉴证对象信息负责并可能同时对鉴证对象负责的组织或人员。例如,企业聘请注册会计师对企业管理层编制的持续经营报告进行鉴证。在该业务中,鉴证对象信息为持续经营报告,由该企业的管理层负责,企业管理层为责任方。该业务的鉴证对象为企业的持续经营状况,它同样由企业的管理层负责。

责任方可能是鉴证业务的委托人,也可能不是委托人。

3. 预期使用者

预期使用者是指预期使用鉴证报告的组织或人员。责任方可能是预期使用者,但不是唯一的预期使用者。

如果鉴证业务服务于特定的使用者或具有特殊目的,注册会计师可以很容易地识别预期使用者。例如,企业向银行贷款,银行要求企业提供一份与贷款项目相关的预测性财务信息审核报告,那么,银行就是该鉴证报告的预期使用者。

注册会计师可能无法识别使用鉴证报告的所有组织和人员,尤其在各种可能的预期使用者对鉴证对象存在不同的利益需求时。此时,预期使用者主要是指那些与鉴证对象有重要和共同利益的主要利益相关者,例如,在上市公司财务报表审计中,预期使用者主要是指上市公司的股东。注册会计师应当根据法律法规的规定或与委托人签订的协议识别预期使用者。

3.2.4 鉴证对象

1. 鉴证对象与鉴证对象信息的形式

在注册会计师提供的鉴证业务中,存在多种不同类型的鉴证对象,相应的,鉴证对象信息也具有多种不同的形式。主要包括：

(1)当鉴证对象为财务业绩或状况时(如历史或预测的财务状况、经营成果和现金流量),鉴证对象信息是财务报表；

(2)当鉴证对象为非财务业绩或状况时(如企业的运营情况),鉴证对象信息可能是反映效率或效果的关键指标；

(3)当鉴证对象为物理特征时(如设备的生产能力),鉴证对象信息可能是有关鉴证对象物理特征的说明文件；

(4)当鉴证对象为某种系统和过程时(如企业的内部控制或信息技术系统),鉴证对象信息可能是关于其有效性的认定；

(5)当鉴证对象为一种行为时(如遵守法律法规的情况),鉴证对象信息可能是对法律法规遵守情况或执行效果的声明。

2. 鉴证对象特征

鉴证对象具有不同的特征,可能表现为定性或定量、客观或主观、历史或预测、时点或期间。这些特征将对下列方面产生影响:

(1) 按照标准对鉴证对象进行评价或计量的准确性;

(2) 证据的说服力。

例如,当鉴证对象为遵守法规的情况时,它的特征是定性的;当鉴证对象为企业的财务业绩或状况时,它的特征就是定量的。当鉴证对象为企业未来的盈利能力时,它的特征是主观的、预测的;当鉴证对象为企业的历史财务状况时,它的特征就是客观的、历史的。当鉴证对象为企业注册资本的实收情况时,它的特征是时点的;当鉴证对象为企业内部控制过程时,它的特征就是期间的。

通常,如果鉴证对象的特征表现为定量的、客观的、历史的或时点的,评价和计量的准确性相对较高,注册会计师获取证据的说服力相对较强,相应的,对鉴证对象信息提供的保证程度也较高。

3. 适当的鉴证对象应当具备的条件

鉴证对象是否适当是注册会计师能否将一项业务作为鉴证业务予以承接的前提条件。适当的鉴证对象应当同时具备下列条件:鉴证对象可以识别;不同的组织或人员对鉴证对象按照既定标准进行评价或计量的结果合理一致;注册会计师能够收集与鉴证对象有关的信息,获取充分、适当的证据,以支持其提出适当的鉴证结论。

不适当的鉴证对象可能会误导预期使用者。如果注册会计师在承接业务后发现鉴证对象不适当,应当视其重大与广泛程度,出具保留结论或否定结论的报告。不适当的鉴证对象还可能造成工作范围受到限制。如果注册会计师在承接业务后发现鉴证对象不适当,应当视工作范围受到限制的重大与广泛程度,出具保留结论或无法提出结论的报告。在适当的情况下,注册会计师可以考虑解除业务约定。

3.2.5 标 准

标准是指用于评价或计量鉴证对象的基准,当涉及列报时,还包括列报的基准。标准可以是正式的规定,如编制财务报表所使用的会计准则和相关会计制度;也可以是某些非正式的规定,如单位内部制定的行为准则或确定的绩效水平。

1. 适当的标准应当具备的特征

适当的标准应当具备下列所有特征:

(1) 相关性。相关的标准有助于得出结论,便于预期使用者作出决策。

(2) 完整性。完整的标准不应忽略业务环境中可能影响得出结论的相关因素,当涉及列报时,还包括列报的基准。

(3) 可靠性。可靠的标准能够使能力相近的注册会计师在相似的业务环境中,对鉴证对象作出合理一致的评价或计量。

(4) 中立性。中立的标准有助于得出无偏向的结论。

(5) 可理解性。可理解的标准有助于得出清晰、易于理解、不会产生重大歧义的结论。

值得注意的是,注册会计师基于自身的预期、判断和个人经验对鉴证对象进行的评价和计量,不构成适当的标准。

2.评价标准的适当性

注册会计师应当考虑运用于具体业务的标准是否具备本准则第二十五条所述的特征,以评价该标准对此项业务的适用性。在具体鉴证业务中,注册会计师在评价标准各项特征的相对重要程度时,需要运用职业判断。

标准可能是由法律法规规定的,或由政府主管部门或国家认可的专业团体依照公开、适当的程序发布的,也可能是专门制定的。采用标准的类型不同,注册会计师为评价该标准对于具体鉴证业务的适用性所需执行的工作也不同。

对于公开发布的标准,注册会计师通常不需要对标准的"适当性"进行评价,而只需评价该标准对具体业务的"适用性"。例如,在我国,会计标准由国家统一制定并强制执行。注册会计师无需评价会计标准是否适当,只需要判断责任方采用的标准是否适用于被鉴证单位即可(如小企业可以采用《小企业会计制度》)。

对于专门制定的标准,注册会计师首先要对这些标准本身的"适当性"加以评价,否则,注册会计师连自己所用的"尺子"是否适当都无法判断,又如何用这把"尺子"去"度量"要发表意见的鉴证对象。

3.预期使用者获取标准的方式

标准应当能够为预期使用者获取、以使预期使用者了解鉴证对象的评价或计量过程。标准可以通过下列方式供预期使用者获取:公开发布;在陈述鉴证对象信息时以明确的方式表述;在鉴证报告中以明确的方式表述;常识理解,如计量时间的标准是小时或分钟。

如果确定的标准仅能为特定的预期使用者获取,或仅与特定目的相关,如行业协会发布标准可能仅能为本行业内部的预期使用者获取,合同条款仅能为合同双方获取,且仅适用于合同约定事项,在这种情况下,鉴证报告的使用也应限于这些特定的预期使用者或特定目的。

3.2.6 证 据

注册会计师应当以职业怀疑态度计划和执行鉴证业务,获取有关鉴证对象信息是否不存在重大错报的充分、适当的证据。在计划和执行鉴证业务时,注册会计师保持职业怀疑态度十分必要。它有助于降低注册会计师忽视异常情况的风险,有助于降低注册会计师在确定鉴证程序的性质、时间、范围及评价由此得出的结论时采用错误假设的风险,有助于避免注册会计师根据有限的测试范围过度推断总体实际情况的风险。

在确定证据收集程序的性质、时间和范围,评估鉴证对象信息是否不存在错报时,注册会计师应当考虑重要性。注册会计师应当综合数量和性质因素考虑重要性。在具体业务中评估重要性以及数量和性质因素的相对重要程度,需要注册会计师运用职业判断。

1.证据与鉴证业务风险

鉴证业务风险是指在鉴证对象信息存在重大错报的情况下,注册会计师提出不恰当结论的可能性。

不同保证程度的鉴证业务,要求注册会计师将鉴证业务风险降至不同的水平。在合理保证的鉴证业务中,注册会计师应当将鉴证业务风险降至具体业务环境下可接受的低水平,以获取合理保证,作为以积极方式提出结论的基础。在有限保证的鉴证业务中,由于证据收集程序的性质、时间和范围与合理保证的鉴证业务不同,其风险水平高于合理保证的鉴证业务;但注册会计师实施的证据收集程序至少应当足以获取有意义的保证水平,作为以消极方式提出结论的基础。

与合理保证的鉴证业务相比,有限保证的鉴证业务在证据收集程序的性质、时间、范围等方面是有意识地加以限制的。例如,财务报表审阅业务是一项有限保证的鉴证业务,在该业务中,注册会计师主要通过询问和分析程序来获取充分、适当的证据。但是,无论是合理保证还是有限保证的鉴证业务,如果注意到某事项可能导致对鉴证对象信息是否需要作出重大修改产生疑问,注册会计师应当执行其他足够的程序,追踪这一事项,以支持鉴证结论。

2. 证据与鉴证业务的固有局限性

合理保证提供的保证水平低于绝对保证。由于下列因素的存在,将鉴证业务风险降至零几乎不可能,也不符合成本效益原则:

(1) 选择性测试方法的运用。注册会计师要在合理的时间内以合理的成本完成鉴证任务,通常只能采用选取特定项目和抽样等选择性测试的方法对鉴证对象信息进行检查。选取特定项目实施鉴证程序的结果不能推断至总体;抽样也可能产生误差,在采用这两种方法的情况下,都不能百分之百地保证鉴证对象信息不存在重大错报。

(2) 内部控制的固有局限性。例如,在决策时的人为判断可能出现错误和由于人为失误而导致内部控制失效;可能由于两个或更多的人员进行串通或管理层凌驾于内部控制之上,而使内部控制被规避。小型企业拥有的员工通常较少,限制了其职责分离的程度,业主凌驾于内部控制之上的可能性更大。关于"内部控制的固有的局限性"将在本教材第8章内部控制部分详细介绍。

(3) 大多数证据是说服性而非结论性的。证据的性质决定了注册会计师依靠的并非是完全可靠的证据。不同类型的证据,其可靠程度存在差异,即使是可靠程度最高的证据也有其自身的缺陷。例如,对应收账款进行函证,虽然提供的证据相对比较可靠,但受到被询证者是否认真对待询证函、是否能够保持独立性和客观性、是否熟悉所函证事项等诸多因素的影响。尽管注册会计师在设计询证函时要考虑这些因素,但是很难能百分之百地保证函证结果的可靠性。

(4) 在获取和评价证据以及由此得出结论时涉及大量判断。在获取证据时,注册会计师可以选择获取何种类型和何种来源的证据;获取证据之后,注册会计师要依据职业判断,对其充分性和适当性进行评价;最后依据证据得出结论时,更是离不开注册会计师的职业判断。

(5) 在某些情况下鉴证对象具有特殊性。例如,鉴证对象是矿产资源的储量、艺术品的价值、计算机软件开发的进度等。

3.2.7 鉴证报告

注册会计师应当出具含有鉴证结论的书面报告,该鉴证结论应当说明注册会计师就鉴证对象信息获取的保证。

1. 鉴证结论的两种表述形式

在基于责任方认定的业务中,注册会计师的鉴证结论可以采用下列两种表述形式:

(1)明确提及责任方认定,如"我们认为,责任方作出的'根据××标准,内部控制在所有重大方面是有效的'这一认定是公允的"。

(2)直接提及鉴证对象和标准,如"我们认为,根据××标准,内部控制在所有重大方面是有效的"。

在直接报告业务中,注册会计师应当明确提及鉴证对象和标准。

2. 提出鉴证结论的积极方式和消极方式

提出鉴证结论的方式有积极方式和消极方式两种,它们分别适用于合理保证的鉴证业务和有限保证的鉴证业务。

在合理保证的鉴证业务中,注册会计师应当以积极方式提出结论,如"我们认为,根据××标准,内部控制在所有重大方面是有效的"或"我们认为,责任方作出的'根据××标准,内部控制在所有重大方面是有效的'这认定是公允的"。

在有限保证的鉴证业务中,注册会计师应当以消极方式提出结论,如"基于本报告所述的工作,我们没有注意到任何事项使我们相信,根据××标准,××系统在任何重大方面是无效的"或"基于本报告所述的工作,我们没有注意到任何事项使我们相信,责任方作出的'根据××标准,××系统在所有重大方面是有效的'这一认定是不公允的"。

3.3 质量控制准则

3.3.1 质量控制的定义和作用

审计准则规定了审计工作应达到的质量水平,要想审计工作真正达到规定的质量水平,就必须实行质量控制。因此,不少国家和地区在施行审计准则的同时,还制定了质量控制准则。所谓质量控制,是指会计师事务所为了确保审计业务质量符合注册会计师执业准则的要求而建立和实施的控制政策和程序的总称。

质量控制有以下三方面的作用:

(1)质量控制是保证注册会计师审计准则得到遵守和落实的重要手段。没有质量控制,注册会计师审计准则的运用只能流于形式,无法达到预期的目的。

(2)质量控制是会计师事务所内部控制体系的重要组成部分,且在该体系中居于核心地位。会计师事务所面临激烈的同业竞争、广泛的社会监督和法律诉讼案件的威胁,因此,建立健全质量控制是完善内部控制体系的根本措施。

(3)质量控制是会计师事务所生存和发展的基本条件,是整个注册会计师职业赢得社会信任的重要措施。也就是说,质量控制的好坏不仅关系着会计师事务所的存亡,而且还直接关系到整个注册会计师职业的存亡。

3.3.2 中国注册会计师质量控制准则

质量控制是每个会计师事务所必须做好的一项重要工作。为了规范会计师事务所建立并保持有关财务报表审计和审阅、其他鉴证和相关服务业务的质量控制制度,2010年中国注册会计师协会修订了《中国注册会计师质量控制准则第5101号——业务质量控制》。

会计师事务所应当按照该准则的规定,制定质量控制制度,以合理保证:会计师事务所及其人员遵守职业准则和适用的法律法规的规定;会计师事务所和项目合伙人出具适合具体情况的报告。

会计师事务所应当考虑自身规模、分所的数量、对相关人员和分所授予的权限、人员的知识和经验、业务的性质和复杂程度、对成本效益的适当考虑等因素,制定本所的、能够实现质量控制目标的政策和程序。会计师事务所质量控制制度包括针对下列要素而制定的政策和程序:对业务质量承担的领导责任;相关职业道德要求;客户关系和具体业务的接受与保持;人力资源;业务执行;监控。

1. 对业务质量承担的领导责任

(1)培育重视质量的内部文化。会计师事务所应当制定政策和程序,培育以质量为导向的内部文化。这些政策和程序应当要求会计师事务所主任会计师(或类似职位的人员,下同)对质量控制制度承担最终责任。

会计师事务所领导层及其作出的示范对会计师事务所的内部文化有重大影响。培育以质量为导向的内部文化,取决于会计师事务所各级管理层通过清晰、一致及经常的行动和信息,强调质量控制政策和程序的重要性以及下列要求:按照职业准则和适用的法律法规的规定执行工作;出具适合具体情况的报告。

这些行动和信息通过认可并奖励高质量的工作,促进形成优秀的文化。会计师事务所可以通过培训、研讨班、会议、正式或非正式的对话、职责说明书、新闻通讯或简要备忘录等形式传达这些行动和信息,并将其体现在会计师事务所的内部文件、培训资料以及对合伙人及员工的评价程序中,以支持和强化会计师事务所对质量的重要性以及如何切实实现高质量的认识。

会计师事务所的领导层需要认识到,其经营策略服从于会计师事务所执行所有业务都要保证质量这一要求,这对于培育以质量为基础的内部文化尤其重要。培育这样的内部文化包括:①针对会计师事务所人员制定有关业绩评价、薪酬和晋升的政策和程序(包括激励制度),以表明质量至上的理念;②合理确定管理责任,以避免重商业利益轻业务质量;③投入足够的资源制定和执行质量控制政策和程序,并形成相关文件记录。

(2)会计师事务所质量控制制度运作责任的分配。会计师事务所主任会计师对质量控制制度承担最终责任,为保证质量控制制度的具体运作效果,主任会计师必须委派适当的人员并授予其必要的权限,以帮助主任会计师正确履行其职责。

为此,会计师事务所应当制定政策和程序,使受会计师事务所主任会计师委派负责质量控制制度运作的人员具有足够、适当的经验和能力以及必要的权限以履行其责任。要求承担质量控制制度运作责任的人员具有足够、适当的经验和能力,是为了使其能够识别和了解质量控制问题;要求具有必要的权限,是为了保证其能够实施质量控制政策和程序。

2. 相关职业道德要求

(1)遵守相关职业道德要求。相关职业道德要求,是指项目组和项目质量控制复核人员应当遵守的职业道德规范,通常是指中国注册会计师职业道德守则。

会计师事务所应当制定政策和程序,以合理保证会计师事务所及其人员遵守相关职业道德要求。注册会计师需要遵循的执行财务报表审计相关的职业道德基本原则包括:诚信;

独立性;客观和公正;专业胜任能力和应有的关注;保密;良好职业行为。有关"注册会计师职业道德的基本原则"详细内容见本教材第4章。

会计师事务所制定的政策和程序应当强调遵守职业道德规范的重要性,并通过下列途径予以强化:会计师事务所领导层的示范,教育和培训,监控,对违反职业道德要求行为的处理。

(2)满足独立性要求。会计师事务所应当制定政策和程序,以合理保证会计师事务所及其人员和其他受独立性要求约束的人员(包括网络事务所的人员),保持相关职业道德要求规定的独立性。

这些政策和程序应当使会计师事务所能够:向会计师事务所人员以及其他受独立性要求约束的人员传达独立性要求;识别和评价对独立性产生不利影响的情形,并采取适当的行动消除这些不利影响;或通过采取防范措施将其降至可接受的水平;或如果认为适当,在法律法规允许的情况下解除业务约定。

会计师事务所制定的相关政策和程序应当包括如下要求:①项目合伙人向会计师事务所提供与客户委托业务相关的信息(包括服务范围),以使会计师事务所能够评价这些信息对保持独立性的总体影响;②会计师事务所人员立即向会计师事务所报告对独立性产生不利影响的情形,以便会计师事务所采取适当行动;③会计师事务所收集相关信息,并向适当人员传达。会计师事务所应当向适当人员传达收集的相关信息,以便实现以下目的:会计师事务所及其人员能够容易地确定自身是否满足独立性要求;会计师事务所能够保持和更新与独立性相关的记录;会计师事务所能够针对识别出的、对独立性产生超出可接受水平的不利影响采取适当的行动。

会计师事务所应当制定政策和程序,以合理保证能够获知违反独立性要求的情况,并能够采取适当行动予以解决。这些政策和程序应当包括下列要求:①会计师事务所人员将注意到的、违反独立性要求的情况立即报告会计师事务所;②会计师事务所将识别出的违反这些政策和程序的情况,立即传达给需要与会计师事务所共同处理这些情况的项目合伙人、需要采取适当行动的会计师事务所和网络内部的其他相关人员以及受独立性要求约束的人员;③项目合伙人、会计师事务所和网络内部的其他相关人员以及受独立性要求约束的人员,在必要时立即向会计师事务所报告他们为解决有关问题而采取的行动,以使会计师事务所能够决定是否应当采取进一步的行动。

(3)获取书面确认函。会计师事务所应当每年至少一次向所有需要按照相关职业道德要求保持独立性的人员获取其遵守独立性政策和程序的书面确认函。书面确认函可以采用纸质和电子形式。通过获取确认函以及针对违反独立性的情况采取适当的行动,会计师事务所可以表明其强调保持独立性的重要性,并使保持独立性的问题对员工而言常讲常新,看得见摸得着。

(4)考虑因密切关系产生的不利影响。会计师事务所应当制定下列政策和程序,以防范长期委派同一名合伙人或高级员工执行某一客户的鉴证业务可能会导致因密切关系产生的不利影响:明确标准,以确定长期委派同一名合伙人或高级员工执行某项鉴证业务时,是否需要采取防范措施,将因密切关系产生的不利影响降至可接受的水平;对所有上市实体财务报表审计业务,按照相关职业道德要求和法律法规的规定,在规定期限届满时轮换项目合伙人、项目质量控制复核人员,以及受轮换要求约束的其他人员。

3. 客户关系和具体业务的接受与保持

(1) 总体要求。会计师事务所应当制定有关客户关系和具体业务接受与保持的政策和程序,以合理保证只有在下列情况下,才能接受或保持客户关系和具体业务:能够胜任该项业务,并具有执行该项业务必要的素质、时间和资源;能够遵守相关职业道德要求;已考虑客户的诚信,没有信息表明客户缺乏诚信。

(2) 考虑会计师事务所的胜任能力、素质和资源。在确定是否具有接受新客户或现有客户的新业务所需的胜任能力、素质和资源时,会计师事务所需要评价新业务的特定要求和所有相关级别的现有合伙人和员工的基本情况,以及下列事项:

①会计师事务所人员是否熟悉相关行业或业务对象;

②会计师事务所人员是否了解相关监管要求或报告要求,或具备有效获取必要技能和知识的能力;

③会计师事务所是否拥有足够的具有必要胜任能力和素质的人员;

④需要时是否能够得到专家的帮助;

⑤如果需要实施项目质量控制复核,是否具备符合标准和资格要求的项目质量控制复核人员;

⑥会计师事务所是否能够在提交报告的最后期限内完成业务。

(3) 相关职业道德要求。在确定是否接受新业务时,会计师事务所还应当考虑接受该业务是否会导致现实或潜在的利益冲突。如果识别出潜在的利益冲突,会计师事务所应当考虑接受该业务是否适当。

(4) 考虑客户的诚信。针对客户的诚信,会计师事务所考虑的事项主要包括:

①客户主要股东、关键管理人员及治理层的身份和商业信誉;

②客户的经营性质,包括其业务;

③有关客户主要股东、关键管理人员及治理层对内部控制环境和会计准则等的态度的信息;

④客户是否过分考虑将会计师事务所的收费维持在尽可能低的水平;

⑤工作范围受到不适当限制的迹象;

⑥客户可能涉嫌洗钱或其他刑事犯罪活动的迹象;

⑦变更会计师事务所的理由;

⑧关联方的名称、特征和商业信誉。

会计师事务所对客户诚信的了解程度,通常随着与客户关系的持续发展而加深。会计师事务所可以通过下列途径,获取与客户诚信相关的信息:

①与为客户提供专业会计服务的现任或前任人员进行沟通,并与其他第三方进行讨论;

②询问会计师事务所其他人员或金融机构、法律顾问和客户的同行等第三方;

③从相关数据库中搜索客户的背景信息。

(5) 考虑其他事项的影响。在确定是否保持客户关系时,会计师事务所应当考虑在本期或以前业务执行过程中发现的重大事项,及其对保持客户关系可能造成的影响。例如,客户可能已开始将其经营活动拓展到会计师事务所不具备专长的领域。

如果在接受业务后获知某项信息,而该信息若在接受业务前获知,可能导致会计师事务所拒绝接受业务,会计师事务所应当针对这种情况制定保持具体业务和客户关系的政策和程序。这些政策和程序应当考虑下列方面:适用于这种情况的职业责任和法律责任,包括是否要求会计师事务所向委托人报告或在某些情况下向监管机构报告;解除业务约定或同时解除业务约定和客户关系的可能性。

4. 人力资源

(1)总体要求。会计师事务所应当制定政策和程序,合理保证拥有足够的具有胜任能力和必要素质并承诺遵守职业道德要求的人员,以使:会计师事务所按照职业准则和适用的法律法规的规定执行业务,会计师事务所和项目合伙人能够出具适合具体情况的报告。

(2)人力资源政策和程序。与会计师事务所人力资源政策和程序相关的人事问题主要包括:招聘;业绩评价;人员的素质和专业胜任能力,包括完成所分派任务的时间是否足够;职业发展;晋升;薪酬;人员需求预测。

①招聘。有效的招聘过程和程序有助于会计师事务所选择正直的、通过发展能够具备执行业务所需的必要素质和胜任能力,并具备胜任工作所需要的适当特征的人员。

②人员的素质和专业胜任能力。会计师事务所可以通过下列途径提高人员的胜任能力:职业教育;持续职业发展,包括培训;工作经验;由经验更丰富的员工(如项目组的其他成员)提供辅导;针对独立性要求约束的人员进行的独立性教育。

会计师事务所人员是否能够保持胜任能力,在很大程度上取决于持续职业发展的水平。有效的政策和程序强调对会计师事务所各级人员进行继续培训的必要性,并提供必要的培训资源和帮助,以使会计师事务所人员能够发挥和保持必要的胜任能力和素质。如果会计师事务所内部不具备技术和培训资源,可以利用具有适当资格的外部人员。

③业绩评价、薪酬及晋升。业绩评价、薪酬和晋升程序需要对发展和保持胜任能力并遵循职业道德基本原则的行为给予应有的肯定和奖励。会计师事务所在发展和保持胜任能力并遵循职业道德基本原则方面可以采取下列步骤:使人员知晓会计师事务所对业绩的期望和对遵循职业道德基本原则的要求;向人员提供业绩、晋升和职业发展方面的评价和辅导;帮助人员了解提高业务质量及遵循职业道德基本原则是晋升更高职位的主要途径,而不遵守会计师事务所的政策和程序可能受到惩戒。

(3)项目组的委派。会计师事务所应当对每项业务委派至少一名项目合伙人[①],并制定政策和程序,明确下列要求:将项目合伙人的身份和作用告知客户管理层和治理层的关键成员;项目合伙人具有履行职责所要求的适当的胜任能力、必要素质和权限;清楚界定项目合伙人的职责,并告知该项目合伙人。

会计师事务所应当制定政策和程序,为项目组委派具有必要胜任能力和素质的适当人员,以便:按照职业准则和适用的法律法规的规定执行业务;会计师事务所和项目合伙人能够出具适合具体情况的报告。

会计师事务所的政策和程序可能包括对项目合伙人的工作量及可供调配的时间进行监控,以使项目合伙人有足够的时间恰当履行职责。在委派项目组及确定所需的监督程度时,会计师事务所需要考虑项目组的下列方面:通过适当的培训和参与业务,获取的执行类似性

[①] 项目合伙人是指会计师事务所中负责某项业务及其执行,并代表会计师事务所在出具的审计报告上签字的合伙人。

质和复杂程度业务的知识和实务经验;对职业准则和适用的法律法规的规定的掌握程度;具有的技术知识和专长,包括相关的信息技术知识;对客户所处的行业的了解;具有的职业判断能力;对会计师事务所质量控制政策和程序的了解。

5. 业务执行

会计师事务所应当制定政策和程序,以合理保证按照职业准则和适用的法律法规的规定执行业务,使会计师事务所和项目合伙人能够出具适合具体情况的报告。这些政策和程序应当包括:与保持业务执行质量一致性相关的事项;监督责任;复核责任。

(1)业务执行质量的一致性。会计师事务所通常使用书面或电子手册、软件工具、标准化底稿以及行业和特定业务对象的指南性材料方式,通过质量控制政策和程序,保持业务执行质量的一致性。这些文件或工具针对的事项可能包括:①如何将业务情况简要告知项目组,使其了解工作目标;②保证适用的执业准则得以遵守的过程;③业务监督、员工培训和辅导的过程;④对已执行的工作、作出的重大判断以及拟出具报告的形式进行复核的方法;⑤对已执行的工作及其复核的时间和范围作出适当记录;⑥保持所有的政策和程序是合时宜的。

同时,适当的团队工作和培训有助于经验较少的项目组成员清楚了解所分派工作的目标。

(2)监督。对业务的监督包括下列方面:①跟进审计业务的进程;②考虑项目组各成员的胜任能力和素质,包括是否有足够的时间执行审计、是否理解工作指令、是否按照计划的方案执行审计工作;③解决在执行业务过程中发现的重大问题,考虑其重要程度并适当修改原计划的方案;④识别在执行业务过程中需要咨询的事项,或需要由经验较丰富的项目组成员考虑的事项。

(3)复核。会计师事务所在安排复核工作时,应当由项目组内经验较多的人员复核经验较少的人员的工作。会计师事务所应当根据这一原则,确定有关复核责任的政策和程序。

复核需要考虑下列问题:是否已按照职业准则和适用的法律法规的规定执行工作;重大事项是否已提请进一步考虑;相关事项是否已进行适当咨询,由此形成的结论是否已得到记录和执行;是否需要修改已执行工作的性质、时间安排和范围;已执行的工作是否支持形成的结论,并得以适当记录;已获取的证据是否充分、适当以支持报告;业务程序的目标是否已实现。

(4)咨询。会计师事务所应当制定政策和程序,以合理保证:就疑难问题或争议事项进行适当咨询;能够获取充分的资源进行适当咨询;咨询的性质和范围以及咨询形成的结论得以记录,并经过咨询者和被咨询者的认可;咨询形成的结论得到执行。

咨询包括与会计师事务所内部或外部具有专门知识的人员,在适当专业层次上进行的讨论。

咨询可以利用适当的研究资源,以及会计师事务所的集体经验和技术专长。咨询有助于提高业务质量,改进对职业判断的运用。会计师事务所的政策和程序对咨询予以适当认可,有助于形成一种良好的咨询氛围,鼓励会计师事务所人员就疑难问题或争议事项进行咨询。

如果满足下列条件且适当记录和执行咨询形成的结论,就重大技术、道德及其他方面的问题向会计师事务所内部或外部进行咨询是有效的:已向被咨询者提供所有相关事实,使其能够对咨询事项提出有见地的意见;被咨询者拥有适当的知识、资历和经验。

就疑难问题或争议事项向其他专业人士咨询所形成的足够完整和详细的记录,有助于了解:寻求咨询的事项;咨询的结果,包括作出的决策、决策依据以及决策的执行情况。

由于缺乏适当的内部资源需要向外部咨询时,会计师事务所可以利用下列机构提供的咨询服务:其他会计师事务所;职业团体和监管机构;提供相关质量控制服务的商业机构。会计师事务所接受上述机构提供的咨询服务之前,考虑外部咨询提供者的胜任能力和素质,有助于确定外部咨询提供者能否胜任这项工作。

(5)意见分歧。有效的程序能够促进在业务执行的较早阶段识别出意见分歧,为拟采取的后续步骤提供明确指导,并要求对意见分歧的解决情况和形成结论的执行情况进行记录。解决意见分歧的程序可能包括向其他会计师事务所、职业团体或监管机构咨询。

会计师事务所应当制定政策和程序,以处理和解决项目组内部、项目组与被咨询者之间以及项目合伙人与项目质量控制复核人员之间的意见分歧,确保:得出的结论已得到记录和执行;只有问题得到解决,才可以签署业务报告。

(6)项目质量控制复核。项目质量控制复核是指在审计报告日或审计报告日之前,项目质量控制复核人员对项目组作出的重大判断和在准备报告时得出的结论进行客观评价的过程。

为了保证特定业务执行的质量,除了需要项目组实施组内复核外,会计师事务所还应当制定政策和程序,要求对特定业务实施项目质量控制复核,以客观评价项目组作出的重大判断以及在编制报告时得出的结论,并在出具报告前完成项目质量控制复核。项目质量控制复核适用于上市实体财务报表审计,以及会计师事务所确定需要实施项目质量控制复核的其他业务。

这些政策和程序应当包括下列要求:要求对所有上市实体财务报表审计实施项目质量控制复核;明确标准,据此评价所有其他的历史财务信息审计和审阅、其他鉴证和相关服务业务,以确定是否应当实施项目质量控制复核;要求对所有符合标准的业务实施项目质量控制复核。

①确定需要实施项目质量控制复核的标准。在确定除上市实体财务报表审计以外的其他业务是否需要实施项目质量控制复核时,会计师事务所依据的标准主要包括:业务的性质,包括涉及公众利益的程度;在某项业务或某类业务中已识别出的异常情况或风险;法律法规是否要求实施项目质量控制复核。

②项目质量控制复核的性质、时间安排和范围。会计师事务所应当制定政策和程序,以明确项目质量控制复核的性质、时间安排和范围。这些政策和程序应当要求,只有完成项目质量控制复核,才可以签署业务报告。然而,项目质量控制复核形成的工作底稿可以在报告日后完成。

在业务过程的适当阶段及时实施项目质量控制复核,可以使重大事项在报告日或报告日之前得到迅速、满意的解决。

项目质量控制复核的范围可能取决于业务的复杂程度、客户是否为上市实体以及出具不恰当报告的风险等因素。实施项目质量控制复核并不减轻项目合伙人的责任。

会计师事务所应当制定政策和程序,要求项目质量控制复核包括下列工作:就重大事项与项目合伙人进行讨论;复核财务报表或其他业务对象信息及拟出具的报告;复核选取的与项目组作出重大判断和得出的结论相关的业务工作底稿;评价在编制报告时得出的结论,并考虑拟出具报告的恰当性。

③上市实体财务报表审计的项目质量控制复核。针对上市实体财务报表审计,会计师事务所应当制定政策和程序,要求实施的项目质量控制复核包括对下列事项的考虑:项目组就具体业务对会计师事务所独立性作出的评价;项目组是否已就涉及意见分歧的事项,或者其他疑难问题或争议事项进行适当咨询,以及咨询得出的结论;选取的用于复核的业务工作底稿,是否反映项目组针对重大判断执行的工作,以及是否支持得出的结论。

在对上市实体财务报表审计实施项目质量控制复核时,复核人员可能考虑下列与评价项目组作出的重大判断相关的其他事项:在审计过程中识别出的特别风险以及采取的应对措施;作出的判断,尤其是关于重要性和特别风险的判断;在审计中识别出的已更正和未更正的错报的重要程度及处理情况;拟向管理层、治理层和其他机构或人员(如监管机构)报告的事项。

在对除上市实体财务报表审计外的其他业务实施项目质量控制复核时,项目质量控制复核人员也可根据具体情况考虑上述事项。

④项目质量控制复核人员的资格标准。会计师事务所应当制定政策和程序,解决项目质量控制复核人员的委派问题,明确项目质量控制复核人员的资格要求,包括:履行职责需要的技术资格,包括必要的经验和权限,这取决于业务的具体情况;在不损害其客观性的前提下,项目质量控制复核人员能够提供业务咨询的程度。

在业务执行过程中,项目合伙人可以向项目质量控制复核人员咨询。项目合伙人咨询项目质量控制复核人员后作出的判断,可以为项目质量控制复核人员所接受,从而可以避免在业务执行的后期出现意见分歧,这并不妨碍项目质量控制复核人员履行职责。

当咨询所涉及问题的性质和范围十分重大时,除非项目组和项目质量控制复核人员都能谨慎从事以使复核人员保持客观性,否则项目质量控制复核人员的客观性可能受到损害。如果复核人员不能保持客观性,会计师事务所需要委派内部其他人员或具有适当资格的外部人员,担任项目质量控制复核人员或为该项业务提供咨询。

⑤项目质量控制复核人员的客观性。会计师事务所应当制定政策和程序,以使项目质量控制复核人员保持客观性。因此,这些政策和程序要求项目质量控制复核人员符合下列规定:如果可行,不由项目合伙人挑选;在复核期间不以其他方式参与该业务;不代替项目组进行决策;不存在可能损害复核人员客观性的其他情形。

会计师事务所的政策和程序应当规定,在项目质量控制复核人员客观实施复核的能力可能受到损害时,替换该项目质量控制复核人员。

⑥项目质量控制复核的记录。会计师事务所应当制定有关项目质量控制复核记录的政策和程序,要求记录:会计师事务所有关项目质量控制复核的政策所要求的程序已得到实施;项目质量控制复核在报告日或报告日之前已完成;复核人员没有发现任何尚未解决的事项,使其认为项目组作出的重大判断和得出的结论不适当。

(7)业务工作底稿。业务工作底稿是指注册会计师对执行的工作、获取的结果和得出的结论作出的记录。

①完成最终业务档案的归整工作。会计师事务所应当制定政策和程序,以使项目组在出具业务报告后及时完成最终业务档案的归整工作。对历史财务信息审计和审阅业务、其

他鉴证业务,业务工作底稿的归档期限为业务报告日后60天内。

如果针对客户的同一鉴证对象信息出具两个或多个不同的报告,会计师事务所可将其视为不同的业务,根据有关归档期限的政策和程序,分别进行归档。例如,会计师事务所出于集团合并目的,针对某个组成部分的财务信息出具报告,随后又根据法律法规的规定,针对同一财务信息出具报告。

②业务工作底稿的保密、安全保管、完整性及使用和检索。会计师事务所应当制定政策和程序,以满足下列要求:安全保管业务工作底稿并对业务工作底稿保密;保证业务工作底稿的完整性;便于使用和检索业务工作底稿。

根据相关职业道德要求,除非客户已授权披露信息,或有法律义务或职业责任要求,会计师事务所人员有义务始终对业务工作底稿包含的信息予以保密。特定法律法规可能要求会计师事务所人员承担额外的保密义务,尤其在涉及个人性质的数据时。

无论业务工作底稿存在于纸质、电子还是其他介质,如果在会计师事务所不知情的情况下,工作底稿被更改、增减或发生永久性丢失、毁损,数据的完整性、可获得性和可恢复性将受到损害。因此,会计师事务所可以设计并实施下列控制,以避免未经授权更改或丢失业务工作底稿:使业务工作底稿显示其生成、修改或复核的时间和人员;在业务的所有阶段,尤其是在项目组成员共享信息或通过互联网将信息传递给其他人员时,保护信息的完整性;防止未经授权改动业务工作底稿;仅允许项目组和其他经授权的人员为适当履行职责而接触业务工作底稿。

会计师事务所可以设计并执行下列控制,以保证业务工作底稿的保密、安全保管、完整性及使用和检索:在项目组成员中使用密码,以使对电子业务工作底稿的接触只限于经过授权的使用者;在业务的适当阶段对电子业务工作底稿进行适当备份;在业务开始时间向项目组成员恰当分发业务工作底稿、在业务执行过程中处理业务工作底稿以及在业务结束时整理业务工作底稿的程序;限制接触、恰当分发和保密存放纸质业务工作底稿的程序。

由于实务原因,原纸质工作底稿可能经电子扫描后存入业务档案。在这种情况下,会计师事务所可以设计程序,要求项目组执行下列工作,以保证工作底稿的完整性及使用和检索:生成与纸质工作底稿的内容完全相同的扫描件,包括人工签名、交叉索引和注释;将扫描件(包括必要时对扫描件的索引和签字)归整到业务档案中;能够在必要时检索和打印扫描件。

根据法律法规的规定或基于其他原因,会计师事务所需要保留已扫描的原纸质工作底稿。

③业务工作底稿的保存。会计师事务所应当制定政策和程序,以使业务工作底稿的保存期限满足会计师事务所的需要和法律法规的规定。

会计师事务所业务工作底稿的需要和保存的期限,将随着业务性质及会计师事务所情况的变化而变化,例如,是否需要将业务工作底稿作为对未来业务有持续重大影响的事项的记录。保存期限也可能取决于其他因素,例如,法律法规是否针对特定类型的业务规定了具体的保存期限,或在没有具体的法律法规要求时,是否存在公认的保存期限。

对历史财务信息审计和审阅业务、其他鉴证业务,会计师事务所应当自业务报告日起对业务工作底稿至少保存10年。如果组成部分业务报告日早于集团业务报告日,会计师事务所应当自集团业务报告日起对组成部分业务工作底稿至少保存10年。

④业务工作底稿的所有权。除非法律法规另有规定,业务工作底稿的所有权属于会计师事务所。会计师事务所可以自主决定,允许客户获取业务工作底稿部分内容或摘录部分工作底稿,但是披露这些信息不得损害会计师事务所已执行工作的有效性。对于鉴证业务,披露这些信息不得损害会计师事务所及其人员的独立性。

6. 监控

(1) 总体要求。会计师事务所应当制定监控政策和程序,以合理保证与质量控制制度相关的政策和程序具有相关性和适当性,并正在有效运行。

监控过程应当包括:持续考虑和评价会计师事务所质量控制制度;要求委派一个或多个合伙人,或会计师事务所内部具有足够、适当的经验和权限的其他人员负责监控过程;要求执行业务或实施项目质量控制复核的人员不参与该项业务的检查工作。

对质量控制政策和程序遵守情况的监控旨在评价:遵守职业准则和法律法规的情况;质量控制制度设计是否适当,运行是否有效;质量控制政策和程序应用是否得当,以便会计师事务所和项目合伙人能够根据具体情况出具恰当的业务报告。

(2) 监控的内容。对质量控制制度的持续考虑和评价包括:对法律法规的新变化以及会计师事务所的政策和程序如何适当反映这些变化、有关独立性政策和程序遵守情况的书面确认函、继续职业发展,包括培训、与接受和保持客户关系及具体业务相关的决策等事项进行分析;确定拟在质量控制制度中采取的更正行动和改进措施,包括要求对有关教育与培训的政策和程序提供反馈意见;向会计师事务所适当人员通报识别出的质量控制制度在设计、理解或执行方面存在的缺陷;由会计师事务所适当人员采取限制跟踪措施,对质量控制政策和程序及时做出必要的修正。

对会计师事务所质量控制制度的监控应当由具有专业胜任能力的人员实施。会计师事务所可以委派主任会计师、副主任会计师或具有足够、适当经验和权限的其他人员履行监控责任。

(3) 实施检查的时间。会计师事务所应当周期性地选取已完成的业务进行检查,周期最长不得超过3年;在每个周期内,对每个项目合伙人,至少检查一项已完成的业务。

周期性检查的组织方式,包括对单项业务检查时间的安排,取决于下列主要因素:会计师事务所的规模;分支机构的数量及分布;前期实施监控程序的结果;人员和分支机构的权限,例如,某分支机构是否经授权执行自我检查,或只有总部才有检查的权力;会计师事务所业务和组织结构的性质及复杂程度;与客户和具体业务相关的风险。

检查包括选取单项业务。会计师事务所在选取某些业务时,可以不事先告知项目组。在确定检查的范围时,会计师事务所可以考虑外部独立检查的范围或结论。但是,外部独立检查并不能替代会计师事务所自身的内部监控。

(4) 监控结果的处理。会计师事务所应当将实施监控程序注意到的缺陷以及建议采取的适当补救措施,告知相关项目合伙人及其他适当人员。

①缺陷的影响及性质。会计师事务所应当评价在监控过程中注意到的缺陷的影响,并确定缺陷是否属于下列情况之一:该缺陷并不必然表明会计师事务所的质量控制制度不足以合理保证会计师事务所遵守职业准则和适用的法律法规的规定,以及会计师事务所和项目合伙人出具适合具体情况的报告;该缺陷是系统性的、反复出现的或其他需要及时纠正的重大缺陷。

②补救措施。针对注意到的缺陷,建议采取的适当补救措施应当包括:采取与某项业务或某个人员相关的适当补救措施;将发现的缺陷告知负责培训和职业发展的人员;改进质量控制政策和程序;对违反会计师事务所政策和程序的人员,尤其是对反复违规的人员实施惩戒。

③监控结果表明出具的报告不适当时的处理。会计师事务所应当制定政策和程序,以应对下列两种情况:实施监控程序的结果表明出具的报告可能不适当;实施监控程序的结果表明在执行业务过程中遗漏了应实施的程序。这些政策和程序应当要求会计师事务所确定采取哪些进一步行动以遵守职业准则和适用的法律法规的规定,并考虑是否征询法律意见。

④定期通报监控结果。会计师事务所应当每年至少一次将质量控制制度的监控结果,向项目合伙人及会计师事务所内部的其他适当人员通报。这种通报应当足以使会计师事务所及其相关人员能够在其职责范围内及时采取适当的行动。

通报的信息应当包括:对已实施的监控程序的描述;实施监控程序得出的结论;如果相关,对系统性的、反复出现的缺陷或其他需要及时纠正的重大缺陷的描述。

⑤监控的记录。有关监控的适当记录主要包括:监控程序,包括选取已完成的业务进行检查的程序;识别出的缺陷,对其影响的评价,是否采取行动及采取何种行为的依据。

有关监控的适当记录还包括对下列事项进行评价的记录:遵守职业准则和适用的法律法规的情况;质量控制制度设计是否适当,运行是否有效;会计师事务所质量控制政策和程序是否得到恰当运用,以使会计师事务所和项目合伙人能够出具适合具体情况的报告。

⑥投诉和指控。投诉和指控(不包括那些明显草率的)可能源自会计师事务所内部或外部。会计师事务所人员、客户或其他第三方都可能提出投诉和指控。投诉和指控可能提交项目组成员或会计师事务所的其他人员。

会计师事务所应当制定政策和程序,以合理保证能够适当处理下列事项:投诉和指控会计师事务所执行的工作未能遵守职业准则和适用的法律法规的规定;指控未能遵守会计师事务所质量控制制度。

会计师事务所应当明确投诉和指控渠道,以使会计师事务所人员能够没有顾虑地提出关注的问题。如果在调查投诉和指控的过程中识别出会计师事务所质量控制政策和程序在设计或运行方面存在缺陷,或存在违反质量控制制度的情况,会计师事务所应当采取适当行动。

复习思考题

1. 注册会计师执业准则体系的框架包括哪些内容?
2. 鉴证业务的定义、要素和目标是什么?
3. 鉴证结论的表达方式与提出方式有哪几种?
4. 注册会计师质量控制准则的主要内容有哪些?

练习题

一、单项选择题

1. 在审计过程中,注册会计师提请被审计单位调整须调整事项时,双方意见发生分歧,( )可作为注册会计师坚持其正确审计意见的客观依据。

A. 质量控制准则　　　　　　　　B. 企业会计准则
C. 注册会计师执业准则　　　　　D. 职业道德准则

2. 中国注册会计师执业准则体系包括(　　)、相关服务准则和质量控制准则三大部分。

A. 质量控制准则　　　　　　　　B. 企业会计准则
C. 鉴证业务准则　　　　　　　　D. 职业道德准则

3. 鉴证业务的三方关系人不包括(　　)。

A. 预期使用者　　　　　　　　　B. 注册会计师
C. 证券监管机构　　　　　　　　D. 责任方

4. 对会计师事务所的质量控制制度承担最终责任的是(　　)。

A. 项目经理　　　　　　　　　　B. 项目合伙人
C. 主任会计师　　　　　　　　　D. 被鉴证单位管理层

二、多项选择题

1. 下列(　　)属于注册会计师鉴证业务准则的内容。

A. 鉴证业务基本准则　　　　　　B. 企业会计准则
C. 审阅准则　　　　　　　　　　D. 审计准则

2. 鉴证业务按照保证程度不同可划分为(　　)。

A. 绝对保证　　　　　　　　　　B. 有限保证
C. 中等保证　　　　　　　　　　D. 合理保证

3. 会计师事务所的质量控制制度包括针对以下方面制度的政策和程序(　　)。

A. 对业务质量承担的领导责任　　B. 职业道德规范
C. 客户关系和具体业务的接受与保持　　D. 业务执行

4. 会计师事务所可以通过下列途径提高人员素质和专业胜任能力(　　)。

A. 由经验更丰富的员工提供辅导　　B. 工作经验
C. 职业教育　　　　　　　　　　D. 职业发展,包括培训

三、案例分析题

【资料】ABC会计师事务所于2011年取得证券期货相关业务审计资格。为了尽快开展上市公司审计业务,ABC会计师事务所从XYZ会计师事务所招聘A注册会计师担任上市公司审计部经理。A注册会计师将XYZ会计师事务所的上市公司审计客户——甲公司带入ABC会计师事务所。在对甲公司2012年度财务报表审计时,ABC会计师事务所委派A注册会计师继续担任项目经理,并与上市公司审计部副经理B注册会计师共同担任签字注册会计师。在计划审计工作时,受到审计资源的限制,A注册会计师认为,自己过去5年一直担任甲公司的审计项目经理和签字注册会计师,非常熟悉甲公司情况,因此要求项目组不再了解甲公司及其环境,直接实施进一步审计程序。为了保证审计质量,A注册会计师作为项目经理和项目质量控制复核人,对整个审计业务的重大事项进行复核。

【要求】请指出ABC会计师事务所在业务承接、业务执行和业务质量控制方面存在的问题,并简要说明理由。

第4章

注册会计师的职业道德和法律责任

新准则提示

《中国注册会计师鉴证业务基本准则》
《中国注册会计师审计准则第 1101 号——注册会计师的总体目标和审计工作的基本要求》
《中国注册会计师审计准则第 1141 号——财务报表审计中与舞弊相关的责任》
《中国注册会计师审计准则第 1142 号——财务报表审计中对法律法规的考虑》
《中国注册会计师审计准则第 1501 号——对财务报表形成审计意见和出具审计报告》
《中国注册会计师职业道德守则第 1 号——职业道德基本原则》
《中国注册会计师职业道德守则第 2 号——职业道德概念框架》
《中国注册会计师职业道德守则第 3 号——提供专业服务的具体要求》
《中国注册会计师职业道德守则第 4 号——审计和审阅业务对独立性的要求》
《中国注册会计师职业道德守则第 5 号——其他鉴证业务对独立性的要求》

在本章中,你将学到——

- 注册会计师职业道德基本原则
- 对注册会计师法律责任的认定
- 注册会计师承担法律责任的种类
- 注册会计师承担法律责任的预防

中英文关键词对照——

- 法律责任 Legal Liability
- 职业道德 Professional Ethics
- 独立性 Independence
- 诚信 Integrity
- 违约 Breach of Contract
- 过失 Negligence
- 欺诈 Fraud
- 普通过失 Ordinary Negligence
- 重大过失 Gross Negligence

2009年12月,华阳科技控股子公司宁阳鲁邦正阳热电有限责任公司(以下简称鲁邦热电)以预付煤炭款的形式支付给宁阳县运通煤炭物资有限公司(以下简称运通煤炭)、宁阳县运展煤炭销售有限公司(以下简称运展煤炭)和宁阳县鲁兴煤炭运销有限公司(以下简称鲁兴煤炭)资金48 504 717.29元,运通煤炭、运展煤炭和鲁兴煤炭收到资金后支付给华阳集团,华阳集团再支付给鲁邦热电。

对鲁邦热电2009年的货币资金进行审计时,利安达会计师事务所的审计人员获取了鲁邦热电向运通煤炭、运展煤炭和鲁兴煤炭预付账款的凭证和华阳集团向鲁邦热电划转资金的凭证,资金进出的时间、金额完全相同,鲁邦热电2009年预付账款期末数较期初数的变动比例为808.70%,利安达的审计人员对鲁邦热电存货中原煤、煤矸石的采购量和使用量进行分析后认为鲁邦热电预付的款项是合理的。但即便考虑煤炭涨价的因素,鲁邦热电2009年底预付的大额购买原煤、煤矸石的款项与鲁邦热电的生产需求规模相比也不配比、不合理。对此,利安达的审计人员在审计时未充分执行分析程序,没有对鲁邦热电的上述资金划转保持应有的职业怀疑,发表了不恰当的审计意见。

在此事件中,利安达会计师事务所的注册会计师违反了注册会计师职业道德守则的哪些条款?应该承担什么法律责任?

2001年12月2日,继"9·11"之后,全球金融市场落下了一枚重磅"炸弹":全世界最大的能源交易商、"美国500强"企业排行榜名列第7、掌控美国20%的电力和天然气交易、经营业务覆盖全球40多个国家和地区、雇员逾2万人、营业收入超过1 000亿美元的安然公司(Enron Corporation)申请破产保护,成为美国历史上第2大破产倒闭案。2002年3月14

日,负责审计安然公司财务报表、当时国际会计"五大"之一的安达信会计师事务所因销毁有关安然公司的审计档案而被美国司法部以"妨碍司法"的罪名提起刑事指控(这是有史以来美国司法部首次向"五大"提出刑事指控),2002年6月15日,由15人组成的美国联邦大陪审团裁定安达信"妨碍司法"罪名成立,这一历史性判决不但使得这家1913年创办的曾经享誉全球、拥有美国20%的上市公司作为客户、年营业收入逾百亿美元的会计师事务所被罚款50万美元,更因这一罪名自动失去审计上市公司的资格,从而永远退出了历史舞台。曾经辉煌一时的国际会计"五大",一夜之间变成了"四大"。

那么,是什么导致了这些事件的发生?注册会计师承担了什么责任呢?

4.1 注册会计师的职业道德

道德属于一种社会意识形态,是调整人与人之间、个人与社会之间关系行为规范的总和,它以真诚与虚伪、善与恶、正义与非正义、公正与偏私等观念来衡量和评价人们的思想、行动。通过各种形式的教育和社会舆论力量,使人们逐渐形成一定的信念、习惯、传统而发生作用。《中国注册会计师职业道德守则》用来规范中国注册会计师职业行为,提高职业道德水准,维护职业形象。

注册会计师的职业道德包含了丰富的内容,本节主要介绍注册会计师职业道德的基本原则,包括诚信、独立、客观和公正、专业胜任能力和应有的关注、保密、良好职业行为等。

4.1.1 诚　信

诚信是指诚实、守信。也就是说,一个人言行与内心思想一致,不虚假;能够履行与别人的约定而取得对方的信任。诚信原则要求注册会计师应当在所有的职业关系和商业关系中保持正直和诚实,秉公处事、实事求是。

注册会计师如果认为业务报告、申报资料或其他信息存在下列问题,则不得与这些有问题的信息发生牵连:

(1)含有严重虚假或误导性的陈述;

(2)含有缺乏充分根据的陈述或信息;

(3)存在遗漏或含糊其辞的信息。

注册会计师如果注意到已与有问题的信息发生牵连,应当采取措施消除牵连。在鉴证业务中,如果注册会计师依据执业准则出具了恰当的非标准业务报告,不被视为违反上述要求。

4.1.2 独立性

独立性是指不受外来力量控制、支配,按照一定之规行事。独立原则通常是对注册会计师提出的明确要求。在执行鉴证业务时,注册会计师必须保持独立。如果注册会计师不能与客户保持独立,而是存在经济利益、关联关系,或屈从于外界压力,就很难取信于社会公众。

注册会计师执行审计和审阅业务以及其他鉴证业务时,应当从实质上和形式上保持独立性,不得因任何利害关系影响其客观性。

会计师事务所在承办审计和审阅业务以及其他鉴证业务时,应当从整体层面和具体业务层面采取措施,以保持会计师事务所和项目组的独立性。

4.1.3 客观和公正

客观,是指按照事物的本来面目去考察,不添加个人的偏见。公正,是指公平、正直、不偏袒。客观和公正原则要求注册会计师应当公正处事、实事求是,不得由于偏见、利益冲突或他人的不当影响而损害自己的职业判断。如果存在导致职业判断出现偏差,或对职业判断产生不当影响的情形,注册会计师不得提供相关专业服务。

4.1.4 专业胜任能力和应有的关注

1. 专业胜任能力

注册会计师作为专业人士,在许多方面都要履行相应的责任,保持和提高专业胜任能力就是其中的重要内容。专业胜任能力可分为两个独立阶段:①专业胜任能力的获取;②专业胜任能力的保持。注册会计师应当通过教育、培训和执业实践获取和保持专业胜任能力,应当持续了解并掌握当前法律、技术和实务的发展变化,将专业知识和技能始终保持在应有的水平,确保为客户提供具有专业水准的服务。注册会计师在应用专业知识和技能时,还应当合理运用职业判断。注册会计师如果不能保持和提高专业胜任能力,就难以完成客户委托的业务。事实上,如果注册会计师在缺乏足够的知识、技能和经验的情况下提供专业服务,就构成了一种欺诈,可能给客户乃至社会公众带来危害。

2. 应有的关注

应有的关注,要求注册会计师遵守执业准则和职业道德规范的要求,勤勉尽责,认真、全面、及时地完成工作任务。在审计过程中,注册会计师应当保持职业怀疑态度,运用专业知识、技能和经验,获取和评价审计证据。同时,注册会计师应当采取措施以确保在其授权下工作的人员得到适当的培训和督导。在适当情况下,注册会计师应当使客户、工作单位和专业服务的其他使用者了解专业服务的固有局限性。

4.1.5 保 密

注册会计师能否与客户维持正常的关系,有赖于双方能否自愿而又充分地进行沟通和交流,不掩盖任何重要的事实和情况。只有这样,注册会计师才能有效地完成工作。注册会计师与客户的沟通,必须建立在为客户信息保密的基础上。这里所说的客户信息,通常是指涉密信息。一旦涉密信息被泄露或被利用,往往会给客户造成损失。因此,许多国家规定,在公众领域执业的注册会计师,在没有取得客户同意的情况下,不能泄露任何客户的涉密信息。

保密原则要求注册会计师应当对在职业活动中获知的涉密信息予以保密,不得有下列行为:

(1)未经客户授权或法律法规允许,向会计师事务所以外的第三方披露其所获知的涉密信息;

(2)利用所获知的涉密信息为自己或第三方谋取利益。

注册会计师在社会交往中应当履行保密义务,警惕无意中泄密的可能性,特别是警惕无意中向近亲属或关系密切的人员泄密的可能性。近亲属是指配偶、父母、子女、兄弟姐妹、祖父母、外祖父母、孙子女、外孙子女。

注册会计师应当明确在会计师事务所内部保密的必要性,采取有效措施,确保其下级员工以及为其提供建议和帮助的人员遵循保密义务。

在终止与客户的关系之后,注册会计师仍然应当对以前职业关系中获知的涉密信息保密。如果获得新客户,注册会计师可以利用以前的经验,但不得利用或披露以前职业活动中获得的涉密信息。

在下列情形下,注册会计师可以披露涉密信息:
(1)法律法规允许披露,并取得客户的授权;
(2)根据法律法规的要求,为法律诉讼、仲裁准备文件或提供证据,以及向有关监管机构报告发现的违法行为;
(3)法律法规允许的情况下,在法律诉讼、仲裁中维护自己的合法权益;
(4)接受注册会计师协会或监管机构的执业质量检查,答复其询问和调查;
(5)法律法规、执业准则和职业道德规范规定的其他情形。

4.1.6 良好的职业行为

注册会计师应当遵守相关法律法规,避免发生任何损害职业声誉的行为。注册会计师在向公众传递信息以及推介自己和工作时,应当客观、真实、得体,不得损害职业形象。注册会计师应当诚实、实事求是,不得有下列行为:
(1)夸大宣传提供的服务、拥有的资质或获得的经验;
(2)贬低或无根据地比较其他注册会计师的工作。

4.2 注册会计师的法律责任

随着社会主义市场经济体制在我国的建立和完善,注册会计师在社会经济生活中的地位越来越重要,发挥的作用越来越大。如果注册会计师工作失误或犯有欺诈行为,将会给客户或依赖经审计财务报表的第三者造成重大损失,严重的甚至导致经济秩序的紊乱。因此,强化注册会计师的法律责任意识,严格注册会计师的法律责任,以保证职业道德和执业质量,就显得越来越重要。

4.2.1 注册会计师承担法律责任的依据

法律责任的出现,通常是因为注册会计师在执业时没有保持应有的职业谨慎,并因此导致了对他人权利的损害。应有的职业谨慎,指的是注册会计师应当具备足够的专业知识和业务能力,按照执业准则的要求执业。如果没有应有的职业谨慎,就会出现审计失败,审计风险就会变成实际的损失。

注册会计师承担的责任,通常是由被审计单位的经营失败所引发。经营失败,是指企业由于经济或经营条件的变化而无法满足投资者的预期。经营失败的极端情况是申请破产。被审计单位在经营失败时,也可能会连累注册会计师。很多会计和法律专业人士认为,财务报表使用者控告会计师事务所的主要原因之一,是不理解经营失败和审计失败之间的差别。

由于审计中的固有限制影响注册会计师发现重大错报的能力,注册会计师不能对财务报表整体不存在重大错报做出绝对保证。特别是,如果被审计单位管理层精心策划和掩盖舞弊行为,尽管注册会计师完全按照审计准则执业,有时还是不能发现某项重大舞弊行为。在绝大多数情况下,当注册会计师未能发现重大错报并出具了错误的审计意见时,就可能产生注册会计师是否恪守应有的职业谨慎这一法律问题。如果注册会计师在审计过程中没有尽到应有的职业谨慎,就属于审计失败。在这种情况下,法律通常允许因注册会计师未尽到应有的职业谨慎而遭受损失的各方,获得由审计失败导致的部分或全部损失的补偿。但是,由于审计业务的复杂性,判断注册会计师未能尽到应有的谨慎也是一项困难的工作。尽管如此,注册会计师如果未能恪守应有的职业谨慎,通常会由此承担责任,并可能致使会计师事务所也遭受损失。

4.2.2 对注册会计师法律责任的认定

1. 违约

违约是指合同的一方或多方未能履行合同条款规定的义务。当违约给他人造成损失时,注册会计师应负违约责任。比如,会计师事务所在商定的期间内未能提交纳税申报表,或违反了与被审计单位订立的保密协议等。

2. 过失

过失是指在一定条件下,没有保持应有的职业谨慎。评价注册会计师的过失,是以其他合格注册会计师在相同条件下可做到的谨慎为标准的。当过失给他人造成损失时,注册会计师应负过失责任。过失可按程度不同区分为普通过失和重大过失。

(1) 普通过失,有的也称一般过失,通常是指没有保持职业上应有的职业谨慎;对注册会计师而言则是指没有完全遵循专业准则的要求。比如,未按特定审计项目获取充分、适当的审计证据就出具审计报告的情况,可视为一般过失。

(2) 重大过失是指连起码的职业谨慎都没有保持。对注册会计师而言,则是指根本没有遵循专业准则或没有按专业准则的基本要求执行审计。

3. 欺诈

欺诈又称舞弊,是以欺骗或坑害他人为目的的一种故意的错误行为。作案具有不良动机是欺诈的重要特征,也是欺诈与普通过失和重大过失的主要区别之一。对于注册会计师而言,欺诈就是为了达到欺骗他人的目的,明知委托单位的财务报表有重大错报,却加以虚伪的陈述,出具无保留意见的审计报告。

与欺诈相关的另一个概念是"推定欺诈",又称"涉嫌欺诈",是指虽无故意欺诈或坑害他人的动机,但却存在极端或异常的过失。推定欺诈和重大过失这两个概念的界限往往很难界定,在美国,许多法院曾经将注册会计师的重大过失解释为推定欺诈,特别是近年来有些法院放宽了"欺诈"一词的范围,使得推定欺诈和欺诈在法律上成为等效的概念。这样,具有重大过失的注册会计师的法律责任就进一步加大了。

4.2.3 注册会计师承担法律责任的种类

注册会计师因违约、过失或欺诈给被审计单位或其他利害关系人造成损失的,按照有关法律规定,可能被判承担行政责任、民事责任或刑事责任。这三种责任可单处,也可并处。

行政责任,对注册会计师而言,包括警告、暂停执业、吊销注册会计师证书;对会计师事务所而言,包括警告、没收违法所得、罚款、暂停执业、撤销等。

民事责任主要是指赔偿受害人损失。

刑事责任是指触犯刑法所必须承担的法律后果,其种类包括罚金、有期徒刑以及其他限制人身自由的刑罚等。

财政部对审计银广夏公司财务报表的中天勤会计师事务所的行政处罚决定

银广夏公司通过各种造假手段,虚构巨额利润7.45亿元,深圳中天勤会计师事务所及其签字注册会计师违反有关法律法规,为银广夏公司出具了严重失实的审计报告。中天勤会计师事务所未能发现银广夏的严重财务问题,存在重大审计过失,严重损害了广大投资者的合法权益和证券市场"三公"原则,违反了《中国注册会计师法》、《独立审计准则》等注册会计师质量控制基本准则,依据《中华人民共和国注册会计师法》等有关条款,决定依法吊销签字注册会计师刘加荣、徐林文的注册会计师资格;吊销中天勤会计师事务所的执业资格,并会同证监会吊销其证券、期货相关业务许可证。

中华人民共和国财政部会计信息质量检查公告第十二号(2006年10月30日)

甘肃合盛会计师事务所未到被审计单位现场取证,在未实施必要审计程序的情况下,出具了无保留意见审计报告;青海华翼会计师事务所内部质量控制混乱,伪造注册会计师的签名、盖章,违规出具审计报告;山西世纪会计师事务所未保持应有的职业谨慎,对企业账表严重不符等问题未予以关注,出具了严重失实的审计报告。

对甘肃合盛会计师事务所、青海华翼会计师事务所、山西世纪会计师事务所予以暂停经营业务处罚,对海南华宇会计师事务所等10家事务所予以警告,并责令15家事务所进行整改;对违规注册会计师予以吊销证书2人,暂停执业7人,警告30人。此外,针对云南大地会计师事务所通过虚开、不开发票隐瞒收入1 510万元及违规出具验资报告等问题,对事务所予以警告、通报并罚款的处罚,对有关责任人员予以吊销会计从业资格证书,对事务所负责人予以罚款,对2名注册会计师予以警告。

4.2.4 注册会计师承担法律责任的预防

与注册会计师法律责任相适应,注册会计师必须在执业中遵循执业准则和有关要求,尽量减轻自己的责任,尽力避免或减少法律诉讼。具体措施主要如下:

1. 建立健全会计师事务所质量控制制度

会计师事务所不同于一般的公司、企业,质量管理是会计师事务所各项管理工作的核心和关键。对于业务复杂且重大的委托人来说,其审计是由多个注册会计师及许多助理人员共同配合来完成的。如果他们的分工存在重叠或间隙,又缺乏严密的执业监督,发生过失是不可避免的。因此,会计师事务所必须建立健全一套严密科学的内部质量控制制度,并把这套制度推行到每一个人、每一个部门和每一项业务,并使之得到一贯、严格的遵守,来保证整个会计师事务所的工作质量。

2. 严格遵循职业道德和专业标准的要求

注册会计师是否承担法律责任,关键在于注册会计师在执业过程中是否存在过失或欺诈行为。而无论是过失还是欺诈,都是由于没有遵循职业道德和专业标准的要求。审计准则要求按照其规定实施审计工作,获取财务报表在整体上不存在重大错报的合理保证。要做到这一点,就必须在执业过程中严格按照专业标准进行审计工作,保持执业的独立性,保持应有的谨慎态度和职业怀疑态度。缺乏应有的谨慎态度就意味着过失。例如为节约审计成本而缩小审计范围,都会导致财务报表中的重大错报未被发现从而可能成为被告。

3. 承接鉴证业务首先要评估管理层的正直诚信

客户固然是会计师事务所的"衣食父母",但却存在着良莠不齐的问题,会计师事务所和注册会计师应当谨防"饥不择食"。如果管理层缺乏诚实正直的品格,一旦身陷危机就有可能选择财务舞弊,并将注册会计师拖上"贼船",成为他们的替罪羊。事实证明,那些编制虚假财务报表的企业之所以会进行财务舞弊,无不是由于深陷危机的同时,其管理层缺乏正直诚实的品格。因此,宁可将管理层视为追逐利益的"经济动物",而不要盲目轻信,把客户看作财神爷。特别是对那些陷入经营和财务危机的客户要格外慎重。

4. 与委托人签订审计业务约定书

审计业务约定书具有法律效力,是明确委托人和会计师事务所双方责任与义务的重要合同。为保证双方的合法权益,减少分歧,注册会计师执行财务报表审计业务等鉴证业务时,都应当与委托人签订审计业务约定书,这样才能在发生法律诉讼时将一切口舌争辩减少到最低限度。

5. 深入了解客户的业务和经营情况

财务报表是企业经营情况和结果的综合体现,不熟悉甚至不了解被审计单位的业务和经营情况,不了解被审计单位所处行业的总体发展情况,包括经济景气状况和行业竞争情况等,仅仅局限于被审计单位的财务报表本身,注册会计师往往无法发现财务报表中的错报。

6. 提取风险基金或购买责任保险

在西方国家,投保充分的责任保险是会计师事务所一项极为重要的保护措施。尽管保险不能免除可能受到的法律诉讼,但能防止或减少诉讼失败时会计师事务所发生的财务损失。《中华人民共和国注册会计师法》也规定了会计师事务所应当按规定建立职业风险基金,办理职业保险。

7. 聘请懂行的律师

注册会计师在执业过程中遇到重大问题,可以向律师咨询。而一旦发生诉讼纠纷,律师可以在最大程度上维护注册会计师和会计师事务所的合法权益。因此聘请熟悉注册会计师法律责任的律师,可以有效地帮助注册会计师维护自身的合法权益。

复习思考题

1. 简述注册会计师职业道德守则基本内容。
2. 我国注册会计师的法律责任的基本类型有哪些？
3. 注册会计师如何避免法律诉讼？

练习题

一、单项选择题

1. 专业胜任能力是注册会计师的职业道德规范主要之一，目前，注册会计师的执业胜任能力可划分为以下两个阶段（　　）。
   A. 学习和进修　　　　B. 获取和保持　　　　C. 学习和实践　　　　D. 进修和实践
2. 注册会计师是否存在欺诈行为，其重要特征是（　　）。
   A. 未保持应有的职业谨慎　　　　B. 没有遵守审计准则
   C. 违反保密协议　　　　D. 具有不良动机
3. 下列不属于注册会计师或会计师事务所所承担的行政责任的是（　　）。
   A. 警告、没收违法所得　　　　B. 罚款、罚金
   C. 暂停执业、撤销　　　　D. 吊销注册会计师证书

二、多项选择题

1. 属于《中国注册会计师职业道德基本准则》规范内容的有（　　）。
   A. 诚信　　　　B. 客观和公正
   C. 保密　　　　D. 专业胜任能力和应有的关注
2. 注册会计师应当对职业活动中获知的涉密信息保密，以下对保密原则的表述不恰当的有（　　）。
   A. 不需客户授权会计师事务所可以向后任注册会计师披露其所获知的涉密信息
   B. 禁止利用所获知的涉密信息为第三方谋取利益
   C. 在终止与客户的关系后注册会计师仍然应当对以前职业活动中获知的涉密信息保密
   D. 注册会计师没有必要特别警惕无意向其直系亲属泄密
3. 以下属于注册会计师法律责任的有（　　）。
   A. 违约　　　　B. 普通过失　　　　C. 重大过失　　　　D. 欺诈
4. 以下属于注册会计师应当承担的行政责任有（　　）。
   A. 罚款　　　　B. 罚金　　　　C. 警告　　　　D. 赔偿受害人经济损失

三、判断题

1. 按我国现行法律规定，会计师事务所和注册会计师如工作失误或犯有欺诈行为，应对委托人或依赖于已审计财务报表的第三人承担法律责任。（　　）
2. 注册会计师法律责任的种类有违约责任、过失责任和欺诈责任。（　　）
3. 注册会计师不对财务报表的正确性负责，只能做到合理保证的程度。（　　）

四、案例分析题

【资料】1992年深圳特区会计师事务所因对"原野公司"进行查账验资的业务中出具虚假报告造成严重后果而被撤销，没收财产，相关注册会计师被吊销执业资格；1993年北京中诚会计师事务所在"长城机电公司"非法集资案中，因为其出具验资报告而被撤销，相关注册会计师被判处有期徒刑；2002年深圳中天勤会计师事务所未能发现银广夏的严重财务问题，存在重大审计过失，而被吊销执业资格，相关注册会计师被吊销注册会计师资格，并承担了刑事责任；同年，包括中天勤在内的5家会计师事务所（华伦、中联信、深圳同人及深圳华鹏会计师事务所）因违反执业规则，存在执业质量问题，或涉嫌欺诈舞弊案件等问题，未

能通过2000至2001年度年检;2003年,毕马威曾涉嫌在上市公司锦州港虚假陈述案中负有连带责任,招致起诉;2003年,德勤对科龙公司出具了无保留意见审计报告,但实际上,科龙的财务问题当时已经相当明显;2005年,普华永道在上市公司黄山旅游和京东方的财务审计中,因违规被财政部点名批评,……

（注:普华永道中天被批评,主要问题是出在京东方、黄山旅游两个上市公司的审计上。财政部检查发现,2002年黄山旅游投入4 400万元用于证券投资,至2004年3月全部处置后亏损1 852万元,该事项未在2002年、2003年报如实反映。此外2002年,黄山旅游还有一笔为避免计提无形资产减值准备对利润的影响而进行的3 700万元的不当资产交易。）

京东方问题更大,京东方在2005年4月15日发布公告称,根据相关要求,公司对2003年会计差错进行了更正及追溯调整,该会计差错更正,对按《企业会计准则》编制的国内报告产生的主要影响预计是:调减2003年净利润合计4 669万元,调减2003年长期投资合计2 348万元;对按《国际会计准则》编制的国际报告产生的主要影响预计是:调减2003年净利润合计1 989万元,调减2003年长期投资合计2 348元。"2003年需要更正的会计差错多达6项,涉及多结转成本、少计财务费用、多计投资收益、漏计银行借款等。经调整,京东方2003年净利润减少4 202万元,留存收益减少1 681万元。"

【要求】试分析你对上述资料所述问题的看法,你认为如何才能使注册会计师发挥其经济警察的作用,避免法律诉讼?

第5章

审计目标与审计程序

 新准则提示

《中国注册会计师审计准则第1111号——就审计业务约定条款达成一致意见》
《中国注册会计师审计准则第1211号——通过了解被审计单位及其环境识别和评估重大错报风险》
《中国注册会计师审计准则第1141号——财务报表审计中与舞弊相关的责任》
《中国注册会计师审计准则第1231号——针对评估的重大错报风险采取的应对措施》
《中国注册会计师审计准则第1301号——审计证据》
《中国注册会计师审计准则第1151号——与治理层的沟通》
《中国注册会计师审计准则第1221号——计划和执行审计工作时的重要性》
《中国注册会计师审计准则第1313号——分析程序》
《中国注册会计师审计准则第1411号——利用内部审计人员的工作》
《中国注册会计师审计准则第1314号——审计抽样》
《中国注册会计师审计准则第1324号——持续经营》
《中国注册会计师审计准则第1142号——财务报表审计中对法律法规的考虑》
《中国注册会计师审计准则第1323号——关联方》

在本章中,你将学到——

- 财务报表审计的总体目标
- 管理层认定
- 财务报表审计的具体目标
- 审计目标的实现过程
- 风险评估程序
- 控制测试和实质性程序

中英文关键词对照——

- 审计目标 Audit Objective
- 认定 Assertions
- 发生 Occurrence
- 完整性 Completeness
- 准确性 Accuracy
- 截止 Cutoff
- 分类 Classification
- 存在 Existence
- 权利和义务 Rights and Obligations
- 计价和分摊 Valuation and Allocation
- 分类和可理解性 Classification and Understandability
- 风险评估程序 Risk Assessment Procedures
- 实质性方案 SubstantiveApproach
- 综合性方案 Combined Approach
- 控制测试 Tests of Controls
- 实质性程序 Substantive Procedures
- 细节测试 Tests of Details
- 实质性分析程序 Substantive Analytical Procedures

现代风险导向审计案例:了解被审计单位及其环境

Rubbermaid 曾是美国全球领先的塑料制品生产商,产品包括储藏罐和垃圾箱等。在20世纪90年代中期,该公司连续数年的年均增长率超过14%,且连续三年被"财富"杂志评选为"美国最受欢迎的企业"。

对 Rubbermaid 进行战略分析后发现,该公司对原油价格的波动非常敏感,因为塑料制品的一个重要原料是树脂,而树脂是通过原油炼制的。但 Rubbermaid 没有采取任何控制原材料风险的措施——既没有集中采购,也没有与供应商签订长期购买合同。而实际上,该公司是世界上最大的树脂消费商之一,以其采购规模,完全可以通过谈判获得很优惠的价格。但该公司没有利用集中采购所能赋予它的定价能力,而是在全球 12 个地方分别采购。当原油价格上涨时,它只能把增加的成本转嫁给客户。

该公司也未能有效管理与最大客户沃尔玛的关系。沃尔玛拒绝接受价格上涨,并把 Rubbermaid 的产品放在靠里的货架上,而将 Rubbermaid 的低价竞争对手 Sterlite 的产品置于位置最好的货架上。

该公司另一个战略方面的问题是制定的增长目标太高——试图维持 14% 的年增长率。实现目标的困难给管理层形成巨大压力,而这一点对于内控环境十分不利。同时,它在欧洲的扩张也遭遇挫折。

基于这些情况,审计师可作出合理的财务业绩预期:销售增长放缓、销售毛利收窄、利润降低、研发费用需要增加等。假如出现与预期不一致的情形,如这一年的销售毛利反而比去年增加等,审计师就要打个问号。同时,审计师可能估计它会通过降低产品质量来降低成本,以达到业绩目标,这就需要对成本结构进行分析,看它有没有改变产品配方来压缩成本;如果它产量过大而销售又不利,它的库存应该会增加;还有资本结构方面,它在欧洲投资失败,这些资本是否作为坏账冲销掉;等等。通过这样一步步的分析评估,审计师可以判断出该公司风险较高的领域。

(资料来源:张菱. http://www.cfochina.net/docs/archives/200510-06.html. 财务总监,2005 年 10 月刊。该案例系美国佛罗里达大学会计学院审计学教授罗伯特·奈切尔(W. Robert Knechel)在上海国家会计学院举办的"现代风险导向审计论坛"上所作的题为"现代风险导向审计的实施与障碍"的演讲中的内容。)

5.1 财务报表审计总体目标

审计目标是在一定历史环境下,人们通过审计实践活动所期望达到的境地或最终结果,包括财务报表审计的总体目标以及与各类交易、账户余额和披露相关的审计目标两个层次。

5.1.1 我国注册会计师财务审计的总体目标

执行财务报表审计工作时,注册会计师的总体目标是:一是对财务报表整体是否不存在由于舞弊或错误导致的重大错报获取合理保证,使得注册会计师能够对财务报表是否在所有重大方面按照适用的财务报告编制基础编制发表审计意见;二是按照审计准则的规定,根据审计结果对财务报表出具审计报告,并与管理层和治理层沟通。

财务报表审计属于鉴证业务,注册会计师的审计意见旨在提高财务报表的可信赖程度。由于审计中存在的固有限制影响注册会计师发现重大错报的能力,注册会计师不能对财务报表整体不存在重大错报获取绝对保证,只能是合理保证。合理保证的鉴证业务的目标是注册会计师将鉴证业务风险降至该业务环境下可接受的低水平,以此作为以积极方式提出结论的基础。在财务报表审计中,合理保证意味着审计风险始终存在,注册会计师应当通过计划和实施审计工作,获取充分、适当的审计证据,将审计风险降至可接受的低水平,提供一种高水平但非百分之百的保证。

合理保证提供的保证水平低于绝对保证。由于下列因素的存在,将鉴证业务风险降至零几乎不可能,也不符合成本效益原则:选择性测试方法的运用;内部控制的固有局限性;大多数证据是说服性而非结论性的;在获取和评价证据以及由此得出结论时涉及大量判断;在某些情况下鉴证对象具有特殊性。

在任何情况下,如果不能获取合理保证,并且在审计报告中发表保留意见也不足以实现向财务报表预期使用者报告的目的,注册会计师应当按照审计准则的规定出具无法表示意见的审计报告,或者在法律法规允许的情况下终止审计业务或解除业务约定。

财务报表使用者之所以希望注册会计师对财务报表发表意见,主要有以下四方面原因:

(1)利益冲突。财务报表使用者往往有着各自的利益,且这种利益与被审计单位管理层的利益大不相同。出于对自身利益的关心,财务报表使用者常常担心管理层提供带有偏见、不公正甚至欺诈性的财务报表。为此,他们往往向外部注册会计师寻求鉴证服务。

(2)财务信息的重要性。财务报表是财务报表使用者进行经济决策的重要信息来源,在有些情况下,还是唯一的信息来源。在进行投资、贷款和其他经济决策时,财务报表使用者期望财务报表中的信息相关、可靠,并且期待注册会计师确定被审计单位是否按会计准则编制财务报表。

(3)复杂性。由于会计业务的处理及财务报表的编制日趋复杂,财务报表使用者因缺乏会计知识而难以对财务报表的质量作出评估,所以他们要求注册会计师对财务报表的质量进行鉴证。

(4)间接性。绝大多数财务报表使用者都不参与被审计单位的经营,这种限制导致财务报表使用者不可能接触到编制财务报表所依据的会计记录和会计账簿,即使使用者可以接触,但往往由于时间和成本的限制,无法对其进行审查。在这种情况下,使用者有两种选择:一是相信这些会计信息的质量;二是依赖第三者的鉴证。显然,使用者倾向于选择第二种方式。

财务报表审计的总体目标对注册会计师的审计工作发挥着导向作用,它界定了注册会计师的责任范围,直接影响注册会计师计划和实施审计程序的性质、时间安排和范围,决定了注册会计师如何发表审计意见。

5.1.2 财务报表审计的责任划分

按照我国注册会计师审计准则的规定,对财务报表发表审计意见是注册会计师的责任;在被审计单位治理层的监督下,按照适用的会计准则和相关会计制度的规定编制财务报表是被审计单位管理层的责任。财务报表审计不能减轻被审计单位管理层和治理层的责任。

财务报表编制和财务报表审计是财务信息生成链条上的不同环节,两者各司其职。法律法规要求管理层和治理层对编制财务报表承担责任,有利于从源头上保证财务信息质量。同时,在某些方面,注册会计师与管理层和治理层之间可能存在信息不对称。管理层和治理层作为内部人员,对企业的情况更为了解,更能作出适合企业特点的会计处理决策和判断,因此,管理层和治理层理应对编制财务报表承担完全责任。尽管在审计过程中,注册会计师可能向管理层和治理层提出调整建议,甚至在不违反独立性的前提下为管理层编制财务报表提供协助,但管理层仍然对编制财务报表承担责任,并通过签署财务报表确认这一责任。

如果财务报表存在重大错报,而注册会计师通过审计没有能够发现,也不能因为财务报表已经注册会计师审计这一事实而减轻管理层和治理层对财务报表的责任。

5.2 认定与审计具体目标

5.2.1 管理层认定

1. 认定的含义

认定,是指管理层在财务报表中作出的明确或隐含的表达,注册会计师将其用于考虑可能发生的不同类型的潜在错报。

认定与审计目标密切相关,注册会计师的基本职责就是确定被审计单位管理层对其财务报表的认定是否恰当。注册会计师了解了认定,就很容易确定每个项目的具体审计目标。通过考虑可能发生的不同类型的潜在错报,注册会计师运用认定评估风险,并据此设计审计程序以应对评估的风险。

保证财务报表公允反映被审计单位的财务状况和经营情况等是管理层的责任。当管理层声明财务报表已按照适用的财务报告编制基础进行编制,在所有重大方面作出公允反映时,就意味着管理层对财务报表各组成要素的确认、计量、列报以及相关的披露作出了认定。

管理层在财务报表上的认定有些是明确表达的,有些则是隐含表达的。

例如,管理层在资产负债表中列报存货及其金额,意味着作出下列明确的认定:①记录的存货是存在的;②存货以恰当的金额包括在财务报表中,与之相关的计价或分摊调整已恰当记录。同时,管理层也作出下列隐含的认定:①所有应当记录的存货均已记录;②记录的存货都由被审计单位拥有。

对于管理层对财务报表各组成要素作出的认定,注册会计师的审计工作就是要确定管理层的认定是否恰当。

2. 认定的内容

实际上,管理层对财务报表的各组成要素都作出了与上述情形类似的认定,归纳起来,包括三个方面:对各类交易和事项运用的认定、对期末账户余额运用的认定、对列报和披露运用的认定。

(1)注册会计师对所审计期间的各类交易和事项运用的认定通常分为下列类别:

①发生:记录的交易或事项已发生,且与被审计单位有关。

②完整性:所有应当记录的交易和事项均已记录。

③准确性:与交易和事项有关的金额及其他数据已恰当记录。

④截止:交易和事项已记录于正确的会计期间。

⑤分类:交易和事项已记录于恰当的账户。

(2)注册会计师对期末账户余额运用的认定通常分为下列类别:

①存在:记录的资产、负债和所有者权益是存在的。

②权利和义务:记录的资产由被审计单位拥有或控制,记录的负债是被审计单位应当履

行的偿还义务。

③完整性:所有应当记录的资产、负债和所有者权益均已记录。

④计价和分摊:资产、负债和所有者权益以恰当的金额包括在财务报表中,与之相关的计价或分摊调整已恰当记录。

(3)注册会计师对列报和披露运用的认定通常分为下列类别:

①发生以及权利和义务:披露的交易、事项和其他情况已发生,且与被审计单位有关。

②完整性:所有应当包括在财务报表中的披露均已包括。

③分类和可理解性:财务信息已被恰当地列报和描述,且披露内容表述清楚。

④准确性和计价:财务信息和其他信息已公允披露,且金额恰当。

注册会计师可以按照上述分类运用认定,也可按其他方式表述认定,但应涵盖上述所有方面。例如,注册会计师可以选择将有关交易和事项的认定与有关账户余额的认定综合运用。又如,当发生和完整性认定包含了对交易是否记录于正确会计期间的恰当考虑时,就可能不存在与交易和事项截止相关的单独认定。

5.2.2 具体审计目标

注册会计师了解了认定,就很容易确定每个项目的具体审计目标,并以此作为评估重大错报风险以及设计和实施进一步审计程序的基础。

1. 与所审计期间各类交易和事项相关的审计目标

(1)发生。由发生认定推导的审计目标是确认已记录的交易是真实的。例如,如果没有发生销售交易,但在销售日记账中记录了一笔销售,则违反了该目标。

发生认定所要解决的问题是管理层是否把那些不曾发生的项目列入财务报表,它主要与财务报表组成要素的高估有关。

(2)完整性。由完整性认定推导的审计目标是确认已发生的交易确实已经记录。例如,如果发生了销售交易,但没有在销售明细账和总账中记录,则违反了该目标。

发生和完整性两者强调的是相反的关注点。发生目标针对潜在的高估,而完整性目标则针对漏记交易(低估)。

(3)准确性。由准确性认定推导出的审计目标是确认已记录的交易是按正确金额反映的。例如,如果在销售交易中,发出商品的数量与账单上的数量不符,或是开账单时使用了错误的销售价格,或是账单中的乘积或加总有误,或是在销售明细账中记录了错误的金额,则违反了该目标。

准确性与发生、完整性之间存在区别。例如,若已记录的销售交易是不应当记录的(如发出的商品是寄销商品),则即使发票金额是准确计算的,仍违反了发生目标。再如,若已入账的销售交易是对正确发出商品的记录,但金额计算错误,则违反了准确性目标,但没有违反发生目标。在完整性与准确性之间也存在同样的关系。

(4)截止。由截止认定推导出的审计目标是确认接近于资产负债表日的交易记录于恰当的期间。例如,如果本期交易推到下期,或下期交易提到本期,均违反了截止目标。

(5)分类。由分类认定推导出的审计目标是确认被审计单位记录的交易经过适当分类。例如,如果将现销记录为赊销,将出售经营性固定资产所得的收入记录为营业收入,则导致交易分类的错误,违反了分类的目标。

2. 与期末账户余额相关的审计目标

(1)存在。由存在认定推导的审计目标是确认记录的金额确实存在。例如,如果不存在某顾客的应收账款,在应收账款明细表中却列入了对该顾客的应收账款,则违反了存在性目标。

(2)权利和义务。由权利和义务认定推导的审计目标是确认资产归属于被审计单位,负债属于被审计单位的义务。例如,将他人寄销商品列入被审计单位的存货中,违反了权利目标;将不属于被审计单位的债务记入账内,违反了义务目标。

(3)完整性。由完整性认定推导的审计目标是确认已存在的金额均已记录。例如,如果存在某顾客的应收账款,在应收账款明细表中却没有列入对该顾客的应收账款,则违反了完整性目标。

(4)计价和分摊。资产、负债和所有者权益以恰当的金额包括在财务报表中,与之相关的计价或分摊调整已恰当记录。

3. 与列报和披露相关的审计目标

(1)发生以及权利和义务。将没有发生的交易、事项,或与被审计单位无关的交易和事项包括在财务报表中,则违反该目标。例如,复核董事会会议记录中是否记载了固定资产抵押等事项,询问管理层固定资产是否被抵押,即是对列报的权利认定的运用。如果被审计单位拥有被抵押的固定资产,则需要将其在财务报表中列报,并说明与之相关的权利受到限制。

(2)完整性。如果应当披露的事项没有包括在财务报表中,则违反了该目标。例如,检查关联方和关联交易,以验证其在财务报表中是否得到充分披露,即是对列报的完整性认定的运用。

(3)分类和可理解性。财务信息已被恰当地列报和描述,且披露内容表述清楚。例如,检查存货的主要类别是否已披露,是否将一年内到期的长期负债列为流动负债,即是对列报的分类和可理解性认定的运用。

(4)准确性和计价。财务信息和其他信息已公允披露,且金额恰当。例如,检查财务报表附注是否分别对原材料,在产品和产成品等存货成本核算方法做了恰当说明,即是对列报的准确性和计价认定的运用。

通过上面介绍可知,认定是确定具体审计目标的基础,注册会计师通常将认定转化为能够通过审计程序予以实现的审计目标。针对财务报表每一项目所表现出的各项认定,注册会计师相应的确定一项或多项审计目标,然后通过执行一系列审计程序获取充分、适当的审计证据以实现审计目标。认定、审计目标和审计程序之间的关系举例如表 5.1 所示。

表 5.1 认定、审计目标和审计程序之间的关系举例

认定	审计目标	审计程序
存在性	资产负债表列示的存货存在	实施存货监盘程序
完整性	销售收入包括了所有已发货的交易	检查发货单和销售发票的编号以及销售明细账

续表 5.1

认定	审计目标	审计程序
准确性	应收账款反映的销售业务是否基于正确的价格和数量,计算是否正确	比较价格清单与发票上的价格,发货单与销售订购单上的数量是否一致,重新计算发票上的金额
截止	销售业务记录在恰当的期间	比较上一年度最后几天和下一年度最初几天的发货单日期与记账日期
权利和义务	资产负债表中的固定资产确实为公司拥有	查阅所有权证书、购货合同、结算单和保险单
计价和分摊	以净值记录应收账款	检查应收账款账龄分析表、评估计提的坏账准备是否充足

5.3 审计目标的实现过程

审计方法从早期的账项基础审计,演变到今天的风险导向审计。风险导向审计模式要求注册会计师在审计过程中,以重大错报风险的识别、评估和应对作为工作主线。相应的,审计过程大致可分为以下五个阶段:接受业务委托、计划审计工作、实施风险评估程序、实施控制测试和实质性程序、完成审计工作和编制审计报告。

5.3.1 接受业务委托

会计师事务所应当按照执业准则的规定,谨慎决策是否接受或保持某客户关系和具体审计业务。

在接受新客户的业务前,或决定是否保持现有业务或考虑接受现有客户的新业务时,会计师事务所应当执行一些客户接受与保持的程序,以获取如下信息:①考虑客户的诚信,没有信息表明客户缺乏诚信;②具有执行业务必要的素质、专业胜任能力、时间和资源;③能够遵守相关职业道德要求。

会计师事务所执行客户接受与保持程序的目的,旨在识别和评估会计师事务所面临的风险。例如,如果注册会计师发现潜在客户正面临财务困难,或者发现现有客户在之前的业务中作出虚假陈述,那么可以认为接受或保持该客户的风险非常高,甚至是不可接受的。会计师事务所除考虑客户的风险外,还需要考虑自身执行业务的能力,如当工作需要时能否获得合适的具有相应资格的员工;能否获得专业化协助;是否存在任何利益冲突;能否对客户保持独立性等。

注册会计师需要作出的最重要的决策之一就是接受和保持客户。一项低质量的决策会导致不能准确确定计酬的时间或未被支付的费用,增加项目合伙人和员工的额外压力,使会计师事务所声誉遭受损失,或者涉及潜在的诉讼。

一旦决定接受业务委托,注册会计师应当与客户就审计约定条款达成一致意见。对于连续审计,注册会计师应当根据具体情况确定是否需要修改业务约定条款,以及是否需要提醒客户注意现有的业务约定书。

审计业务约定书的详细内容,将在本教材第7章介绍。

5.3.2 计划审计工作

计划审计工作十分重要。如果没有恰当的审计计划,不仅无法获取充分、适当的审计证据,影响审计目标的实现,而且还会浪费有限的审计资源,影响审计工作的效率。因此,对于任何一项审计业务,注册会计师在执行具体审计程序之前,都必须根据具体情况制定科学、合理的计划,使审计业务以有效的方式得到执行。一般来说,计划审计工作主要包括:在本期审计业务开始时开展的初步业务活动;制定总体审计策略;制定具体审计计划等。需要指出的是,计划审计工作不是审计业务的一个孤立阶段,而是一个持续的、不断修正的过程,贯穿于整个审计过程的始终。

计划审计工作的详细内容,将在本教材第7章介绍。

5.3.3 实施风险评估程序

审计准则规定,注册会计师必须实施风险评估程序,以此作为评估财务报表层次和认定层次重大错报风险的基础。

风险评估程序是指注册会计师为了解被审计单位及其环境,以识别和评估财务报表层次和认定层次的重大错报风险(无论该错报由于舞弊或错误导致)而实施的审计程序。风险评估程序是必要程序,了解被审计单位及其环境为注册会计师在许多关键环节作出职业判断提供了重要基础。了解被审计单位及其环境实际上是一个连续和动态地收集、更新与分析信息的过程,贯穿于整个审计过程的始终。

一般来说,实施风险评估程序的主要工作包括:了解被审计单位及其环境;识别和评估财务报表层次以及各类交易、账户余额和披露认定层次的重大错报风险,包括确定需要特别考虑的重大错报风险(即特别风险)以及仅通过实施实质性程序无法应对的重大错报风险等。

1. 了解被审计单位及其环境

注册会计师应从下列方面了解被审计单位及其环境:
(1)相关行业状况、法律环境和监管环境及其他外部因素;
(2)被审计单位的性质;
(3)被审计单位对会计政策的选择和运用;
(4)被审计单位的目标、战略以及可能导致重大错报风险的相关经营风险;
(5)对被审计单位财务业绩的衡量和评价;
(6)被审计单位的内部控制。

上述第(1)项是被审计单位的外部环境,第(2)、(3)、(4)项以及第(6)项是被审计单位的内部因素,第(5)项则既有外部因素也有内部因素。值得注意的是,被审计单位及其环境的各个方面可能会互相影响。例如,被审计单位的行业状况、法律环境与监管环境以及其他外部因素可能影响到被审计单位的目标、战略以及相关经营风险,而被审计单位的性质、目标、战略以及相关经营风险可能影响到被审计单位对会计政策的选择和运用,以及内部控制的设计和执行。因此,注册会计师在对被审计单位及其环境的各个方面进行了解和评估时,应当考虑各因素之间的相互关系。

注册会计师针对上述六个方面实施的风险评估程序的性质、时间安排和范围取决于审计业务的具体情况,如被审计单位的规模和复杂程度,以及注册会计师的相关审计经验,包括以前对被审计单位提供审计和相关服务的经验以及对类似行业、类似企业的审计经验。此外,识别被审计单位及其环境在上述各方面与以前期间相比发生的重大变化,对于充分了解被审计单位及其环境、识别和评估重大错报风险尤为重要。

2. 识别和评估重大错报风险

在了解被审计单位及其环境(包括与风险相关的控制)的整个过程中,结合对财务报表中各类交易、账户余额和披露的考虑,识别风险。例如,被审计单位因相关环境法规的实施需要更新设备,可能面临原有设备闲置或贬值的风险;宏观经济的低迷可能预示应收账款的回收存在问题;竞争者开发的新产品上市,可能导致被审计单位的主要产品在短期内过时,预示将出现存货跌价和长期资产(如固定资产等)的减值。

结合对拟测试的相关控制的考虑,将识别出的风险与认定层次可能发生错报的领域相联系。例如,销售困难使产品的市场价格下降,可能导致年末存货成本高于其可变现净值而需要计提存货跌价准备,这显示存货的计价认定可能发生错报。

评估识别出的风险,并评价其是否更广泛地与财务报表整体相关,进而潜在的影响多项认定。例如,在经济不稳定的国家和地区开展业务、资产的流动性出现问题、重要客户流失、融资能力受到限制等,可能导致注册会计师对被审计单位的持续经营能力产生重大疑虑。又如,管理层缺乏诚信或承受异常的压力可能引发舞弊风险,这些风险与财务报表整体相关。

在对重大错报风险进行识别和评估后,注册会计师应当确定,识别的重大错报风险是与财务报表整体广泛相关,进而影响多项认定,还是与特定的某类交易、账户余额和披露的认定相关。前者属于财务报表层次重大错报风险,后者属于认定层次重大错报风险。

注册会计师应当针对评估的财务报表层次重大错报风险确定总体应对措施,针对评估的认定层次重大错报风险设计和实施进一步审计程序,以将审计风险降至可接受的低水平。

注册会计师应当针对评估的财务报表层次重大错报风险确定下列总体应对措施:
(1)向项目组强调保持职业怀疑的必要性;
(2)指派更有经验或具有特殊技能的审计人员,或利用专家的工作;
(3)提供更多的指导;
(4)在选择拟实施的进一步审计程序时融入更多的不可预见的因素;
(5)对拟实施审计程序的性质、时间安排或范围作出总体修改。

注册会计师应当利用实施风险评估程序获取的信息,包括在评价控制设计和确定其是否得到执行时获取的审计证据,作为支持风险评估结果的审计证据。注册会计师应当根据风险评估结果,确定实施进一步审计程序的性质、时间安排和范围。

5.3.4 实施控制测试和实质性程序

注册会计师应当针对评估的认定层次重大错报风险设计和实施进一步审计程序。进一步审计程序相对于风险评估程序而言,是指注册会计师针对评估的各类交易、账户余额和披露认定层次重大错报风险实施的审计程序,包括控制测试和实质性程序。

在设计进一步审计程序时,注册会计师应当考虑下列因素:

①风险的重要性；

②重大错报发生的可能性；

③涉及的各类交易、账户余额和披露的特征；

④被审计单位采用的特定控制的性质。不同性质的控制（尤其是人工控制还是自动化控制）对注册会计师设计进一步审计程序具有重要影响；

⑤注册会计师是否拟获取审计证据，以确定内部控制在防止或发现并纠正重大错报方面的有效性。如果注册会计师在风险评估时预期内部控制运行有效，随后拟实施的进一步审计程序就必须包括控制测试，且实质性程序自然会受到之前控制测试结果的影响。

综合上述几方面因素，注册会计师对认定层次重大错报风险的评估为确定进一步审计程序的总体审计方案奠定了基础。因此，注册会计师应当根据对认定层次重大错报风险的评估结果，恰当选用实质性方案或综合性方案。实质性方案是指注册会计师实施的进一步审计程序以实质性程序为主；综合性方案是指注册会计师在实施进一步审计程序时，将控制测试与实质性程序结合使用。

通常情况下，注册会计师出于成本效益的考虑可以采用综合性方案设计进一步审计程序。但在某些情况下（如仅通过实质性程序无法应对重大错报风险），注册会计师必须通过实施控制测试，才可能有效应对评估出的某一认定的重大错报风险；而在另一些情况下（如注册会计师的风险评估程序未能识别出与认定相关的任何控制，或注册会计师认为控制测试很可能不符合成本效益原则），注册会计师可能认为仅实施实质性程序就是适当的。

1. 控制测试

控制测试是指用于评价内部控制在防止或发现并纠正认定层次重大错报方面的运行有效性的审计程序。注册会计师在了解内部控制时，要评价控制的设计，并确定其是否得到执行。得到执行的控制并不一定运行有效，因而需设置控制测试程序获取证据来加以证实。但控制测试程序并不是在每次审计中都必须执行的，当存在下列情形之一时，注册会计师应当实施控制测试：①在评估认定层次重大错报风险时，预期控制的运行是有效的；②仅实施实质性程序不足以提供认定层次充分、适当的审计证据。

控制测试的对象为企业的内部控制。注册会计师应当在了解内部控制的基础上，确定是否执行控制测试，以及所执行的控制测试的性质、时间和范围，来合理设计和执行控制测试。因而关于控制测试的详细内容将结合内部控制在第8章中讲解。

2. 实质性程序

实质性程序是指用于发现认定层次重大错报的审计程序，包括对各类交易、账户余额和披露的细节测试以及实质性分析程序。

由于注册会计师对重大错报风险的评估是一种判断，可能无法充分识别所有的重大错报风险，并且由于内部控制存在固有局限性，无论评估的重大错报风险结果如何，注册会计师都应当针对所有重大的各类交易、账户余额和披露实施实质性程序。

注册会计师应当根据各类交易、账户余额、列报的性质选择实质性程序的类型。

细节测试适用于对各类交易、账户余额、列报认定的测试，尤其是对存在或发生、计价认定的测试；对在一段时期内存在可预期关系的大量交易，注册会计师可以考虑实施实质性分析程序。

注册会计师应当针对评估的风险设计细节测试,获取充分、适当的审计证据,以达到认定层次所计划的保证水平。在针对存在或发生认定设计细节测试时,注册会计师应当选择包含在财务报表金额中的项目,并获取相关审计证据。在针对完整性认定设计细节测试时,注册会计师应当选择有证据表明应包含在财务报表金额中的项目,并调查这些项目是否确实包括在内。

实质性分析程序是指用作实质性程序的分析程序。在设计该程序时,注册会计师应当考虑下列因素:

①对特定认定使用实质性分析程序的适当性;

②对已记录的金额或比率作出预期时,所依据的内部或外部数据的可靠性;

③作出预期的准确程度是否足以在计划的保证水平上识别重大错报;

④已记录金额与预期值之间可接受的差异额。当实施实质性分析程序时,如果使用被审计单位编制的信息,注册会计师应当考虑测试与信息编制相关的控制,以及这些信息是否在本期或前期经过审计。

注册会计师评估的认定层次的重大错报风险越高,需要实施实质性程序的范围越广。如果对控制测试结果不满意,注册会计师应当考虑扩大实质性程序的范围。

在设计细节测试时,注册会计师除了从样本量的角度考虑测试范围外,还要考虑选样方法的有效性等因素。在设计实质性分析程序时,注册会计师应当确定已记录金额与预期值之间可接受的差异额。在确定该差异额时,注册会计师应当主要考虑各类交易、账户余额、列报及相关认定的重要性和计划的保证水平。

5.3.5 完成审计工作和编制审计报告

注册会计师在完成财务报表进一步审计程序后,还应当按照有关审计准则的规定作好审计完成阶段的工作,并根据所获取的各种证据,合理运用专业判断,形成适当的审计意见。本阶段主要工作有:考虑持续经营假设、或有事项和期后事项;获取管理层声明;汇总审计差异,提请被审计单位调整或披露;复核审计工作底稿和财务报表;与管理层和治理层沟通;评价所有审计证据,形成审计意见;编制审计报告等。

复习思考题

1. 注册会计师财务报表审计的总体目标是什么?
2. 什么是管理层认定?有哪几类管理层认定?
3. 具体审计目标的内容是什么?
4. 审计目标的实现过程有哪几个阶段?各个阶段的主要活动是什么?

练习题

一、名词解释

1. 认定 2. 风险评估程序 3. 控制测试 4. 实质性程序 5. 细节测试 6. 实质性分析程序

二、单项选择题

1. 如果被审单位将一笔一年内将要到期的长期借款列示在会计报表的长期负债项目,说明被审单位管理当局违反了(　　)认定。

　　A. 完整性　　　　B. 权利和义务　　　　C. 分类和可理解性　　　　D. 准确性和计价

2. 下列哪些项目更易在完整性认定上出现错漏报(　　)。
   A. 应收账款　　　　B. 存货　　　　C. 应付账款　　　　D. 预付账款
3. 注册会计师实施函证程序,以确定某项应收账款余额的正确性。这一程序属于(　　)。
   A. 余额的细节测试　　　　　　　　B. 风险评估程序
   C. 实质性分析程序　　　　　　　　D. 控制测试程序
4. 控制测试的目标是(　　)。
   A. 确定控制是否得到执行　　　　　B. 测试控制运行的有效性
   C. 评价内部控制的设计是否合理　　D. 测试账户余额的准确性
5. 某公司将2012年度的主营业务收入列入2011年度的会计报表,则该公司2011年度会计报表存在错误的认定是(　　)。
   A. 计价和分摊　　　B. 存在　　　C. 完整性　　　D. 发生

三、案例分析题

【资料】某会计师事务所正在对H公司2012年度会计报表进行审计时,注册会计师李立发现H公司存在下列可能导致错误的情况：

(1) 委托甲公司代销的商品可能并不存在,但已列入存货项目中；
(2) 2012年12月31日进行的存货的盘点可能存在较大的差错；
(3) 当年对应收款项所提的坏账准备可能不正确；
(4) 可能存在未入账的应付账款；
(5) 长期借款中可能有一年内将要到期的部分。

【要求】(1) 针对上述可能存在的问题,管理当局是如何认定的？
(2) 为了证实上述问题,注册会计师应当分别执行的最主要的实质性程序是什么？
(3) 注册会计师执行的实质性程序能实现哪些审计目标？

第6章

审计证据和审计工作底稿

新准则提示

《中国注册会计师审计准则第1301号——审计证据》
《中国注册会计师审计准则第1312号——函证》
《中国注册会计师审计准则第1313号——分析程序》
《中国注册会计师审计准则第1131号——审计工作底稿》
《中国注册会计师审计准则第1121号——对财务报表审计实施的质量控制》

第6章 审计证据和审计工作底稿

在本章中,你将学到——

- 审计证据的含义和特征
- 审计证据的分类
- 审计证据的收集和鉴定
- 审计工作底稿的含义和作用
- 审计工作底稿的种类
- 审计工作底稿的基本要素和格式
- 审计工作底稿的编制、复核和归档

中英文关键词对照——

- 审计证据 Audit Evidence
- 审计工作底稿 Working Papers
- 检查 Inspection
- 观察 Observation
- 函证 Confirmation
- 询问 Inquiry
- 重新计算 Recalculation
- 重新执行 Reperformance
- 分析程序 Analytical Procedures

以银广厦做假事件为例。在这起事件中,其管理当局固然要负首要责任,但从有关媒介披露的情况分析来看,中介机构在其审计过程中因未能严格遵循审计原则和方法,未能保持应有的职业谨慎而导致审计失败亦应引起相当的重视。很重要的一个原因就是对银广厦进行年报审计的会计师事务所未能对关键证据亲自取证,这些重要的证据如海关报关单,银行对账单,重要出口商品单价等均是由被审计单位提供,进行审计的会计师未能采取必要的审计程序对这些证据的真假作进一步确认。审计原则要求进行审计的会计师应对重要的外部证据亲自取证,如对应收账款、银行存款的函证,函证的询证函必须由事务所发出,但在实际操作中,许多事务所为了省事,将询证函交与被审计单位由其发出,甚至由其收回后交与会计师事务所,这就为被审计单位做假提供了一个很大的方便,而由此取得的所谓外部证据的真实性已大打折扣。很显然在银广厦事件中,被审计单位向会计师事务所提供了假报关单及其他虚假的外部证据。而在"活力28"的年报做假案中,为了制造假报表,被审计单位居然伪造了高达几亿人民币的银行进账单。姑且不论这些做假者的胆大妄为及其做假伎俩的高超,进行年报审计的会计师如果能在执业过程中恪尽职守,到银行、海关等地亲自取证,所有这些做假行为都是不难发现的。

审计的整个过程,就是根据审计证据形成审计结论和审计意见的过程。因此,收集、鉴定和综合审计证据,是审计工作的核心。审计工作底稿则是审计过程和结果的书面证明,也是审计证据的汇集和编写审计报告的依据。那么我们应该如何收集、鉴定和综合审计证据,如何编制审计工作底稿呢?

6.1 审计证据

6.1.1 审计证据的含义

证据在词典中解释为"用以证实某一事件或为某一事件提供支持的事物"。审计证据是指注册会计师为了得出审计结论、形成审计意见而使用的所有信息,包括财务报表依据的会计记录中含有的信息和其他信息。

其中,财务报表依据的会计记录中含有的信息一般包括对初始分录的记录和支持性记录,如支票、电子资金转账记录、发票、合同、总账、明细账、记账凭证和未在记账凭证中反映的对财务报表的其他调整,以及支持成本分配、计算、调节和披露的手工计算表和电子数据表。这些会计记录是编制财务报表的基础,构成注册会计师执行财务报表审计业务所需获取的审计证据的重要部分。

其他信息包括注册会计师从被审计单位内部或外部获取的会计记录以外的信息,如被审计单位会议记录、内部控制手册、询证函的回函、分析师的报告、与竞争者的比较数据等;通过询问、观察和检查等审计程序获取的信息,如通过检查存货获取存货存在性的证据等;自身编制或获取的可以通过合理推断得出结论的信息,如注册会计师编制的各种计算表、分析表等。

财务报表依据的会计记录中包含的信息和其他信息共同构成了审计证据,两者缺一不可。如果没有前者,审计工作将无法进行;如果没有后者,可能无法识别重大错报风险。只有将两者结合在一起,才能将审计风险降至可接受的低水平,为注册会计师发表审计意见提供合理基础。

6.1.2 审计证据的特征

充分性和适当性是审计证据的两大特征。注册会计师应当保持职业怀疑态度,运用职业判断,评价审计证据的充分性和适当性。

1. 审计证据的充分性

审计证据的充分性是对审计证据数量的衡量,主要与注册会计师确定的样本量有关。样本量过大影响审计效率,加大审计成本;反之,样本量过小,影响审计效果。例如,对某个审计项目实施某一选定的审计程序,从200个样本中获得的证据要比从100个样本中获得的证据更充分。

同时,注册会计师还需要考虑重大错报风险评估和审计证据质量对获取的审计证据的数量的影响,以保证获取的审计证据应当充分,足以将与每个重要认定相关的审计风险限制在可接受的水平。下面几项是在判断审计证据是否充分时应考虑的因素:

(1) 错报风险。一般而言,评估的重大错报风险越高,需要的审计证据可能越多。根据风险导向审计模型,即检查风险=审计风险/重大错报风险,在可接受的审计风险水平一定的情况下,重大错报风险越大,注册会计师就应实施越多的测试工作,将检查风险控制在可接受水平,最终将审计风险降低至可接受的低水平。可见,评估的重大错报风险越高,需要的审计证据可能越多。

(2)审计证据质量。审计证据质量越高,需要的审计证据可能越少。但是,如果审计证据的质量存在缺陷,注册会计师仅靠获取更多的审计证据可能无法弥补其质量上的缺陷。

(3)具体审计项目的重要程度。对于重要的审计项目,审计人员应该获取足够的审计证据以支持其审计结论或审计意见;对于不同重要的审计项目,审计人员可以适当减少审计证据的数量。

(4)注册会计师及其业务助理人员的审计经验。丰富的审计经验,可使注册会计师及其业务助理人员从较少的审计证据中判断出被审计单位是否存在错误及舞弊行为,相对来说,就可减少对审计证据数量的依赖程度;相反,当审计人员缺乏审计经验时,就只能通过大量审计证据才能作出判断,因而需增加审计证据的数量。

2. 审计证据的适当性

审计证据的适当性,是对审计证据质量的衡量,即审计证据在支持审计意见所依据的结论方面具有的相关性和可靠性。相关性和可靠性是审计证据适当性的核心内容,只有相关且可靠的审计证据才是高质量的。

(1)审计证据的相关性。相关性,是指用作审计证据的信息与审计程序的目的和所考虑的相关认定之间的逻辑联系。审计证据必须与审计目标相关,只有与审计目标相关,审计证据才有证明力。具体地说:

①特定的审计程序可能只为某些认定提供相关的审计证据,而与其他认定无关。例如,检查期后应收账款收回的记录和文件可以提供有关存在和计价的审计证据,但是不一定与期末截止是否适当相关。

②针对同一项认定可以从不同来源获取审计证据或获取不同性质的审计证据。例如,注册会计师可以分析应收账款的账龄和应收账款的期后收款情况,以获取与坏账准备计价有关的审计证据。

③只与特定认定相关的审计证据并不能替代与其他认定相关的审计证据。例如,有关存货实物存在的审计证据并不能够替代与存货计价相关的审计证据。

(2)审计证据的可靠性。审计证据的可靠性是指证据的可信程度。用作审计证据的信息的可靠性,以及审计证据本身的可靠性,受其来源和性质的影响,并取决于获取审计证据的具体环境,包括与编制和维护该信息相关的控制。注册会计师在判断审计证据的可靠性时,通常会考虑下列原则:

①从被审计单位外部独立来源获取的审计证据比从其他来源获取的审计证据更可靠。从被审计单位外部独立来源获取的审计证据由完全独立于被审计单位以外的机构或人士编制并提供,未经被审计单位有关职员之手,从而减少了伪造、更改凭证或业务记录的可能性,因而其证明力最强。此类证据包括银行询证函回函、应收账款询证函回函等。

②相关控制有效时内部生成的审计证据比控制薄弱时内部生成的审计证据更可靠。如果被审计单位有着健全的内部控制且在日常管理中得到一贯地执行,会计记录的可信赖程度将会增加。如果被审计单位的内部控制薄弱,甚至不存在任何内部控制,被审计单位内部凭证记录的可靠性就大为降低。例如,如果与销售业务相关的内部控制有效,注册会计师就

能从销售发票和发货单中取得比内部控制不健全时更加可靠的审计证据。

③注册会计师直接获取(如通过观察某项控制的运行)的审计证据比间接获取或推论(如通过询问某项控制的运行)得出的审计证据更可靠。间接获取的证据有被涂改及伪造的可能性，降低了可信赖程度。推论得出的审计证据，其主观性较强，人为因素较多，可信赖程度也受到影响。

④以文件记录形式(包括纸质、电子或其他介质)存在的审计证据比口头形式的审计证据更可靠。口头证据本身并不足以证明事实的真相，仅仅提供一些重要线索，为进一步调查确认所用。但在一般情况下，口头证据往往需要得到其他相应证据的支持。例如，会议的同步书面记录比事后对讨论事项进行口头表述更可靠。

⑤从原件获取的审计证据比从复印、传真或通过拍摄、数字化或其他方式转化成电子形式的文件获取的审计证据更可靠，后者的可靠性可能取决于与编制和维护信息相关的控制。注册会计师可审查原件是否有被涂改或伪造的迹象，排除伪证，提高证据的可信赖程度。而传真件或复印件容易是变造或伪造的结果，可靠性较低。

3. 充分性和适当性的关系

充分性和适当性是审计证据的两个重要特征，两者缺一不可，只有充分且适当的审计证据才是有证明力的。注册会计师需要获取的审计证据的数量也受审计证据质量的影响。审计证据质量越高，需要的审计证据数据可能越少。但如果审计证据的质量存在缺陷，那么注册会计师仅靠获取更多审计证据可能无法弥补其质量上的缺陷。例如，注册会计师应当获取与销售收入完整性相关的证据，实际获取到的却是有关销售收入真实性的证据，审计证据与完整性目标不相关，即使获取的证据再多，也证明不了收入的完整性。同样的，如果注册会计师获取的证据不可靠，那么证据数量再多也难以起到证明作用。

4. 审计过程中对审计证据的充分性和适当性的评价

在评价审计证据的充分性和适当性时，注册会计师应当运用职业判断，并考虑下列因素的影响：认定发生潜在错报的重要程度，以及潜在错报单独或连同其他潜在错报对财务报表产生重大影响的可能性；管理层应对和控制风险的有效性；在以前审计中获取的关于类似潜在错报的经验；实施审计程序的结果，包括审计程序是否识别出舞弊或错误的具体情形；可获得信息的来源和可靠性；审计证据的说服力；对被审计单位及其环境的了解。

注册会计师可以考虑获取审计证据的成本与所获取信息的有用性之间的关系，但不应以获取审计证据的困难和成本为由减少不可替代的审计程序。在保证获取充分、适当的审计证据的前提下，控制审计成本也是会计师事务所增强竞争能力和获利能力所必需的。但为了保证得出的审计结论、形成的审计意见是恰当的，注册会计师不应将获取审计证据的成本高低和难易程度作为减少不可替代的审计程序的理由。例如，在某些情况下，存货监盘是证实存货存在性认定的不可替代的审计程序，注册会计师在审计中不得以检查成本高和难以实施为由而不执行该程序。

财务报表审计是一个累积和不断修正的过程。随着计划的审计程序的实施，如果获取的信息与风险评估时依据的信息有重大差异，注册会计师应当考虑修正风险评估结果，并据以修改原计划的其他审计程序的性质、时间和范围。在实施控制测试时，如果发现被审计单位控制运行出现偏差，注册会计师应当了解这些偏差及其潜在后果，并确定已实施的控制测试是否为信赖控制提供了充分、适当的审计证据,是否需要实施进一步的控制测试或实质性程序以应对潜在的错报风险。

在完成审计工作前,注册会计师应当评价是否已将审计风险降至可接受的低水平,是否需要重新考虑已实施审计程序的性质、时间和范围。

在形成审计意见时,注册会计师应当从总体上评价是否已经获取充分、适当的审计证据,以将审计风险降至可接受的低水平。

如果对重大的财务报表认定没有获取充分、适当的审计证据,注册会计师应当尽可能获取进一步的审计证据。如果不能获取充分、适当的审计证据,注册会计师应当出具保留意见或无法表示意见的审计报告。

6.1.3 审计证据的分类

审计证据分类的目的,在于找出更合理、更有效、更具有证明力的证据,以达到较好的证明效果,以利于审计工作的顺利完成。审计证据按照不同的标准,可以进行多种分类。

1. 审计证据按其外形特征分类

审计证据按其外形特征(或表现形态)分类,可以分为实物证据、书面证据、口头证据和环境证据。

(1)实物证据。实物证据是指以实物的外部特征和内含性能来证明事物真相的各种财产物资。实物证据主要用以查明实物存在的实在性、数量和计价的正确性,如现金、实物、印鉴和作案工具等。实物证据的存在本身就具有很大的可靠性,所以实物证据具有较强的证明力。但应防止伪造和混淆实物证据,如核实物资的所有权是否转移,有无外单位寄存的材料、产品等物资,以及有无经营租入的固定资产等情况。

(2)书面证据。书面证据是以文字记载的内容来证明被审计事项的各种书面资料。例如,有关被审事项的会计凭证、账簿和报表以及各种会议记录和合同,等等。审计工作过程中,收集得最多的就是书面证据。书面证据的来源比较广泛,有由被审计单位以外的单位所提供,且直接送交审计人员的书面证据,如函证信;有由被审单位以外的单位提供,但为被审单位所持有的书面证据,如银行对账单;有被审计单位自行编制并持有的书面证据,如工资发放表、充作证据的会计记录、被审计单位声明书、专家提供的书面证据,等等。对这些书面证据,需要进行整理归类,其效用也需要进一步证实。

(3)口头证据。口头证据是指视听资料、证人证词,有关人员的陈述、意见、说明和答复等形式存在的审计证据,它是以知情人陈述的事实来证明审计事项的真相。一般情况下,口头证据本身并不足以证明事物的真相,但审计人员往往通过口头证据发掘出一些重要线索,从而有利于对某些稽核的情况作进一步的调查,以收集到其他更为可靠的证据。

(4)环境证据。环境证据是指对被审计单位产生影响的各种环境事实。具体讲,环境证据包括有关内部控制的情况、被审计单位管理人员的素质、各种管理条件和管理水平。如当审计人员获知被审单位有着良好的内部控制制度,并且日常经营管理又一贯地严格遵守各项规定时,就可认为被审计单位现行的内部控制制度为会计报表项目的真实性提供了强有力的环境证据。环境证据一般不属于主要的审计证据,但它有助于审计人员了解被审计单位、被审计事项所处的环境,为进行判断所必须掌握的资料。

2. 审计证据按其与被审事项的关系分类

审计证据按其与被审事项的关系分类,可以分为直接证据和间接证据。

(1)直接证据。直接证据是指对审计事项具有直接证明力,能直接地证明审计事项真相的资料和事实。如在审计人员亲自参加实物和现金盘点情况下的盘点实物和现金的记录,就是证明实物和现金实存数的直接证据。审计人员有了直接证据,就无须再收集其他证据,就能根据直接证据得出审计事项的结论。

(2)间接证据。间接证据又称旁证,是指对审计事项只起间接证明作用,需要与其他证据结合起来,经过分析、判断、核实才能证明审计事项真相的资料和事实。如应证事项是会计报表的公允性,就凭证而言,虽然凭证是会计报表的基础资料,但两者并没有直接的关系,所以对会计报表公允性的证明,凭证是间接证据。如在某一审计业务中,审计人员发现被审单位通过账务处理将收入挂在往来账上,而不做收入处理,从而隐瞒收入、偷漏税金,这时该账务处理便是直接证据,而原始凭证则为间接证据。

在审计工作中,只有直接证据就能直接影响审计人员的意见和结论的情况并不多见。一般情况下,在直接证据以外,往往需要一系列的间接证据才能对审计事项做出完整的结论。当然,直接和间接是相对的,仍以凭证为例,凭证对于会计报表是间接证据,而对于账簿则是直接证据。

3. 审计证据按其来源分类

审计证据按其来源分类,可分为亲历证据、内部证据和外部证据。

(1)亲历证据。亲历证据是指审计人员亲眼目睹或亲自在被审计单位执行某些活动而取得的证据。亲历证据通常包括了审计人员亲自参与盘点或监督盘点所取得的实物证据;审计人员重新执行被审计单位一部分业务,如成本的复算等而取得的执行证据;审计人员对被审计单位及其员工的行为进行观察而取得的行为证据等。由于亲历证据是审计人员亲自经历取得的,因此审计证据的可靠性较强。

(2)内部证据。内部证据是指产生于被审计单位内部的审计证据,如会计凭证、会计账户、会计报表、内部文件和有关人员的陈述等。由于内部证据产生于被审计单位内部,很可能会虚构、篡改或掩饰,因此其可靠性较差。

(3)外部证据。外部证据是指产生于被审计单位外部的审计证据,如向被审计单位业务往来方或律师对债权债务询证的答复、客户对账单、银行对单、采购发票等。由于外部证据来自于被审计单位以外的有关方面,虚构、篡改的可能性小,又可以向有关方面进行查询得以证实,因此其可靠性较强。

4. 审计证据按其证明力分类

审计证据按其证明力的不同,可以分为基本证据、辅助证据和矛盾证据。

(1)基本证据。基本证据是指对被审计事项具有直接证明力的证据,或指对审计人员形成审计意见、作出审计结论具有直接影响作用的审计证据。如证明被审计单位财务状况好坏时,被审计单位的会计报表、账簿等就是基本证据。审计人员如果离开了基本证据,就无法提出审计意见和作出审计结论。如要确定财产物资的真实性,实物证据就是基本证据,要确定账簿记录的真实性,与凭证核对所得到的证据就是基本证据。可见,基本证据是审计证据的主要部分,因而也称为主证。

（2）辅助证据。辅助证据是作为基本证据的一种必要的补充，补充说明基本证据的证据，因而也称旁证或佐证。如要证明账簿记录的真实性，各种记账凭证是基本证据。而附在记账凭证后面的各种原始凭证，是编制记账凭证的依据，它们补充说明记账凭证去证明账簿的真实性，因而它们是辅助证据。

（3）矛盾证据。矛盾证据是指证明的方向与基本证据相反，或证明的内容与基本证据不一致的证据。如被审单位会计报表上的"固定资产"是10亿元，而会计账簿上的"固定资产"只有9亿元，那么"固定资产"会计账簿就是会计报表的矛盾证据。遇有矛盾证据，审计人员必须进一步收集审计证据，并加以深入分析和鉴定，以肯定或否定证据间的矛盾。

此外，审计证据还可以按其他不同的标准进行多种分类。各类审计证据有不同的取证方法，它们在审计工作中的作用也不尽相同。

6.1.4 获取审计证据的审计程序

在形成审计意见的过程中，注册会计师的大部分工作是获取和评价审计证据。在审计过程中，注册会计师可根据需要单独或综合运用以下审计程序，以获取充分、适当的审计证据。

1. 检查

检查是指注册会计师对被审计单位内部或外部生成的，以纸质、电子或其他介质形式存在的记录和文件进行审查，或对资产进行实物审查。

检查记录或文件可以提供可靠程度不同的审计证据，审计证据的可靠性取决于记录或文件的性质和来源，而在检查内部记录或文件时，其可靠性则取决于生成该记录或文件的内部控制的有效性。将检查用作控制测试的一个例子，是检查记录以获取关于授权的审计证据。

某些文件是表明一项资产存在的直接审计证据，如构成金融工具的股票或债券，但检查此类文件并不一定能提供有关所有权或计价的审计证据。此外，检查已执行的合同可以提供与被审计单位运用会计政策（如收入确认）相关的审计证据。

检查有形资产可为其存在提供可靠的审计证据，但不一定能够为权利和义务或计价等认定提供可靠的审计证据。对个别存货项目进行的检查，可与存货监盘一同实施。

2. 观察

观察是指注册会计师察看相关人员正在从事的活动或实施的程序。例如，注册会计师对被审计单位人员执行的存货盘点或控制活动进行观察。

观察可以提供执行有关过程或程序的审计证据，但观察所提供的审计证据仅限于观察发生的时点，而且被观察人员的行为可能因被观察而受到影响，这也会使观察提供的审计证据受到限制。

3. 询问

询问是指注册会计师以书面或口头方式，向被审计单位内部或外部的知情人员获取财务信息和非财务信息，并对答复进行评价的过程。作为其他审计程序的补充，询问广泛应用于整个审计过程中。

知情人员对询问的答复可能为注册会计师提供尚未获悉的信息或佐证证据。同时，对询问的答复也可能提供与注册会计师已获取的其他信息存在重大差异的信息,例如,关于被审计单位管理层凌驾于控制之上的可能性的信息。在某些情况下,对询问的答复为注册会计师修改审计程序或实施追加的审计程序提供了基础。

尽管对通过询问获取的审计证据予以佐证通常特别重要,但在询问管理层意图时,获取的支持管理层意图的信息可能是有限的。在这种情况下,了解管理层过去所声称意图的实现情况、选择某项特别措施时声称的原因以及实施某项具体措施的能力,可以为佐证通过询问获取的证据提供相关信息。

针对某些事项,注册会计师可能认为有必要向管理层(如适用)获取书面声明,以证实对口头询问的答复。

4. 函证

函证是指注册会计师直接从第三方(被询证者)获取书面答复以作为审计证据的过程,书面答复可以采用纸质、电子或其他介质等形式。当针对的是与特定账户余额及其项目相关的认定时,函证常常是相关的程序。但是,函证不必局限于账户余额。例如,注册会计师可能要求对被审计单位与第三方之间的协议和交易条款进行函证。注册会计师可能在询证函中询问协议是否作过修改,如果作过修改,要求被询证者提供相关的详细信息。此外,函证程序还可以用于获取不存在某些情况的审计证据,如不存在可能影响被审计单位收入确认的"背后协议"。

通过函证获取的审计证据可靠性较高,因此,函证是受到高度重视并经常使用的一种重要程序。关于函证程序程序具体运用参见本教材第 10 章财务报表审计相关内容。

5. 重新计算

重新计算是指注册会计师对记录或文件中的数据计算的准确性进行核对。重新计算可通过手工方式或电子方式进行。一般而言,重新计算不仅包括对被审计单位的凭证、账簿和报表中有关数字的验算,而且还包括对会计资料各有关项目的加总或其他运算。

6. 重新执行

重新执行是指注册会计师独立执行原本作为被审计单位内部控制组成部分的程序或控制。例如,注册会计师利用被审计单位的银行存款日记账和银行对账单,重新编制银行存款余额调节表,并与被审计单位编制的银行存款余额调节表进行比较。

7. 分析程序

(1)分析程序的概念。分析程序是指注册会计师通过分析不同财务数据之间以及财务数据与非财务数据之间的内在关系,对财务信息作出评价。分析程序还包括在必要时对识别出的、与其他相关信息不一致或与预期值差异重大的波动或关系进行调查。

在实施分析程序时,还需要考虑下列关系:财务信息要素之间的关系(根据被审计单位的经验,预期这种关系符合某种可预测的规律,如毛利率);财务信息和相关非财务信息之间的关系,如工资成本与员工人数的关系等。

(2)分析程序的目的。注册会计师实施分析程序的目的主要包括以下内容:

①用作风险评估程序,以了解被审计单位及其环境。分析程序可以帮助注册会计师发现财务报表中的异常变化,或者预期发生而未发生的变化,识别存在潜在重大错报风险的领域。分析程序还可以帮助注册会计师发现财务状况或盈利能力发生变化的信息和征兆,识

别那些表明被审计单位持续经营能力问题的事项。

②用作实质性程序。当使用分析程序比细节测试能更有效地将认定层次的检查风险降至可接受的水平时,分析程序可以用作实质性程序。在针对评估的重大错报风险实施进一步审计程序时,注册会计师可以将分析程序作为实质性程序的一种,单独或结合其他细节测试,收集充分、适当的审计证据。此时运用分析程序可以减少细节测试的工作量,节约审计成本,降低审计风险,使审计工作更有效率和效果。

③在审计结束或临近结束时对财务报表进行总体复核。在审计结束或临近结束时,注册会计师应当运用分析程序,在已收集的审计证据的基础上,对财务报表整体的合理性做最终把握,评价报表仍然存在重大错报风险而未被发现的可能性,考虑是否需要追加审计程序,以便为发表审计意见提供合理基础。

(3)分析程序可使用的方法。注册会计师可以使用各种不同的方法实施分析程序。这些方法包括从简单的比较到使用高级统计技术的复杂分析。在实务中,可使用的方法主要有比较分析法、比率分析法、趋势分析法等。

①比较分析法。比较分析法是通过某一财务报表项目与其既定标准的比较,以获取审计证据的一种技术方法。它包括本期实际数与计划数的比较,预算数或注册会计师的计算结果之间的比较,本期实际数与同业标准之间的比较等。

②比率分析法。比率分析法是通过对财务报表中的某一项目同与其相关的另一项目相比所得的比值进行分析,以获取审计证据的一种技术方法。此方法要求先计算出各种比率,再将其与预期比率进行比较。对计算出来的比率可单独分析,也可归类(如偿债能力、效率及获利比率等)分析。在分析程序中常用的财务比率有速动比率、流动比率、应收账款周转率、存货周转率等。

③趋势分析法。趋势分析法是指通过对连续若干期某一财务报表项目的变动金额及其百分比的计算,分析该项目的增减变动方向和幅度,以获取有关审计证据的一种技术方法。

下面以一个虚构的公司——光明公司的财务数据为例,来说明分析程序的应用。该公司未经审计的20×6年12月31日的资产负债表、20×6年度利润表如表6.1和表6.2所示。光明股份有限公司于20×5年1月1日成立,20×6年度财务报表的审计师为一方会计师事务所,20×6年度是一方会计师事务所为光明公司提供年度财务报表审计服务的第二个年度。该公司财务数据的简单比较如表6.3和表6.4所示。

表6.1 光明公司未经审计的20×6年12月31日的资产负债表 单位:元

项 目	期初数 (上期审定数)	期末数 (未审数)	项 目	期初数 (上期审定数)	期末数 (未审数)
流动资产:			流动负债:		
货币资金	520 000	18 591.08	短期借款	—	—
交易性金融资产	6 000	5 000	应付账款	309 000	677 600
应收账款	210 000	303 050	应交税费	120 000	194 197.08
其他应收款	50 000	59 400	流动负债合计	429 000	871 797.08
存货	100 000	278 006	非流动负债:		
流动资产合计	886 000	664 047.08	长期借款	1 000 000	1 000 000

续表6.1

项目	期初数（上期审定数）	期末数（未审数）	项目	期初数（上期审定数）	期末数（未审数）
			非流动负债合计	1 000 000	1 000 000
非流动资产：			负债合计	1 429 000	1 871 797.08
可供出售金融资产	1 000 000	15 000 00			
长期股权投资	3 600 000	37 500 00	股东权益：		
固定资产	1 110 000	1 171 500	股本	5 000 000	5 000 000
非流动资产合计	5 610 000	6 421 500	资本公积	52 000	53 100
			盈余公积	23 000	31 497.50
			未分配利润	92 000	129 152.50
			股东权益合计	5 167 000	5 213 750
资产合计	6 596 000	7 085 547.08	负债及股东权益合计	6 596 000	7 085 547.08

表6.2 光明公司未经审计的20×6年度利润表　　　　　　　　　单位：元

项目	上年数（审定数）	本年数（未审数）
一、营业收入	2 535 100	1 237 500
减：营业成本	1 791 200	951 000
营业税费	226 800	112 500
销售费用	36 350	26 500
管理费用	25 200	23 100
财务费用	72 000	74 500
资产减值损失	25 800	29 700
加：投资净收益	120 000	130 000
二、营业利润	477 750	150 200
加：营业外收入	—	—
减：营业外支出		(600)
三、利润总额	477 750	149 600
减：所得税费用	143 325	44 730
四、净利润	334 425	104 870

表6.3 光明公司资产负债表主要数据简单比较

报表项目	20×5年审定数	20×6年未审数	20×6年比20×5年增减	
			金额	%
货币资金	520 000	18 591.08	−501 408.92	−97
交易性金融资产	6 000	5 000	−1 000	−17
应收账款	210 000	303 050	−93 050	+44
存货	100 000	278 006	+178 006	+178
应付账款	309 000	677 600	+368 600	+119
应交税费	120 000	194 197.08	+74 197.08	+62
盈余公积	23 000	31 497.50	+8 497.50	+37
未分配利润	92 000	129 152.50	+37 152.50	+40

表6.4 光明公司利润表主要数据简单比较

报表项目	20×5年审定数	20×6年未审数	20×6年比20×5年增减	
			金额	%
营业收入	25 351 00	12 375 00	−12 976 00	−51
营业成本	17 912 00	9 510 00	−8 402 00	−47
营业税费	2 268 00	1 125 00	−1 143 00	−50
销售费用	363 50	265 00	−98 50	−27
管理费用	252 00	231 00	−21 00	−8
财务费用	720 00	745 00	+25 00	+4

6.2 审计工作底稿

6.2.1 审计工作底稿的含义

审计工作底稿是指注册会计师对制定的审计计划、实施的审计程序、获取的相关审计证据,以及得出的审计结论作出的记录。审计工作底稿是审计证据的汇集,可作为审计过程和结果的书面证明,也是形成审计结论的依据。审计人员从接受审计任务,确立审计对象,到提出审计报告,要经历一个较长的过程。这一过程实际上就是收集审计证据,编制审计工作底稿,进而作出审计结论的过程。因此,开展审计工作都应该及时编制审计工作底稿。

6.2.2 审计工作底稿的种类

审计工作底稿根据不同的分类标准,分为不同的种类。

1. 审计工作底稿按其性质和作用分类

审计工作底稿按其性质和作用可分为综合类审计工作底稿、业务类审计工作底稿和备查类审计工作底稿。

（1）综合类审计工作底稿，是指审计人员在审计计划和审计报告阶段，为规划、管理和总结整个审计工作，并发表审计意见所形成的审计工作底稿。

（2）业务类审计工作底稿，是指审计人员在审计实施阶段执行具体审计程序所形成的审计工作底稿；这是审计工作底稿的主体部分，反映了审计人员实施审计的有关程序和方法，收集的审计证据等。

（3）备查类审计工作底稿，是指审计人员在审计过程中形成的，对审计工作具有备查作用的审计工作底稿，如执照、章程、合同等。

2. 审计工作底稿按其形式分类

审计工作底稿按其形式可分为表格式审计工作底稿和文字说明式审计工作底稿。

（1）表格式审计工作底稿，是将具有共同性的审计项目、审计内容和要求按统一的规范预先编排成专用表格，供审计人员执行任务时使用。如银行存款核对表、应收账款余额分析表等。该工作底稿有使用方便、省时高效、避免遗漏、便于汇总等特点，最适合审计新手使用。统计表格要注意指标统一，体系完整，简明易编。

（2）文字说明式审计工作底稿，是用文字记叙和说明与审计项目有关的事项。特别是审计工作遇到的情况比较复杂时，有些问题往往难以用表格来记载，而要采用文字说明式工作底稿，如会议记录。

3. 审计工作底稿按其内容分类

（1）与被审计单位设立有关的法律性资料，如企业设立批准证明、营业执照、章程等文件或变更文件的复印件；

（2）与被审计单位组织机构及管理层人员结构有关的资料；

（3）重要法律文件、合同、协议和会议记录的摘录或副本；

（4）对被审计单位相关内部控制制度的研究与评价记录；

（5）审计业务约定书；

（6）被审计单位的未审计会计报表及审计差异调整表；

（7）审计计划；

（8）实施具体审计程序的记录和资料；

（9）与被审计单位、其他审计人员、专家和其他人员的会谈记录；

（10）往来函件、被审计单位的声明书、审计报告等。

审计工作底稿通常不包括已被取代的审计工作底稿的草稿或财务报表的草稿、反映不全面或初步思考的记录、存在印刷错误或其他错误而作废的文本以及重复的文件记录等。由于这些草稿、错误的文本或重复的文件记录不直接构成审计结论和审计意见的支持性证据，因此，注册会计师通常无须保留这些记录。

6.2.3 审计工作底稿的作用

审计工作底稿在计划和执行审计工作中发挥着关键作用。它提供了审计工作实际执行情况的记录,并形成审计报告的基础。及时编制审计工作底稿有助于提高审计质量,便于在出具审计报告之前,对取得的审计证据和得出的审计结论进行有效复核和评价。

1. 有利于组织协调审计工作

审计项目小组一般由多人组成,项目小组内要进行合理的分工,不同的审计程序、不同会计账项的审计往往由不同人员执行。如何在分工基础上协调统一,最终形成审计结论和发表审计意见,关键在于安排审计人员编好审计工作底稿。借助于审计工作底稿,把不同人员的审计工作有机地联结起来,以便对整体发表审计意见。

2. 审计工作底稿是注册会计师形成审计结论、发表审计意见的直接依据

审计结论和审计意见是根据注册会计师获取的各种审计证据,以及注册会计师一系列的专业判断形成的。而注册会计师所收集到的审计证据和所做出的专业判断,都完整地记载于审计工作底稿中。因此,审计工作底稿是审计结论与审计意见的直接依据。

3. 审计工作底稿是解脱或减轻注册会计师的审计责任、评价注册会计师专业能力与工作业绩的依据

注册会计师依照审计准则实施了必要的审计程序,方可解除或减轻其审计责任。注册会计师专业能力的大小、工作业绩的好坏,主要体现在对审计程序的选择、执行和有关的专业判断上,而注册会计师是否实施了必要的审计程序,审计程序的选择是否合理,专业判断是否准确,都必须通过审计工作底稿来体现。此外,会计师事务所因执业质量而涉及诉讼或有关监管机构进行执业质量检查时,审计工作底稿能够提供证据,证明会计师事务所是否按照中国注册会计师审计准则的规定执行了审计工作。

4. 审计工作底稿为审计质量控制与质量检查提供了可能

审计工作底稿也可用于质量控制复核、监督会计师事务所对审计准则的遵循情况以及第三方的检查等。会计师事务所进行审计质量控制,主要是指导和监督注册会计师选择实施审计程序,编制审计工作底稿,并对审计工作底稿进行严格复核。注册会计师协会或其他有关单位依法进行审计质量检查,也主要是对审计工作底稿的检查。因此,没有审计工作底稿,审计质量的控制与检查就无法落到实处。

5. 审计工作底稿对未来的审计业务具有参考备查价值

审计业务有一定的连续性,同一被审计单位前后年度的审计业务具有众多联系或共同点。因此,当年度的审计工作底稿对以后年度审计业务具有很大的参考或备查作用。

6.2.4 审计工作底稿的基本要素和格式

1. 审计工作底稿的基本要素

审计工作底稿通常应包括下列基本要素:

(1)被审计单位名称。它是指财务报表的编报单位。若财务报表编报单位为某一集团的下属公司,则应同时写明下属公司的名称,如××股份有限公司——××分公司,以避免以后发生错误。

(2)审计项目名称。它是指某一财务报表项目名称或某一审计程序及实施对象的名称。若具体审计项目是某一明细科目,则应同时写明该明细科目。

(3) 审计项目时点或期间。它是指某一资产负债表项目的报告时点或某一利润表项目的报告期间。

(4) 审计过程记录。这是指注册会计师的审计轨迹与职业判断的记录，注册会计师应将其实施审计程序而达到审计目标的过程记录在审计工作底稿中。

需要注意的是，在记录实施审计程序的性质、时间安排和范围时，注册会计师应当记录测试的具体项目或事项的识别特征。识别特征是指被测试的项目或事项表现出的征象或标志。识别特征因审计程序的性质和测试的项目或事项不同而不同。对某一个具体项目或事项而言，其识别特征通常具有唯一性，这种特性可以使其他人员根据识别特征在总体中识别该项目或事项并重新执行该测试。例如，在对被审计单位生成的订购单进行细节测试时，注册会计师可以以订购单的日期或其唯一编号作为测试订购单的识别特征。若被审计单位按年对订购单依次编号，则识别特征是××年的××号；若被审计单位序列号进行编号，则可以直接将该号码作为识别特征。

(5) 审计标识及其说明。审计标识是审计人员在审计工作底稿上用以表达各种不同审计含义的审计符号。审计工作底稿中可使用各种审计标识，但为了便于他人理解，审计人员应在审计工作底稿中说明其含义，并保持前后一致。在实务中，注册会计师可以依据实际情况运用更多的审计标识。以下是注册会计师在审计工作底稿中列明标识并说明其含义的举例：

∧：纵加核对   <：横加核对
B：与上年结转数核对一致   T：与原始凭证核对一致
G：与总分类账核对一致   S：与明细账核对一致
T/B：与试算平衡表核对一致   C：已发询证函
C\：已收回询证函

(6) 审计结论。注册会计师需要根据所实施的审计程序及获取的审计证据得出结论，并以此作为对财务报表发表审计意见的基础。在记录审计结论时需注意、在审计工作底稿中记录的审计程序和审计证据是否足以支持所得出的审计结论。

(7) 索引号及页次。审计工作底稿需要注明索引号及顺序编号，相关审计工作底稿之间需要保持清晰的钩稽关系。为了汇总及便于交叉索引和复核，每个事务所都会制定特定的审计工作底稿归档流程。因此，每张表或记录都应有一个索引号，例如，A1，D6 等，以说明其在审计工作底稿中的放置位置。

工作底稿中每张表所包含的信息都应当与另一张表中的相关信息进行交叉索引，例如，现金盘点表应当与列示所有现金余额的导表进行交叉索引。在实务中，注册会计师可以按照所记录的审计工作的内容层次进行编号。例如，固定资产汇总表的编号为 C1，按类别列示的固定资产明细表的编号为 C1-1，房屋建筑物的编号为 C1-1-1，机器设备的编号为 C1-1-2，运输工具的编号为 C1-1-3，其他设备的编号为 C1-1-4。相互引用时，需要在审计工作底稿中交叉注明索引号。

(8) 编制者姓名及编制日期。为了明确审计责任，注册会计师必须在其编制的每一张审计工作底稿上签名和签署日期。

(9) 复核者姓名及复核日期。审计工作底稿一般是由多层次复核后才能出具审计报告的。为了明确责任，复核者也应在工作底稿上签名并注明复核日期。在需要项目质量控制复核的情况下,还需要注明项目质量控制复核人员及复核的日期。

(10)其他应说明事项。审计人员认为应在审计工作底稿中予以记录的其他相关事项。

表6.5举例说明了审计工作底稿的基本要素。

表6.5 抽查盘点存货的工作底稿

原材料抽查盘点表

客户:Z公司				页 次:53W/P		索引:E-2	
				编制人:Zjr		日期:2005.12.31	
B/S日:2005.12.31				复核人:Esq		日期:2006.1.5	
盘点标签号码	存货表号码	存货		盘点结果		差异	
		号码	内容	客户	审计人员		
113	3	1~25	a	110√	160	50 kg	
234	20	1~90	b	60√	60		
357	25	2~30	c	1 800√	1 800		
475	31	3~20	d	1 300√	1 600	300 kg	
498	60	4~5	e	60√	60		
503	71	6~23	f	1 000√	1 000		
612	80	6~26	g	330√	330		
721	88	7~15	h	80√	80		

以上差异已由客户纠正,纠正差异后使被审计单位存货账户增加500元,抽查盘点的存货总价值为50 000元,占全部存货价值的20%。经追查至存货汇总表没有发现其他例外。我们认为错误并不重要。

√——已追查至被审计单位存货汇总表(E—5),并已纠正所有差异。

2. 审计工作底稿的格式

审计工作底稿的格式和繁简程度是审计工作详简程度的具体表现,合理确定其格式和繁简程度是保证审计工作质量不可忽视的方面。在确定审计工作底稿格式和内容的繁简程度时,应根据实际工作需要,针对不同情况,采用多种格式。下面就各种主要审计工作底稿的常见格式介绍如下:

(1)查账工作底稿。查账工作底稿可以用表格或文字说明形式记载审计过程中所发现的问题及疑点、检查意见、审计结论等,是编制最多的一类底稿。

(2)内部控制测试表。内部控制测试表是主要就被审单位内部控制的实施情况逐一列出,通过"是"或"否"的回答来评价被审单位内部控制的完善程度和有效程度。

(3)试算表工作底稿。试算表工作底稿是一张列有各分类账科目的金额、应调整的科目、调整的金额等的表格。

(4)调整工作底稿。审计人员在审计过程中发现的错误都必须加以调整。会计分录编错应调整,成本计算不正确应调整。这类调整,有的可以在试算表工作底稿中得到反映,有的则不能。所以,审计人员除了编制试算表工作底稿外,还需编制调整工作底稿,这既是审计证据,又是被审单位据以改正的依据。其格式常采用一般分类账登记方式,需调整的事项,逐笔记下并加以说明。

(5) 分析表、计算表。分析表和计算表是重要的审计工作底稿,其涉及的内容主要是对异常事项的分析及重要数据的复算。例如,对账户的分析使审计人员确定账户的性质及内容是否正常,应详细分析发生差错的原因,以及审计人员对此的判断和评价。

(6) 盘点表。盘点表主要用于对财产物资的清查盘点,检查其账存数和实存数是否一致,并加以说明原因和理由。常用的核对盘点表有现金盘点表、材料盘点表和固定资产盘点表等。

(7) 备忘录。审计过程中常遇到一些不能立即确定问题性质或不能立即查明真相的情况,这就必须将这些问题先摘录下来,待以后查证,以便在审计工作结束前加以处理。

6.2.5 审计工作底稿的编制

1. 审计工作底稿的编制原则

根据审计业务编制符合需要的审计工作底稿,这是审计人员执行审计业务的一项重要内容。为了保证审计人员编制的工作底稿符合审计业务要求,在编制审计工作底稿时应遵循如下原则:

(1) 完整性原则。审计人员对已经收集的被审单位概况资料、经济业务情况、内部控制制度及会计记录等,连同自己制定的审计计划、审计程序、审计日程表以及所采用的审计步骤、审计方法,都必须逐项编入审计工作底稿。每份审计工作底稿的内容也必须完整,如适当的标题、编制的日期、资料的来源及资料的性质等基本要素都不得遗漏。

(2) 重要性原则。完整性原则规定的目的在于保证审计资料的完整无缺。然而,并非所有资料对于审计报告都具有重要的意义。因此,审计人员在编制审计工作底稿时,应首先注重所有重要资料,对于可以用来证实会计记录的正确性、真实性,支持审计报告所载事项的各项资料也都必须列入审计工作底稿,而对不重要的以及与审计事项没有必然联系的各种资料则可舍弃。

(3) 真实性与相关性原则。审计工作底稿是支持审计结论和审计意见的支柱,因此,审计工作底稿的真实性与相关性直接影响审计结论的可信性和审计工作的成败。为此,审计人员在编制审计工作底稿时,必须将已确认为真实、客观的审计工作底稿,根据与审计结论和意见相关联的原则,以此作为支持审计结论和发表审计意见的主要依据。

(4) 责任性原则。审计工作底稿必须由审计人员、制表人签名盖章,并由审计项目负责人审批核实,以明确各自的责任。审计工作底稿是审计组织的内部工作资料,审计人员负有不向被审单位和外单位泄露的责任。

2. 编制审计工作底稿的要求

一份较完整的审计工作底稿,应该是字迹清楚,标题完整,一切资料来源均有说明;所列事项都应经过复核,而且有条理、有顺序、注意细节;重要事项和非重要事项有明确的区分。为提高审计工作底稿的质量,审计人员在编制审计工作底稿时,应注意以下问题:

(1) 每一具体审计事项均应单独编制一份审计工作底稿,并在表头标明被审单位的全称。

(2) 所有审计过程中取得的审计证据,面谈询问过的人员,观察过的场所等均应一一明确列示。填制人和复核者均应在审计工作底稿上签字,并注明日期。

(3)应编制一份工作备忘录,列明尚待解决的问题。因为在审计过程中,很可能会在追踪某一问题时发现其他问题,为使正在追踪的问题不被中断又不遗忘新发现的问题,审计人员有必要填制一份工作备忘录,将新发现的问题先记录下来,再统筹安排适时进行查处,使每个问题均无遗漏。

(4)为了便于查阅,审计工作底稿应编制索引。编制索引的方法,一般因人而异,并无定式。

(5)审计人员在编制审计工作底稿时,对其中的问题要中肯地表述自己的意见。

(6)审计人员在提出审计报告后,审计工作底稿应归入审计档案,并妥善保管。

6.2.6 审计工作底稿的复核

会计师事务所应当建立审计工作底稿复核制度。通过复核审计工作底稿,有助于减少或消除人为的审计误差,以降低审计风险,提高审计质量;有助于及时发现和解决问题,保证审计计划顺利执行,并能够不断地协调审计进度、节约审计时间、提高审计效率;有助于上级管理人员对注册会计师进行审计质量监控和工作业绩考评。

根据《中国注册会计师审计准则第1121号——对财务报表审计实施的质量控制》的有关规定,审计工作底稿复核制度应包括项目组内部复核和项目质量控制复核两个部分。

1. 项目组内部复核

项目组内部复核可以由项目合伙人指定的复核人员执行,其复核人员确定的原则是由项目组内经验较多的人员复核经验较少人员的工作,如高级助理人员复核低层次助理人员执行的工作。在复核已实施的审计工作时,复核人员应当复核的内容包括:审计工作是否已按照法律法规、相关职业道德要求和审计准则的规定执行;重大事项是否已提请进一步考虑;相关事项是否已进行适当咨询、由此形成的结论是否得到记录和执行;是否需要修改已执行审计工作的性质、时间安排和范围;已执行的审计工作是否支持形成的结论,并已得到适当记录;获取的审计证据是否充分、适当,足以支持审计结论;审计程序的目标是否已经实现。

虽然项目组内部复核并非全部由项目合伙人执行,但其应对复核负责。因此,项目合伙人也应当在审计过程的适当阶段及时实施复核,以使重大事项在出具审计报告前能够得到满意解决。项目合伙人复核的内容包括对关键领域所作的判断,尤其是执行业务过程中识别出的疑难问题或争议事项、特别风险以及项目合伙人认为重要的其他领域。项目合伙人应当对复核的范围和时间予以适当记录。

2. 项目质量控制复核

《中国注册会计师审计准则第1121号——对财务报表审计实施的质量控制》规定,注册会计师在出具审计报告前,会计师事务所应当指定专门的机构或人员对审计项目组执行的审计实施项目质量控制复核。

项目质量控制复核的范围主要取决于审计项目的复杂程度以及未能根据具体情况出具审计报告的风险。执行项目质量控制复核的人员,会计师事务所应采用制衡制度,委派独立的、有经验的审计人员出任。

需要注意的是,项目质量控制复核并不能减轻项目合伙人对审计业务及其执行的责任,更不能替代项目合伙人的责任。

对于上市实体财务报表审计以及会计师事务所确定需要实施项目质量控制复核的其他审计业务,项目合伙人应当确定会计师事务所已委派项目质量控制复核人员;与项目质量控制复核人员讨论在审计过程中遇到的重大影响,包括项目质量控制复核中识别的重大事项;在项目质量控制复核完成后,才能出具审计报告。

项目质量控制复核人员应当客观评价项目组作出的重大判断以及在编制审计报告时得出的结论。评价工作应当涉及下列内容:与项目合伙人讨论重大事项;复核财务报表和拟出具的审计报告;复核选取的与项目组作出的重大判断和得出的结论相关的审计工作底稿;评价在编制审计报告时得出的结论,并考虑拟出具审计报告的恰当性。

对于上市实体财务报表审计,项目质量控制复核人员在实施项目质量控制复核时,还应当考虑:项目组就具体审计业务对会计师事务所独立性作出的评价;项目组是否已就涉及意见分歧的事项,或者其他疑难问题或争议事项进行适当咨询,以及咨询得出的结论;选取的用于复核的审计工作底稿,是否反映了项目组针对重大判断执行的工作,以及是否支持得出的结论。

6.2.7 审计工作底稿的归档

注册会计师应当按照会计师事务所质量控制政策和程序的规定,及时将审计工作底稿归整为最终审计档案。

1. 审计档案的分类

审计档案是指一个或多个文件夹或其他存储介质,以实物或电子形式存储构成某项具体业务的审计工作底稿的记录。在实务中,审计档案按使用的时间长短和作用可以分为永久性档案和定期档案两类。

(1)永久性档案。永久性档案是指那些记录内容相对稳定,具有长期使用价值,并对以后审计工作具有重要影响和直接作用的审计档案。例如,被审计单位的组织结构、批准证书、营业执照、章程、重要资产的所有权或使用权的证明文件复印件等。若永久件档案中的某些内容已发生变化,注册会计师应当及时予以更新。为保持资料的完整性以便满足日后查阅历史资料的需要,永久性档案中被替换下的资料一般也需保留。例如,被审计单位因增加注册资本而变更了营业执照等法律文件,被替换的旧营业执照等文件可以汇总在一起,与其他有效的资料分开,作为单独部分归整在永久性档案中。

(2)当期档案。当期档案是指那些记录内容经常变化,主要供当期和下期审计使用的审计档案。例如,总体审计策略和具体审计计划。

值得注意的是,一些大型国际会计师事务所不再区分永久性档案和当期档案。主要是以电子形式保留审计工作底稿的使用,尽管大部分事务所仍然既保留电子版又保留纸质的审计档案。

2. 审计工作底稿的归档期限

审计工作底稿的归档期限为审计报告日后60天内。如果注册会计师未能完成审计业务,审计工作底稿的归档期限为审计业务中止后的60天内。

如果针对客户的同一财务信息执行不同的委托业务,出具两个或多个不同的报告,会计师事务所应当将其视为不同的业务,根据会计师事务所内部制定的政策和程序,在规定的归档期限内分别将审计工作底稿归整为最终审计档案。

实务中可按财务报表项目、审计循环和审计工作底稿使用期限长短分类后再编上标识和页次,分别保存。

3. 审计工作底稿的保存年限

会计师事务所应当自审计报告日起,对审计工作底稿至少保存10年。如果注册会计师未能完成审计业务,会计师事务所应当自审计业务中止日起,对审计工作底稿至少保存10年。

对于连续审计的情况,当期归整的永久性档案虽然包括以前年度获得的资料(有可能是10年以前),但由于其作为本期档案的一部分,并作为支持审计结论的基础,因此,注册会计师对于这些对当期有效的档案,应视为当期取得并保存10年。如果这些资料在某一个审计期间被替换(例如被审计单位因增加注册资本而变更了营业执照),被替换资料可以从被替换的年度起至少保存10年。

4. 审计工作底稿归档期的变动

在审计报告日后将审计工作底稿归整为最终审计档案是一项事务性的工作,不涉及实施新的审计程序或得出新的结论。

如果在归档期间对审计工作底稿作出的变动属于事务性的,注册会计师可以作出变动,允许变动的情形主要包括:

(1)删除或废弃被取代的审计工作底稿。删除主要是指将删除整张原审计工作底稿,或以涂改、覆盖等方式删减原审计工作底稿中的全部或部分记录内容;废弃主要是指将原审计工作底稿从审计档案中抽取出来,使审计档案中不再包含原来的底稿。

(2)对审计工作底稿进行分类、整理和交叉索引。

(3)对审计档案归整工作的完成核对表签字认可。

(4)记录在审计报告日前获取的、与审计项目组相关成员进行讨论并达成一致意见的审计证据。

5. 审计工作底稿归档后的变动

在完成最终审计档案的归整工作后,注册会计师不应在规定的保存期限届满前删除或废弃任何性质的审计工作底稿。

(1)需要变动审计工作底稿的情形。一般情况下,在审计工作底稿归档之后不需要对审计工作底稿进行修改或增加。例如,会计师事务所内部人员或者外部机构或人员在实施监督检查的过程中提出了意见,注册会计师需要对现有审计工作底稿作出清晰的说明。

注册会计师发现有必要修改现有审计工作底稿或增加新的审计工作底稿的情形主要有以下两种:

①注册会计师已实施了必要的审计程序,取得了充分、适当的审计证据并得出了恰当的审计结论,但审计工作底稿的记录不够充分。

②审计报告日后,发现例外情况要求注册会计师实施新的或追加审计程序,或导致注册会计师得出新的结论。

例外情况主要是指审计报告日后发现与已审计财务信息相关,且在审计报告日已经存在的事实,该事实如果被注册会计师在审计报告日前获知,可能影响审计报告。例如,注册会计师在审计报告日后才获知法院在审计报告日前已对被审计单位的诉讼、索赔事项作出最终判决结果。

(2)变动审计工作底稿时的记录要求。在完成最终审计档案的归整工作后,如果发现有必要修改现有审计工作底稿或增加新的审计工作底稿,无论修改或增加的性质如何,注册会计师均应当记录下列事项:

①修改或增加审计工作底稿的理由;

②修改或增加审计工作底稿的时间和人员,以及复核的时间和人员。

6. 审计工作底稿的所有权和管理

(1)审计工作底稿的所有权。审计工作底稿是注册会计师对其所作的审计工作的完整记录。从一般意义上讲,审计工作底稿的所有权属于执行该项业务的注册会计师。但是,我国的注册会计师不能独立于会计师事务所之外承揽审计业务,审计业务必须以会计师事务所的名义承接。因此,我国现行审计准则规定,审计工作底稿的所有权属于承接该项业务的会计师事务所。

(2)审计工作底稿的保密与调阅。会计师事务所应建立严格的保密制度,并落实专人管理。这是因为档案中不仅记录了被审计单位的商业秘密,而且记录了事务所的审计技术和方法。因此除下列情况之外,事务所不得对外泄露:

①法院、检察院及其他部门在办理了有关手续后,可依法查阅;

②注册会计师协会对执业情况进行检查时可查阅审计档案;

③不同会计师事务所的注册会计师,因工作需要,经委托人书面同意,在下列情况下,办理了有关手续后,可以要求查阅。例如,被审计单位更换了会计师事务所,后任注册会计师可以调阅前任注册会计师的;基于合并财务报表审计业务的需要,母公司所聘注册会计师可以调阅子公司所聘注册会计师,子公司不可调阅母公司的;联合审计;会计师事务所认为合理的其他情况。

拥有审计工作底稿的会计师事务所应对要求查阅者提供适当的协助,并根据底稿的性质和内容,决定是否允许要求查阅者阅览、复印或摘录。审计工作底稿中的内容被调阅者引用后,因调阅者的误用而造成的损失,注册会计师及拥有审计工作底稿的事务所不承担责任。

复习思考题

1. 什么是审计证据?审计证据如何分类?
2. 如何理解审计证据的充分性和适当性?
3. 简述注册会计师搜集审计证据的主要方法。
4. 简述审计工作底稿的编制要求。
5. 审计工作底稿保管期限有哪些规定?

练习题

一、名词解释

1. 审计证据   2. 审计工作底稿

二、单项选择题

1. 实物证据是证明实物资产是否存在的有力证据,但注册会计师还应对其(　　)另行审计。
   A. 所有权归属　　　　B. 截止性　　　　C. 完整性　　　　D. 真实性

2. 下列属于内部证据的有(　　)。
   A. 会计记录　　　　B. 合同　　　　C. 应收账款回函　　　　D. 购货发票

3. 审计证据的适当性是指审计证据的相关性和可靠性,相关性是指审计证据应与(　　)相关。
   A. 审计目标　　　　B. 审计范围　　　　C. 被审计单位的会计报表　　　　D. 客观事实

4. 注册会计师通常使用(　　)方法取得环境证据。
   A. 观察　　　　B. 重新计算　　　　C. 询问　　　　D. 检查有形资产

5. 下列证据中,不属于书面证据的有(　　)。
   A. 原始发票　　　　B. 材料盘点表　　　　C. 会计报表　　　　D. 管理层声明书

6. 下列有关审计证据的表述中错误的是(　　)。
   A. 书面证据比口头证据可靠
   B. 外部证据比内部证据可靠
   C. 复制证据比原始证据可靠
   D. 内部控制良好的证据比内部控制差的证据可靠

7. 下列审计工作底稿中,(　　)属于综合类工作底稿。
   A. 实质性测试时形成的工作底稿
   B. 执行预备调查时形成的工作底稿
   C. 审计业务约定书
   D. 重要经济合同与协议

8. 审计工作底稿的所有权属于(　　)。
   A. 被审计单位
   B. 会计师事务所
   C. 注册会计师个人
   D. 被审计单位的股东

9. 甲会计师事务所于2006年2月15日对A公司2005年度会计报表出了审计报告,该审计报告副本作为审计档案应当(　　)。
   A. 至少保存至2007年2月15日
   B. 至少保存至2010年2月15日
   C. 至少保存至2016年2月15日
   D. 长期保存

三、多项选择题

1. 审计证据的适当性是对审计证据质量的衡量,其核心内容有(　　)。
   A. 相关性　　　　B. 真实性　　　　C. 可靠性　　　　D. 充分性

2. 在确定审计证据的相关性时,下列说法中正确的有(　　)。
   A. 特定的审计程序可能只为某些认定提供相关的审计证据,而与其他认定无关
   B. 有关某一特定认定的审计证据,不能替代与其他认定相关的审计证据
   C. 不同来源或不同性质的审计证据不可能与同一认定相关
   D. 用作审计证据的信息的相关性可能受测试方向的影响

3. 审计工作底稿通常包括的内容有(　　)。
   A. 制定的总体审计策略、具体审计计划
   B. 重大事项概要
   C. 财务报表草稿
   D. 重复的文件记录

4. 审计工作底稿包括的要素有(　　)。
   A. 审计工作底稿的标题
   B. 审计过程记录
   C. 审计标识及其说明
   D. 复核者姓名及复核日期

四、案例分析题

1.【资料】某审计报告包括如下部分:

审计发现:2008年通过报刊、电视等媒体进行广告宣传的费用比2007年增长20%,与此同时,销售收入增长却只有12%。按照公司的规定,所有的成本费用支出都应经过严格的审核,经理应尽力把成本费用

增长幅度控制在10%以下。销售部经理对20%的增长率所持的理由是:扩大宣传、吸引更多的顾客、扩大销售范围。

我们认为:成本费用的增长是无效率的,是没有经过合理控制的,因此我们建议把广告费用的增长幅度控制在销售收入的增长幅度之内,即不应超过12%。

【要求】(1)根据所提供的证据,评价审计结论是否恰当?

(2)如不恰当你认为还需什么证据?

2.【资料】XYZ会计师事务所2013年1月20日承接了甲公司2012年度财务报表审计业务,A注册会计师负责该业务。2013年2月10日,A注册会计师完成审计业务。审计工作底稿大部分是以电子形式存在,归档前将电子形式的工作底稿打印成纸质,同时为了保密,将电子工作底稿销毁;于2013年4月13日归整为最终审计档案。由于XYZ会计师事务所工作底稿过多无处存放,所以将2007年以前的审计工作底稿销毁。

【要求】请指出关于审计工作底稿的性质、归档及保存过程中是否存在不当之处,同时说明理由。

第7章

计划审计工作

新准则提示

《中国注册会计师审计准则第1201号——计划审计工作》
《中国注册会计师审计准则第1211号——通过了解被审计单位及其环境识别和评估重大错报风险》
《中国注册会计师审计准则第1221号——计划和执行审计工作时的重要性》
《中国注册会计师审计准则第1231号——针对评估的重大错报风险采取的应对措施》
《中国注册会计师审计准则第1111号——就审计业务约定条款达成一致意见》
《中国注册会计师审计准则第1121号——对财务报表审计实施的质量控制》
《中国注册会计师审计准则第1201号——计划审计工作》
《中国注册会计师审计准则第1141号——财务报表审计中与舞弊相关的责任》
《中国注册会计师审计准则第1251号——评价审计过程中识别出的错报》
《中国注册会计师审计准则第1111号——就审计业务约定条款达成一致意见》
《中国注册会计师审计准则第1341号——书面声明》
《质量控制准则第5101号——会计师事务所对执行财务报表审计和审阅、其他鉴证和相关服务业务实施的质量控制》

在本章中,你将学到——

- 初步业务活动的目的和内容
- 审计业务约定书的内容
- 审计计划的基本内容和编制要求
- 重要性的定义及运用
- 编制审计计划时对重要性的评估
- 审计风险的定义及组成要素
- 审计风险的评估
- 审计风险的防范
- 财务报表审计中对舞弊的考虑

中英文关键词对照——

- 业务约定书 Engagement Letter
- 审计计划 Audit Program
- 总体审计策略 Overall Audit Strategy
- 重要性 Materiality
- 审计风险 Audit Risk
- 重大错报风险 Risk of Material Misstatement
- 检查风险 Detection Risk
- 固有风险 Inherent Risk
- 控制风险 Control Risk
- 错误 Error
- 舞弊 Fraud
- 舞弊三角 Fraud Triangle

南方保健审计失败案例

2003年3月18日,美国最大的医疗保健公司——南方保健会计造假丑闻败露。该公司在1997~2002年上半年期间,虚构了24.69亿美元的利润,虚假利润相当于该期间实际利润(1 000万美元)的247倍。这是萨班斯奥克斯利法案颁布后,美国上市公司曝光的第一大舞弊案,备受各界瞩目。为其财务报表进行审计,并连续多年签发"干净"审计报告的安永会计师事务所(以下简称安永),也将自己置于风口浪尖上。

南方保健使用的最主要造假手段是通过"契约调整"(Contractual Adjustment)这一收入备抵账户进行利润操纵。"契约调整"是营业收入的一个备抵账户,用于估算南方保健向病人投保的医疗保险机构开出的账单与医疗保险机构预计将实际支付的账款之间的差额,营业收入总额减去"契约调整"的借方余额,在南方保健的收益表上反映为营业收入净额。

这一账户的数字需要南方保健高管人员进行估计和判断,具有很大的不确定性。南方保健的高管人员恰恰利用这一特点,通过毫无根据地贷记"契约调整"账户,虚增收入,蓄意调节利润。而为了不使虚增的收入露出破绽,南方保健又专门设立了"AP汇总"这一科目以配合收入的调整。"AP汇总"作为固定资产和无形资产的次级明细户存在,用以记录"契约调整"对应的资产增加额。

南方保健审计失败,安永负有不可推卸的责任。早在安永为南方保健2001年度的财务报告签发无保留审计意见之前,就有许多迹象表明南方保健可能存在欺诈和舞弊行为,而安永却恰恰忽略了。安永本应根据这些迹象,保持应有的职业审慎,对南方保健管理当局是否诚信,其提供的财务报表是否存在因舞弊而导致重大错报和漏报,予以充分关注。甚至已接到雇员关于财务舞弊的举报,安永的注册会计师仍然没有采取必要措施,以至于错失了发现南方保健大规模会计造假的机会。

此外,熟谙审计流程的舞弊分子对重要性水平的规避也是南方保健审计失败的原因之一。舞弊分子对重要性水平的规避很大程度上源于安永在执业过程中的疏忽大意。众所周知,"四大"会计师事务所都有一套令人羡慕的"完美"审计流程。一般而言,只要获取被审计单位当期和前期的报表数据,这套流程便能自动执行设定的分析性复核程序,确定重点审计领域,初步评估报表层次和各个账户的重要性水平并确定抽样样本量。南方保健的会计人员中不乏曾在安永执业的注册会计师。在他们的指导下,结合会计人员长年对注册会计师们的观察和与他们博弈的经验,别有用心的舞弊分子不难了解注册会计师在各个科目上所能容忍的最大误差,甚至可以知晓注册会计师们习惯的抽样起点金额。

安永在执行南方保健2001年度财务报表审计时,无视其正面临MEDICARE欺诈诉讼的事实和糟糕的内部控制情况,不顾管理层曾发布极具欺诈嫌疑的盈利预警,甚至对举报者明确告知的可疑账户都不从严制定重要性水平、进行彻底地审查,其审计失败在所难免!

通过对南方保健审计失败案例分析,可以看出如何承接和保留客户、确定重要性水平、评估与应对审计风险等对注册会计师实现财务报表审计目标至关重要。那么我们应该如何开展包含上述内容的计划审计工作呢?

7.1 初步业务活动

7.1.1 初步业务活动的目的

注册会计师在计划审计工作前,必须考虑是否承接新的业务或续聘原有的业务,在作出决定时,需要开展初步业务活动,以调查与评估目标客户的基本情况,评价注册会计师自身的专业胜任能力和独立性,与目标客户就审计业务约定书的条款达成一致,并签订审计业务约定书。因此,初步业务活动的主要目的在于:第一,具备执行业务所需的独立性和能力;第二,不存在因管理层诚信问题而可能影响注册会计师保持该项业务的意愿的事项;第三,与被审计单位之间不存在对业务约定条款的误解。

7.1.2 初步业务活动的内容

注册会计师在本期审计业务开始时应当就下列方面开展初步业务活动:一是针对保持客户关系和具体审计业务实施相应的质量控制程序;二是评价遵守相关职业道德要求的情况;三是就审计业务约定条款达成一致意见。

1. 承接和保留客户

注册会计师应当按照《中国注册会计师审计准则第 1121 号——对财务报表审计实施的质量控制》及《质量控制准则第 5101 号——会计师事务所对执行财务报表审计和审阅、其他鉴证和相关服务业务实施的质量控制》含有与客户关系和具体业务的接受与保持相关的要求,在确定是否承接和保留客户之前,会计师应当考虑事务所审计质量控制方面的规定,并初步了解业务环境。

注册会计师在确定客户关系和具体审计业务的接受是否适当时,应当对目标客户的情况进行调查和评估,以避免因接受不当客户的委托而使会计师事务所遭受损失。注册会计师必须对以下因素进行评估:目标客户管理层的诚信情况;目标客户是否遵循适用的财务报告框架,其财务报表是否能公允地反映公司的财务状况和经营成果;目标客户是否存在糟糕的业绩或其他负面因素导致其最近期内面临财务困境,甚至破产的风险;目标客户的声誉及形象是否会给会计师事务所带来某些损失或麻烦;接受并完成这项审计业务能否给会计师事务所带来合理的收益。

在决定是否接受原有客户的续聘时,注册会计师应当考虑本期或上期审计中发现的重大事项,及其对保持该客户关系的影响。

2. 评价注册会计师遵守相关职业道德要求的情况

评价注册会计师遵守相关职业道德要求的情况也是一项非常重要的初步业务活动。在接受审计业务前,注册会计师应当评价执行审计的能力、独立性和保持应有谨慎的能力,以确定他们是否有能力按照审计准则的要求完成该项审计业务。

质量控制准则含有包括独立性在内的有关职业道德要求,注册会计师应按照其规定执行。虽然保持客户关系及具体审计业务和评价职业道德的工作贯穿审计业务的全过程,但是这两项活动需要安排在其他审计工作之前,以确保注册会计师已具备执行业务所需要的独立性和专业胜任能力,且不存在因管理层诚信问题而影响注册会计师保持该项业务意愿等情况。在连续审计的业务中,这些初步业务活动通常是在上期审计工作结束后不久或将要结束时就已开始了。

3. 商定审计业务条款

在作出接受或保持客户关系及具体审计业务的决策后,注册会计师应当按照《中国注册会计师审计准则第 1111 号——就审计业务约定条款达成一致意见》的规定,在审计业务开始前,与被审计单位就审计业务约定条款达成一致意见,签订或修改审计业务约定书,以避免双方对审计业务的理解产生分歧。具体内容参见本章 7.2 节审计业务约定书部分。

表 7.1 是初步业务活动程序表的工作底稿。

表7.1 初步业务活动程序表

被审计单位：_____	索引号：___A___
项　　目：初步业务活动	财务报表截止日/期间：_____
编　　制：_____	复核：_____
日　　期：_____	日期：_____

初步业务活动目标：

　　确定是否接受业务委托；如接受业务委托，确保在计划审计工作时达到下列要求：(1)注册会计师已具备执行业务所需要的独立性和专业胜任能力；(2)不存在因管理层诚信问题而影响注册会计师承接或保持该项业务意愿的情况；(3)与被审计单位不存在对业务约定条款的误解。

初步业务活动程序	索引号	执行人
1. 如果首次接受审计委托，实施下列程序： (1)与被审计单位面谈，讨论下列事项： 　　1)审计的目标； 　　2)审计报告的用途； 　　3)管理层对财务报表的责任； 　　4)审计范围； 　　5)执行审计工作的安排，包括出具审计报告的时间要求； 　　6)审计报告格式和对审计结果的其他沟通形式； 　　7)管理层提供必要的工作条件和协助； 　　8)注册会计师不受限制地接触任何与审计有关的记录、文件和所需要的其他信息； 　　9)利用被审计单位专家或内部审计人员的程度(必要时)； 　　10)审计收费。 (2)初步了解被审计单位及其环境，并予以记录。 (3)征得被审计单位书面同意后，与前任注册会计师沟通。	DH	
2. 如果是连续审计，实施下列程序： (1)了解审计的目标，审计报告的用途，审计范围和时间安排等； (2)查阅以前年度审计工作底稿，重点关注非标准审计报告涉及的说明事项，管理建议书的具体内容，重大事项概要等； (3)初步了解被审计单位及其环境发生的重大变化，并予以记录； (4)考虑是否需要修改业务约定条款，以及是否需要提醒被审计单位注意现有的业务约定条款。	略	
3. 评价是否具备执行该项审计业务所需要的独立性和专业胜任能力。		
4. 完成业务承接评价表或业务保持评价表。	AA/AB	
5. 签订审计业务约定书(适用于首次接受业务委托，以及连续审计中修改长期审计业务约定书条款的情况)。	AC	

7.2 审计业务约定书

7.2.1 审计业务约定书的含义

审计业务约定书是指会计师事务所与被审计单位签订的,用以记录和确认审计业务的委托与受托关系、审计目标和范围、双方的责任以及报告的格式等事项的书面协议。

该含义明确了审计业务约定书的签约主体、约定事项和文件性质等内容。

1. 签约主体

签约主体通常是会计师事务所和被审计单位,但也存在委托人与被审计单位不是同一方的情形,在这种情形下,签约主体通常还包括委托人。另外应注意,虽然具体执行审计业务的是注册会计师,但根据我国"注册会计师不能以个人名义独立承揽业务"的规定,注册会计师执行的各项业务,均应由事务所统一接受委托,因此签约主体的一方应该是会计师事务所而不是注册会计师。

2. 约定事项

约定事项主要涉及审计业务的委托与受托关系、审计目标和审计范围、双方的责任以及报告的格式等。这有助于双方的合作,还可以起到保护双方合法权益的作用。

3. 文件性质

文件性质属于书面协议,在实务中,可以采用合同式或信函式两种形式,尽管形式不同,但其实质内容是相同的。审计业务约定书具有委托合同的性质,一经有关签约主体签字或盖章,在各签约主体之间即具有法律约束力。

注册会计师在承接业务时,应当根据《中国注册会计师审计准则第1111号——就审计业务约定条款达成一致意见》的规定,签订审计业务约定书。签订审计业务约定书,总体上应符合下述要求:

(1)注册会计师应当在审计业务开始前,与被审计单位就审计业务约定条款达成一致意见,并签订审计业务约定书,以避免双方对审计业务的理解产生分歧。

(2)如果被审计单位不是委托人,在签订审计业务约定书前,注册会计师应当与委托人、被审计单位就审计业务约定相关条款进行充分沟通,并达成一致意见。

(3)签订的审计业务约定书可以采用合同式或信函式两种书面形式,不能采用口头形式。

7.2.2 审计业务约定书的作用

签订审计业务约定书的目的是为了明确约定双方的责任,促使双方遵守约定事项并加强合作,以保护会计师事务所与被审计单位的利益。在注册会计师的审计实践中,审计业务约定书可以起到以下几个方面的作用:

(1)审计业务约定书可以增进会计师事务所与委托人之间的了解,避免在审计目标、范围和双方责任等方面产生误解,尤其是可以使被审计单位了解他们的会计责任和注册会计师的审计责任,明确被审计单位应该提供的合作,并以此作为划分责任的依据。

(2)审计业务约定书可以作为被审计单位鉴定审计业务完成情况及会计师事务所检查被审计单位约定义务履行情况的依据。如果被审计单位对注册会计师的服务提出质疑,注册会计师可以根据审计业务约定书的有关内容作出辩解。

(3)如果出现法律诉讼,审计业务约定书还是据以确定会计师事务所和委托人双方应负法律责任的重要依据。

7.2.3 审计业务约定书的内容

审计业务约定书的内容包括三个方面:审计业务约定书的必备条款、应当考虑增加的其他条款以及实施集团财务报表审计时的特殊考虑。

1. 审计业务约定书的必备条款

由于审计工作专业性强,而委托人可能混淆被审计单位管理层与注册会计师的责任,或不了解审计的固有限制而对审计有不恰当的预期。在这种情况下,将下列条款作为必备条款,在审计业务约定书中加以明确,有助于避免委托人对审计业务的目标和作用等产生误解。

(1)财务报表审计的目标。财务报表审计的目标是注册会计师通过执行审计工作,对财务报表是否按照适用的会计准则和相关会计制度的规定编制,是否在所有重大方面公允反映被审计单位的财务状况、经营成果和现金流量发表审计意见。

(2)管理层对财务报表的责任。在被审计单位治理层的监督下,按照适用的会计准则和相关会计制度的规定编制财务报表是被审计单位管理层的责任。

(3)管理层编制财务报表采用的会计准则和相关会计制度。

(4)审计范围,包括指明在执行财务报表审计业务时遵守的中国注册会计师审计准则(以下简称审计准则)。审计范围是指为实现财务报表审计目标,注册会计师根据审计准则和职业判断实施的恰当的审计程序的总和。

(5)执行审计工作的安排,包括出具审计报告的时间要求。

(6)审计报告格式和对审计结果的其他沟通形式。

(7)由于测试的性质和审计的其他固有限制,以及内部控制的固有局限性,不可避免地存在着某些重大错报可能仍然未被发现的风险。

(8)管理层为注册会计师提供必要的工作条件和协助。

(9)注册会计师不受限制地接触任何与审计有关的记录、文件和所需要的其他信息。

(10)管理层对其作出的与审计有关的声明予以书面确认。

(11)注册会计师对执业过程中获知的信息保密。

(12)审计收费,包括收费的计算基础和收费安排。

(13)违约责任。

(14)解决争议的方法。

(15)签约双方法定代表人或其授权代表的签字盖章,以及签约双方加盖的公章。

2. 在情况需要时应当考虑增加的业务约定条款

如果情况需要,注册会计师应当考虑在审计业务约定书中列明下列内容:

（1）在某些方面对利用其他注册会计师和专家工作的安排；
（2）对审计涉及的内部审计人员和被审计单位其他员工工作的安排；
（3）在首次审计的情况下，与前任注册会计师（如存在）沟通的安排；
（4）说明对注册会计师责任可能存在的限制；
（5）注册会计师与被审计单位之间需要达成进一步协议的事项；
（6）向其他机构或人员提供审计工作底稿的义务。

3. 集团财务报表审计应当考虑的因素

如果负责集团财务报表审计的注册会计师同时负责组成部分财务报表的审计，注册会计师应当考虑下列因素，决定是否与各个组成部分单独签订审计业务约定书。

（1）组成部分注册会计师的委托人。如果集团和组成部分审计是由不同的委托人委托的，注册会计师应当与不同的委托人分别签订审计业务约定书。例如，YC会计师事务所受甲集团母公司委托，对甲集团合并财务报表及集团母公司年度财务报表进行审计，同时，甲集团所属子公司乙公司也聘请YC会计师事务所对年度财务报表进行审计。在这种情况下，YC会计师事务所应当分别与甲公司和乙公司签订审计业务约定书。

（2）是否对组成部分单独出具审计报告。如果集团母公司聘请注册会计师对集团合并财务报表和集团组成部分的年度财务报表进行审计，但明确不对集团组成部分单独出具审计报告，那么，注册会计师一般无需与组成部分另行签订审计业务约定书。

（3）与审计委托相关的法律法规的规定。如果法律法规有明确要求，应按相关要求办理。

（4）母公司、总公司或总部占组成部分的所有权份额。如果母公司、总公司或总部占组成部分的所有权份额很大，那么注册会计师可能无需与组成部分另行签约。

（5）组成部分管理层的独立程度。组成部分管理层，是指负责编制组成部分财务信息的管理层。在某些情况下，组成部分管理层没有独立决策的权力（例如组成部分是某公司的销售部门），而由集团管理层进行日常经营决策，而且很可能该组成部分在法律上也不具备独立签约的资格，那么注册会计师与其签约是没有意义的。

4. 审计业务约定书的范例

实务中，审计业务约定书可以采用合同式或信函式两种书面形式，尽管形式不同，但其实质内容是相同的。合同式审计业务约定书格式范例如下。

审计业务约定书

甲方：ABC股份有限公司
乙方：××会计师事务所
兹由甲方委托乙方对20×1年度财务报表进行审计，经双方协商，达成以下约定：

一、审计的目标和范围

1. 乙方接受甲方委托，对甲方按照企业会计准则编制的20×1年12月31日的资产负债表、20×1年度的利润表、股东权益变动表和现金流量表以及财务报表附注（以下统称财务报表）进行审计。

2. 乙方通过执行审计工作，对财务报表的下列方面发表审计意见：（1）财务报表是否在所有重大方面按照企业会计准则的规定编制；(2)财务报表是否在所有重大方面公允反映了甲方20×1年12月31日的财务状况以及20×1年度的经营成果和现金流量。

二、甲方的责任

1.根据《中华人民共和国会计法》及《企业财务会计报告条例》，甲方及甲方负责人有责任保证会计资料的真实性和完整性。因此，甲方管理层有责任妥善保存和提供会计记录（包括但不限于会计凭证、会计账簿及其他会计资料），这些记录必须真实、完整地反映甲方的财务状况、经营成果和现金流量。

2.按照企业会计准则的规定编制和公允列报财务报表是甲方管理层的责任，这种责任包括：(1)按照企业会计准则的规定编制财务报表，并使其实现公允反映；(2)设计、执行和维护必要的内部控制，以使财务报表不存在由于舞弊或错误导致的重大错报。

3.及时为乙方的审计工作提供与审计有关的所有记录、文件和所需的其他信息（在20×2年×月×日之前提供审计所需的全部资料，如果在审计过程中需要补充资料，亦应及时提供），并保证所提供资料的真实性和完整性。

4.确保乙方不受限制地接触其认为必要的甲方内部人员和其他相关人员。

【下段适用于集团财务报表审计业务，使用时需根据客户/约定项目的特定情况修改，如果加入此段，应相应修改本约定书第一项关于业务范围的表述，并调整下面其他条款的编号。】

[5.为满足乙方对甲方合并财务报表发表审计意见的需要，甲方须确保：

乙方和对组成部分财务信息执行相关工作的组成部分注册会计师之间的沟通不受任何限制。

乙方及时获悉组成部分注册会计师与组成部分治理层和管理层之间的重要沟通（包括就值得关注的内部控制缺陷进行的沟通）。

乙方及时获悉组成部分治理层和管理层与监管机构就与财务信息有关的事项进行的重要沟通。

在乙方认为必要时，允许乙方接触组成部分的信息、组成部分管理层或组成部分注册会计师（包括组成部分注册会计师的工作底稿），并允许乙方对组成部分的财务信息执行相关工作。]

5.甲方管理层对其作出的与审计有关的声明予以书面确认。

6.为乙方派出的有关工作人员提供必要的工作条件和协助，乙方将于外勤工作开始前提供主要事项清单。

7.按照本约定书的约定及时足额支付审计费用以及乙方人员在审计期间的交通、食宿和其他相关费用。

8.乙方的审计不能减轻甲方及甲方管理层的责任。

三、乙方的责任

1.乙方的责任是在执行审计工作的基础上对甲方财务报表发表审计意见。乙方根据中国注册会计师审计准则（以下简称审计准则）的规定执行审计工作。审计准则要求注册会计师遵守中国注册会计师职业道德守则，计划和执行审计工作以对财务报表是否不存在重大错报获取合理保证。

【下段适用于集团财务报表审计业务，使用时需根据客户/约定项目的特定情况修改，

如果加入此段,应相应修改本约定书第一项关于业务范围的表述,并调整下面其他条款的编号。】

[2.对不由乙方执行相关工作的组成部分财务信息,乙方不单独出具报告;有关的责任由对该组成部分执行相关工作的组成部分注册会计师及其所在的会计师事务所承担。]

2.审计工作涉及实施审计程序,以获取有关财务报表金额和披露的审计证据。选择的审计程序取决于乙方的判断,包括对由于舞弊或错误导致的财务报表重大错报风险的评估。在进行风险评估时,乙方考虑与财务报表编制和公允列报相关的内部控制,以设计恰当的审计程序,但目的并非对内部控制的有效性发表意见。审计工作还包括评价管理层选用会计政策的恰当性和作出会计估计的合理性,以及评价财务报表的总体列报。

3.由于审计和内部控制的固有限制,即使按照审计准则的规定适当地计划和执行审计工作,仍不可避免地存在财务报表的某些重大错报可能未被乙方发现的风险。

4.在审计过程中,乙方若发现甲方存在乙方认为值得关注的内部控制缺陷,应以书面形式向甲方治理层或管理层通报。但乙方通报的各种事项,并不代表已全面说明所有可能存在的缺陷或已提出所有可行的改进建议。甲方在实施乙方提出的改进建议前应全面评估其影响。未经乙方书面许可,甲方不得向任何第三方提供乙方出具的沟通文件。

5.按照约定时间完成审计工作,出具审计报告。乙方应于20×2年×月×前出具审计报告。

6.除下列情况外,乙方应当对执行业务过程中知悉的甲方信息予以保密:(1)法律法规允许披露,并取得甲方的授权;(2)根据法律法规的要求,为法律诉讼、仲裁准备文件或提供证据,以及向监管机构报告发现的违法行为;(3)在法律法规允许的情况下,在法律诉讼、仲裁中维护自己的合法权益;(4)接受注册会计师协会或监管机构的执业质量检查,答复其询问和调查;(5)法律法规、执业准则和职业道德规范规定的其他情形。

四、审计收费

1.本次审计服务的收费是以乙方各级别工作人员在本次工作中所耗费的时间为基础计算的。乙方预计本次审计服务的费用总额为人民币××万元。

2.甲方应于本约定书签署之日起××日内支付×%的审计费用,其余款项于(审计报告草稿完成日)结清。

3.如果由于无法预见的原因,致使乙方从事本约定书所涉及的审计服务实际时间较本约定书签订时预计的时间有明显增加或减少时,甲乙双方应通过协商,相应调整本部分第1段所述的审计费用。

4.如果由于无法预见的原因,致使乙方人员抵达甲方的工作现场后,本约定书所涉及的审计服务中止,甲方不得要求退还预付的审计费用;如上述情况发生于乙方人员完成现场审计工作,并离开甲方的工作现场之后,甲方应另行向乙方支付人民币××元的补偿费,该补偿费应于甲方收到乙方的收款通知之日起××日内支付。

5.甲与本次审计有关的其他费用(包括交通费、食宿费等)由甲方承担。

五、审计报告和审计报告的使用

1.乙方按照中国注册会计师审计准则规定的格式和类型出具审计报告。

2.乙方向甲方致送审计报告一式×份。

3.甲方在提交或对外公布乙方出具的审计报告及其后附的已审计财务报表时,不得对其进行修改。当甲方认为有必要修改会计数据、报表附注和所作的说明时,应当事先通知乙方,乙方将考虑有关的修改对审计报告的影响,必要时,将重新出具审计报告。

六、本约定书的有效期间

本约定书自签署之日起生效,并在双方履行完毕本约定书约定的所有义务后终止。但其中第三项第6段、第四、五、七、八、九、十项并不因本约定书终止而失效。

七、约定事项的变更

如果出现不可预见的情况,影响审计工作如期完成,或需要提前出具审计报告,甲、乙双方均可要求变更约定事项,但应及时通知对方,并由双方协商解决。

八、终止条款

1. 如果根据乙方的职业道德及其他有关专业职责、适用的法律法规或其他任何法定的要求,乙方认为已不适宜继续为甲方提供本约定书约定的审计服务,乙方可以采取向甲方提出合理通知的方式终止履行本约定书。

2. 在本约定书终止的情况下,乙方有权就其于终止之日前对约定的审计服务项目所做的工作收取合理的费用。

九、违约责任

甲、乙双方按照《中华人民共和国合同法》的规定承担违约责任。

十、适用法律和争议解决

本约定书的所有方面均应适用中华人民共和国法律进行解释并受其约束。本约定书履行地为乙方出具审计报告所在地,因本约定书引起的或与本约定书有关的任何纠纷或争议(包括关于本约定书条款的存在、效力或终止,或无效之后果),双方协商确定采取以下第____种方式予以解决:

(1) 向有管辖权的人民法院提起诉讼;

(2) 提交××仲裁委员会仲裁。

十一、双方对其他有关事项的约定

本约定书一式两份,甲、乙双方各执一份,具有同等法律效力。

ABC 股份有限公司(盖章)　　　　　　　　××会计师事务所(盖章)

授权代表:(签名并盖章)　　　　　　　　授权代表:(签名并盖章)

二○××年×月×日　　　　　　　　　　　二○××年×月×日

7.2.4 在连续审计情况下审计业务约定书的修改与重签

对于连续审计,注册会计师应当考虑是否需要根据具体情况修改审计业务约定的条款,以及是否需要提醒被审计单位注意现有的业务约定条款。会计师事务所或被审计单位(或委托人)如需修改、补充审计业务的约定内容,应当以适当的方式获得对方的确认。

注册会计师可以与被审计单位签订长期审计业务约定书。但如果出现下列情况,应当考虑修改或重新签订审计业务约定书:

(1) 有迹象表明被审计单位误解审计目标和范围;

(2) 需要修改约定条款或增加特别条款;

(3) 被审计单位高级管理人员近期发生变动;

(4) 被审计单位所有权发生重大变动;

(5) 被审计单位业务的性质或规模发生重大变化;
(6) 法律法规的规定发生变化;
(7) 编制财务报表采用的财务报告编制基础发生变更;
(8) 其他报告要求发生变化。

7.2.5 审计业务变更及其对法律责任、业务约定条款和审计报告的影响

在完成审计业务前,如果被审计单位要求注册会计师将审计业务变更为保证程度较低的鉴证业务或相关服务,注册会计师应当考虑变更业务的适当性。

1. 下列原因可能导致被审计单位要求变更业务

(1) 情况变化对审计服务的需求产生影响。例如,某企业为了公开发行股票需要进行审计,由于情况变化,该企业决定不再上市,因此要求将审计业务变更为保证程度较低的审阅业务。

(2) 对原来要求的审计业务的性质存在误解。例如,某广告公司在与其客户就广告项目签约时,约定广告公司发生的与该项目有关的支出均由该客户承担。根据这一约定,广告公司聘请注册会计师对其财务报表进行审计。但在审计过程中,广告公司了解到注册会计师审计的目标是对财务报表整体的合法性和公允性发表意见,而不是对客户关心的事项进行特别报告。广告公司在与其客户沟通之后,提出将审计业务变更为对特定支出明细表执行商定程序业务。

以上两项通常被认为是变更业务的合理理由,但如果有迹象表明该变更要求与错误的、不完整的或者不能令人满意的信息有关,注册会计师不应认为该变更是合理的。

(3) 审计范围存在限制。例如,在审计实施过程中,注册会计师无法通过函证等程序对应收账款期末余额获取充分、适当的审计证据。为避免注册会计师出具保留意见或无法表示意见的审计报告,被审计单位要求注册会计师将约定的审计业务变更为审阅业务。

2. 考虑变更业务对法律责任和业务约定条款的影响

在同意将审计业务变更为其他服务前,注册会计师还应当考虑变更业务对法律责任或业务约定条款的影响。如果变更业务引起业务约定条款的变更,注册会计师应当与被审计单位就新条款达成一致意见。

如果认为变更业务具有合理的理由,并且按照审计准则的规定已实施的审计工作也适用于变更后的业务,注册会计师可以根据修改后的业务约定条款出具报告。为避免引起报告使用者的误解,报告不应提及原审计业务和在原审计业务中已执行的程序。只有将审计业务变更为执行商定程序业务,注册会计师才可在报告中提及已执行的程序。

3. 不同意变更业务的处理

如果没有合理的理由,注册会计师不应当同意变更业务。如果不同意变更业务,被审计单位又不允许继续执行原审计业务,注册会计师应当解除业务约定,并考虑是否有义务向被审计单位董事会或股东会等方面说明解除业务约定的理由。

7.3 审计计划

会计师事务所在接受委托后,其下一步工作就是进行审计计划,以便事先对审计工作方向、程序和路线等问题作出合理的筹划和安排。

7.3.1 审计计划的定义和作用

1. 审计计划的定义

审计计划是指注册会计师为了完成各项审计业务,达到预期的审计目标,在具体执行审计程序之前编制的工作计划。

审计计划仅是对审计工作的一种预先规划。审计计划在执行过程中,情况会不断发生变化,常常会产生预期计划与实际不一致的情况。例如,在审计过程中通过检查,发现被审计单位某些内部控制执行效果不佳,导致原来制定的审计程序和时间预算需要改变时,就应及时对审计计划进行修订和补充。对审计计划的补充、修订贯穿于整个审计过程。注册会计师在整个审计过程中,应当按照审计计划执行审计业务。

2. 审计计划的作用

(1) 通过制定和实施审计计划,可使注册会计师根据具体情况收集充分、适当的证据。

(2) 通过制定审计计划,可以保持合理的审计成本,提高审计工作的效率和质量。例如,通过审计计划,审计项目负责人可以全面了解审计工作的整体安排和各审计步骤的具体时间安排,适当掌握审计工作的进程。业务助理人员也可以通过审计计划,明确自己在审计过程的各个阶段中应做的工作、要求以及时间安排等,做到心中有数,从而有利于做好审计工作。又比如,审计项目负责人可以通过预先的计划安排,使所有参加审计工作的人员有一个合理的分工、搭配,从而能协调一致地完成审计工作。

(3) 通过制定审计计划,可以避免与被审计单位之间发生误解。注册会计师和会计师事务所在执行审计业务中,要想保持良好的信誉,要想最大限度地减轻自己的法律责任,最基本的一点就是要收集充分、适当的审计证据。在会计师事务所已具备工作质量和信誉良好的条件下,保持成本的合理性,有助于事务所增强竞争能力,以便稳定客户,避免与被审计单位之间发生误解,这对于同被审计单位保持良好的关系,对于以合理的成本完成优质的工作,都很重要。比如说,会计师事务所通知被审计单位,审计将于 3 月 31 日之前结束,但实际却由于工作人员计划不周而未能按期完成审计业务,那么被审计单位可能就会对会计师事务所不满意,甚至可能控告其违约。

因此,对任何一个审计项目、任何一家会计师事务所而言,不论其业务繁简,也不论其规模大小,审计计划都是至关重要的,只不过审计计划在不同情况下的繁简、粗细程度有所不同罢了。用一句古语说就是"凡事预则立,不预则废"。

7.3.2 审计计划的内容

审计计划通常可分为总体审计策略和具体审计计划两部分。

1. 总体审计策略

总体审计策略是对审计的预期范围和实施方式所做的规划，是注册会计师从接受审计委托到出具审计报告整个过程基本工作内容的综合计划。

注册会计师应当为审计工作制定总体审计策略。总体审计策略用以确定审计范围、时间安排和方向，并指导具体审计计划的制订。在制定总体审计策略时，应当考虑以下主要事项。

（1）审计范围。在确定审计范围时，注册会计师需要考虑下列具体事项：①编制拟审计的财务信息所依据的财务报告编制基础，包括是否需要将财务信息调整至按照其他财务报告编制基础编制；②特定行业的报告要求，如某些行业监管机构要求提交的报告；③预期审计工作涵盖的范围，包括应涵盖的组成部分的数量及所在地点；④母公司和集团组成部分之间存在的控制关系的性质，以确定如何编制合并财务报表；⑤由组成部分注册会计师审计组成部分的范围；⑥拟审计的经营分部的性质，包括是否需要具备专门知识；⑦外币折算，包括外币交易的会计处理、外币财务报表的折算和相关信息的披露；⑧除为合并目的执行的审计工作之外，对个别财务报表进行法定审计的需求；⑨内部审计工作的可获得性及注册会计师拟信赖内部审计工作的程度；⑩被审计单位使用服务机构的情况，及注册会计师如何取得有关服务机构内部控制设计和运行有效性的证据；⑪对利用在以前审计工作中获取的审计证据（如获取的与风险评估程序和控制测试相关的审计证据）的预期；⑫信息技术对审计程序的影响，包括数据的可获得性和对使用计算机辅助审计技术的预期；⑬协调审计工作与中期财务信息审阅的预期涵盖范围和时间安排，以及中期审阅所获取的信息对审计工作的影响；⑭与被审计单位人员的时间协调和相关数据的可获得性。

（2）报告目标、时间安排及所需沟通的性质。为计划报告目标、时间安排和所需沟通，注册会计师需要考虑下列事项：①被审计单位对外报告的时间表，包括中间阶段和最终阶段；②与管理层和治理层举行会谈，讨论审计工作的性质、时间安排和范围；③与管理层和治理层讨论注册会计师拟出具的报告的类型和时间安排以及沟通的其他事项（口头或书面沟通），包括审计报告、管理建议书和向治理层通报的其他事项；④与管理层讨论预期就整个审计业务中对审计工作的进展进行的沟通；⑤与组成部分注册会计师沟通拟出具的报告的类型和时间安排，以及与组成部分审计相关的其他事项；⑥项目组成员之间沟通的预期的性质和时间安排，包括项目组会议的性质和时间安排，以及复核已执行工作的时间安排；⑦预期是否需要和第三方进行其他沟通，包括与审计相关的法定或约定的报告责任。

（3）审计方向。总体审计策略的制定应当包括考虑影响审计业务的重要因素，以确定项目组工作方向，包括确定适当的重要性水平，初步识别可能存在较高的重大错报风险的领域，初步识别重要的组成部分和账户余额，评价是否需要针对内部控制的有效性获取审计证据，识别被审计单位、所处行业、财务报告要求及其他相关方面最近发生的重大变化等。

（4）审计资源。注册会计师应当在总体审计策略中清楚地说明审计资源的规划和调配，包括确定执行审计业务所必需的审计资源的性质、时间安排和范围。具体包括：①向具体审计领域调配的资源，包括向高风险领域分派有适当经验的项目组成员，就复杂的问题利用专家工作等；②向具体审计领域分配资源的多少，包括分派到重要地点进行存货监盘的项目组成员的人数，在集团审计中复核组成部分注册会计师工作的范围，向高风险领域分配的审计时间预算等；③何时调配这些资源，包括是在期中审计阶段还是在关键的截止日期调配资源等;④如何管理、指导、监督这些资源的利用,包括预期何时召开项目组预备会和总结会,预期项目合伙人和经理如何进行复核,是否需要实施项目质量控制复核等。

2. 具体审计计划

具体审计计划是依据总体审计策略制定的,对实施总体审计策略所需要的审计程序的性质、时间和范围所作的详细规划与说明。

注册会计师应当为审计工作制定具体审计计划。具体审计计划比总体审计策略更加详细,其内容包括为获取充分、适当的审计证据以将审计风险降至可接受的低水平,项目组成员拟实施的审计程序的性质、时间和范围。可以说,为获取充分、适当的审计证据,而确定审计程序的性质、时间和范围的决策是具体审计计划的核心。具体审计计划应当包括风险评估程序、计划实施的进一步审计程序和其他审计程序。

(1) 风险评估程序。具体审计计划应当包括按照《中国注册会计师审计准则第1211号——通过了解被审计单位及其环境识别和评估重大错报风险》的规定,为了足够识别和评估财务报表重大错报风险,注册会计师计划实施的风险评估程序的性质、时间安排和范围。

(2) 计划实施的进一步审计程序。具体审计计划应当包括按照《中国注册会计师审计准则第1231号——针对评估的重大错报风险采取的应对措施》的规定,针对评估的认定层次的重大错报风险,注册会计师计划实施的进一步审计程序的性质、时间和范围。进一步审计程序包括控制测试和实质性程序。

通常,注册会计师计划的进一步审计程序可以分为进一步审计程序的总体方案和拟实施的具体审计程序(包括进一步审计程序的具体性质、时间安排和范围)两个层次。进一步审计程序的总体方案主要是指注册会计师针对各类交易、账户余额和披露决定采用的总体方案(包括实质性方案或综合性方案)。具体审计程序则是对进一步审计程序的总体方案的延伸和细化,它通常包括控制测试和实质性程序的性质、时间安排和范围。

另外,完整、详细的进一步审计程序的计划包括对各类交易、账户余额和披露实施的具体审计程序的性质、时间安排和范围,包括抽取的样本量等。在实务中,注册会计师可以统筹安排进一步审计程序的先后顺序,如果对某类交易、账户余额或披露已经做出计划,则可以安排先行开展工作,与此同时再制定其他交易、账户余额和披露的进一步审计程序。

(3) 计划其他审计程序。具体审计计划应当包括根据审计准则的规定,注册会计师针对审计业务需要实施的其他审计程序。计划的其他审计程序可以包括上述进一步程序的计划中没有涵盖的、根据其他审计准则的要求注册会计师应当执行的既定程序。

3. 总体审计策略与具体审计计划的关系

总体审计策略与具体审计计划构成计划审计工作的完整体系。计划审计工作包括针对审计业务制定总体审计策略和具体审计计划,注册会计师实施总体审计策略和具体审计计划的目的是为了将审计风险降至可接受的低水平。总体审计策略与具体审计计划两者又互相影响,主要表现在以下四个方面:

(1) 注册会计师应当针对总体审计策略中所识别的不同事项,制定具体审计计划,并考虑通过有效利用审计资源以实现审计目标。

(2) 注册会计师应当根据实施风险评估程序的结果,对总体审计策略的内容予以调整。

在实务中，注册会计师将制定总体审计策略和具体审计计划相结合进行，可能会使计划审计工作更有效率及效果。

（3）总体审计策略和具体审计计划并不是孤立、不连续的过程，而是内在紧密联系的，对其中一项的决定可能会影响甚至改变对另外一项的决定。

（4）注册会计师如果采用将总体审计策略和具体审计计划合并为一份审计计划文件的方式，可以提高编制及复核工作的效率，增强其效果。

7.3.3 审计计划的编制与审核

1. 审计计划的编制

审计计划应由审计项目负责人编制。审计计划应形成书面文件，并在工作底稿中加以记录。审计计划的文件形式多种多样，其中表格式、问卷式和文字叙述三种主要形式为会计师事务所普遍采用。无论采用哪一种形式，均不能固定地生搬硬套，因为各个被审计单位的情况和审计目标千差万别，所以计划文件的格式和内容也都需要酌情调整。

在编制总体审计策略中，时间预算是一个十分重要的内容。时间预算是就执行审计程序的每一步骤需要的人员和工作时间所做的计划。时间预算既是合理确定审计收费的依据，又是衡量审计工作进度、判断注册会计师工作效率的依据。在执行审计业务的过程中，时间预算并不是一成不变的，当出现新问题或审计环境发生变化时，会影响原定的时间预算，此时就应重新规划必需的时间，进而修改时间和收费预算。因工作时间增减致使会计师事务所应收取的审计费用发生变化时，应立即通知被审计单位，取得被审计单位的理解。注册会计师如因被审计单位会计记录不完整，或因发生特殊情况而无法在时间预算内完成审计工作时，为保证审计工作的质量，不得随意缩短或省略审计程序来适应时间预算。典型的时间预算表格式如表 7.2 所示。

表 7.2 时间预算表

审计项目 耗用时间	去年实际耗用时间	本年预算	本年实际耗用时间				本年实际与预算差异	差异说明
			总时数	其中：				
				王×	李×	孙×		
现　　金	9	7	6	6			−1	
应收账款	38	35	36	8	28		+1	
存　　货	48	45	43	13	10	20	−2	
固定资产	16	13	14		4	10	+1	
应付账款	19	15	17	6	11		+2	
⋮	⋮	⋮	⋮	⋮	⋮	⋮	⋮	
总　　计								

如时间预算与实际耗用时间存在较大差异，注册会计师应在"差异说明"栏内说明产生差异的原因。

对于具体审计计划，在实际工作中一般是通过编制审计程序表的方式体现的。典型的审计程序表如表 7.3 所示。

按照审计准则规定,注册会计师可以同被审计单位的有关人员就总体审计策略的要点和某些审计程序进行讨论,并使审计程序与被审计单位有关人员的工作相协调,但独立编制审计计划仍是注册会计师的责任。准则还规定,审计计划应当在具体实施前下达至审计小组的全体成员。注册会计师应当视审计情况的变化及时对审计计划进行修改、补充。计划修改、补充意见应经事务所有关业务负责人同意,并记录于审计工作底稿。

表7.3　审计程序表

××公司　　　　　　　　　　　　　　　　　　　总页次____索引号____
资产负债表日　　　　　　　　　　　　　　　　　编制人____日　期____
××账户　　　　　　　　　　　　　　　　　　　复核人____日　期____

审计目标:

1.
2.
3.
⋮

步骤	审计程序	执行人	日期	工作底稿索引
1				
2				
3				
4				
5				
6				
⋮				

2. 审计计划的审核

按照审计准则规定,编制完成的审计计划应当经会计师事务所的有关业务负责人审核和批准。

(1) 总体审计策略审核。在审核总体审计策略时应特别注意审核以下事项:

①审计目的、审计范围及重点审计领域的确定是否恰当。
②时间预算是否合理。
③审计小组成员的选派和分工是否恰当。
④对被审计单位的内部控制的信赖程度是否恰当。
⑤对审计重要性的确定和审计风险的评估是否恰当。
⑥对专家、内审人员及其他注册会计师工作的利用是否恰当。

(2) 具体审计计划审核。在审核具体审计计划时应特别注意审核以下事项:

①审计程序能否达到审计目标。
②审计程序是否适合各审计项目的具体情况。
③重点审计领域中各审计项目的审计程序是否恰当。
④重点审计程序的制定是否恰当。

对在审核中发现的问题,应及时进行相应的修改、补充、完善,并在工作底稿中加以记载和说明。审计工作结束后,审计项目负责人还应就审计计划的执行情况,特别是对重点审计领域审计计划的执行情况进行复核,找出差异并分析其原因,以便将来制定出更行之有效的审计计划。

7.4 审计重要性

7.4.1 重要性的定义

各国现有的审计重要性准则对重要性的定义大都沿用会计准则。国际会计准则委员会(IASC)对重要性的定义是:"如果信息的错报或漏报会影响使用者根据财务报表采取的经济决策,信息就具有重要性。"美国财务会计准则委员会(FASB)对重要性的定义是:"一项会计信息的错报或漏报是重要的,指在特定环境下,一个理性的人依赖该信息所做的决策可能因为这一错报或漏报得以变化或修正。"英国会计准则委员会(ASB)对重要性的定义是:"错报或漏报可能影响到财务报表使用者的决策即为重要性。重要性可能在整个财务报表范围内、单个财务报表或财务报表的单个项目中加以考虑。"由此可以看出,各国对重要性的认识基本是一致的,即信息的错报或漏报可能影响到财务报表使用者的决策就是重要性。

在我国,企业会计准则和会计制度也要求企业会计核算必须遵循重要性原则,重要性的概念为"重要性取决于在具体环境下对错报金额和性质的判断。如果一项错报单独或连同其他错报可能影响财务报表使用者依据财务报表作出的经济决策,则该项错报是重大的。"重要性概念明确了其内涵和实质的以下几个方面。

(1)重要性的本质是错报。财务报表错报包括漏报,可能是财务报表金额的错报,也可能是财务报表披露的错报,注册会计师既可以从数量上考虑错报,也可以从性质上考虑错报。

(2)重要性不仅考虑一项错报本身,同时还考虑该项错报的牵涉性,即一项错报连同其他错报可能对财务报表的影响程序。例如,资产负债表期末存货高估300万元,不仅是"存货"这一项错报,同时可能影响利润表的"主营业务成本"少记300万元,营业利润多记300万元,利润总额多记300万元,以及所得税和净利润的相继多记。

(3)重要性的确定离不开具体环境。由于不同的被审计单位面临不同的环境,不同的财务报表使用者有着不同的信息需求,因此注册会计师确定的重要性水平也不相同。例如,错报10万元对一个小公司来说可能是重要的,而对另一个大公司来说则可能不重要。

(4)对重要性的评估和考虑需要运用职业判断。不同的注册会计师在确定同一被审计单位财务报表层次和认定层次的重要性水平时,得出的结果可能不同。由于影响重要性各因素的判断存在差异,因此,注册会计师需要运用职业判断来合理评估重要性。

7.4.2 重要性的运用

1. 运用重要性原则的一般要求

对重要性的评估是注册会计师的一种专业判断。在确定审计程序的性质、时间和范围

及评价审计结果时,注册会计师必须运用重要性原则。其运用的一般要求可从以下几个方面理解:

(1)对重要性的评估需要运用专业判断。前已述及,重要性的判断离不开特定的环境。实际上,影响重要性的因素很多,不同企业的重要性不同,同一企业在不同时期的重要性也不同。注册会计师在对某一企业进行审计时,必须根据该企业面临的环境,并考虑其他因素,才能合理地确定重要性水平。但不同的注册会计师在确定同一企业财务报表的重要性水平时,得出的结果可能不同,甚至相差很大,其原因是不同注册会计师对影响重要性的各种因素的判断存在差异。所以说,注册会计师需要运用专业判断来评估重要性。

(2)注册会计师在审计过程中应当运用重要性原则。在审计过程中运用重要性原则是基于这样的考虑:一是为了提高审计效率。由于社会经济环境的发展变化,企业规模的扩大,企业组织结构日趋复杂,详细审计已经不可能。在抽样审计下,注册会计师为做出抽样决策,不能不涉及重要性问题。二是为了保证审计质量。抽样审计下,注册会计师对未查部分是否正确要承担一定的风险,而风险的大小与重要性的判断有关。因此,注册会计师为保证审计质量,必须对重要性做出恰当的判断。

(3)注册会计师应运用重要性原则的情形。一是在确定审计程序的性质、时间和范围时,注册会计师需要运用重要性原则。此时,重要性被看作审计所允许的可能或潜在的未发现错报的限度,即注册会计师在运用审计程序以检查财务报表的错报时所允许的误差范围。二是在评价审计结果时,注册会计师需要运用重要性原则。此时,重要性被看作某一错报或汇总的错报,以及是否影响到财务报表使用者判断和决策的标志。

2. 数量和性质的考虑

注册会计师在运用重要性原则时,应当考虑错报的数量和性质两个方面。所谓数量方面,是指错报的金额大小;性质方面,则是指错报的性质。这也就是说,重要性具有数量和质量两个方面的特征。一般来说,金额大的错报(或漏报)比金额小的错报(或漏报)更重要。但在许多情况下,某项错报(或漏报)从量的方面看并不重要,从其性质方面考虑,却可能是重要的。例如:

(1)涉及舞弊与违法行为的错报(或漏报)。因为舞弊与违法行为反映了管理当局或其他人员的诚实和可信度存在问题。对于财务报表使用者而言,蓄意错报(或漏报)比相同金额的笔误更重要。

(2)可能引起履行合同义务的错报(或漏报)。比如,某项错报(或漏报)使得企业的营运资金增加了几百元,从数量上看并不重要,但这项错报(或漏报)使营运资金从低于贷款合同规定的营运资金数变为稍稍高于贷款合同规定的营运资金数,这就影响了贷款合同所规定的义务,所以是重要的。

(3)影响收益趋势的错报(或漏报)。在其他情况下认为金额不大的错报(或漏报),如果影响到收益变动的趋势,应引起注意。例如,某项错报(或漏报)使收益每年递增1%的趋势变为本年收益下降1%,或使亏损变为盈利等,就具有重要性。

(4)不期望出现的错报(或漏报)。一般情况下,如果发现现金和实收资本账户存在错报,就应当引起高度重视。

小金额错报和漏报的累计,可能会对财务报表产生重大影响,注册会计师对此应当予以关注。单独地看,一笔小金额的错报或漏报无论是在性质上,还是在数量上都是不重要的。

但财务报表是一个整体,如果企业每个星期均出现同样的小金额错报或漏报,原本几百元的错报或漏报全年累计起来,就有可能成为上万元的错报或漏报。企业许多账户或交易均存在小金额的错报或漏报,所有账户或交易累计起来,就有可能变成大金额的错报或漏报。在这种情况下,必然会对财务报表产生重大影响。所以,注册会计师应当对此予以充分的关注。

3. 两个层次重要性的考虑

注册会计师应当考虑财务报表层次和账户(或交易、披露)认定层次的重要性。这就意味着注册会计师在审计过程中必须从两个层次来考虑重要性。

(1)财务报表层次。由于财务报表审计的目的是对财务报表的合法性、公允性发表意见,因此,注册会计师必须考虑财务报表层次的重要性,只有这样,才能得出财务报表是否合法、公允的整体性结论。

(2)账户(或交易、披露)认定层次。由于财务报表所提供的信息来源于各账户或交易,注册会计师只有通过验证各账户和交易,才能得出财务报表是否合法和公允的整体性结论,因此注册会计师还必须考虑账户和交易层次的重要性。

4. 重要性与审计风险之间的关系

注册会计师应当考虑重要性与审计风险之间存在的反向关系,保持应有的职业谨慎,合理确定重要性水平。

(1)注册会计师应当考虑重要性与审计风险之间的关系。因为审计风险的高低往往取决于重要性的判断,如果注册会计师确定的重要性水平较低,审计风险就会增加,所以,注册会计师必须通过执行有关审计程序来降低审计风险。

(2)重要性与审计风险之间成反向关系。也就是说,重要性水平越高,审计风险越低;反之,重要性水平越低,审计风险越高。这里,重要性水平的高低指的是金额的大小,一般来说,4 000元的重要性水平比2 000元的重要性水平高。在理解两者之间的关系时,必须注意,重要性水平是注册会计师从财务报表使用者的角度进行判断的结果。如果重要性水平是4 000元,则意味着低于4 000元的错报与漏报不会影响到财务报表使用者的判断与决策,注册会计师仅仅需要通过执行有关审计程序查出高于4 000元的错报与漏报;如果重要性水平是2 000元,则金额在1 000~4 000元之间的错报或漏报仍然会影响到财务报表使用者的判断与决策,注册会计师需要通过执行有关审计程序查出金额在2 000~4 000元之间的错报与漏报。显然,重要性水平为4 000元时的审计风险要比重要性水平为2 000元时的审计风险低。

(3)注册会计师应当保持应有的职业谨慎,合理确定重要性水平。由于重要性与审计风险之间存在反向关系,如果原本4 000元的错报或漏报才会影响到财务报表使用者的判断和决策,但注册会计师将重要性水平确定为2 000元,这时注册会计师就会扩大审计程序的范围或追加审计程序,而实际上没有必要,只能是浪费时间和人力。如果原本2 000元的错报或漏报就会影响财务报表使用者的判断或决策,但注册会计师将重要性水平确定为4 000元,这时注册会计师所执行的审计程序要比原本应当执行的审计程序少、审计范围小,这必然会导致注册会计师得出错误的审计结论。所以,重要性水平偏高或偏低均对注册会计师不利,注册会计师应当保持应有的职业谨慎,合理确定重要性水平。

7.4.3 编制审计计划时对重要性的评估

1. 对重要性评估的总体性要求

在编制审计计划时,注册会计师应当对重要性水平做出初步判断,以确定所需审计证据的数量。重要性水平越低,应当获取的审计证据越多,这是对重要性评估所做的总体性要求。

(1)编制审计计划时必须对重要性水平做出初步判断。在编制审计计划时,注册会计师应当对审计重要性、审计风险进行适当评估。

(2)初步判断的目的是确定所需审计证据的数量。重要性是影响审计证据充分性的一个十分重要的因素。因此,注册会计师在编制审计计划时,应当根据所确定的审计重要性水平,合理确定所需的审计证据,并据此决定审计程序的性质、时间和范围。

(3)重要性水平与审计证据之间成反向关系。也就是说,重要性水平越低,应获取的审计证据越多。例如,为合理保证存货账户的错报或漏报不超过 10 000 元所需收集的审计证据,比为了合理保证该账户错报或漏报不超过 20 000 元所需收集的审计证据要多。在理解这一关系时,必须注意,重要性水平不同于重要的审计项目。审计项目越重要,所需收集的审计证据越多。例如,存货占资产总额的 30% 时的审计项目,比占 20% 时的审计项目需要更多的审计证据。

2. 对重要性水平做出初步判断时应考虑的因素

注册会计师应当综合考虑以下主要因素,并结合其审计经验,对重要性水平做出初步判断:第一,有关法规对财务会计的要求;第二,被审计单位的经营规模及业务性质;第三,内部控制与审计风险的评估结果;第四,财务报表各项目的性质及其相互关系;第五,财务报表各项目的金额及其波动幅度。下面对这些因素做如下说明:

(1)以往的审计经验。以往审计中所运用的重要性水平,如果较为适当,可以作为本年度确定重要性水平的重要依据,注册会计师可以依据这一重要性水平,考虑被审计单位经营环境和经营业务的变化,对其加以修正。

(2)有关法规对财务会计的要求。一般地说,注册会计师执行年度财务报表审计时,应当谨慎判断重要性水平,因为有关法规对企业财务报表的编制可能存在特别的要求。如果企业存在可由管理当局自主决定处理的会计事项,注册会计师应从严确定重要性水平。

(3)被审计单位的经营规模及业务性质。规模不同的企业,其重要性水平也有所不同。规模大的企业,其重要性水平的绝对值一般比规模小的企业要大,但相对值一般要比规模小的企业小。企业所处行业的性质对重要性水平也有较大影响。因为,不同行业的企业,其会计核算的工作组织以及所遵循的会计规范均存在较大的差异。

(4)内部控制与审计风险的评估结果。如果内部控制较为健全,可信赖程度高,可以将重要性水平定得高一些,以节省审计成本。由于重要性与审计风险之间成反向关系,如果审计风险评估为高水平,则意味着重要性水平较低,应收集较多的审计证据,以降低审计风险。

(5)财务报表各项目的性质及其相互关系。财务报表项目的重要程度是存在差别的,财务报表使用者对某些报表项目要比另外的一些报表项目更为关心。一般而言,财务报表使用者十分关心流动性较高的项目,因此,注册会计师应当对此从严制定重要性水平。由于财务报表各项之间是相互联系的,注册会计师在确定重要性水平时,不得不考虑这种相互联系。

(6)财务报表各项目的金额及其波动幅度。财务报表项目的金额及其波动幅度可能成为财务报表使用者做出反应的信号,因此,注册会计师在确定重要性水平时,应当深入研究这些金额及其波动幅度。

3. 财务报表层次重要性水平的确定

注册会计师在计划审计工作是,应当考虑导致财务报表发生重大错报的原因,确定一个可接受的重要性水平,以发现在金额上重大的错报。重要性水平越低,应当获取的审计证据越多。

确定财务报表层次的重要性水平的内容包括:

(1)判断基础和计算方法。确定重要性水平需要运用职业判断,注册会计师通常先选择一个恰当的基准,再选用适当的百分比乘以该基准,从而确定财务报表层次的重要性水平。

在选择基准时,需要考虑的因素包括:财务报表要素(如资产、负债、所有者权益、收入和费用);是否存在特定会计主体的财务报表使用者特别关注的项目(如为了评价财务业绩,使用者可能更关注利润、收入或净资产);被审计单位的性质、所处的生命周期阶段以及所处行业和经济环境;被审计单位的所有权结构和融资方式(例如,如果被审计单位仅通过债务而非权益进行融资,财务报表使用者可能更关注资产及资产的索偿权,而非被审计单位的收益);基准的相对波动性。

适当的基准取决于被审计单位的具体情况,包括各类报告收益(如税前利润、营业收入、毛利和费用总额),以及所有者权益或净资产。对于以营利为目的的实体,通常以经常性业务的税前利润作为基准。如果经常性业务的税前利润不稳定,选用其他基准可能更加合适,如毛利或营业收入。

就选定的基准而言,相关的财务数据通常包括前期财务成果和财务状况、本期最新的财务成果和财务状况、本期的预算和预测结果。当然,本期最新的财务成果和财务状况、本期的预算和预测结果需要根据被审计单位情况的重大变化(如重大的企业并购)和被审计单位所处行业和经济环境情况的相关变化等作出调整。例如,当按照经常性业务的税前利润的一定百分比确定被审计单位财务报表整体的重要性时,如果被审计单位本年度税前利润因情况变化出现意外增加或减少,注册会计师可能认为按照近几年经常性业务的平均税前利润确定财务报表整体的重要性更加合适。

重要性与注册会计师出具审计报告的财务报表相关。如果财务报表涵盖期间超过或少于12个月(如被审计单位是新成立的或变更财务报告期间),则重要性与涵盖该期间的财务报表相关。

为选定的基准确定百分比需要运用职业判断。百分比和选定的基准之间存在一定的联系,如经常性业务的税前利润对应的百分比通常比营业收入对应的百分比要高。例如,对以营利为目的的制造行业实体,注册会计师可能认为经常性业务的税前利润的5%是适当的;而对非营利组织,注册会计师可能认为总收入或费用总额的1%是适当的。百分比无论是高一些还是低一些,只要符合具体情况,都是适当的。

(2)财务报表层次重要性水平的选取。如果同一期间各财务报表的重要性水平不同,注册会计师应当取其最低者作为财务报表层次的重要性水平。注册会计师应当先对每张财务报表确定一个重要性水平。例如,将利润表的重要性水平确定为100万元,将资产负债表的重要性水平确定为200万元。但由于财务报表彼此相互关联,并且许多审计程序经常涉及两个以上的报表,比如对年底赊销是否在适当期间正确记录的审计程序,不仅为资产负债表中的应收账款提供审计证据,而且还为利润表中的销售收入提供审计证据,因此在编制审计计划时,应使用财务报表中最小的错报或漏报总体水平。也就是说,注册会计师应当选择最低的重要性水平作为财务报表层次的重要性水平。

（3）财务报表尚未编制完成时重要性水平的确定。在编制审计计划时,如果被审计单位尚未完成财务报表的编制,注册会计师应当根据期中财务报表推算出年度财务报表,或者根据被审计单位经营环境和经营情况变动对上年度财务报表做出必要修正,以确定财务报表层次的重要性水平。注册会计师通常在资产负债表日之前对重要性水平做出初步判断,此时尚无法取得年末财务报表的数据,因此应当根据期中财务报表或上年度财务报表进行推算或做必要修正,得出年末财务报表数据,并据此确定财务报表层次的重要性水平。

4. 特定类别交易、账户余额或披露的重要性水平

注册会计师应当对各类交易、账户余额或披露层次的重要性进行评估,以有助于确定进一步审计程序的性质、时间和范围,将审计风险降至可接受的低水平。

根据被审计单位的特定情况,下列因素可能表明存在一个或多个特定类别的交易、账户余额或披露,其发生的错报金额虽然低于财务报表整体的重要性,但合理预期将影响财务报表使用者依据财务报表作出的经济决策:法律法规或适用的财务报告编制基础是否影响财务报表使用者对特定项目(如关联方交易、管理层和治理层的薪酬)计量或披露的预期;与被审计单位所处行业相关的关键性披露(如制药企业的研究与开发成本);财务报表使用者是否特别关注财务报表中单独披露的业务的特定方面(如新收购的业务)。注册会计师还应当确定适用这些交易、账户余额或披露的一个或多个重要性水平。

各类交易、账户余额或披露认定层次的重要性水平称为"可容忍错报"。可容忍错报的确定以注册会计师对财务报表层次重要性水平的初步评估为基础,它是在不导致财务报表存在重大错报的情况下,注册会计师对各类交易、账户余额或披露确定的可接受的最大错报。实务中,注册会计师应当合理确定可容忍错报。

注册会计师在确定各交易、账户余额或披露的重要性水平时,应当考虑以下主要因素:第一,各交易、账户余额或披露的性质及错报或漏报的可能性;第二,各交易、账户余额或披露重要性水平与财务报表层次重要性水平的关系。在实务中,注册会计师还应考虑交易、账户余额或披露的审计成本。

对于交易、账户余额或披露层次的重要性水平,既可以采用分配的方法,也可以单独评估的方法。无论是采用分配法,还是采用单独评估法,注册会计师均应考虑上述因素。在采用分配法时,各交易、账户余额或披露层次的重要性水平之和,应当等于财务报表层次的重要性水平。

以下举例说明交易、账户余额或披露层次重要性水平的确定方法。

（1）分配法。采用分配法时,分配的对象一般是资产负债表账户。假设某公司的总资产构成如表7.4所示,注册会计师初步判断的财务报表层次的重要性水平是资产总额的1%,为140万元,即资产账户可容忍的错报或漏报为140万元。现注册会计师按这一重要

性水平分配给各资产账户,如表7.4所示。

表7.4 重要性水平的分配　　　　　　　　　　　　　　　　万元

项 目	金额	甲方案	乙方案
现 金	800	8	3.8
应收账款	2 200	22	26.2
存 货	4 000	40	70
固定资产	7 000	70	40
总 计	14 000	140	140

表7.4中,甲方案是按1%进行同比例分配。一般来说,这并不可行,注册会计师必须对其进行修正。由于应收账款和存货错报或漏报的可能性较大,故分配较高的重要性水平,以节省审计成本,如乙方案。假定审计存货后,仅发现错报和漏报40万元,且注册会计师认为所执行的审计程序已经足够,则可将剩下的30万元再分配给应收账款。

(2)单独评估法。结合上述几个因素的考虑,将认定层次的重要性水平确定为财务报表层次重要性水平的一定比例。我们介绍两种单独评估的方法:一种方法是某著名国际会计公司所采用的方法。假设财务报表层次的重要性水平为100万元,则可根据各账户或各类交易的性质及错报或漏报的可能性,将各账户或交易的重要性水平确定为财务报表层次重要性水平的20%~50%。审计时,只要发现该账户或交易的错报或漏报超过这一水平,就建议被审计单位调整。最后,编制未调整事项汇总表,若未调整的错报或漏报超过100万元,就应建议被审计单位调整。

另一种方法是境外某会计师事务所采用的方法。该会计师事务所规定,各账户或交易的重要性水平为财务报表层次重要性水平的1/6~1/3。假设财务报表层次的重要性水平为90万元,应收账款的重要性水平为这一金额的1/4,存货为1/5,应付账款为1/5,则其重要性水平的金额分别为22.5万元、18万元和18万元。

必须指出,在实际工作中,往往很难预测哪些账户可能发生错报或漏报,也无法事先确定审计成本的大小,所以重要性水平的确定是一个较困难的专业判断过程。

7.4.4 审计过程中对重要性的考虑

1. 对总体审计策略和具体审计计划的影响

如果出现下列情况之一,注册会计师应当确定是否需要修改总体审计策略和具体审计计划:识别出的错报性质以及错报发生的环境表明可能存在其他错报,并且可能存在的其他错报与审计过程中累计的错报合计起来可能是重大的;审计过程中累积的错报合计数接近财务报表层次的重要性。

2. 审计过程中修改重要性

由于存在下列原因,注册会计师可能需要修改财务报表整体的重要性和特定类别的交易、账户余额或披露的重要性水平(如适用):

(1)审计过程中情况发生重大变化(如决定处置被审计单位的一个重要组成部分);
(2)获取新信息;

(3)通过实施进一步审计程序,注册会计师对被审计单位及其经营的了解发生变化。例如,注册会计师在审计过程中发现,实际财务成果与最初确定财务报表整体的重要性时使用的预期本期财务成果相比存在很大差异,则需要修改重要性。

3.管理层对错报的处理

除非法律法规禁止,注册会计师应当及时将审计过程中累积的所有错报及时与适当层级的管理层沟通,这能使管理层评价这些事项是否为错报,并采取必要行动,如有异议则告知注册会计师。需要注意:

(1)在某些情况下,注册会计师的保密义务与通报义务之间存在的潜在冲突可能很复杂。此时,注册会计师可以考虑征询法律意见。

(2)管理层更正所有错报(包括注册会计师通报的错报),能够保持会计账簿和记录的准确性,降低由于与本期相关的、非重大的且尚未更正的错报的累积影响而导致未来期间财务报表出现重大错报的风险。

如果管理层拒绝更正沟通的部分或全部错报,注册会计师应当了解管理层不更正错报的理由,并在评价财务报表整体是否不存在重大错报时考虑改理由。

7.4.5 评价审计结果时对重要性的考虑

1.评价审计结果时所运用的重要性的水平

注册会计师评价审计结果时所运用的重要性水平,可能与编制审计计划时所确定的重要性水平初步判断数不同,如前者大大低于后者,注册会计师应当重新评估所执行的审计程序是否充分。

(1)评价审计结果时所运用的重要性水平可能不同于编制审计计划时确定的重要性水平。这可能是因为环境的变化,或者是注册会计师对被审计单位了解程度的增加。例如,注册会计师在会计期间结束前编制审计计划,只能根据预测的财务状况和经营成果来确定重要性水平。如果实际的财务状况和经营成果大不相同,则注册会计师所评估的重要性水平也必须加以改变。此外,注册会计师在编制审计计划时,可能有意地规定重要性水平低于将用于评价审计结果的重要性水平,这样通常可以减少未被发现的错报和漏报的可能性,并且能给注册会计师提供一个安全边际。

(2)如果评价审计结果时所运用的重要性水平大大低于编制审计计划时确定的重要性水平,注册会计师应当重新评估所执行的审计程序是否充分。因为原来较高的重要性水平意味着较低的审计风险,所需执行的审计程序和所需收集的审计证据相对较少;而现在,评价审计结果时所运用的重要性水平比原来有所降低,则审计风险相应增加,这就要求执行更多的审计程序,收集更多的审计证据。

2.评价尚未更正错报的影响

(1)尚未更正错报的汇总数。未更正错报,是指注册会计师在审计过程中累积的且被审计单位未予更正的错报。尚未更正错报的汇总数包括已经识别的具体错报和推断误差。

①已经识别的具体错报。已经识别的具体错报是指注册会计师在审计过程中发现的、能够准确计量的错报,包括事实错报和判断错报两类。

事实错报,这类错报产生于被审计单位收集和处理数据的错误,对事实的忽略或误解,或故意舞弊行为。例如,注册会计师在审计测试中发现最近购入存货的实际价值为20 000元,但账面记录的金额却为15 000元。因此,存货和应付账款分别被低估了5 000元,这里被低估的5 000元就是已识别的对事实的具体错报。

判断错报,这类错报主要是指管理层对会计估计作出不合理的判断或不恰当地选择和运用会计政策。这类错报产生于两种情况:一是管理层和注册会计师对会计估计值的判断差异,例如,由于包含在财务报表中的管理层做出的估计值超出了注册会计师确定的一个合理范围,导致出现判断差异;二是管理层和注册会计师对选择和运用会计政策的判断差异,由于注册会计师认为管理层选用会计政策造成错报,管理层却认为选用会计政策适当,导致出现判断差异。

②推断误差。推断误差也称"可能误差",是注册会计师对总体存在的错报作出的最佳估计数,涉及根据在审计样本中识别出的错报来推断总体的错报。它通常包括抽样推断误差和分析程序推断误差。

抽样推断误差,即通过测试样本估计出的总体的错报减去在测试中发现的已经识别的具体错报。例如,应收账款年末余额为2 000万元,注册会计师抽查10%样本发现金额有100万元的高估,高估部分为账面金额的20%,据此注册会计师推断总体的错报金额为400万元(即2 000×20%),那么上述100万元就是已识别的具体错报,其余300万元即推断误差。

分析程序推断误差,即通过实质性分析程序推断出的估计错报。例如,注册会计师根据客户的预算资料及行业趋势等要素,对客户年度销售费用独立做出估计,并与客户账面金额比较,发现两者间有50%的差异;考虑到估计的精确性有限,注册会计师根据经验认为10%的差异通常是可接受的,而剩余40%的差异需要有合理解释并取得佐证性证据;假定注册会计师对其中10%的差异无法得到合理解释或不能取得佐证,则该部分差异金额即为推断误差。

(2)评价尚未更正错报的汇总数的影响。注册会计师需要在出具审计报告前,评估尚未更正错报单独或汇总数是否重大。注册会计师在评估尚未更正错报是否重大时,不仅需要考虑每项错报对财务报表的单独影响,还需要考虑所有错报对财务报表的累计影响及其形成原因,尤其是一些金额较小的错报,虽然单个看起来并不重大,但是其累积数却可能对财务报表产生重大影响。

为了全面地评估错报的影响,注册会计师应将审计过程中已识别的具体错报和推断误差进行汇总,即

尚未更正错报的汇总数=已识别的具体错报+推断误差=
事实错报+判断错报+抽样推断误差+分析程序推断误差

尚未更正错报的汇总数与财务报表层次重要性水平相比,可能出现以下三种情况:

①尚未更正错报的汇总数低于重要性水平。如果尚未更正错报的汇总数低于重要性水平,此时错报对财务报表的影响不重大,注册会计师可以发表无保留意见的审计报告。

②尚未更正错报的汇总数超过重要性水平。如果尚未更正错报汇总数超过了重要性水平,此时错报对财务报表的影响可能是重大的,注册会计师应当考虑通过扩大审计程序的范围或要求管理层调整财务报表降低审计风险。在任何情况下,注册会计师都应当要求管理层就已识别的错报调整财务报表。如果管理层拒绝调整财务报表,并且扩大审计程序范围

的结果不能使注册会计师认为尚未更正错报的汇总数不重大,注册会计师应当考虑出具非无保留意见的审计报告。

③尚未更正错报的汇总数接近重要性水平。如果已识别但尚未更正错报的汇总数接近重要性水平,注册会计师应当考虑通过实施追加审计程序,或要求管理层调整财务报表以降低审计风险。注册会计师应视追加审计程序之后发现的错报情况来确定发表审计报告类型。

7.5 审计风险

7.5.1 审计风险的概念及其构成要素

审计风险是指财务报表存在重大错报而注册会计师发表不恰当审计意见的可能性。

审计风险取决于重大错报风险和检查风险。重大错报风险是指财务报表在审计前存在重大错报的可能性。检查风险是指如果存在某一错报,该错报单独或连同其他错报可能是重大的,注册会计师为将审计风险降至可接受的低水平而实施程序后没有发现这种错报的风险。注册会计师应当实施审计程序,评估重大错报风险,并根据评估结果设计和实施进一步审计程序,以控制检查风险。

合理保证意味着审计风险始终存在,注册会计师应当通过计划和实施审计工作,获取充分、适当的审计证据,将审计风险降至可接受的低水平。

1. 重大错报风险

注册会计师应当关注财务报表的重大错报,但没有责任发现对财务报表整体不产生重大影响的错报。注册会计师应当考虑已识别但未更正的单个或累计的错报是否对财务报表整体产生重大影响。

在设计审计程序以确定财务报表整体是否存在重大错报时,注册会计师应当从财务报表层次和各类交易、账户余额、列报(包括披露)认定层次考虑重大错报风险。

(1)报表层次的重大错报风险。财务报表层次的重大错报风险通常与控制环境有关,并与财务报表整体存在广泛联系,可能影响多项认定,但难以界定与某类交易、账户余额、列报有关的具体认定。注册会计师应当评估财务报表层次的重大错报风险,并根据评估结果确定总体应对措施,包括向项目组分派更有经验或具有特殊技能的审计人员,利用专家的工作或提供更多的督导等。

(2)认定层次的重大错报风险。认定层次的重大错报风险又可以进一步细分为固有风险和控制风险。

固有风险是指在考虑相关的内部控制之前,某类交易、账户余额或披露的某一认定易于发生错报(该错报单独或连同其他错报可能是重大的)的可能性。某些类别的交易、账户余额和披露及其认定,固有风险较高。例如,复杂的计算比简单计算更可能出错;受重大计量不确定性影响的会计估计发生错报的可能性较大。

控制风险是指某类交易、账户余额或披露的某一认定发生错报,该错报单独或连同其他错报是重大的,但没有被内部控制及时防止或发现并纠正的可能性。控制风险取决于与财务报表编制有关的内部控制的设计和运行的有效性。由于控制的固有局限性,某种程度的控制风险始终存在。

需要注意的是,由于固有风险和控制风险不可分割地交织在一起,有时无法单独进行评估,审计准则通常不再单独提到固有风险和控制风险,而只是将这两者合并称为"重大错报风险"。注册会计师可根据所在会计师事务所编好的审计技术和方法及实务上的考虑,单独或合并评估固有风险和控制风险。

2. 检查风险

检查风险取决于审计程序设计的合理性和执行的有效性。由于注册会计师通常并不对所有的交易、账户余额和披露进行检查,以及其他原因,检查风险不可能降低为零。其他原因包括注册会计师可能选择了不恰当的审计程序、审计过程执行不当,或者错误解读了审计结论。这些其他因素可以通过适当计划、在项目组成员之间进行恰当的职责分配、保持职业怀疑态度以及监督、指导和复核助理人员所执行的审计工作得以解决。

3. 审计风险模型

在既定的审计风险水平下,可接受的检查风险水平与认定层次重大错报风险的评估结果呈反向关系,如图7.1所示。评估的重大错报风险越高,可接受的检查风险越低;评估的重大错报风险越低,可接受的检查风险越高。重大错报风险和检查风险之间存在的相互关系即方向关系,可以用数学模型表示如下:

审计风险 = 重大错报风险 × 检查风险 = 固有风险 × 控制风险 × 检查风险

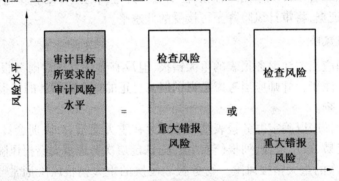

图7.1　检查风险与重大错报风险的方向关系

这个模型也就是审计风险模型。假设针对某一认定,注册会计师将可接受的审计风险水平设定为3%,注册会计师实施风险评估程序后将重大错报风险评估为60%,则根据这一模型,可接受的检查风险为5%。当然,实务中,注册会计师不一定用绝对数量表达这些风险水平,而是选用"高"、"中"、"低"等文字进行定性描述。

注册会计师应当合理设计审计程序的性质、时间安排和范围,并有效执行审计程序,以控制检查风险。上例中,注册会计师应根据确定的可接受检查风险(5%),设计审计程序的性质、时间安排和范围。审计计划在很大程度上围绕确定审计程序的性质、时间安排和范围而展开。

7.5.2 重要性与审计风险的关系

重要性与审计风险之间存在反向关系。重要性水平越高,审计风险越低;重要性水平越低,审计风险越高。注册会计师在确定审计程序的性质、时间和范围时应当考虑这种反向关系。

在确定审计程序后,如果注册会计师决定接受更低的重要性水平,审计风险将增加。注册会计师应当选用下列方法将审计风险降至可接受的低水平:如有可能,通过扩大控制测试范围或实施追加的控制测试,降低评估的重大错报风险,并支持降低后的重大错报风险水平;通过修改计划实施的实质性程序的性质、时间和范围,降低检查风险。

在评价审计程序结果时,注册会计师确定的重要性和审计风险,可能与计划审计工作时评估的重要性和审计风险存在差异。在这种情况下,注册会计师应当重新确定重要性和审计风险,并考虑实施的审计程序是否充分。

7.5.3 审计风险评估

根据《中国注册会计师审计准则第 1211 号——通过了解被审计单位及其环境识别和评估重大错报风险》的规定,注册会计师应当了解被审计单位及其环境,以充分识别和评估财务报表重大错报风险,设计和实施进一步审计程序。

1. 了解被审计单位及其环境

了解被审计单位及其环境是必要程序,特别是为注册会计师在下列关键环节作出职业判断提供重要基础:①确定重要性水平,并随着审计工作的进程评估对重要性水平的判断是否仍然适当;②考虑会计政策的选择和运用是否恰当,以及财务报表的列报是否适当;③识别需要特别考虑的领域,包括关联方交易、管理层运用持续经营假设的合理性,或交易是否具有合理的商业目的等;④确定在实施分析程序时所使用的预期值;⑤设计和实施进一步审计程序,以将审计风险降至可接受的低水平;⑥评价所获取审计证据的充分性和适当性。

注册会计师应当从以下六方面了解被审计单位及其环境:

(1) 行业状况、法律环境与监管环境以及其他外部因素。具体内容如下:

①行业状况,主要包括:所在行业的市场供求与竞争;生产经营的季节性和周期性;产品生产技术的变化;能源供应与成本;行业的关键指标和统计数据。

②法律环境及监管环境,主要包括:适用的会计准则、会计制度和行业特定惯例;对经营活动产生重大影响的法律法规及监管活动;对开展业务产生重大影响的政府政策,包括货币、财政、税收和贸易等政策;与被审计单位所处行业和所从事经营活动相关的环保要求。

③其他外部因素,主要包括:宏观经济的景气度,利率和资金供求状况,通货膨胀水平及币值变动,国际经济环境和汇率变动。

(2) 被审计单位的性质。了解被审计单位的性质有助于注册会计师理解预期在财务报表中反映的各类交易、账户余额、列报。注册会计师应当主要从所有权结构、治理结构、组织结构、经营活动、投资活动以及筹资活动六个方面了解被审计单位的性质。

①所有权结构,注册会计师应当了解所有权结构以及所有者与其他人员或单位之间的关系,考虑关联方关系是否已经得到识别,以及关联方交易是否得到恰当核算。

②治理结构,注册会计师应当了解被审计单位的治理结构,考虑治理层是否能够在独立

于管理层的情况下对被审计单位事务(包括财务报告)作出客观判断。

③组织结构,注册会计师应当了解被审计单位的组织结构,考虑复杂组织结构可能导致的重大错报风险,包括财务报表合并、商誉摊销和减值、长期股权投资核算以及特殊目的实体核算等问题。

④经营活动,注册会计师应当了解被审计单位的经营活动,主要包括:主营业务的性质;与生产产品或提供劳务相关的市场信息;业务的开展情况;联盟、合营与外包情况;从事电子商务的情况;地区与行业分布;生产设施、仓库的地理位置及办公地点;关键客户;重要供应商;劳动用工情况;研究与开发活动及其支出;关联方交易。

⑤投资活动,注册会计师应当了解被审计单位的投资活动,主要包括:近期拟实施或已实施的并购活动与资产处置情况;证券投资、委托贷款的发生与处置;资本性投资活动,包括固定资产和无形资产投资,以及近期或计划发生的变动;不纳入合并范围的投资。

⑥筹资活动,注册会计师应当了解被审计单位的筹资活动,主要包括:债务结构和相关条款,包括担保情况及资产负债表外融资;固定资产的租赁;关联方融资;实际受益股东;衍生金融工具的运用。

(3)被审计单位对会计政策的选择和运用。注册会计师应当了解被审计单位对会计政策的选择和运用,是否符合适用的会计准则和相关会计制度,是否符合被审计单位的具体情况。

在了解被审计单位对会计政策的选择和运用是否适当时,注册会计师应当关注下列重要事项:①重要项目的会计政策和行业惯例;②重大和异常交易的会计处理方法;③在新领域和缺乏权威性标准或共识的领域,采用重要会计政策产生的影响;④会计政策的变更;⑤被审计单位何时采用以及如何采用新颁布的会计准则和相关会计制度。

如果被审计单位变更了重要的会计政策,注册会计师应当考虑变更的原因及其适当性,并考虑是否符合适用的会计准则和相关会计制度的规定。

注册会计师应当考虑,被审计单位是否按照适用的会计准则和相关会计制度的规定恰当地进行了列报,并披露了重要事项。

(4)被审计单位的目标、战略以及相关经营风险。注册会计师应当了解被审计单位的目标和战略,以及可能导致财务报表重大错报的相关经营风险。经营风险源于对被审计单位实现目标和战略产生不利影响的重大情况、事项、环境和行动,或源于不恰当的目标和战略。

注册会计师在了解可能导致财务报表重大错报风险的目标、战略及相关经营风险时,可以考虑以下事项:①行业发展(例如,潜在的相关经营风险可能是被审计单位不具备足以应对行业变化的人力资源和业务专长);②开发新产品或提供新服务(例如,潜在的相关经营风险可能是被审计单位产品责任增加);③业务扩张(例如,潜在的相关经营风险可能是被审计单位对市场需求的估计不准确);④新的会计要求(例如,潜在的相关经营风险可能是被审计单位执行不当或不完整,或会计处理成本增加);⑤监管要求(例如,潜在的相关经营风险可能是被审计单位法律责任增加);⑥本期及未来的融资条件(例如,潜在的相关经营风险可能是被审计单位由于无法满足融资条件而失去融资机会);⑦信息技术的运用(例如,潜在的相关经营风险可能是被审计单位信息系统与业务流程难以融合);⑧实施战略的影响,特别是由此产生的需要运用新的会计要求的影响(例如,潜在的相关经营风险可能是被审计单位执行新要求不当或不完整)。

多数经营风险最终都会产生财务后果,从而影响财务报表。注册会计师应当根据被审计单位的具体情况考虑经营风险是否可能导致财务报表发生重大错报。管理层通常制定识别和应对经营风险的策略,注册会计师应当了解被审计单位的风险评估过程。

(5)被审计单位财务业绩的衡量和评价。在了解被审计单位财务业绩衡量和评价情况时,注册会计师应当关注下列信息:①关键业绩指标(财务或非财务的)、关键比率、趋势和经营统计数据;②同期财务业绩比较分析;③预算、预测、差异分析,分部信息与分部、部门或其他不同层次的业绩报告;④员工业绩考核与激励性报酬政策;⑤被审计单位与竞争对手的业绩比较。

注册会计师应当关注被审计单位内部财务业绩衡量所显示的未预期到的结果或趋势、管理层的调查结果和纠正措施,以及相关信息是否显示财务报表可能存在重大错报。

如果拟利用被审计单位内部信息系统生成的财务业绩衡量指标,注册会计师应当考虑相关信息是否可靠,以及利用这些信息是否足以实现审计目标。

(6)被审计单位的内部控制。在了解被审计单位及其环境的基础上,注册会计师应当了解与审计相关的内部控制以识别潜在错报的类型,考虑导致重大错报风险的因素,以及设计和实施进一步审计程序的性质、时间和范围。内部控制的详细内容,将在本教材第8章介绍。

2. 风险评估程序

风险评估程序是指注册会计师为了解被审计单位及其环境,以识别和评估财务报表层次和认定层次的重大错报风险(无论该错报由于舞弊或错误导致)而实施的审计程序。审计准则规定,了解被审计单位及其环境是必要程序,注册会计师必须实施风险评估程序,为识别和评估财务报表层次和认定层次的重大错报风险提供基础。

注册会计师应当实施下列风险评估程序以了解被审计单位及其环境:

(1)询问被审计单位管理层和内部其他相关人员。注册会计师除了询问管理层和对财务报告负有责任的人员外,还应当考虑询问内部审计人员、采购人员、生产人员、销售人员等其他人员,并考虑询问不同级别的员工,以获取对识别重大错报风险有用的信息。

(2)分析程序。注册会计师将分析程序用作风险评估程序,可能有助于识别未注意到的被审计单位的情况,并可能有助于评估重大错报风险,为针对评估的风险设计和实施应对措施提供基础。注册会计师实施分析程序可以使用财务信息和非财务信息,如销售额与卖场的面积或已出售商品数量之间的关系。

注册会计师实施分析程序可能有助于识别异常的交易或事项,以及对审计产生影响的金额、比率和趋势。识别出的异常或未预期到的关系可以帮助注册会计师识别重大错报风险,特别是由于舞弊导致的重大错报风险。

当分析程序使用高度汇总的数据时,实施分析程序的结果可能仅初步显示是否存在重大错报。在这种情况下,将分析程序的结果与识别重大错报风险时获取的其他信息一并考虑,可以帮助注册会计师了解并评价分析程序的结果。

(3)观察和检查。观察和检查程序可以印证注册会计师对管理层和其他相关人员的询问结果,并可提供有关被审计单位及其环境的信息。

注册会计师应当实施下列观察和检查程序:①观察被审计单位的生产经营活动;②检查

文件、记录和内部控制手册;③阅读由管理层和治理层编制的报告;④实地察看被审计单位的生产经营场所和设备;⑤追踪交易在财务报告信息系统中的处理过程(穿行测试)。

如果根据职业判断认为从被审计单位外部获取的信息有助于识别重大错报风险,注册会计师应当实施其他审计程序以获取这些信息。例如,询问被审计单位聘请的外部法律顾问、专业评估师、投资顾问和财务顾问等。

注册会计师应当考虑在承接客户或续约过程中获取的信息,以及向被审计单位提供其他服务所获得的经验时是否有助于识别重大错报风险。

对于连续审计业务,如果拟利用在以前期间获取的信息,注册会计师应当确定被审计单位及其环境是否已发生变化,以及该变化是否可能影响以前期间获取的信息在本期审计中的相关性。

3. 评估重大错报风险

(1)识别和评估重大错报风险的审计程序。在识别和评估重大错报风险时,注册会计师应当实施下列审计程序:

①在了解被审计单位及其环境的整个过程中识别风险,并考虑各类交易、账户余额、列报;

②将识别的风险与认定层次可能发生错报的领域相联系;

③考虑识别的风险是否重大;

④考虑识别的风险导致财务报表发生重大错报的可能性。

注册会计师应当利用实施风险评估程序获取的信息,包括在评价控制设计和确定其是否得到执行时获取的审计证据,作为支持风险评估结果的审计证据。注册会计师应当根据风险评估结果,确定实施进一步审计程序的性质、时间和范围。

(2)关注两个层次的重大错报风险。

在对重大错报风险进行识别和评估后,注册会计师应当确定,识别的重大错报风险是与特定的某类交易、账户余额、列报的认定相关,还是与财务报表整体广泛相关,进而影响多项认定。例如,被审计单位的多项在建工程完工单据均未能及时转交会计部门,会导致多个相关账户余额(如在建工程、固定资产、累计折旧、管理费用、财务费用等)出现重大错报,对应的重大错报风险即与财务报表整体广泛相关;如果被审计单位存在虚增收入的可能性,那么对应的重大错报风险与销售交易的发生、准确性、截止认定相关。

表7.5举例说明了认定层次的重大错报风险的识别和评估。

此外,注册会计师还应当基于对被审计单位的内部控制了解的基础上,运用职业判断,确定识别的风险哪些是需要特别考虑的重大错报风险(以下简称特别风险)。这部分内容,将在本教材第8章"特别风险的评估"部分详细讲解。

注册会计师对认定层次重大错报风险的评估应以获取的审计证据为基础,并可能随着不断获取审计证据而作出相应的变化。

如果通过实施进一步审计程序获取的审计证据,或获取的新信息,与初始评估获取的审计证据相矛盾,注册会计师应当修正风险评估结果,并相应修改原计划实施的进一步审计程序。

表7.5 评估的认定层次的重大错报风险举例

客户名称：_____ 编制人员__王平___ 日期20×6/02/06
财务报表期间：20×5年 复核人员__李明___ 日期20×6/02/13

风险编号	风险的性质（不考虑相关控制）	相关控制	识别的重大错报风险		是否为特别风险及原因	重大错报风险水平
			交易	相关账户及列报		
R1	管理层报表显示公司实现了年初制定的12%的销售收入增长率目标，但今年行业总体销售增长率仅为5%。管理层可能虚增收入	销售单、出库单、发票事先编号；定期向客户寄送对账单	销售交易	主营业务收入	是，属于舞弊风险	高
				应收账款	是，属于舞弊风险	高
R2	…					
R3	…					
…						

4. 识别与评估舞弊风险

(1) 舞弊的含义和种类。财务报表的错报可能由于舞弊或错误所致。舞弊和错误的区别在于，导致财务报表发生错报的行为是故意行为还是非故意行为。故注册会计师有责任揭露财务报表中的重大错误与舞弊。

①错误。错误是指导致财务报表错报的非故意行为，主要包括：为编制财务报表而收集和处理数据时发生失误，如原始记录和会计数据的算术计算、抄写、过账发生错误、盘点中的错漏等；由于疏忽和误解有关事实而作出不恰当的会计估计，如在固定资产折旧年限的估计上判断有误或者未能充分估计到技术进步等有关因素的影响等；在运用与确认、计量、分类或列报（包括披露，下同）相关的会计政策时发生失误。

②舞弊。舞弊是指被审计单位的管理层、治理层、员工或第三方使用欺骗手段获取不当或非法利益的故意行为。值得注意的是，由于舞弊是一个宽泛的法律概念，所以中国注册会计师审计准则并不要求注册会计师对舞弊是否已经发生做出法律意义上的判定，只要求关注导致财务报表发生重大错报的舞弊。

与财务报表审计相关的故意错报，包括编制虚假财务报告导致的错报和侵占资产导致的错报。

编制虚假财务报告涉及为欺骗财务报表使用者而作出的故意错报（包括对财务报表金额或披露的遗漏）。这可能是由于管理层通过操纵利润来影响财务报表使用者对被审计单位业绩和盈利能力的看法而造成的。

施乐公司财务舞弊案就是高管人员为迎合华尔街财务分析师们的盈利预测、牟取以财务业绩为基础的私人报酬最大化而对财务信息做出虚假报告的典型。以下是施乐公司1998年至1999年实际每股盈利和对外报告的每股盈利、华尔街预期每股盈利的对比：

时期	1998年			1999年		
	预期数	报告数	实际数	预期数	报告数	实际数
一季度	0.41	0.42	0.33	0.48	0.48	0.37
二季度	0.54	0.54	0.47	0.62	0.62	0.48
三季度	0.52	0.53	0.38	0.47	0.47	0.38
四季度	0.84	0.84	0.54	0.40	0.41	0.27
合计	2.31	2.33	1.72	1.97	1.98	1.50

20世纪60年代，施乐公司因复印技术脱颖而出，凭借专利保护取得了骄人的业绩。20世纪70年代，已经跻身美国《财富》杂志500强企业前50名。之后由于高管人员的因循守旧、故步自封，没有致力于产品质量的改善和更新换代，导致产品经常出现故障，新技术开发后未能迅速商业化，其专利保护也因美国联邦商务委员会的反托拉斯控诉而丧失。到20世纪90年代后期，激烈的市场竞争使得施乐公司越来越难以达到华尔街的预期，在当时，上市公司的盈利即使比华尔街的预期只低1美分，也会导致公司股票价格大幅下跌，而公司高管人员的报酬是以股票期权为核心的，股票价格的下跌会直接导致其报酬的减少。为此，施乐公司的高管们绞尽脑汁对财务信息进行虚假报告。而他们则因此"在1997年至2000年期间获得了超过500万美元的业绩奖金，并通过出售股票获得了3 000万美元的利润。"

（资料来源：黄世忠．会计数字游戏：美国十大财务舞弊案例剖析[M]．中国财政经济出版社，2003年7月）

管理层可能通过以下方式编制虚假财务报告：对财务报表所依据的会计记录或相关文件记录的操纵、伪造或篡改；对交易、事项或其他重要信息在财务报表中的不真实表达或故意遗漏；对与确认、计量、分类或列报有关的会计政策和会计估计的故意误用。

方大集团及其下属子公司在1995年至2003年期间，所披露的年度报告、半年度报告中存在虚假记载。其中，虚增主营业务收入10 538.51万元；虚构材料采购10 548.7万元，相应虚增主营业务成本及管理费用10 532.94万元；虚减应收账款及虚构应收账款收回，少提及冲回已提坏账准备1 168.87万元；虚增固定资产和在建工程11 932.46万元；少提长期投资减值准备200.37万元。又如中关村科技2001年、2002年年报遗漏重大担保事项：在2001年年报中，遗漏披露51 000万元担保，在2002年年报中，遗漏披露83 000万元担保。

（资料来源：中国证监会2006年行政处罚决定书证监罚字[2006]18号）

侵占资产包括盗窃被审计单位资产，通常的做法是员工盗窃金额相对较小且不重要的资产、侵占资产也可能涉及管理层，他们通常更能够通过难以发现的手段掩饰或隐瞒侵占资产的行为。

侵占资产可以通过以下方式实现：贪污收到的款项，如侵占收到的应收账款或将与已注销账户相关的收款转移至个人银行账户；盗窃实物资产或无形资产，如盗窃存货以自用或出售、盗窃废料以再销售、通过向被审计单位竞争者泄露技术资料与其串通以获取回报；使被审计单位对未收到的商品或未接受的劳务付款，如向虚构的供应商支付款项、供应商向采购人员提供回扣以作为其提高采购价格的回报、向虚构的员工支付工资；将被审计单位资产挪为私用，如将被审计单位资产作为个人或关联方贷款的抵押。侵占资产通常伴随着虚假或误导性的文件记录,其目的是隐瞒资产缺失或未经适当授权使用资产的事实。

(2)舞弊风险因素。舞弊风险因素是指表明实施舞弊的动机或压力,或者为实施舞弊提供机会的事项或情况,通常可分解为动机或压力、机会、借口或态度三个因素,上述风险因素也被称为"舞弊三角",如图7.2所示。

图7.2 舞弊三角

①压力(或动机)。舞弊者具有舞弊的动机是舞弊发生的首要条件。管理层编制虚假财务报告的动机主要包括:迎合市场预期或特定监管要求、牟取以财务业绩为基础的私人报酬最大化、偷逃或骗取税款、骗取外部资金、掩盖侵占资产的事实等。

②机会。机会是指舞弊行为能够被掩盖、不被发现而逃避惩罚的可能性。舞弊者需要具有舞弊的机会,舞弊才可能成功。舞弊的机会均一般源于内部控制在设计和运行上的缺陷,如公司对资产管理松懈,公司管理层能够凌驾于内部控制之上面可以随意操纵会计记录等。

编制虚假财务报告通常与管理层凌驾于控制之上有关。

世界通信的CFO(Chief Financial Officer:首席财务官)苏利文为增加世界通信对外报告的盈利水平,强制要求下属将按照公认会计原则计提的损失准备冲回,又授意将巨额经营费用作为资本支出入账,其所编制的会计分录,既无签字授权,又无原始凭证,完全是根据总部下达给分公司的口头指令进行的会计处理,这种高层调整(Top-Side Adjustments)行为正是管理层凌驾于控制之上造成的。

(资料来源:黄世忠.会计数字游戏:美国十大财务舞弊案例剖析[M].中国财政经济出版社,2003年7月)

管理层通过凌驾于控制之上实施舞弊的手段主要包括:编制虚假的会计分录,特别是在临近会计期末时;滥用或随意变更会计政策;不恰当地调整会计估计所依据的假设及改变原先做出的判断;故意漏记、提前确认或推迟确认报告期内发生的交易或事项;隐瞒可能影响财务报表金额的事实;构造复杂的交易以歪曲财务状况或经营成果;篡改与重大或异常交易相关的会计记录和交易条款。

③借口(或态度)。借口是指舞弊者舞弊的合适理由,是舞弊发生的重要条件之一。只有舞弊者能够对舞弊行为予以合理化,舞弊者才可能做出舞弊行为,做出舞弊行为后才能心安理得。例如,侵占资产的员工可能认为单位对自身的待遇不公,编制虚假财务报告者可能认为造假不是出于个人私利而是出于公司集体利益。

(3)治理层、管理层和注册会计师对舞弊的责任。关于防止或发现舞弊是治理层、管理层的责任还是注册会计师的责任,审计准则做出了明确的划分。

①治理层、管理层对舞弊的责任。根据《中国注册会计师审计准则第1141号——财务报表审计中与舞弊相关的责任》第5条,被审计单位治理层和管理层对防止或发现舞弊负有主要责任。

管理层在治理层的监督下,高度重视对舞弊的防范和遏制是非常重要的。对舞弊进行防范可以减少舞弊发生的机会;对舞弊进行遏制,即发现和惩罚舞弊行为,能够警示被审计单位人员不要实施舞弊。对舞弊的防范和遏制需要管理层营造诚实守信和合乎道德的文化,并且这一文化能够存在治理层的有效监督下得到强化。治理层的监督包括考虑管理层凌驾于控制之上或对财务报告过程施加其他不当影响的可能性。

②注册会计师对舞弊的责任。在按照审计准则的规定执行审计工作时,注册会计师有责任对财务报表整体是否不存在由于舞弊或错误导致的重大错报获取合理保证。

由于审计的固有限制,即使注册会计师按照审计准则的规定恰当计划和执行了审计工作,也不可避免地存在财务报表中的某些重大错报未被发现的风险。

在舞弊导致错报的情况下,固有限制的潜在影响尤其重大。舞弊导致的重大错报未被发现的风险,大于错误导致的重大错报未被发现的风险。其原因是舞弊可能涉及精心策划和蓄意实施以进行隐瞒(如伪造证明或故意漏记交易),或者故意向注册会计师提供虚假陈述。如果涉及串通舞弊,注册会计师可能更加难以发现蓄意隐瞒的企图。串通舞弊可能导致原本虚假的审计证据被注册会计师误认为具有说服力。

注册会计师发现舞弊的能力取决于舞弊者实施舞弊的技巧、舞弊者操纵会计记录的频率和范围、舞弊者操纵的每笔金额的大小、舞弊者在被审计单位的职位级别、串通舞弊的程度等因素。即使可以识别出实施舞弊的潜在机会,但对于诸如会计估计等判断领域的错报,注册会计师也难以确定这类错报是由于舞弊还是错误导致的。

在获取合理保证时,注册会计师有责任在整个审计过程中保持职业怀疑,考虑管理层凌驾于控制之上的可能性,并认识到对发现错误有效的审计程序未必对发现舞弊有效。

(4)识别与评估舞弊导致的重大错报风险。注册会计师应当实施一系列审计程序,以获取用以识别由于舞弊导致的重大错报风险所需的信息。

①实施风险评估程序和其他程序。主要有:

询问程序,这对于注册会计师获取信息、评估舞弊风险十分有用。注册会计师应当询问治理层、管理层、内部审计人员,以确定其是否知悉任何舞弊事实、舞弊嫌疑或舞弊指控。注册会计师通过询问管理层可以获取有关员工舞弊导致的财务报表重大错报风险的有用信息。然而,这种询问难以获取有关管理层舞弊导致的财务报表重大风险的有用信息,因此,注册会计师还应当询问被审计单位内部的其他相关人员。注册会计师应当根据不同的询问对象,运用职业判断,确定询问内容。

实施分析程序,这有助于识别异常的交易或事项,以及对财务报表和审计产生影响的金额、比率和趋势。在实施分析程序以了解被审计单位及其环境时,注册会计师应当评价在实施分析程序时识别出的异常或偏离预期的关系(包括与收入账户有关的关系),是否表明存在由于舞弊导致的重大错报风险。

此外,注册会计师应当考虑获取的其他信息是否表明存在由于舞弊导致的重大错报风险。其他信息可能来源于项目组内部的讨论、客户承接或续约过程以及向被审计单位提供其他服务所获得的经验。

②识别和评估舞弊导致的重大错报风险。按照《中国注册会计师审计准则第1211号——通过了解被审计单位及其环境识别和评估重大错报风险》的规定,注册会计师应当在财务报表层次以及各类交易、账户余额、披露的认定层次识别和评估由于舞弊导致的重大错报风险。

在识别和评估由于舞弊导致的重大错报风险时,注册会计师应当基于收入确认存在舞弊风险的假定,评价哪些类型的收入、收入交易或认定导致舞弊风险。如果认为收入确认存在舞弊风险的假定不适用于业务的具体情况,从而未将收入确认作为由于舞弊导致的重大错报风险领域,注册会计师应当在审计工作底稿中记录得出结论的理由。

7.5.4 审计风险的应对措施

注册会计师应当针对评估的财务报表层次重大错报风险确定总体应对措施,并针对评估的认定层次重大错报风险设计和实施进一步审计程序,以将审计风险降至可接受的低水平。

在财务报表重大错报风险的评估过程中,注册会计师应当确定,识别的重大错报风险是与特定的某类交易、账户余额和披露的认定相关,还是与财务报表整体广泛相关,进而影响多项认定。如果是后者,则属于财务报表层次的重大错报风险。

1. 针对评估的财务报表层次重大错报风险的总体应对措施

注册会计师应当针对评估的财务报表层次重大错报风险,确定下列总体应对措施:

(1)向项目组强调保持职业怀疑的必要性;
(2)指派更有经验或具有特殊技能的审计人员,或利用专家的工作;
(3)提供更多的督导;
(4)在选择拟实施的进一步审计程序时融入更多的不可预见的因素;
(5)对拟实施审计程序的性质、时间安排或范围作出总体修改,如在期末而非期中实施实质性程序,或修改审计程序的性质以获取更具说服力的审计证据。

注册会计师对控制环境的了解影响其对财务报表层次重大错报风险的评估,从而影响所采取的总体应对措施。有效的控制环境可以使注册会计师增强对内部控制和被审计单位内部产生的审计证据的信赖程度。

2. 针对评估的认定层次的重大错报风险的进一步审计程序

(1)进一步审计程序的总体方案。注册会计师评估的财务报表层次重大错报风险以及采取的总体应对措施,对拟实施进一步审计程序的总体方案具有重大影响。

进一步审计程序是指注册会计师针对评估的各类交易、账户余额、披露认定层次重大错报风险实施的审计程序,包括控制测试和实质性程序。拟实施进一步审计程序的总体方案包括实质性方案和综合性方案。实质性方案是指注册会计师实施的进一步审计程序以实质性程序为主;综合性方案是指注册会计师在实施进一步审计程序时,将控制测试与实质性程序结合使用。

注册会计师应当根据对认定层次重大错报风险的评估结果,恰当选用实质性方案或综合性方案。无论选取哪种方案,注册会计师都需要针对所有重大类别的交易、账户余额和披露设计和实施实质性程序。

在有些情况下，注册会计师可能认为仅仅执行控制测试就可以有效应对关于某项认定的重大错报风险，在另外一些情况下，注册会计师通过风险评估过程没有发现关于某项认定的有效内部控制，或者虽然存在相关控制，但是测试结果表明该项控制的运行无效，注册会计师会考虑仅仅执行实质性程序来验证某项认定。在大多数情况下，注册会计师会考虑采用综合性方案来验证某些认定。

表7.6、表7.7、表7.8举例说明了认定层次的重大错报风险与进一步审计程序之间的关系。

表7.6　销售与收款循环重要账户和列报的具体审计计划

工作底稿索引号 F1—1

客户名称：　光明　　　　　　　编制人员　王平　　　　　日期20×6/02/06
财务报表期间:20×5年　　　　　复核人员　李明　　　　　日期20×6/02/13

重要账户或列报	本年度（或期末）未审金额	相关认定							涉及舞弊风险	总体方案	控制测试	实质性程度		具体审计程序索引号
		完整性	存在/发生	准确性	截止	计价/分摊	权利义务	分类/可理解性				细节测试	分析程度	
主营业务收入	13 480 000		是	是	是				是	综合性方案	是	是		F2-1
应收账款	3 120 500		是				是		是	综合性方案	是		是	F3-1
…														
…														
…														

表7.7　销售与收款循环的控制测试举例

工作底稿索引号 F2—1

客户名称：　光明　　　　　　　编制人员　王平　　　　　日期20×6/02/06
财务报表期间:20×5年　　　　　复核人员　李明　　　　　日期20×6/02/13

相关控制	防止或发现舞弊的控制	重要账户或列报	相关认定							评价控制的设计与执行		评价控制运行的有效性		
			完整性	存在/发生	准确性	截止	计价/分摊	权利义务	分类可理解性	执行审计程序的结果	工作底稿索引号	审计程序的性质和范围	控制测试的结果	工作底稿索引号
销售单、出库单、发票事先编号	是	主营业务收入		是		是				设计合理并得到执行	F2-2	检查销售单等是否按照编号顺序使用	有效	F2-3
		应收账款		是										
定期向客户寄送对账单	是	主营业务收入		是	是				是	设计合理并得到执行	F2-2	选取35张对账单，并检查客户的回函记录	有效	F2-3
		应收账款		是		是			是					
……														

表 7.8 销售与收款循环的控制测试举例

工作底稿索引号 F2—1

客户名称：<u>光明</u>　　　编制人员：<u>王平</u>　　　日期 20×6/02/06
财务报表期间：20×5 年　　复核人员：<u>李明</u>　　　日期 20×6/02/13

审计程序的性质和时间	重要账户列报	相关认定						工作底稿索引号
		完整性	存在/发生	准确性	截止	计价/分摊	权利/义务	分类/可理解性
实质性分析程序								
……								
细节测试								
函证 15 个余额较大的应收账款明细项目	应收账款		是			是		F3—2
选取 12 月 31 日前后的 20 张出库单并与主营业务收入明细账核对	主营业务收入				是			F3—3
……								

（2）进一步审计程序的具体内容。注册会计师应当针对评估的认定层次重大错报风险设计和实施进一步审计程序，包括审计程序的性质、时间安排和范围。注册会计师应当考虑进一步审计程序的性质、时间和范围，设计和实施控制测试、实质性程序、评价列报的适当性。注册会计师设计和实施的进一步审计程序的性质、时间安排和范围，应当与评估的认定层次重大错报风险具备明确的对应关系。在应对评估的风险时，合理确定审计程序的性质是最重要的。

①进一步审计程序的性质。进一步审计程序的性质是指进一步审计程序的目的和类型。其中，进一步审计程序的目的包括实施控制测试以评价内部控制在防止或发现并纠正认定层次重大错报方面运行的有效性，实施实质性程序以发现认定层次重大错报。审计程序的类型包括检查、观察、询问、函证、重新计算、重新执行和分析程序。

注册会计师评估的风险可能影响拟实施的审计程序的类型及其综合运用。不同的审计程序应对特定认定错报风险的效力不同，注册会计师应当根据认定层次重大错报风险的评估结果选择审计程序。评估的认定层次重大错报风险越高，对通过实质性程序获取的审计证据的相关性和可靠性的要求越高，从而可能影响进一步审计程序的类型及其综合运用。例如，当评估的风险较高时，注册会计师除检查文件外，还可能决定向交易对方函证合同条款的完整性。此外，对于与某些认定相关的错报风险，实施某些审计程序可能比其他审计程序更适当。例如，在测试收入时，对于与收入完整性认定相关的错报风险，控制测试可能最能有效应对，对于与收入发生认定相关的错报风险，实质性程序可能最能有效应对。

在确定拟实施审计程序的性质时，注册会计师需要考虑形成风险评估结果的依据，包括考虑各类交易、账户余额、披露的具体特征以及内部控制。例如，对于某类交易，注册会计师可能判断即使在不考虑相关控制的情况下发生提报的风险仍较低，此时仅实施实质性分析程序就可以获取充分、适当的审计证据；另一方面，如果注册会计师预期存在与此类交易相关的内部控制的情况下发生错报的风险较低,且拟基于这一评估的低风险设计实质性程序,则注册会计师需要实施控制测试。对于在被审计单位信息系统中进行日常处理和控制的、常规且不复杂的交易,这种情况可能出现。

值得注意的是,如果在实施进一步审计程序时拟利用被审计单位信息系统生成的信息,注册会计师应当就信息的准确性和完整性获取审计证据。

②进一步审计程序的时间安排。进一步审计程序的时间安排是指注册会计师何时实施审计程序,或审计证据适用的期间或时点。注册会计师可以在期中或期末实施控制测试或实质性程序。

当重大错报风险越高时,注册会计师可能认为在期末或接近期末而非期中实施实质性程序,或采用不通知的方式(如在不通知的情况下对选取的经营地点实施审计程序),或在管理层不能预见的时间实施审计程序更有效,这在考虑应对舞弊风险时尤为相关。例如,如果识别出故意错报或操纵会计记录的风险,注册会计师可能认为将期中得出的结论延伸至期末而实施的审计程序是无效的。

在期末之前实施审计程序可能有助于注册会计师在审计工作初期识别重大事项,并在管理层的协助下及时解决这些事项,或针对这些事项制定有效的审计方案。

影响注册会计师考虑在何时实施审计程序的其他相关因素包括:控制环境;何时能得到相关信息,例如,某些电子文档如未能及时取得,可能被覆盖,或某些拟观察的程序可能只在特定时点发生;错报风险的性质,例如,如果存在被审计单位为了保证盈利目标的实现而伪造销售合同以虚增收入的风险,注册会计师可能需要检查截至期末的所有销售合同;审计证据适用的期间或时点。

需要说明的是,某些审计程序只能在期末或期后实施,例如,核对财务报表与会计记录;检查财务报表编制过程中作出的会计调整;为应对被审计单位可能在期末签订不适当的销售合同的风险,或交易在期末可能尚未完成的风险而实施的程序。如果被审计单位在期末或接近期末发生了重大交易,或重大交易在期末尚未完成,注册会计师应当考虑交易的发生或截止等认定可能存在的重大错报风险,并在期末或期末以后检查此类交易。

③进一步审计程序的范围。进一步审计程序的范围是指实施进一步审计程序的数量,包括抽取的样本量、对某项控制活动的观察次数等。

在确定必要的审计程序的范围时,注册会计师应当考虑下列因素:确定的重要性水平。确定的重要性水平越低,注册会计师实施进一步审计程序的范围越广;评估的重大错报风险。评估的重大错报风险越高,对拟获取审计证据的相关性、可靠性的要求越高,因此,注册会计师实施的进一步审计程序的范围也越广;计划获取的保证程度,即注册会计师计划通过所实施的审计程序对测试结果可靠性所获取的信心。计划获取的保证程度越高,对测试结果可靠性要求越高,注册会计师实施的进一步审计程序的范围越广。

如果需要通过实施多个审计程序实现某一目的,注册会计师需要分别考虑每个程序的范围。一般而言,审计程序的范围随着重大错报风险的增加而扩大。例如,在应对评估的由于舞弊导致的重大错报风险时,增加样本量或实施更详细的实质性分析程序可能是适当的。但是,只有当审计程序本身与特定风险相关时,扩大审计程序的范围才是有效的。

使用计算机辅助审计技术对电子化的交易和账户文档进行更广泛的测试,有助于注册会计师修改测试范围(如针对由于舞弊导致的重大错报风险的测试范围)。这是因为计算机辅助审计技术可以用于从主要电子文档中选取交易样本,按照某一特征对交易进行分类,或对总体而非样本进行测试。

注册会计师使用恰当的抽样方法通常可以得出有效结论。如果存在下列情形,注册会计师依据样本得出的结论可能与对总体实施同样的审计程序得出的结论不同,出现不可接受的风险:从总体中选择的样本量过小;选择的抽样方法对实现特定目标不适当;未对发现的例外事项进行恰当的追查。

注册会计师在综合运用不同审计程序时,不仅应当考虑各类审计程序的性质,还应当考虑测试的范围是否适当。

3. 应对舞弊导致的重大错报风险

(1)总体应对措施。在针对评估的由于舞弊导致的财务报表层次重大错报风险确定总体应对措施时,注册会计师应当:在分派和督导项目组成员时,考虑承担重要业务职责的项目组成员所具备的知识、技能和能力,并考虑由于舞弊导致的重大错报风险的评估结果;评价被审计单位对会计政策(特别是涉及主观计量或复杂交易的交易的会计政策)的选择和运用,是否可能表明管理层通过操纵利润对财务信息做出虚假报告;在选择审计程序的性质、时间安排和范围时,增加审计程序的不可预见性。

(2)进一步审计程序。注册会计师应当设计和实施进一步审计程序,审计程序的性质、时间安排和范围应当能够应对评估的由于舞弊导致的认定层次重大错报风险和管理层凌驾于控制之上的风险。

注册会计师在应对认定层次重大错报风险时,可以考虑对拟实施审计程序的性质、时间安排和范围作出总体修改,以增强审计程序效果和审计证据的效力。主要措施有:主要依赖实质性程序获取审计证据,多在期末而非期中实施更多的审计程序,扩大样本规模,采用更详细的数据实施分析程序。

管理层凌驾于控制之上的风险属于特别风险。无论对管理层凌驾于控制之上的风险评估结果如何,注册会计师都应当设计和实施审计程序主要有:对于会计核算过程存在的风险,注册会计师应当测试日常会计核算过程中做出的会计分录以及编制财务报表过程中做出的其他调整是否适当;对于会计估计操纵风险,注册会计师应当复核会计估计是否存在偏向,并评价产生这种偏向的环境是否表明存在由于舞弊导致的重大错报风险;对于重大交易风险,注册会计师应当重点了解被审计单位及其环境,判断交易商业理由的合理性。

(3)特殊应对措施。如果由于舞弊或舞弊嫌疑导致出现错报,致使注册会计师在执行审计业务过程中可能会遇到某些异常情形,从而使其难以继续执行审计业务。这些异常情形主要包括:被审计单位没有针对舞弊采取适当的、注册会计师根据具体情况认为必要的措施,即使该舞弊对财务报表影响并不重大;注册会计师对由于舞弊导致的重大错报风险的考虑以及实施审计测试的结果,表明存在重大且广泛的舞弊风险;注册会计师对管理层或治理层的胜任能力或诚信产生重大疑虑。注册会计师在遇到这些异常情形时应当考虑:相应的职业责任和法律责任,包括向审计业务委托人报告,或根据法律法规的规定向监管机构报告;对审计报告的影响,或解除业务约定。在决定是否解除业务约定时,注册会计师应当考虑管理层或治理层参与舞弊的程度及其影响等因素,并考虑征询法律意见。

复习思考题

1. 审计业务约定书的内容包括哪些方面?
2. 审计计划的含义和作用是什么?
3. 审计计划由哪几部分组成?
4. 确定重要性时需要考虑哪些因素?
5. 重要性水平分为哪两个层次?这两个层次的金额是如何确定的?
6. 确定审计风险时需要考虑哪些因素?
7. 重要性与审计风险的关系如何?
8. 注册会计师对舞弊的责任是什么?
9. 对财务报表层面重大错报风险的应对措施有哪些?

练习题

一、名词解释

1. 审计计划 2. 审计重要性 3. 审计风险 4. 舞弊

二、单项选择题

1. 审计计划应由(   )负责编制。
   A. 业务负责人 B. 主任会计师 C. 项目负责人 D. 部门经理
2. 根据审计风险模型,以下说法中不正确的是(   )。
   A. 审计风险模型中的重大错报风险是认定层次的
   B. 检查风险的高低受评估的重大错报风险的影响
   C. 为了降低检查风险注册会计师要消除控制风险
   D. 模型中的重大错报风险独立于审计存在于财务报表中
3. 对审计计划的修订与补充可以贯穿于整个审计过程,其原因是(   )。
   A. 审计准则明确要求注册会计师必须对审计计划进行适当的修改和补充
   B. 审计计划仅是对审计工作的一种预先规划,难免与实际情况不一致
   C. 注册会计师必须对审计计划进行修订与补充
   D. 审计计划不是法律、法规,可以随时修改
4. 注册会计师应当为审计工作制定具体审计计划,以下各项中不属于具体审计计划内容的是(   )。
   A. 风险评估程序 B. 计划实施的进一步审计程序
   C. 确定审计方向 D. 计划的其他审计程序
5. 如果利润表的重要性水平为90万元,资产负债表重要性水平为150万元,那么财务报表层次的重要性水平为(   )。
   A. 150万元 B. 90万元 C. 120万元 D. 60万元
6. 确定财务报表重要性水平时常用的判断基础不包括(   )。
   A. 资产总额 B. 净资产 C. 主营业务收入 D. 营业外收入
7. 在特定的审计风险水平下,检查风险与重大错报风险之间是(   )的关系。
   A. 同向变动 B. 反向变动
   C. 有时同时变动,有时反向变动 D. 无任何关系

三、多项选择题

1. 注册会计师在制定总体审计策略时,应当考虑的主要事项有(   )。
   A. 审计范围 B. 报告目标、时间安排及所需沟通的性质

  C. 审计方向   D. 审计资源

2. 关于重要性和审计风险的关系中,下列说法中不恰当的有( )。

  A. 为了降低审计风险,注册会计师调高了重要性水平

  B. 重要性水平越高,审计风险越低

  C. 重要性水平与审计证据之间是反向变动

  D. 重要性是站在财务报表使用者角度进行判断,与审计风险不存在关系

3. 注册会计师通过测试应收账款样本,发现样本错报为200万元的高估,据此推断总体错报金额是500万元高估,则下列表述中正确的有( )。

  A. 事实错报200万元   B. 判断错报500万元

  C. 推断错报500万元   D. 推断错报300万元

4. 舞弊的发生所应同时具备的三个风险因素中包括( )。

  A. 动机或压力   B. 借口   C. 机会   D. 手段

四、案例分析题

1.【资料】注册会计师王平正在进行大正公司2005年度财务报表的审计,该公司未经审计的有关财务报表项目如表所示。

项 目	金额/元
资产总额	35 000 000
所有者权益	20 000 000
主营业务收入	25 000 000
净利润	3 000 000

【要求】(1) 如果以资产总额、净资产、主营业务收入和净利润作为判断重要性水平的基础,采用固定比率法,并且资产总额、净资产、主营业务收入、净利润的固定百分比分别为0.5%、1%、0.5%、5%,请代注册会计师计算2005年度大正公司财务报表层次的重要性水平。

(2) 简要说明重要性水平与审计风险之间的关系。

2.【资料】某注册会计师在评估被审计单位的审计风险时,分别设计了以下四种情况,以帮助决定可接受的检查风险水平:

风险类别	情况一	情况二	情况三	情况四
可接受的审计风险	4%	4%	2%	2%
重大错报风险	100%	40%	100%	40%

【要求】(1) 上述四种情况下的检查风险水平分别是多少?

(2) 哪种情况需要注册会计师获取最多的审计证据?为什么?

第 8 章

内部控制

新准则提示

《中国注册会计师审计准则第 1211 号——通过了解被审计单位及其环境识别和评估重大错报风险》

《中国注册会计师审计准则第 1231 号——针对评估的重大错报风险采取的应对措施》

《中国注册会计师审计准则第 1152 号——向治理层和管理层通报内部控制缺陷》

第 8 章　内部控制

在本章中，你将学到——

- 内部控制的定义和目标
- 内部控制的组成要素
- 内部控制与财务报表审计的关系
- 了解内部控制以及控制风险的初步评估
- 描述内部控制的方法
- 控制测试的含义、内容、种类和时间等

中英文关键词对照——

- 内部控制 Internal Control
- 控制环境 Control Environment
- 风险评估过程 Risk Assessment
- 信息系统与沟通 Information and Communication
- 控制活动 Control Activities
- 监控（对控制的监督）Monitoring
- 业务循环 Transaction Cycle

　　十余年前，中国建设银行湖北某分支机构发生了一起盗用信用卡提取现金的案件。犯罪人系银行的信用卡业务推销员，他利用午休之际，趁人不备将放在办公室抽屉中的信用卡盗走，之后先后提款一百多次，总共提取了现金 100 多万元，平均每三天提一次款。直到一年多之后在一次银行核对账目的过程中才被发现。

　　记者在采访过程中讯问犯罪人是怎样将信用卡盗走的，该犯罪人说，信用卡就放在办公室的抽屉里，抽屉也没有上锁，而且他观察了很久，这些信用卡也没有人负责保管。办理业务的时候就直接去抽屉里拿，也不需要任何审批、登记手续。

　　案发后，记者又采访了银行的负责人，该负责人说，这起案件之所以会发生，发生后又历时一年多才被发现，造成严重损失的主要原因，就是银行缺乏应有的内部控制，如果那些信用卡有专人负责妥善保管，在领用时办理必要的审批登记手续，犯罪分子就很难盗窃得手；如果银行能经常地对账目进行核对，就能及早发现现金被盗的问题，从而减少损失。银行将吸取这一教训，建立健全内部控制。

　　那么到底什么是内部控制？它有什么作用？内部控制与审计又有什么关系呢？

8.1 内部控制的目标与要素

8.1.1 内部控制定义与目标

1. 内部控制定义

最早对内部控制进行相关定义的,是 1936 年美国颁布的《独立公共会计师对财务报表的审查》,该文件中,首次对内部控制进行了定义,"内部稽核与控制制度是指为保证公司现金和其他资产的安全,检查账簿记录的准确性而采取的各种措施和方法"。此后美国审计程序委员会又进行了多次修改。1973 年在美国审计程序公告 55 号中,对内部控制制度的内涵进行了描述:"内部控制制度有两类:内部会计控制制度和内部管理控制制度。内部管理控制制度包括且不限于组织结构的计划,以及关于管理部门对事项核准的决策步骤上的程序与记录;会计控制制度包括组织机构的设计以及与财产保护和财务会计记录可靠性有直接关系的各种措施"。

关于内部控制的定义,国际上比较权威的是 COSO(Committee of Sponsoring Organization of the Treadway Commission,美国企业咨询委员会的简称①)在 1992 年发布的《内部控制——整体框架》(该准则于 1994 年进行了增补)中的规定:内部控制是由企业董事会、管理层以及其他员工实施的,为经营活动的有效性、财务报告的可靠性、相关法律法规的遵循性等目标的实现提供合理保证的过程。

我国对于内部控制的定义,最初也出现在审计准则中。1996 年发布的《独立审计具体准则第 9 号——内部控制与审计风险》准则中规定,"内部控制,是指被审计单位为了保证业务活动的有效进行,保护资产的安全和完整,防止、发现、纠正错误与舞弊,保证会计资料的真实、合法、完整而制定和实施的政策与程序。内部控制包括控制环境、会计系统和控制程序。"

2007 年 1 月 1 日,我国开始实施新的注册会计师审计准则,同时废止了《独立审计具体准则第 9 号——内部控制与审计风险》。在这一批实施的审计准则中,《中国注册会计师审计准则第 1211 号——了解被审计单位及其环境并评估重大错报风险》(以下简称旧注册会计师审计准则第 1211 号)将内部控制定义为,"内部控制是被审计单位为了合理保证财务报告的可靠性、经营的效率和效果以及对法律法规的遵守,由治理层、管理层和其他人员设计和执行的政策和程序。"

2010 年 11 月 1 日修订后的《中国注册会计师审计准则第 1211 号——通过了解被审计单位及其环境识别和评估重大错报风险》(以下简称新注册会计师审计准则第 1211 号)第

---

① COSO 是由美国会计学会、美国注册会计师协会、财务总监协会、内部审计师协会和管理会计师协会五个职业团体在 1985 年联合发起设立的一个民间组织,当时成立的主要动机是资助"财务报告舞弊研究全国委员会"。"财务报告舞弊研究全国委员会"负责研究导致财务报告舞弊的因素,并对公众公司、会计师事务所、证监会及其监督机构提出建议。该委员会的首任主席由 James S. Treadway 担任,因此,又被称为"Treadway 委员会"。现在 COSO 致力于通过倡导良好的企业道德和有效的内部控制与公司治理,改进财务报告的质量。

二章第二条,对于内部控制的定义,作了如下描述:"本准则所称内部控制,与适用的法律法规有关内部控制的概念一致。"

新注册会计师审计准则第1211号发布实施之后,2007年实施的旧注册会计师审计准则第1211号即被废止。这意味着旧注册会计师审计准则第1211号中关于内部控制的定义不再使用。而新注册会计师审计准则第1211号所指的"适用的法律法规有关内部控制的概念",则是指2008年5月财政部会同证监会、审计署、银监会、保监会制定的《企业内部控制基本规范》(该规范自2009年7月1日起在上市公司范围内施行,鼓励非上市的大中型企业执行)中对内部控制的定义。

在《企业内部控制基本规范》中,内部控制的定义如下:

内部控制,是由企业董事会、监事会、经理层和全体员工实施的、旨在实现控制目标的过程。

显然,《企业内部控制基本规范》对内部控制的定义与COSO相比,无论是制定者,还是其制定目标,在本质上都是相同的。本教材选择了《企业内部控制基本规范》中的内部控制定义。

2. 内部控制目标

内部控制源于内部牵制,即通过职责分工的方式,将一项经济活动的完成过程划分为几个阶段,例如审批、执行、记录、资产和记录保管、复核等,分工交给不同的人员去处理,从而相互制约、相互牵制,达到防止错误和舞弊、保护资产安全完整等目的。现代意义的内部控制是第二次世界大战以后,在内部牵制的基础上随着美国企业经营规模的扩大、经营活动的复杂、市场竞争的加剧等而逐步发展起来的,是管理现代化的产物。

根据《企业内部控制基本规范》的规定,内部控制是一个过程,这一过程的进行是"旨在实现控制目标"。而企业内部控制的目标包括四个方面的内容:

(1)合理保证企业经营管理合法合规。企业虽然以追求利润为首要目的,但前提是遵守国家的各项法律、法规、制度。《公司法》第5条规定,公司从事经营活动,必须遵守法律、行政法规,遵守社会公德、商业道德,诚实守信,接受政府和社会公众的监督,承担社会责任。因此,企业的管理层必须遵守适用的法律法规的要求,并在整个经营管理过程中,采取必要的措施,例如进行明确的职责分工,明确不同岗位的职责和权限,从而保证所有业务活动按适当的授权进行,保证企业的各项经营管理活动都是合法合规的,保证企业的各项经营管理活动都在法律法规的框架下进行。

(2)合理保证企业资产安全完整。资产是企业从事经营管理活动的基础,是投资人在企业享有的权利,也是债权人的权利得以实现的保障。企业资产的安全与否关系到与企业有着各种利害关系的各方的利益。资产不安全,企业所有者和债权人的权益就将受到损害。而保护所有者和债权人的权益,是企业应当履行的责任和义务。因此,企业必须采取相应的控制措施,以保证资产的安全和完整。

(3)合理保证财务报告及相关信息真实完整。编制财务报告是管理层应当履行的责任。在"注册会计师的法律责任"、"财务报表审计的责任划分"及"治理层、管理层和注册会计师对舞弊的责任"等前述内容中,我们已经了解,按照适用的财务报告编制基础编制财务报表,并使其实现公允反映(如适用),设计、执行和维护必要的内部控制,以使财务报表不存在由于舞弊或错误导致的重大错报,是管理层和治理层(如适用)认可并理解其应当承担的责任,这些责任构成注册会计师按照审计准则的规定执行审计工作的基础。也就是说,设计、实施和维护与财务报表编制相关的内部控制,以使财务报表不存在由于舞弊或错误而导致的重大错报是管理层的责任,也是管理层建立健全内部控制的重要目标。财务报表作为向社会公众提供企业会计信息的重要载体,关系到各方经济决策的判断。作为负责编制和提供财务报表的管理层,理所当然应当保证其对外提供的财务报表是真实、可靠的。这一点,在《会计法》中早有明确的规定。为了保证这一目标的实现,企业必须制定相应的制度和办法,保证财务报表的可靠性。包括采取必要的措施和程序,以保证所有的交易和事项均正确、及时入账,使财务报表的编制符合适用的会计准则和相关会计制度的规定,保证对资产和账簿记录以及其他记录的接触和处理均经过适当的授权,保证账面资产和实存资产定期核对相符。

(4)提高经营效率和效果。即经济有效地使用企业资源,以最优方式实现企业的目标。任何企业都有自己的经营目标,都追求经济活动的效益、效率和效果。要实现经营目标,就需要制定相应的计划,并付诸实施。然而,由于经济活动的复杂性,受多种因素的综合影响,在计划的执行过程中,难免会发生偏离目标、偏离计划的情况。因而需要采取必要的控制政策和程序,控制人们的行为,以及时发现计划执行中存在的问题和偏差,进行必要的调整,从而保证经济活动的有效性。

(5)促进企业实现发展战略。促进企业实现发展战略是企业设计和执行内部控制的核心目标。我国《企业内部控制基本规范》在对内部控制进行定义时,已明确了内部控制是"旨在实现控制目标的过程"。任何一个企业或者组织,都会有其自身的发展战略和目标。内部控制的设计、运行与维护,就是为了确保发展战略和目标的实现。

(6)防止、发现和纠正错误和舞弊。内部控制是防范错误和舞弊有效机制。事实证明,建立和实施一个有效的内部控制系统是企业防范和发现舞弊最重要的举措。财政部近年来公布的会计信息质量检查公告显示,我国上市公司中屡屡出现的虚假财务报告问题,多数和企业内部控制薄弱,缺乏有效的控制机制有关。

2006年,财政部会计信息质量检查公告第十二号称,检查发现,一些公司财务管理混乱,内部控制薄弱。为达到融资和完成考核等指标等目的,大量采用虚计收入、少计费用、不良资产巨额挂账等手段蓄意进行会计造假,导致报表虚盈实亏,会计信息严重失真。例如中国华源集团有限公司财务管理混乱,内部控制薄弱。部分下属子公司为达到融资和完成考核指标等目的,大量采用虚计收入、少计费用、不良资产巨额挂账等手段蓄意进行会计造假,导致报表虚盈实亏,会计信息严重失真。个别子公司甚至伪造文件骗取银行资金。如集团本部2003年未充分抵消内部交易、多计利润2.41亿元,2004年提前确认股权转让收入、多计投资收益1.13亿元;上海医药(集团)有限公司2004年以空头支票冲减应收账款,虚增利润8 782万元,其下属子公司2003年通过虚构业务、虚开发票等方式,虚增收入1.77亿元;上海华源制药股份有限公司、上海华源长富药业(集团)有限公司及其下属公司2004年通过虚构交易,虚增巨额无形资产,并用不实债权置换上述虚假资产,以避免计提坏账准备而发生亏损;上海华源投资发展(集团)有限公司将2.66亿元不良资产长期挂账,并于2003年划出自有资金3 000万元,通过虚构交易,虚计公司利润和资产。

2010年,财政部会计信息质量检查公告第十八号、十九号称,检查结果显示,大部分企业建立了有效的内控体系,较好地执行了《会计法》和企业会计准则,会计核算、信息披露比较真实完整。这充分表明,企业管理越来越规范、公司治理越来越完善,新的企业会计准则得到了较好执行,会计监管取得了明显成效。但我们也注意到,仍有部分企业执行《会计法》和企业会计准则不到位,在内部控制、财务管理和会计核算等方面存在不同程度的问题,例如,部分企业内部控制和财务管理制度不健全,执行会计准则不力,信息披露不充分等等。

2012 年末,财政部会计信息质量检查公告第二十三号、二十四号、二十五号称,检查结果表明,被查金融企业治理结构基本建立,财务管理基本规范,内部控制制度不断健全,风险管理较为有效,经营状况整体较为稳健,效益指标稳步提升。但检查发现以下主要问题:一是部分企业未严格执行财务规则和新会计准则,收支核算不实;二是部分企业金融资产交易、转让和处置不规范,签发无真实贸易背景的承兑汇票和违规办理贴现、转贴现业务;三是部分企业资产风险管理不规范,信贷资产风险分类不准确,未按规定计提呆账准备金;四是部分企业职工薪酬管理和核算违反规定,在费用科目直接列支工资性津贴或职工奖励性支出;五是部分保险企业费用控制较弱,套取业务手续费和营销费用问题较为突出等。检查也发现,仍有部分企业执行《会计法》和相关准则规范不到位,在内部控制、会计核算、缴纳税款等方面存在不同程度的问题。

8.1.2 内部控制与财务报表审计的关系

内部控制的产生和发展,使注册会计师认识到,设计合理并且执行有效的内部控制可以保证财务报表的可靠性,因而促进了以内部控制测试为基础的抽样审计方法的广泛应用,在很大程度上提高了审计效率,节约了审计成本,扩大了审计范围,也丰富了审计的职能。然而在进行财务报表审计时,注册会计师必须明确以下几个与内部控制有关的问题。

1. 注册会计师需要考虑的内部控制只是与财务报表审计相关的内部控制

内部控制的目标是合理保证企业经营管理合法合规、资产安全、财务报告及相关信息真实完整,提高经营效率和效果,促进企业实现发展战略。注册会计师审计的目标是对财务报表是否不存在重大错报发表审计意见。虽然注册会计师审计准则要求注册会计师在财务报表审计中考虑与财务报表编制相关的内部控制,但其目的并非对被审计单位内部控制的有效性发表意见。因此,注册会计师需要了解和评价的内部控制只是与财务报表审计相关的内部控制,并非被审计单位所有的内部控制。这些内部控制包括为实现财务报告可靠性目标设计和实施的控制及其他与审计相关的控制。

(1)为实现财务报告可靠性目标设计和实施的控制。注册会计师应当运用职业判断,考虑一项控制单独或连同其他控制是否与评估重大错报风险以及针对评估的风险设计和实施进一步审计程序有关。

在运用职业判断时,注册会计师应当考虑下列因素:
①重要性;
②相关风险的重要程度;
③被审计单位的规模;
④被审计单位业务的性质,包括组织结构和所有权特征;
⑤被审计单位经营的多样性和复杂性;
⑥适用的法律法规;

⑦内部控制的情况和适用的要素;

⑧作为内部控制组成部分的系统(包括使用服务机构)的性质和复杂性;

⑨一项特定控制(单独或连同其他控制)是否以及如何防止或发现并纠正重大错报。

(2)其他与审计相关的控制。内部控制是否与审计相关,可以从以下几个方面判断:

①如果在设计和实施进一步审计程序时拟利用被审计单位内部生成的信息,注册会计师应当考虑用以保证该信息完整性和准确性的控制可能与审计相关。

②如果用以保证经营效率、效果的控制以及对法律法规遵守的控制与实施审计程序时评价或使用的数据相关,注册会计师应当考虑这些控制可能与审计相关。例如,对于某些非财务数据(如生产统计数据)的控制,如果注册会计师在实施分析程序时使用这些数据,这些控制就可能与审计相关。又如,某些法规(如税法)对财务报表存在直接和重大的影响(影响应交税费和所得税费用),为了遵守这些法规,被审计单位可能设计和执行相应的控制,这些控制也与注册会计师的审计相关。

③用以保护资产的内部控制可能包括与实现财务报告可靠性和经营效率、效果目标相关的控制。注册会计师在了解保护资产的内部控制各项要素时,可仅考虑其中与财务报告可靠性目标相关的控制。例如,保护存货安全的控制可能与审计相关,但在生产中防止材料浪费的控制通常就与审计不相关,只有所用材料的成本没有在财务报表中如实反映,才会影响财务报表的可靠性。

注册会计师应当运用职业判断,考虑一项控制单独或连同其他控制是否与评估重大错报风险以及针对评估的风险设计和实施进一步审计程序有关。并应当重点考虑被审计单位某项控制,是否能够以及如何防止或发现并纠正各类交易、账户余额、列报存在的重大错报。

被审计单位通常有一些与目标相关但与审计无关的控制,注册会计师无需对其加以考虑。例如,被审计单位可能依靠某一复杂的自动化控制提高经营活动的效率和效果(如航空公司用于维护航班时间表的自动化控制系统),但这些控制通常与审计无关。进一步讲,虽然内部控制应用于整个被审计单位或所有经营部门或业务流程,但是,了解与每个经营部门和业务流程相关的内部控制,可能与审计无关。

注册会计师以前的经验以及在了解被审计单位及其环境过程中获得的信息,可以帮助注册会计师识别与审计相关的控制。

2. 设计、实施和维护与财务报表编制相关的内部控制的责任主体是被审计单位

设计、实施和维护与财务报表编制相关的内部控制,以使财务报表不存在由于舞弊或错误而导致的重大错报,是被审计单位的责任,不是注册会计师的责任。被审计单位的治理层、管理层和其他人员,组织中的每一个人都对内部控制负有责任。《会计法》第二十七条规定,"各单位应当建立、健全本单位内部会计监督制度。"《企业内部控制基本规范》要求上市公司建立与实施内部控制,鼓励非上市的大中型企业执行。同时建议小企业和其他单位参照该规范建立与实施内部控制。可见,设计、实施和维护与财务报表编制相关的内部控制,以使财务报表不存在由于舞弊或错误而导致的重大错报的责任主体是被审计单位,不是注册会计师。

3. 内部控制所提供的只是一种合理保证而非绝对保证

无论是COSO、中国注册会计师审计准则还是我国《企业内部控制基本规范》,对于内部控制所能发挥的作用,都强调是一种"合理保证"。与"合理保证"相对应的,是"绝对保证"。

所谓绝对保证,是指内部控制对于控制目标的实现,提供的保证程度是百分之百的,即只要设计、运行并维护了内部控制,就可以保证控制目标百分之百能够实现,不存在无法实现的可能(即风险)。

所谓合理保证,是指内部控制对于控制目标的实现,提供的保证程度是低于百分之百的一个合理的、可接受的保证水平,也就是说,即使设计、运行并维护了内部控制,也无法保证控制目标百分之百能够实现,只是有较大的把握为控制目标的实现提供保证。因而,存在一定程度的无法实现的风险,而这一风险水平是人们能够容忍和接受的水平。

导致内部控制无法提供绝对保证的原因,是内部控制存在固有的局限性。因此注册会计师在对其进行测试和评价时,应当保持应有的职业谨慎和怀疑。这些局限性包括:

(1)内部控制的设计、运行和维护均受制于成本效益原则。实现内部控制目标的手段是设计和执行控制政策及程序。管理层设计和实施以及维护内部控制,是在综合考虑了成本效益的前提下进行的,旨在为实现其控制目标提供合理的而不是绝对的保证,而且控制政策和程序不能对工作效率和获利能力有不利影响。当实施某项控制成本大于控制效果而发生损失时,就没有必要设置控制环节或控制措施。因而一些理想的内部控制可能因成本太高而不被管理层所采用。

(2)在决策和执行时人为判断可能出现错误和由于人为失误而导致内部控制失效。例如,控制的设计和修改可能存在失误。同样的,控制的运行可能无效,例如,由于负责复核信息的人员不了解复核的目的或没有采取适当的措施,内部控制生成的信息(如例外报告)没有得到有效使用。

此外,如果被审计单位内部行使控制职能的人员素质不适应岗位要求,也会影响内部控制功能的正常发挥。

(3)可能由于两个或更多的人员进行串通或管理层凌驾于内部控制之上而被规避。例如,管理层可能与客户签订"背后协议",修改标准的销售合同条款和条件,从而导致不适当的收入确认。再如,软件中的编辑控制旨在识别和报告超过赊销信用额度的交易,但这一控制可能被凌驾或不能得到执行。

世界通信的CFO苏利文强制要求其下属将按照行业惯例和会计准则规定计提的2001年第三季度4亿美元的损失准备冲回,就是管理层凌驾于内部控制之上而使控制被规避的典型。甚至连安达信的合伙人Ken Avery在受到世界通信内部审计部的副总经理辛西娅·库珀(Cynthia Cooper)的质询时,也声称他只听命于苏利文。

(4)控制目标的实现存在诸多不确定性。风险无处不在,人类无法预知未来,只能是立足现在面向未来作出谨慎的判断,并基于这一判断来设计、运行和维护内部控制。即使具备一定的前瞻性,但这决定了制度不可能事无巨细、包罗万象,涵盖各种可能,更无法预知未来,总会有些问题是无法预料的。也就是说,没有"完美"的、面面俱到的内部控制。所以,内部控制的设计,通常只能针对常规的、重复发生的业务,无法控制偶然或突发事件。如果出现不经常发生或未预计到的业务,原有控制就可能不适用。

(5)小型被审计单位由于员工通常较少,职责分离的程度受规模限制。小型被审计单位通常由业主进行管理,在这样的管理模式下,业主兼经理可以实施比大型被审计单位更有效的监督。这种监督可以弥补职责分离有限的局限性。但是,由于内部控制系统较为简单,业主凌驾于内部控制之上的可能性也较大。注册会计师在识别由于舞弊导致的重大错报风险时需要考虑这一问题。应考虑一些关键领域是否存在有效的内部控制。

可见,无论内部控制如何有效,由于其存在固有的局限性,决定了内部控制只能为被审计单位实现财务报告目标提供合理保证而非绝对保证。

4. 了解与审计相关的内部控制是财务报表审计中不可或缺的审计程序

注册会计师在执行财务报表审计业务时,不论被审计单位的规模大小,必须了解被审计单位及其环境,特别是了解与审计相关的控制,以足够识别和评估财务报表重大错报风险。

也就是说,了解被审计单位及其环境(含内部控制)是必要程序,注册会计师应当了解与审计相关的内部控制以识别潜在错报的类型,考虑导致重大错报风险的因素,以及设计和实施进一步审计程序的性质、时间和范围。

5. 注册会计师应当考虑内部控制的人工和自动化特征及其影响

内部控制可能既包括人工成分又包括自动化成分。大多数被审计单位出于编制财务报告和实现经营目标的需要使用信息技术。然而,即使信息技术得到广泛使用,人工因素仍然会存在于这些系统之中。不同的被审计单位采用的控制系统中人工控制和自动化控制的比例是不同的。在一些小型的、生产经营不太复杂的被审计单位,可能以人工控制为主;而在另外一些单位,可能以自动化控制为主。

内部控制采用人工系统还是自动化系统,将影响交易生成、记录、处理和报告的方式。在以人工为主的系统中,内部控制一般包括批准和复核业务活动,编制调节表并对调节项目进行跟踪。当采用信息技术系统生成、记录、处理和报告交易时,交易的记录形式(如订购单、发票、装运单及相关的会计记录)可能是电子文档而不是纸质文件。信息技术系统中的控制可能既有自动控制(如嵌入计算机程序的控制),又有人工控制。人工控制可能独立于信息技术系统,利用信息技术系统生成的信息,也可能用于监督信息技术系统和自动控制的有效运行或其处理例外事项。如果采用信息技术系统处理交易和其他数据,系统和程序可能包括与财务报表重大账户认定相关的控制或者包括人工控制作用的有效发挥。被审计单位的性质和经营的复杂程序会对采用人工控制和自动化控制的成分产生影响。

因此,在风险评估以及设计和实施进一步审计程序时,注册会计师应当考虑内部控制的人工和自动化特征及其影响。

(1) 人工控制的特征及其影响。内部控制的人工成分往往具有以下特征:
首先,在处理需要主观判断或酌情处理的情形时可能更为适当。这些情形包括:
①存在大额、异常或偶发的交易;
②存在难以界定、防范或预见的错误的情况;
③为应对情况的变化,需要对现有的自动化控制进行人工调整;
④监督自动化控制的有效性。

其次,由于人工控制由人来执行,受人为因素影响,相对于自动化控制,人工控制的可靠性较差。因而,在有些情形中又可能是不适当的。这些情形包括:
①存在大量或重复发生的交易;
②事先可预见或预测的错误能够通过自动化控制得以防范或发现并纠正;

③用特定方法实施控制的控制活动可得到适当设计和自动化处理。
第三,人工控制会产生特定风险。这些风险包括:
①人工控制可能更容易被规避、忽视或凌驾;
②人工控制可能不具有一贯性;
③人工控制可能更容易产生简单错误或失误。
(2)信息技术的特征及其影响。信息技术具有的特征是:
一方面,信息技术通常能在某些方面提高被审计单位内部控制的效率和效果,包括:
①在处理大量的交易或数据时,一贯运用事先确定的业务规则,并进行复杂运算;
②提高信息的及时性、可获得性及准确性;
③有助于对信息的深入分析;
④有助于提高对被审计单位的经营业绩进行监督的能力;
⑤有助于加强对被审计单位政策和程序执行情况的监督;
⑥降低控制被规避的风险;
⑦通过对操作系统、应用程序系统和数据库系统实施安全控制,提高不相容职务分离的有效性。

另一方面,信息技术又会在某些方面对内部控制产生特定的风险,包括:
①系统或程序未能正确处理数据,或处理了不正确的数据,或两种情况同时并存;
②在未得到授权情况下访问数据,可能导致数据的毁损或对数据不恰当的修改,包括记录未经授权或不存在的交易,或不正确地记录了交易,多个用户同时访问同一数据库可能会造成特定风险;
③信息技术人员可能获得超越其履行职责以外的数据访问权限,破坏了系统应有的职责分工;
④未经授权改变主文档的数据;
⑤未经授权改变系统或程序;
⑥未能对系统或程序作出必要的修改;
⑦不恰当的人为干预;
⑧数据丢失的风险或不能访问所需要的数据。

内部控制风险的程度和性质取决于被审计单位信息系统的性质和特征。考虑到信息系统的特征,被审计单位可以通过建立有效的控制,应对由于采用信息技术或人工成分而产生的风险。

6. 注册会计师对控制的了解并不能够代替对控制运行有效性的测试

除非存在某些可以使控制得到一贯运行的自动化控制,注册会计师对控制的了解并不能够代替对控制运行有效性的测试。换言之,就是除上述情况以外,注册会计师都必须在了解内部控制的基础上,对内部控制运行的有效性进行测试。

7. 对内部控制的了解与测试并非注册会计师进行财务报表审计工作的全部内容

由于内部控制固有的局限性,决定了它只能为财务报表不存在由于舞弊或错误而导致的重大错报提供合理而不是绝对的保证。因此,对内部控制的测试与评价,不能替代注册会计师对账户余额和交易内容所进行的实质性程序。

8.1.3 内部控制要素

内部控制包括控制环境、风险评估过程、信息系统与沟通、控制活动、对控制的监督五个要素。控制包括上述一项或多项要素，或要素表现出的各个方面。对内部控制要素的分类提供了了解内部控制的框架，但无论如何对内部控制要素进行分类，注册会计师都应当重点考虑，被审计单位的某项控制是否能够以及如何防止或发现并纠正各类交易、账户余额和披露存在的重大错报。也就是说，在了解和评价内部控制时，采用的具体分析框架及控制要素的分类可能并不唯一，重要的是控制能否实现控制目标。注册会计师可以使用不同的框架和术语描述内部控制的不同方面，但必须涵盖上述内部控制五个要素所涉及的各个方面。

被审计单位设计、执行和维护内部控制的方式会因被审计单位的规模和复杂程度的不同而不同。小型被审计单位可能采用非正式和简单的流程与程序实现内部控制的目标，参与日常经营管理的业主（以下简称业主）可能承担多项职能，内部控制要素没有得到清晰区分，注册会计师应当综合考虑小型被审计单位的内部控制要素能否实现其目标。

1. 控制环境

控制环境是指对控制的建立和实施有重大影响的因素的统称，也可以说是企业为其员工所创造的工作氛围。控制环境包括治理职能和管理职能，以及治理层和管理层对内部控制及其重要性的态度、认识和措施。控制环境是内部控制组成要素中最关键的因素，是其他要素的核心，对重大错报风险的评估具有广泛影响，它的好坏直接决定其他控制能否实施以及实施的效果。

美国反舞弊专家、注册舞弊检查师协会第一任主席、四年的 COSO 成员 W. Steve Albrecht 教授在他所著的《Fraud Examination》(舞弊检查) 一书中指出，"在适当的控制环境中，最重要的因素就是管理当局的作风。""在防范舞弊方面，管理当局的作风是控制环境中最关键的因素。管理当局的不当行为成为其他人无视控制程序的合理借口"。"1999 年 COSO 发布了一项针对 1987 至 1997 年发生的财务报表舞弊的研究报告。COSO 对发生的舞弊随机抽取了 204 个样本进行研究，结果表明，在 72％的财务报表舞弊案中，涉嫌参与者为公司总裁，其他依次为财务总监、总会计师、营运总裁、副总经理、董事会成员。大多数公司或者不存在审计委员会或者审计委员会在一年内召开的会议不到两次。尽管 75％的公司存在由外部董事所组成的审计委员会，但是这些审计委员会通常一年只召开一次会议"。"上述研究结果与英国审计实务委员会在英国所作的研究结论是一致的。审计实务委员会同时还发现了财务报表舞弊的两个关键特征"，其中之一是"大部分都是公司管理当局舞弊"。

控制环境包括以下内容：

(1) 对诚信和道德价值观念的沟通与落实。注册会计师有责任对财务报表是否不存在重大错报获取合理保证；而财务报表的错报可能由于舞弊或错误所致。因此，注册会计师在计划和实施审计工作以将审计风险降至可接受的低水平时，应当考虑由于舞弊导致的财务报表重大错报风险。一个不容置疑的结论是，所有的舞弊，都是缺乏诚信和良好的道德价值观念的结果。舞弊的发生与诚信和道德价值观念有直接的关系，因为不诚实的人会为自己寻找种种借口进行或者掩盖其舞弊行为。

诚信和道德价值观念是控制环境的重要组成部分，影响到重要业务流程的设计和运行。

内部控制的有效性直接依赖于负责创建、管理和监控内部控制的人员的诚信和道德价值观念。被审计单位是否存在道德行为规范，以及这些规范如何在被审计单位内部得到沟通和落实，决定了是否能产生诚信和道德的行为。对诚信和道德价值观念的沟通与落实，既包括管理层如何处理不诚实、非法或不道德行为，也包括在被审计单位内部，通过行为规范以及高层管理人员的身体力行，对诚信和道德价值观念的营造和保持。例如，管理层在行为规范中指出，员工不允许从供货商那里收受超过一定金额的礼品，超过部分都须报告和退回。尽管该行为规范本身并不能绝对保证员工都照此执行，但至少意味着管理层已对此进行明示，它连同其他程序，可能构成一个有效的预防机制。

例如学生在考场上作弊，他会这样给自己找借口：我不能补考，因为——我已经有两门课程不及格了，再出现不及格学校会让我重修或者降级；反正监考老师不一定能看见；补考多丢人啊，太没面子了；爸爸妈妈会伤心的；要是补考，这个假期的旅行就去不成了，那多郁闷啊；还得再学一遍，再考一次，太麻烦了；反正这门课我也不喜欢，抄过去得了，我可不想再学一遍；别人都抄，我不抄就得不到高分，就拿不到奖学金了，等等。你看，他为自己找了一大堆的借口，就是没有想到一个问题：补考只是因为学得不够好而已，而作弊则关乎一个人的道德品质，关乎诚信问题！

在控制环境的组成要素中，对诚信和道德价值观念的沟通与落实是最关键的因素。在这一点上，管理层首先要起到行为表率的作用，否则控制环境就会被破坏，一旦控制变成了"只许州官放火，不准百姓点灯"，那么就不能指望员工服从。如果总经理一边说"不符合规定的费用一律不能报销"，一边大肆公款吃喝，那么他的行为就会成为其他员工效仿的对象。其次，治理层和管理层必须明确各项规章制度，明确规定包括其自身岗位在内的岗位责任，并与员工沟通，使之切实了解自身的职责和工作任务。发放员工守则、定期进行相关培训、组织员工讨论等方式都可以帮助管理当局与员工就诚信和道德价值观念问题进行有效沟通，并考察落实情况。

（2）治理层的参与程度。治理层作为对被审计单位战略方向以及管理层履行经营管理责任负有监督责任的人员或组织，其责任包括对财务报告过程的监督。管理层负责编制财务报表，并受到治理层的监督。因此治理层对控制的重视程度、认识和参与程度在很大程度上影响控制环境的好坏。

治理层对控制环境影响的要素有：治理层相对于管理层的独立性、成员的经验和品德、治理层参与被审计单位经营的程度和收到的信息及其对经营活动的详细检查、治理层采取措施的适当性，包括提出问题的难度和对问题的跟进程度，以及治理层与内部审计人员和注册会计师的互动等。

如果治理层疏于监督，或对控制重视、认识不足，或者过分信赖管理层，就会给管理层舞弊提供机会。

安然公司董事会有 17 名成员，其中独立董事（注：独立董事是指，除了董事津贴、审计委员会津贴之外，不从公司领取其他酬金，也不从公司关联人或下属企业获得任何形式的其他报酬，不受股东控制或者管理层影响的"非关联人士"）15 人，审计委员会中的 7 人全部是独立董事，然而他们由于种种原因，每年只有很少的时间用来履行其独立董事职责，且大多数成员所具备的会计审计知识十分有限。他们主要依靠听取管理当局的陈述和注册会计师的审计来履行职责。

世界通信公司董事会有12名董事,其中独立董事9名,其比例相当可观。然而董事会纪要表明,从1999年至2002年5月,董事会所有的决议都是一致通过,从未出现不同意见。他们完全听命于CEO埃伯斯和CFO苏利文。与此同时,拥有85 000名员工、资产总额超过1 000亿美元、经营业务涉及65个国家和地区的世界通信公司,作为内部控制重要组成部分的内部审计部门,只有27名工作人员,仅相当于其竞争对手的一半。更匪夷所思的是,内部审计部门居然直接接受CFO苏利文的领导,并且没有被授以财务审计的权力。

治理层的职责应在被审计单位的章程和政策中予以规定。治理层(董事会)通常通过其自身的活动,并在审计委员会或类似机构的支持下,监督被审计单位的财务报告政策和程序。因此,董事会、审计委员会或类似机构应关注被审计单位的财务报告,并监督被审计单位的会计政策以及内部、外部的审计工作和结果。治理层的职责还包括监督用于复核内部控制有效性的政策和程序设计是否合理,执行是否有效。

(3)管理层的理念和经营风格。管理层负责企业的运作以及经营策略和程序的制定、执行与监督。管理层的理念和经营风格,会向员工传递内部控制是否重要的信号,因而可能极大的影响控制环境。在有效的控制环境中,管理层的理念和经营风格可以创造一个积极的氛围,促进业务流程和内部控制的有效运行,同时创造一个减少错报发生可能性的环境。在管理层以一个或少数几个人为主时,管理层的理念和经营风格对内部控制的影响尤为突出。

管理层的理念和经营风格又包括以下内容:

①管理层对内部控制以及对具体控制实施环境的重视程度。管理层对内部控制的重视,有助于控制的有效运行,并减少特定控制被忽视或规避的可能性。因此,管理层必须告知员工内部控制的重要性,并建立适当的管理层控制机制,内部控制才能实现其作用。

衡量管理层对内部控制重视程度的重要的标准,是管理层收到有关内部控制缺陷及违规事件的报告时是否做出适当反应。管理层及时下达纠弊措施,表明他们对内部控制的重视,也有利于加强企业内部的控制意识。

②管理层对待经营风险的态度和控制经营风险的方法。管理层的经营风格可以表明管理层所能接受的业务风险的性质。例如,管理层是否经常投资于风险特别高的领域或者在接受风险方面极为保守,不敢越雷池一步。

③为实现预算、利润等经营目标,管理层对管理的重视程度以及管理层对财务报表所持的态度和所采取的行动。例如,独断专行的管理层比民主的管理层更有可能限制职责分工,从而达到大权独揽的目的。而如果管理层很想夸大财务报表中的收入和利润,这就意味着财务报表极有可能存在重大错报风险。

2006年6月15日,中国证监会发布证监罚字[2006]16号行政处罚决定书,公布对科龙电器股份有限公司的行政处罚,科龙电器披露的2002年、2003年、2004年年度报告存在虚假记载、重大遗漏等违法事实,科龙电器董事长顾雏军等人侵占、挪用科龙电器巨额财产等涉嫌犯罪行为。而掩盖侵占资产的事实正是对财务信息做出虚假报告的主要动机之一。

(4)组织结构。组织结构是一个企业规划、协调、控制和监督经营活动的整体框架。通过集权或分权决策,可在不同部门间进行适当的职责划分,建立适当层次的报告体系。组织结构将影响权利、责任和工作任务在组织成员中的分配。被审计单位的组织结构在一定程度上取决于被审计单位的规模和经营活动的性质。组织结构是否合理,直接影响到控制效果,影响到控制环境。组织结构包括:组织单位的存在形式和性质、隶属关系和报告程序、为各个组成部分内部划分责任权限制定办法。良好的组织结构必须以执行计划、实现经营目标为目的,具有清晰的层次结构、畅通的沟通渠道、有效的协调与合作体系、严格的监督标准。组织结构通常用组织结构图来表示,如图 8.1 所示。

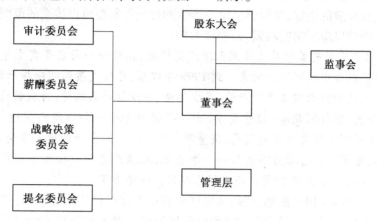

图 8.1 组织结构图

(5)职权与责任的分配。组织结构为规划、协调、控制和监督经营活动提供了一个框架。在此基础上,为了使每一个员工明确其自身的职权与责任,管理层还应当明确地建立授权和分配责任的方法,从而确定每个人的角色,使员工明确自己的责任,明确自己应当做什么,应当怎样做。科学的划分权限和责任对建立良好的控制环境有着重要的作用。

(6)人力资源政策与实务。人力资源政策与实务涉及招聘、培训、考核、咨询、晋升和薪酬等方面。内部控制从设计、运行到维护,处处都离不开人。人的因素在内部控制中的作用,可以一言以蔽之,即"成也萧何,败也萧何"。被审计单位是否有能力雇用并保留一定数量既有能力又有责任心的员工在很大程度上取决于其人事政策与实务。良好的人力资源政策与实务,对培养员工、提高员工素质、保证控制政策和程序的运行和维护有着重要意义。在人力资源政策与实务中,在员工的聘用、培训、考核、晋升、淘汰等各个环节,最重要的是对胜任能力的重视。

胜任能力是指具备完成某一职位的工作所应有的知识和能力。管理层对胜任能力的重视包括对于特定工作所需的胜任能力水平的设定,以及对达到该水平所必需的知识和能力的要求。注册会计师应当考虑主要管理人员和其他相关人员是否能够胜任承担的工作和职责,例如,财务人员是否对编报财务报表所适用的会计准则和相关会计制度有足够的了解并能正确运用。

关于用人方面,有一句话一直以来就很流行,那就是"说你行你就行,不行也行;说你不行你就不行,行也不行"。这句话从一个侧面折射出了在用人方面存在的一个严重问题:那就是不重视胜任能力。能不能胜任,不是以诚信与否和工作能力为标准。层出不穷的财务报表舞弊案在一定程度上反映了人力资源政策与实务存在的问题。

2. 风险评估过程

风险评估过程包括识别与财务报告相关的经营风险,以及针对这些风险所采取的措施。企业在市场中生存发展,不可避免地会遇到各种经营风险,影响到经营目标、经营成果的实现,甚至威胁到企业的生存和竞争能力。很多风险虽然不为企业所控制,但管理层应当确定可以承受的风险水平,识别这些风险并采取一定的应对措施。多数经营风险最终都会产生财务后果,从而影响财务报表。企业的治理层和管理层应当采取必要的措施,以辨认和识别与财务报告有关的经营风险,设立分析、管理风险的机制,或者说建立风险预警机制,并制定防范和降低经营风险的措施,将经营风险所产生的影响控制在可以接受的范围内,而不是在财务报告受到经营风险影响的时候,去粉饰太平。

1995年,银广夏公司董事局主席到天津广夏视察,在获知公司当年发生亏损之后,要求财务部门在财务报告中把利润做出来。到1999年以后,已经发展到明确指示把每股利润做到多少。然后据此倒推出需要多少产量、多少销量、多少材料采购量,再从供应商开始,到生产记录、销售合同、银行汇款单、销售发票、出口报关单等一一加以虚构伪造。而所有这一切,都是在董事局副主席兼总裁的同意,集董事、财务总监、总会计师兼董事局秘书于一身的高管人员指示,董事长亲自操刀下进行的。事实上,天津广夏这个提供了银广夏1999年和2000年几乎全部报表利润的公司在此期间已经停产一年多了。

风险评估过程的作用是识别、评估和管理影响被审计单位实现经营目标能力的各种风险。而针对财务报告目标的风险评估过程则包括识别与财务报告相关的经营风险,评估风险的重大性和发生的可能性,以及针对这些风险所采取的措施。例如,风险评估可能会涉及被审计单位如何考虑对某些交易未予记录的可能性,或者识别和分析财务报告中的重大会计估计发生错报的可能性。与财务报告相关的风险也可能与特定事项和交易有关。

可能产生风险的事项和情形包括:

(1)监管及经营环境的变化。监管和经营环境的变化会导致竞争压力的变化以及重大的相关风险。

(2)新员工的加入。新员工可能对内部控制有不同的认识和关注点。

(3)新信息系统的使用或对原系统进行升级。信息系统的重大变化会改变与内部控制相关的风险。

(4)业务快速发展。快速的业务扩张可能会使内部控制难以应对,从而增加内部控制失效的可能性。

(5)新技术。将新技术运用于生产过程和信息系统可能改变与内部控制相关的风险。

(6)新生产型号、产品和业务活动。进入新的业务领域和发生新的交易可能带来新的与内部控制相关的风险。

(7)企业重组。重组可能带来裁员以及管理职责的重新划分,将影响与内部控制相关的风险。

(8)发展海外经营。海外扩张或收购会带来新的并且往往是特别的风险,进而可能影响内部控制,如外币交易的风险。

(9)新的会计准则。采用新的或变化了的会计准则可能会增大财务报告发生重大错报的风险。

需要注意的是,小型被审计单位可能没有正式的风险评估过程。

3.信息系统与沟通

注册会计师在财务报表审计中应当关注的信息系统与沟通,是指被审计单位与财务报告相关的信息系统和沟通。

与财务报告相关的信息系统,包括用以生成、记录、处理和报告交易、事项和情况,对相关资产、负债和所有者权益履行经营管理责任的程序和记录。记录包括识别和收集与交易、事项有关的信息。处理包括编辑、核对、计量、估价、汇总和调节活动,可能由人工或自动化程序来执行。报告是指用电子或书面形式编制财务报告和其他信息,供被审计单位用于衡量和考核财务及其他方面的业绩。

企业设计和运行的与财务报告相关的信息系统应当与其业务流程相适应。业务流程是指被审计单位开发、采购、生产、销售、发送产品和提供服务、保证遵守法律法规、记录信息等一系列活动。与财务报告相关的信息系统所生成信息的质量,对管理层能否做出恰当的经营管理决策以及编制可靠的财务报告具有重大影响。

与财务报告相关的信息系统通常包括下列职能:
(1)识别与记录所有的有效交易;
(2)及时、详细地描述交易,以便在财务报告中对交易作出恰当分类;
(3)恰当计量交易,以便在财务报告中对交易的金额作出准确记录;
(4)恰当确定交易生成的会计期间;
(5)在财务报表中恰当列报交易。

与财务报告相关的沟通包括使员工了解各自在与财务报告有关的内部控制方面的角色和职责,员工之间的工作联系,以及向适当级别的管理层报告例外事项的方式。

公开的沟通渠道有助于确保例外情况得到报告和处理。沟通可以采用政策手册、会计和财务报告手册及备忘录等形式进行,也可以通过发送电子邮件、口头沟通和管理层的行动来进行。

信息系统与沟通的核心是处理交易、事项和情况,形成交易轨迹,从而为注册会计师留下审计轨迹,据以核实和查证交易。并在这一过程中,使员工各司其职,加强协调和合作,让例外事项能及时反馈到管理层,得到适当的控制。

在小型被审计单位,与财务报告相关的信息系统和沟通可能不如大型被审计单位正式和复杂。管理层可能会更多地参与日常经营管理活动和财务报告活动,不需要很多书面的政策和程序指引,也没有复杂的信息系统和会计流程。由于小型被审计单位的规模较小、报告层次较少,因此,小型被审计单位可能比大型被审计单位更容易实现有效的沟通。

4. 控制活动

控制活动是指有助于确保管理层的指令得以执行的政策和程序,包括与授权、业绩评价、信息处理、实物控制和职责分离等相关的活动。

(1)授权。其目的在于保证交易在管理层授权范围内进行。与授权有关的控制活动,包括一般授权和特别授权。

一般授权是指管理层制定的要求组织内部遵守的普遍适用于某类交易或活动的政策;特别授权是指管理层针对特定类别的交易或活动逐一设置的授权,例如重大资本支出和股票发行等。特别授权也可能用于超过一般授权限制的常规交易。例如,因某些特别原因,同意对某个不符合一般信用条件的客户赊销商品。交易授权活动通常对各类交易和事项的"发生"认定、期末账户余额的"存在"认定、财务报表列报的"发生以及权利和义务"认定的重大错报风险有直接影响。

(2)业绩评价。与业绩评价有关的控制活动,主要包括分析评价实际业绩与预算(或预测、前期业绩)的差异,综合分析财务数据与经营数据的内在关系,将内部数据与外部信息来源相比较,评价职能部门、分支机构或项目活动的业绩,以及对发现的异常差异或关系采取必要的调查与纠正措施。其目的是发现经营活动中存在控制缺陷或舞弊的地方。通过调查非预期的结果和非正常的趋势,管理层可以识别可能影响经营目标实现的情形。

(3)信息处理。企业或经济组织通常执行各种措施,检查各种类型信息处理环境下的交易的准确性、完整性和授权。信息处理控制可以是人工的、自动化的,或是基于自动流程的人工控制。与信息处理有关的控制活动,包括信息技术一般控制和应用控制。

信息技术一般控制是指与多个应用系统有关的政策和程序,有助于保证信息系统持续恰当地运行(包括信息的完整性和数据的安全性),支持应用控制作用的有效发挥。通常包括数据中心和网络运行控制,系统软件的购置、修改及维护控制,接触或访问权限控制,应用系统的购置、开发及维护控制。例如,程序改变的控制、限制接触程序和数据的控制、与新版应用软件包实施有关的控制等都属于信息技术一般控制。

信息技术应用控制是指主要在业务流程层次运行的人工或自动化程序,与用于生成、记录、处理、报告交易或其他财务数据的程序相关,通常包括检查数据计算准确性,审核账户和试算平衡表,设置对输入数据和数字序号的自动检查,以及对例外报告进行人工干预。

(4)实物控制。实物控制主要包括对资产和记录的安全保护措施,对访问计算机程序和数据文件设置的授权,以及对实物进行定期盘点,并将盘点记录与会计记录相核对。

实物控制的目的在于保护资产和记录的安全、完整。例如将存货放入仓库以防盗窃,使用安全防火装置,配备能够胜任的员工进行管理以减少损失,使用现金出纳机和其他自动数据处理设备,对现金、有价证券和存货的定期盘点等,都是重要的实物控制程序。实物控制程序同各类交易和事项的"发生"认定、期末账户余额的"存在"认定、"计价和分摊"认定以及交易和事项与期末账户余额的"完整性"认定的重大错报风险有关。

(5)职责分离。职责分离是指对交易和事项涉及的各项职责进行合理的划分,是每一个人的工作能够自动检查另一个人或更多人的工作。主要包括将交易授权、交易记录以及资产保管等职责分配给不同员工,以防范同一员工在履行多项职责时可能发生的舞弊或错误。

小型被审计单位控制活动依据的理念与较大型被审计单位可能相似,但由于规模的限制,小型被审计单位通常难以进行适当的职责分离,同时,控制活动运行的正式程度也可能与大型被审计单位不同。在小型被审计单位中,由于某些控制活动由管理层执行,特定类型的控制活动可能变得并不相关。例如,只有管理层拥有批准赊销、重大采购的权力,才可以对重要账户余额和交易实施有力控制,降低或消除实施更具体的控制活动的必要性。

5. 对控制的监督

监督是由适当的人员,在适当、及时的基础上,评估控制的设计和运行情况的过程。监督对控制的持续有效运行十分重要。对控制的监督是指被审计单位评价内部控制在一段时间内运行有效性的过程,该过程包括及时评价控制的设计和运行,以及根据情况的变化采取必要的纠正措施。

对控制的监督活动包括持续监督活动和专门的评价活动。持续的监督活动通常贯穿于被审计单位的日常经营活动与常规管理工作中。例如,管理层在进行日常管理活动时,会获得内部控制持续发挥作用的相关信息。当相关报告(如业务报告、财务报告等)与他们获取的信息有较大差异时,会对有重大差异的报告提出疑问,并做必要的追踪调查和处理。

专门的评价活动则可以通过内部审计人员或具有类似职能的人员对内部控制的设计和执行进行专门的评价来完成,或者利用与外部有关各方沟通或交流所获取的信息来监督相关的控制活动,从而找出内部控制的优点和不足,并提出改进建议。管理层也可以利用与外部有关各方沟通或交流所获取的信息监督相关的控制活动。在某些情况下,外部信息可能显示内部控制存在的问题和需要改进之处。例如,客户通过付款来表示其同意发票金额,或者认为发票金额有误而不付款。监管机构(如银行监管机构)可能会对影响内部控制运行的问题与被审计单位沟通。管理层可能也会考虑与注册会计师就内部控制进行沟通,通过与外部信息的沟通,可以发现内部控制存在的问题,以便采取纠正措施。

内部控制的要素是企业实现经营目标的必备条件。对任何企业和企业的任何一个部门而言,内部控制都非常重要。

由于2001年至2002年期间美国发生了多起财务舞弊案件,且很多涉及世界知名企业,如安然、世界通信、美国在线时代华纳、施乐、废品管理公司等。针对频发的财务舞弊案件,美国国会出台了《2002年公众公司会计改革和投资者保护法案》。该法案由美国众议院金融服务委员会主席奥克斯利和参议院银行委员会主席萨班斯联合提出,因此又被称为《2002年萨班斯-奥克斯利法案》(Sarbanes-Oxley Act of 2002,简称萨班斯法案)。法案对美国《1933年证券法》、《1934年证券交易法》做了不少修订,在会计职业监管、公司治理、证券市场监管等方面做出了许多新的规定。2004年9月,根据《萨班斯法案》强化财务信息披露内部控制有效性的规定,以及公司治理过程中应加强对企业风险管理的新形势,COSO发布了《企业风险管理整合框架》。该框架将内部控制的构成要素由原来的控制环境、风险评估、控制活动、信息和沟通、监控5个部分调整为由内部环境、目标设定、事件识别、风险评估、风险反馈、控制活动、信息与沟通、监控8个部分组成。

8.2 了解和记录内部控制

根据《中国注册会计师审计准则第1211号——通过了解被审计单位及其环境识别和评估重大错报风险》的规定,注册会计师在执行财务报表审计业务时,必须了解与审计相关的内部控制,据以识别和评估财务报表重大错报风险,并将内部控制各项要素的了解要点、信息来源以及实施的风险评估程序等做出记录。也就是说,注册会计师对与财务报表有关的内部控制所作的研究和评价分为四个步骤:

(1)识别需要降低哪些风险以预防财务报表中发生重大错报。如果某内部控制目标没有实现,风险因素通常被描述为"可能的错误"。

(2)记录相关的内部控制。目的是识别是否存在内部控制降低第一步所列出的风险因素,但没有必要记录和评价与审计无关的内部控制。

(3)实施控制测试程序,评估控制的执行。主要是实施穿行测试,以确信识别的内部控制实际上确实存在。如果存在,注册会计师就可完成对控制执行有效性的评价。

(4)评估内部控制的设计。汇总获得的所有信息,并根据风险因素描绘识别出的(或执行的)控制。

完成上述四个步骤之后,注册会计师应当确定内部控制是否存在重大弱点,识别和评估财务报表层次以及认定层次的重大错报风险,据以设计和实施进一步审计程序的性质、时间和范围。

显然,对内部控制的了解是注册会计师测试和评价内部控制的首要工作。

8.2.1 了解内部控制的程序

对内部控制要素的分类提供了了解内部控制的框架,但无论对内部控制要素如何进行分类,注册会计师都应当重点考虑被审计单位某项控制,是否能够以及如何防止或发现并纠正各类交易、账户余额、列报存在的重大错报。为了足够识别和评估财务报表重大错报风险,注册会计师在制定审计计划时,就应当设计适当的审计程序,对内部控制进行了解。

注册会计师了解内部控制,应当实施下列风险评估程序:

1. 询问被审计单位的人员

询问被审计单位的人员,包括询问管理层和对财务报告负有责任的人员、内部审计人员、采购人员、生产人员、销售人员等其他人员,并考虑询问不同级别的员工,以获取对识别重大错报风险有用的信息。需要注意的是,询问本身并不足以评价控制的设计以及确定其是否得到执行,应当将询问与其他风险评估程序结合使用。

2. 观察特定控制的运用

通过观察,可以帮助注册会计师了解特定控制是否得到有效运行,有助于识别和评价重大错报风险,例如观察业务授权、运行程序和步骤等的运行情况。例如存货的保管条件和收入发出手续,可以帮注册会计师了解实物控制的设计和运行情况。

3. 检查文件和报告

内部控制的运行通常会生成一些文件和报告。通过检查这些内容,可以了解内部控制的设计是否合理,以及实际运行情况等。

4. 追踪交易在财务报告信息系统中的处理过程

追踪交易在财务报告信息系统中的处理过程,即穿行测试。穿行测试就是追查几笔通过财务报告信息系统的交易,验证内部控制的客观性和真实性,从而了解内部控制是否能够达到规定的要求,是否能够防止、发现和纠正错误和舞弊。

8.2.2 内部控制的了解内容

注册会计师应当对内部控制的五个要素进行了解,以评价控制的设计,并确定其是否得到执行。评价控制的设计是指考虑一项控制单独或连同其他控制是否能够有效防止或发现并纠正重大错报。控制得到执行是指某项控制存在且被审计单位正在使用。

设计不当的控制可能表明内部控制存在重大缺陷,因此注册会计师在确定是否考虑控制得到执行时,应当首先考虑控制的设计。

1. 了解控制环境

控制环境设定了被审计单位的内部控制基调,影响员工对内部控制的意识。良好的控制环境是实施有效内部控制的基础。防止或发现并纠正舞弊和错误是被审计单位治理层和管理层的责任。注册会计师应当充分了解控制环境,以合理把握和评价治理层和管理层对内部控制及其重要性的态度、认识和措施。有效的控制环境可以使注册会计师增强对内部控制和被审计单位内部产生的证据的信赖程度。实际上,在审计业务承接阶段,注册会计师就需要对控制环境做出初步了解和评价。

对控制环境的了解,应当包括以下内容:

(1)了解构成控制环境的要素如何被纳入被审计单位业务流程,以评价控制环境的设计。

(2)了解管理层在治理层的监督下,是否营造并保持了诚实守信和合乎道德的文化,以及是否建立了防止或发现并纠正舞弊和错误的恰当控制,从而评价控制环境的设计和实施情况。

注册会计师在了解和评估被审计单位诚信和道德价值观念的沟通与落实时,应当考虑的因素可能包括:

①被审计单位是否有书面的行为规范并向所有员工传达;
②被审计单位的企业文化是否强调诚信和道德价值观念的重要性;
③管理层是否身体力行,高级管理人员是否起表率作用;
④对违反有关政策和行为规范的情况,管理层是否采取适当的惩罚措施。

(3)了解和评估被审计单位对胜任能力的重视情况。注册会计师在就被审计单位对胜任能力的重视情况进行了解和评估时,考虑的主要因素可能包括:

①财务人员以及信息管理人员是否具备与被审计单位业务性质和复杂程度相称的足够的胜任能力和培训,在发生错误时,是否通过调整人员或系统来加以处理;
②管理层是否配备足够的财务人员以适应业务发展和有关方面的需要;
③财务人员是否具备理解和运用会计准则所需的技能。

(4)了解被审计单位治理层对内部控制的参与程度。注册会计师在对被审计单位治理层的参与程度进行了解和评估时,考虑的主要因素可能包括:

①董事会是否建立了审计委员会或类似机构;
②董事会、审计委员会或类似机构是否与内部审计人员以及注册会计师有联系和沟通,联系和沟通的性质以及频率是否与被审计单位的规模和业务复杂程度相匹配;
③董事会、审计委员会或类似机构的成员是否具备适当的经验和资历;
④董事会、审计委员会或类似机构是否独立于管理层;
⑤审计委员会或类似机构会议的数量和时间是否与被审计单位的规模和业务复杂程度相匹配;
⑥董事会、审计委员会或类似机构是否充分地参与了监督编制财务报告的过程;
⑦董事会、审计委员会或类似机构是否对经营风险的监控有足够的关注,进而影响被审计单位和管理层的风险评估过程;
⑧董事会成员是否保持相对的稳定性。

(5)了解管理层的理念和经营风格。注册会计师在对被审计单位管理层的理念和经营风格进行了解和评估时,应当考虑的因素包括:

①管理层在收到有关内部控制缺陷及违规事件的报告时是否做出适当反应;
②管理层是否及时下达纠弊措施;

③管理层是否谨慎从事,只有在对方案的风险和潜在利益进行仔细研究分析后才进一步采取措施;

④管理层是否对内部控制,包括信息技术的控制,给予了适当的关注;

⑤管理层是否由一个或几个人所控制,董事会、审计委员会或类似机构对其是否实施了有效监督;

⑥管理层在承担和监控经营风险方面是风险偏好者还是风险规避者;

⑦管理层在选择会计政策和做出会计估计时是倾向于激进还是保守;

⑧管理层对于信息管理人员以及财会人员是否给予了适当关注;

⑨对于重大的内部控制和会计事项,管理层是否征询注册会计师的意见,或者经常在这些方面与注册会计师存在不同意见。

了解管理层的经营风格有助于注册会计师判断哪些因素影响管理层对待内部控制的态度,哪些因素影响在编制财务报表时所作的判断,特别是在做出会计估计以及选用会计政策时。这种了解也有助于注册会计师进一步认识管理层的能力和经营动机。注册会计师对管理层的能力和诚信越有信心,就越有理由信赖管理层提供的信息和做出的解释及声明。相反,如果对管理层经营风格的了解加重了注册会计师的怀疑,注册会计师就会加大职业怀疑的程度,从而对管理层的各种声明产生疑问。因此,了解管理层的经营风格对注册会计师评估重大错报风险有着重要的意义。

(6)了解组织结构及职权与责任的分配。了解被审计单位的组织结构,考虑复杂组织结构可能导致的重大错报风险,包括财务报表合并、商誉摊销和减值、长期股权投资核算以及特殊目的实体核算等问题。

注册会计师应当考虑被审计单位组织结构中是否采用向个人或小组分配控制职责的方法,是否建立了执行特定职能(包括交易授权)的授权机制,是否确保每个人都清楚地了解报告关系和责任。注册会计师还需审查对分散经营活动的监督是否充分。有效的权责分配制度有助于形成整体的控制意识。

注册会计师应当关注组织结构及权责分配方法的实质而不是仅仅关注其形式。相应的,注册会计师应当考虑相关人员对政策与程序的整体认识水平和遵守程度,以及管理层对其实施监督的程度。

注册会计师对组织结构的审查,有助于其确定被审计单位的职责划分应该达到何种程度,也有助于其评价被审计单位在这方面的不足会对整体审计策略产生的影响。

信息系统处理环境是注册会计师对组织结构及权责分配方法进行审查的一个重要方面。注册会计师应当考虑信息系统职能部门的结构安排是否明确了职责分配,授权和批准系统变化的职责分配,以及是否明确程序开发、运行及使用者之间的职责划分。

注册会计师在对被审计单位组织结构和职权与责任的分配进行了解和评估时,考虑的主要因素可能包括:

①在被审计单位内部是否有明确的职责划分,是否将业务授权、业务记录、资产保管和维护以及业务执行的责任尽可能地分离;

②数据的所有权划分是否合理;

③是否已针对授权交易建立适当的政策和程序。

(7)了解人力资源政策与实务。被审计单位的人力资源政策与实务体现了被审计单位的用人理念。例如，如果招聘录用标准强调员工的学历、经验、诚信和道德等，则表明被审计单位希望录用有能力并值得信赖的人员。而被审计单位有关培训方面的政策，则显示员工应达到的工作表现和业绩水准，通过定期考核的晋升政策则表明被审计单位希望具备相应资格的人员承担更多的职责。

注册会计师在对被审计单位人力资源政策与实务进行了解和评估时，考虑的主要因素可能包括：

①被审计单位在招聘、培训、考核、咨询、晋升、薪酬、补救措施等方面是否都有适当的政策和实务（特别是在会计、财务和信息系统方面）；

②是否有书面的员工岗位职责手册，或者在没有书面文件的情况下，对于工作职责和期望是否做了适当的沟通和交流；

③人力资源政策与实务是否清晰，并且定期发布和更新；

④是否设定适当的程序，对分散在各地区和海外的经营人员建立和沟通人力资源政策与程序。

综上所述，注册会计师应当对控制环境的构成要素获取足够的了解，并考虑内部控制的实质及其综合效果，以了解管理层和治理层对内部控制及其重要性的态度、认识以及所采取的措施。

在评价控制环境各个要素时，注册会计师应当考虑控制环境的各个要素是否得到执行。因为管理层也许建立了合理的内部控制，但却未有效执行。例如，管理层已建立正式的行为守则，但实际操作中却没有对不遵守该守则的行为采取措施。又如，管理层要求信息系统建立安全措施，但却没有提供足够的资源。

在确定构成控制环境的要素是否得到执行时，注册会计师应当考虑将询问与其他风险评估程序相结合以获取审计证据。例如，注册会计师可以通过询问管理层和员工，了解管理层如何就业务规程和道德价值观念与员工进行沟通。通过观察和检查，了解管理层是否建立了正式的行为守则，在日常工作中行为守则是否得到遵守，以及管理层如何处理违反行为守则的情形。

由于控制环境对重大错报风险的评估具有广泛影响，因而注册会计师对控制环境的了解影响其对财务报表层次重大错报风险的评估。注册会计师应当考虑控制环境的总体优势是否为内部控制的其他要素提供了适当的基础，并且未被控制环境中存在的缺陷所削弱。

注册会计师在评估重大错报风险时，存在令人满意的控制环境是一个积极的因素。虽然令人满意的控制环境并不能绝对防止舞弊，但却有助于降低发生舞弊的风险。有效的控制环境还能为注册会计师相信在以前年度和期中所测试的控制将继续有效运行提供一定基础。例如，注册会计师在进行风险评估时，如果认为被审计单位控制环境薄弱，则很难认定某一流程的控制是有效的。

应当注意的是，控制环境本身并不能防止或发现并纠正各类交易、账户余额、列报认定层次的重大错报，注册会计师在评估重大错报风险时应当将控制环境连同其他内部控制要素产生的影响一并考虑。此外，在小型被审计单位，可能无法获取以文件形式存在的有关控制环境要素的审计证据，因此，注册会计师应当重点了解管理层对内部控制设计的态度、认识和措施。

在小型被审计单位，可能无法获取以文件形式存在的有关控制要素的审计证据，特别是在管理层与其他人员的沟通不够正式但却有效的情况下。例如,小型被审计单位可能没有书面的行为守则,但却通过口头沟通和管理层的示范作用形成了强调诚信和道德行为重要性的文化。因此,管理层或业主兼经理的态度,认识和措施对注册会计师了解小型被审计单位的控制环境非常重要。

2. 了解风险评估过程

管理层通常制定识别和应对经营风险的策略,在评价被审计单位风险评估过程的设计和执行时,注册会计师应当确定管理层如何识别与财务报告相关的经营风险,如何估计该风险的重要性,如何评估风险发生的可能性,以及如何采取措施管理这些风险。如果被审计单位的风险评估过程符合其具体情况,了解被审计单位的风险评估过程和结果有助于注册会计师识别财务报表的重大错报风险。

注册会计师在对被审计单位整体层面的风险评估过程进行了解和评估时,考虑的主要因素可能包括:

(1)被审计单位是否已建立并沟通其整体目标,并辅以具体策略和业务流程层面的计划;

(2)被审计单位是否已建立风险评估过程,包括识别风险、估计风险的重大性、评估风险发生的可能性以及确定需要采取的应对措施;

(3)被审计单位是否已建立某种机制,识别和应对可能对被审计单位产生重大且普遍影响的变化,如在金融机构中建立资产负债管理委员会,在制造型企业中建立期货交易风险管理组等;

(4)会计部门是否建立了某种流程,以识别会计准则的重大变化;

(5)当被审计单位业务操作发生变化并影响交易记录的流程时,是否存在沟通渠道以通知会计部门;

(6)风险管理部门是否建立了某种流程,以识别经营环境包括监管环境发生的重大变化。注册会计师可以通过了解被审计单位及其环境的其他方面信息,评价被审计单位风险评估过程的有效性。例如,在了解被审计单位的业务情况时,发现了某些经营风险,注册会计师应当了解管理层是否也意识到这些风险以及如何应对。在对业务流程的了解中,注册会计师还可能进一步地获得被审计单位有关业务流程的风险评估过程的信息。例如,在销售循环中,如果发现了销售的截止性错报的风险,注册会计师应当考虑管理层是否也识别了该错报风险以及如何应对该风险。

注册会计师应当询问管理层识别出的经营风险,并根据被审计单位的具体情况考虑这些风险是否可能导致财务报表发生重大错报。

在审计过程中,如果发现与财务报表有关的风险要素,注册会计师可通过向管理层询问和检查有关文件确定被审计单位的风险评估过程是否也发现了该风险;如果识别出管理层未能识别的重大错报风险,注册会计师应当考虑被审计单位的风险评估过程为何没有识别出这些风险,以及评估过程是否适合于具体环境。

应当注意的是,在小型被审计单位,管理层可能没有正式的风险评估过程,注册会计师应当询问识别出的风险,询问管理层或观察或者与管理层讨论其如何识别经营风险以及如何应对这些风险。

3. 了解信息系统与沟通

（1）了解与财务报告相关的信息系统。注册会计师应当从下列方面了解与财务报告相关的信息系统（包括业务流程）：

①在被审计单位经营过程中，对财务报表具有重大影响的各类交易；

②在信息技术和人工系统中，对交易生成、记录、处理、必要的更正、结转至总账以及在财务报表中报告的程序；

③与交易生成、记录、处理和报告有关的会计记录、支持性信息和财务报表中的特定账户；

④信息系统如何获取除各类交易之外的对财务报表具有重大影响的事项和情况；

⑤被审计单位编制财务报告的过程，包括做出的重大会计估计和披露；

⑥与会计分录相关的控制，这些分录包括用以记录非经常性的、异常的交易或调整的非标准会计分录。

在了解与财务报告相关的信息系统时，注册会计师应当特别关注由于管理层凌驾于账户记录控制之上，或规避控制行为而产生的重大错报风险，并考虑被审计单位如何纠正不正确的交易处理。

自动化程序和控制可能降低了发生无意错误的风险，但是并没有消除个人凌驾于控制之上的风险，如某些高级管理人员可能篡改自动过入总分类账和财务报告系统的数据金额。当被审计单位运用信息技术进行数据的传递时，发生篡改可能不会留下痕迹或证据。

世界通信的"吹哨者"，内部审计部副总经理辛西娅·库珀（Cynthia Cooper）在偶然获知CFO苏利文强制要求下属将2001年第三季度计提的4亿美元准备冲回，以抬高该季度对外报告盈利的做法后，"越权"（根据世界通信的规定，内部审计部不负责财务审计，且直接接受苏利文的领导）将此事告知了世界通信的审计委员会，审计委员会因此召开例会，要求苏利文对此作出更正。

注册会计师应当了解被审计单位内部如何对财务报告的岗位职责，以及与财务报告相关的重大事项进行沟通。了解管理层与治理层之间的沟通，以及被审计单位与外部的沟通。

（2）了解与财务报告相关的沟通。注册会计师应当了解被审计单位内部如何对财务报告的岗位职责以及与财务报告相关的重大事项进行沟通。注册会计师还应当了解管理层与治理层（特别是审计委员会）之间的沟通，以及被审计单位与外部（包括与监管部门）的沟通。具体包括：

①管理层就员工的职责和控制责任是否进行了有效沟通；

②针对可疑的不恰当事项和行为是否建立了沟通渠道；

③组织内部沟通的充分性是否能够使人员有效地履行职责；

④对于与客户、供应商、监管者和其他外部人士的沟通，管理层是否及时采取适当的进一步行动；

⑤被审计单位是否受到某些监管机构发布的监管要求的约束；

⑥外部人士如客户和供应商在多大程度上获知被审计单位的行为守则。

对于小型被审计单位，由于其与财务报告相关的信息系统和沟通可能不如大型被审计单位正式和复杂，因此，注册会计师应当考虑这种特征对评估重大错报风险的影响。

4. 了解控制活动

注册会计师应当了解与授权、业绩评价、信息处理、实物控制和职责分离有关的控制活动,以足够评估认定层次的重大错报风险和针对评估的风险设计进一步审计程序。在了解控制活动时,注册会计师应当重点考虑一项控制活动单独或连同其他控制活动,是否能够以及如何防止或发现并纠正各类交易、账户余额、列报存在的重大错报。即注册会计师的工作重点是识别和了解针对重大错报可能发生的领域的控制活动。

需要说明的是,如果多项控制活动能够实现同一目标,则注册会计师不必了解与该目标相关的每项控制活动。另外,在了解其他内部控制要素时,如果获取了控制活动是否存在的信息,注册会计师应当确定是否有必要进一步了解这些控制活动。

注册会计师对被审计单位整体层面的控制活动进行的了解和评估,主要是针对被审计单位的一般控制活动,特别是信息技术一般控制。在了解和评估一般控制活动时考虑的主要因素可能包括:

(1)被审计单位的主要经营活动是否都有必要的控制政策和程序;

(2)管理层在预算、利润和其他财务及经营业绩方面是否都有清晰的目标,在被审计单位内部,是否对这些目标都加以清晰的记录和沟通,并且积极地对其进行监控;

(3)是否存在计划和报告系统,以识别与目标业绩的差异,并向适当层次的管理层报告该差异;

(4)是否由适当层次的管理层对差异进行调查,并及时采取适当的纠正措施;

(5)不同人员的职责应在何种程度上相分离,以降低舞弊和不当行为发生的风险;

(6)会计系统中的数据是否与实物资产定期核对;

(7)是否建立了适当的保护措施,以防止未经营授权接触文件、记录和资产;

(8)是否存在信息安全职能部门负责监控信息安全政策和程序。

对于小型被审计单位,由于其通常难以实施适当的职责分离,因而注册会计师应当考虑其所采取的控制活动能否有效实现控制目标。

5. 了解对控制的监督

注册会计师应当了解被审计单位对与财务报告相关的内部控制的监督活动,并了解如何采取纠正措施。还应当了解与被审计单位监督活动相关的信息来源,以及管理层认为信息具有可靠性的依据。如果拟利用被审计单位监督活动使用的信息(包括内部审计报告),注册会计师应当考虑该信息是否具有可靠的基础,是否足以实现审计目标。

注册会计师在对被审计单位整体层面的监督进行了解和评估时,考虑的主要因素可能包括:

(1)被审计单位是否定期评价内部控制;

(2)被审计单位人员在履行正常职责时,能够在多大程度上获得内部控制是否有效运行的证据;

(3)与外部的沟通能够在多大程度上证实内部产生的信息或者指出存在的问题;

(4)管理层是否采纳内部审计人员和注册会计师有关内部控制的建议;

(5)管理层是否及时纠正控制运行中的偏差;

(6)管理层根据监管机构的报告及建议是否及时采取纠正措施;

(7)是否存在协助管理层监督内部控制的职能部门(如内部审计部门)。如存在,对内部审计职能需进一步考虑的因素包括:

①独立性和权威性;

②向谁报告,例如,直接向董事会、审计委员会或类似机构报告,对接触董事会、审计委员会或类似机构是否有限制;

③是否有足够的人员、培训和特殊技能,例如,对于复杂的高度自动化的环境应使用有经验的信息系统审计人员;

④是否坚持适用的专业准则;

⑤活动的范围,例如,财务审计和经营审计工作的平衡,在分散经营情况下,内部审计的覆盖程度和轮换程度;

⑥计划、风险评估和执行工作的记录及形成结论的适当性;

⑦是否不承担经营管理责任。

小型被审计单位通常没有正式的持续监督活动,且持续的监督活动与日常管理工作难以明确区分,注册会计师应当考虑业主对经营活动的密切参与能否有效实现其对控制的监督目标。

8.2.3 在整体层面了解内部控制

在整体层面对被审计单位内部控制的了解和评估,通常由项目组中对被审计单位情况比较了解且较有经验的成员负责,同时需要项目组其他成员的参与和配合。对于连续审计,注册会计师可以重点关注整体层面内部控制的变化情况,包括由于被审计单位及其环境的变化而导致内部控制发生的变化以及采取的对策。注册会计师还需要特别考虑因舞弊而导致重大错报的可能性及其影响。

注册会计师可以考虑将询问被审计单位人员、观察特定控制的应用、检查文件和报告以及执行穿行测试等风险评估程序相结合,以获取审计证据。在了解上述内部控制的构成要素时,注册会计师需要特别注意这些要素在实际中是否得到执行。例如,通过询问管理层和员工,了解管理层对内部控制的态度和道德价值观念,以及如何就此与员工进行沟通;通过检查文件、内部程序手册、流程图等,了解管理层是否建立了正式的行为守则;通过询问和观察,了解行为守则在日常工作中是否得到遵守,以及管理层如何处现违反行为守则的情形;通过询问被审计单位管理层,了解其风险评估过程,并复核记录风险评估过程的文件;通过检查和复核内部审计部门的工作程序以及报告等,确定管理层和员工是否执行既定的政策和程序。

在了解内部控制的各构成要素时,注册会计师应当对被审计单位整体层面的内部控制的设计进行评价,并确定其是否得到执行。实际上,这一评价过程需要大量的职业判断,并没有固定的公式或指标可供参考。例如,小型被审计单位在实现内部控制的目标中可能会较少采用正式的书面的措施和方法,业主可能更多地参与日常经营管理活动和财务报告活动,但这些并不一定会影响注册会计师对于被审计单位整体层面的内部控制是否有效的判断。注册会计师应当考虑管理层本身的理念和态度、实际设计和执行的控制以及对经营活动的密切参与是否能够实现控制的目标。

注册会计师应当将对被审计单位整体层面内部控制各要素的了解要点和实施的风险评

估程序及其结果等形成审计工作记录,并对影响注册会计师对整体层面内部控制有效性进行判断的因素加以详细记录。

财务报表层次的重大错报风险很可能源于薄弱的控制环境,因此,注册会计师在评估财务报表层次的重大错报风险时,应当将被审计单位整体层面的内部控制状况和了解到的被审计单位及其环境其他方面的情况结合起来考虑。

被审计单位整体层面的内部控制是否有效将直接影响重要业务流程层面控制的有效性,进而影响注册会计师拟实施的进一步审计程序的性质、时间安排和范围。

8.2.4 在业务流程层面了解内部控制

在初步计划审计工作时,注册会计师需要确定在被审计单位财务报表中可能存在重大错报风险的重大账户及其相关认定。为实现此目的,通常采取下列步骤:确定被审计单位的重要业务流程和重要交易类别;了解重要交易流程,并记录获得的了解;确定可能发生错报的环节;识别和了解相关控制;执行穿行测试,证实对交易流程和相关控制的了解;进行初步评价和风险评估。

在实务中,上述步骤可能同时进行,例如,在询问相关人员的过程中,同时了解重要交易的流程和相关控制。

1. 确定重要业务流程和重要交易类别

在业务流程层面了解内部控制时,比较常见的做法,是将被审计单位的经济业务划分成若干个业务循环,再按各个业务循环来了解和记录内部控制。这种方法称为业务循环法,是指将密切相关的交易种类或账户余额划为同一块,作为一个业务循环来组织安排审计工作的方法。业务循环是处理某一类经济业务的工作程序和先后顺序。业务循环法是20世纪70年代西方国家的会计师事务所提出和运用的了解和评价企业内部控制的一种方法。业务循环的划分,因企业的行业类型、业务性质和经营规模不同而有所不同。下面以制造业为例,介绍业务循环的划分方法。

一般而言,制造业的内部控制可以划分为销售与收款循环、采购与付款循环、生产与存货循环、人力资源与工薪循环、投资与筹资循环等。销售与收款循环主要包括接受顾客订单,核准顾客信用条件,按销货单发运商品,开具销售发票,记录销售收入和应收账款,记录现金、银行存款的收入、计提坏账准备、核销坏账等的程序;购货预付款循环主要包括请购存货、其他资产或申请接受劳务,发出订货单,验收商品并出具验收报告,记录存货和应付销货方债务,核准付款,支付货款,记录现金和银行存款支出等的程序;生产循环主要包括计划和安排生产,领取各种原材料和其他物料用品,生产产品,记录生产工时,雇用、辞退职工,制定工资标准,计算应付职工薪酬,计算个人所得税和其他代扣款项,分摊间接费用,计算和记录生产成本,记录工薪卡,发放职工薪酬,验收完工产品等的程序;筹资与投资循环主要包括授权审批,签订合同或协议,取得资金,取得有价证券等金融资产或出资证明,记录银行贷款、应付债券等债务或股本,以及交易性金融资产、可供出售投资、持有至到期投资和长期股权投资,计算利息或股利,确认投资收益,偿还本息或发放股利,转让投资或收回到期投资等的程序;人力资源与工薪循环主要包括人员的录用、考核、奖惩、任免等的授权审批及相关程序,工薪标准的授权审批、工薪计算、分配与发放等的程序。

经营活动的性质不同,所划分的业务循环也不同。对于金融、保险、证券公司等企业而言,不存在生产循环,但有存贷款循环和活期业务循环。商业企业也没有生产循环,专门的投资公司则没有销售循环。同时,不同的注册会计师在检查内部控制时,可以根据自己的判断去划分被审计单位的业务循环,例如将上述筹资和投资循环,分为两个循环进行了解和评价。又如,某些被审计单位出口销售与国内销售的流程完全不同,可将销售与收款循环进一步划分为外销和内销两个子循环。对于某些被审计单位,固定资产的采购和维护可能很重要,也可以将固定资产单独作为一个业务循环。但必须明确的是,无论怎样划分业务循环,注册会计师都要在了解和评价中重点关注那些与审计有关的、与财务报表有关的内部控制程序。

重要交易类别是指可能对被审计单位财务报表产生重大影响的各类交易。重要交易类别应与相关账户及其认定相联系,例如,对于一般制造业企业,销售收入和应收账款通常是重大账户,销售和收款都是重要交易类别。除了一般所理解的交易以外,对财务报表具有重大影响的事项和情况也应包括在内,例如,计提资产的折旧或摊销,考虑应收款项的可回收性和计提坏账准备等。

2. 了解重要交易流程,并进行记录

在确定重要的业务流程和交易类别后,注册会计师便可着手了解每一类重要交易在信息技术或人工系统中生成、记录、处理及在财务报表中报告的程序,即重要交易流程。这是确定在哪个环节或哪些环节可能发生错报的基础。

交易流程通常包括一系列工作:输入数据的核准与修订,数据的分类与合并,进行计算、更新账簿资料和客户信息记录,生成新的交易,归集数据,列报数据。而与注册会计师了解重要交易相关的流程通常包括生成、记录、处理和报告交易等活动。例如,在销售循环中,这些活动包括输入销售订购单、编制货运单据和发票、更新应收账款信息记录等。相关的处理程序包括通过编制调整分录,修改并再次处理以前被拒绝的交易,以及修改被错误记录的交易。

(1) 了解重要交易流程之前需要考虑的问题。在采取方法了解重要交易流程之前,注册会计师需要考虑以下事项:

①该类交易影响的重大账户及其认定;

②注册会计师已经识别的有关这些重大账户及其认定的经营风险和财务报表重大错报风险;

③重要交易类别生成、记录、处理和报告所涉及的业务流程以及相关的信息技术处理系统。

考虑上述事项可以帮助注册会计师确定询问对象,包括流程管理人员和信息技术人员。

(2) 了解重要交易流程的方法。注册会计师可以通过下列方法获得对重要交易流程的了解:

①检查被审计单位的手册和其他书面指引;

②询问被审计单位的适当人员;

③观察所运用的处理方法和程序;

④穿行测试。

在了解过程中,注册会计师通常还能注意到许多正在执行的控制。虽然这个阶段的工作重点不是确定控制是否存在,注册会计师仍需留意可能存在缺乏控制的情况,以及可能发生错报而需要控制的环节。注册会计师也可能发现在识别和评估控制时需要进一步审查的常规程序和数据档案。

询问和观察有助于获得全面的了解,而向适当人员询问通常是比较有效的方法。

需要注意的是,很多重要交易的流程涉及被审计单位的多个部门。例如,销售业务可能涉及销售部门(负责订购单处理和开票)、会计部门(负责账务处理)和仓库(负责发货)等。因此,注册会计师需要考虑分别向不同部门的适当人员询问。向负责处理具体业务人员的上级进行询问通常更加有效,因为这些人员很可能对分管的整个业务流程十分熟悉。对一些简单的业务,被审计单位的财会人员可以向注册会计师提供足够的信息。然而,注册会计师如要了解关于一项复杂的业务是如何发生、处理、记录和报告的信息,通常需要和信息技术处理人员进行讨论。

在询问过程中,注册会计师可以检查并在适当的情况下保存部分被审计单位文件(如流程图、程序手册、职责描述、文件、表格等)的复印件,以帮助其了解交易流程。通常,注册会计师会获得某些信息系统的文件资料,如系统的文字说明、系统图表以及流程图。为了有助于理解,注册会计师应当考虑在图表及流程图上加入自己的文字表述,归纳总结被审计单位提供的相关资料。

如果可行的话,流程图或文字表述应反映所有相关的处理程序,无论这些处理程序是人工还是自动完成的。流程图或文字表述应足够详细,以帮助注册会计师确定在什么环节可能会发生重大错报。因此,流程图或文字表述通常会反映业务流程中数据发生、入账或修改的活动。在较为复杂的环境中,一份流程图对能需要其他的流程图和文字表述予以支持。

由于获取此类资料的最根本目的是帮助注册会计师确定哪个环节可能发生错报,因此,注册会计师要注意记录以下信息:①输入信息的来源;②所使用的重要数据档案,如客户清单及价格信息记录;③重要的处理程序,包括在线输入和更新处理;④重要的输出文件、报告和记录;⑤基本的职责划分,即列示各部门所负责的处理程序。

注册会计师通常只是针对每一年的变化修改记录流程的工作底稿,除非被审计单位的交易流程发生重大改变。然而,无论业务流程与以前年度相比是否有变化,注册会计师每年都需要考虑上述注意事项,以确定对被审计单位的了解是最新的,并已包括被审计单位交易流程中相关的变化。

3. 确定可能发生错报的环节

注册会计师需要确认和了解被审计单位应在哪些环节设置控制,以防止或发现并纠正各重要业务流程可能发生的错报。注册会计师所关注的控制,是那些能通过防止错报的发生,或者通过发现和纠正已有错报,从而确保每个流程中业务活动具体流程(从交易的发生到记录于账目)能够顺利运转的人工或自动化控制程序。

尽管不同的被审计单位会为确保会计信息的可靠性而对业务流程设计和实施不同的控制,但设计控制的目的是为实现某些控制目标,如表8.1所示。实际上,这些控制目标与财务报表重大账户的相关认定相联系。但注册会计师在此时通常不考虑列报认定,而在审计财务报告流程时将考虑该认定。

表 8.1 控制目标

控制目标	解释
(1)完整性:所有的有效交易都已记录	必须有程序确保没有漏记实际发生的交易
(2)存在和发生:每项已记录的交易均真实	必须有程序确保会计记录没有虚构的或重复入账的项目
(3)准确性:适当计量交易	必须有程序确保交易以适当的金额入账
(4)截止:恰当确定交易生成的会计期间	必须有程序确保交易在适当的会计期间内入账(例如,月、季度、年等)
(5)分类:恰当分类	必须有程序确保将交易记录记入正确的总分类账,必要时,记入相应的明细账内
(6)机械准确性:正确汇总和过账	必须有程序确保所有作为账簿记录中的借贷方余额都正确地归集(加总),确保加总后的金额正确过入总账和明细账分类账

对于每个交易流程,注册会计师都会考虑这些控制目标。评价是否实现这些目标的重要标志是是否存在控制来防止错报的发生,或发现并纠正错报,然后重新提交到业务流程处理程序中进行处理。

注册会计师通过设计一系列关于控制目标是否实现的问题,从而确认某项业务流程中需要加以控制的环节。这些问题针对的是业务流程中数据生成、转移或被转换的环节。以下列举了部分在销售交易中的控制目标是否实现的问题,如表 8.2 所示。

表 8.2 销售交易中的控制目标示例

控制目标是否实现的问题	有关认定
怎样确保没有记录虚构或重复的销售	发生
怎样确保所有的销售和收款均已记录	完整性
怎样保证货物运送给正确的收货人	发生
怎样保证发货单据只有在实际发货时才开具	发生
怎样保证发票正确反映了发货的数量	准确性

为实现某项审计目标而设计问题的数量,取决于下列因素:
(1)业务流程的复杂程度。
(2)业务流程中发生错报而未能被发现的概率。
(3)是否存在一种具有实效的总体控制来实现控制目标。例如,将仓库的发货日志中记录的发货数量与销售日记账中登记的数量定期进行核对调节,这一控制可以同时实现发生、完整性、截止等多个控制目标。

注册会计师应将这些问题记录于工作底稿。

4.识别和了解相关控制

通过对被审计单位的了解,包括在被审计单位整体层面对内部控制各要素的了解,以及在上述程序中对重要业务流程的了解,注册会计师可以确定是否有必要进一步了解在业务流程层面的控制。在某些情况下,注册会计师之前的了解可能表明被审计单位在业务流程层面针对某些重要交易流程所设计的控制是无效的,或者注册会计师并不打算信赖控制,这时注册会计师没有必要进一步了解在业务流程层面的控制。特别需要注意的是,如果认为仅通过实质性程序无法将认定层次的检查风险降至可接受的水平,或者针对特别风险,注册会计师应当了解和评估相关的控制活动。

如果注册会计师计划对业务流程层面的有关控制进行进一步的了解和评价,那么针对业务流程中容易发生错报的环节,注册会计师应当确定以下三个问题:一是被审计单位是否建立了有效的控制,以防止或发现并纠正这些错报;二是被审计单位是否遗漏了必要的控制;三是否识别了可以最有效测试的控制。

(1) 控制的类型。控制包括被审计单位使用并依赖的、用以在交易流程中防止错报的发生或在发生错报后发现与纠正错报的所有政策和程序。有效的控制应与错报发生的环节相关,并能降低错报风险。通常将业务流程中的控制划分为预防性控制和检查性控制,下面分别予以说明。

①预防性控制。预防性控制通常用于正常业务流程的每一项交易,以防止错报的发生。在流程中防止错报是信息系统的重要目标。缺少有效的预防性控制增加了数据发生错报的可能性,特别是在相关账户及其认定存在较高重大错报风险时,更是如此。

预防性控制可能是人工的,也可能是自动化的。表8.3是预防性控制及其能防止错报的例子。

表 8.3 预防性控制示例

对控制的描述	控制用来防止的错报
生成收货报告的计算机程序,同时也更更新采购档案	防止出现购货漏记账的情况
在更新采购档案之前必须先有收货报告	防止记录了未收到购货的情况
销货发票上的价格根据价格清单上的信息确定	防止销货计价错误
计算机将各凭证上的账户号码与会计科目表对比,然后进行一系列的逻辑测试	防止出现分类错报

与简单的业务流程相比,对于较复杂的业务流程,被审计单位通常更依赖向动控制。例如,对于一个简单的业务流程,发运货物的计价控制包括人工对销货发票的复核,以确定发票采用了正确的价格和折扣。但在一个较复杂的业务流程中,被审计单位可能依赖数据录入控制判别那些不符合要求的价格和折扣,以及通过访问控制来控制对价格信息记录的访问。

对于处理大量业务的复杂业务流程,被审计单位通常使用对程序修改的控制和访问控制,来确保自动控制的持续有效。

实施针对程序修改的控制,是为了确保所有对计算机程序的修改在实施前都经过适当的授权、测试以及核准。

实施访问控制,是为了确保只有经过授权的人员和程序才有权访问数据,且只能在预先授权情况下才能处理数据(如查询、执行和更新)。

程序修改的控制和访问控制通常不能直接防止错报,但对于确保自动控制在整个拟信赖期间内的有效性有着十分重要的作用。

②检查性控制。建立检查性控制的目的是发现流程中可能发生的错报(尽管有预防性

控制还是会发生的错报)。被审计单位通过检查性控制,监督其流程和相应的预防性控制能否有效地发挥作用。检查性控制通常是管理层用来监督实现流程目标的控制。检查性控制可以由人工执行,也可以由信息系统自动执行。

检查性控制通常并不适用于业务流程中的所有交易,而适用于一般业务流程以外的已经处理或部分处理的某类交易,可能一年只运行几次,如每月将应收账款明细账与总账比较;也可能每周运行,甚至一天运行几次。

与预防性控制相比,不同被审计单位之间检查性控制差别很大。许多检查性控制取决于被审计单位的性质、执行人员的能力、习惯和偏好。检查性控制可能是正式建立的程序,如编制银行存款余额调节表,并追查调节项目或异常项目,也可能是非正式的程序。

有些检查性控制虽然并没有正式设定,但员工会有规律地执行并作记录,这些控制也是被审计单位内部控制的有机组成部分。例如,财务总监复核月度毛利率的合理性;信用管理部经理可能有一本记录每月到期应收款的备查簿,以确定这些应收款是否收到,并追查挂账的项目;财务总监实施特定的分析程序来确定某些费用与销售的关系是否与经验数据相符,如果不符,调查不符的原因并纠正其中的错报等。

表 8.4 是检查性控制及其可能查出的错报的例子。

表 8.4 检查性控制示例

对控制的描述	控制预期查出的错报
定期编制银行存款余额调节表,跟踪调查挂账的项目	在对其他项目进行审核的同时,查找存入银行但没有记入日记账的现金收入,未记录的银行现金支付或虚构入账的不真实的银行现金收入或支付,未及时入账或未正确汇总分类的银行现金收入或支付
将预算与实际费用的差异列入计算机编制的报告中并由部门经理复核。记录所有超过预算2%的差异情况和解决措施 计算机每天比较运出货物的数量和开票数量。如果发现差异,产生报告,由开票主管复核和追查 每季度复核应收账款贷方余额并找出原因	在对其他项目进行审核的同时,查找本月发生的重大分类错报或没有记录及没有发生的大笔收入、支出以及相关联的资产和负债项目 查找没有开票和记录的出库货物,以及与真实发货无关的发票 查找未予入账的发票和销售与现金收入中的分类错误

如果确信存在以下情况,那么就可以将检查性控制作为一个主要的手段,来合理保证某特定认定发生重大错报的可能性较小:控制所检查的数据是完整、可靠的;控制对于发现重大错报足够敏感;发现的所有重大错报都将被纠正。

需要注意的是,对控制的分类取决于控制运用的目的和方式,以及被审计单位和注册会计师对控制的认识。从根本上看,控制被归为哪类并不重要,重要的是它是否有效,以及注册会计师能否测试其有效性。业务流程中重要交易类别的有效控制应同时包括预防性控制和检查性控制,因为没有相应的预防性控制,检查性控制也不能充分发挥作用。

(2)识别和了解相关控制。业务流程中对重要交易类别的有效控制通常同时包括预防性控制和检查性控制。缺乏有效的预防性控制增加了错报的风险,因此,需要建立更为敏感的检查性控制。通常,注册会计师在识别检查性控制的同时,也记录重要的预防性控制。

注册会计师在判断对控制的了解是否足以制定一个有效的审计策略时,考虑的因素包括:重要交易类别的复杂性、信息技术应用环境的复杂性和一体化程度、错报发生的可能性和在业务流程中未被发现可能性,以及该重要交易影响重大账户的程度。

注册会计师应当获取有关控制的足够信息,以使其能够识别控制,了解各种控制如何执行、由谁执行,以及执行中所使用的数据报告、文件和其他材料。此外,注册会计师也需要确认,执行控制之后所形成的实物证据是什么,以及该控制是否足够敏感,能够及时防止或发现并纠正重大错报。

识别和了解控制采用的主要方法是,询问被审计单位各级别的负责人员。业务流程越复杂,注册会计师越有必要询问信息系统人员,以辨别有关的控制。通常,应首先询问那些级别较高的人员,再询问级别较低的人员,以确定他们认为应该运行哪些控制,以及哪些控制是重要的。这种"从高到低"的询问方法使注册会计师能迅速地辨别被审计单位重要的控制,特别是检查性控制。如果注册会计师打算信赖控制,就需要实施控制测试。

从级别较低人员处获取的信息,应向级别较高的人员核实其完整性,以确定他们是否与级别较高的人员所理解的预定控制相符。这一步骤不仅可以向注册会计师提供有关实际执行的控制信息,而且可以使注册会计师了解管理层对控制运行情况的熟悉程度。

在询问过程中,注册会计师还应当了解各层次监督和管理人员如何确认预定的预防性控制和检查性控制正在按计划运行。此时,注册会计师可询问:"你们是怎样防止或发现某项错报的?"然后问:"你们采取什么措施来确保这些控制按设想的方式运行?"注册会计师应当重点关注被审计单位相关控制的运行情况,包括预防性控制和检查性控制的运行情况。从内部控制要素来看,还包括了对控制的监督活动。

在许多情况下,注册会计师可以通过与被审计单位讨论,了解确保信息系统生成数据的完整性与准确性的控制。这些检查性控制可能包括对输入与输出的数据进行比较,定期复核信息记录的数据,或监督生成数据与预期数据的差异。这些控制可能是正式制定的,也可能是非正式的程序。对生成数据与预期数据的差异,注册会计师应当了解控制如何识别和判断这些差异,如何追查这些差异以及纠正发现的错报。在评价这些控制时,应重点看其是否足够敏感,是否能查出所有重要的错报,包括那些在自动化信息系统中可能发生的错报。

需要指出的是,注册会计师并不需要了解与每一控制目标相关的所有控制活动。在了解控制活动时,注册会计师应当重点考虑一项控制活动单独或连同其他控制活动,是否能够以及如何防止或发现并纠正各类交易、账户余额和披露存在的重大错报。如果多项控制活动能够实现同一目标,注册会计师不必了解与该目标相关的每项控制活动。

例如,防止或发现某一特定的错报可能需要有多重控制,或者一项特别的控制目标是为了发现一种以上的潜在错报,为了实现该目标需要设置多项控制。例如,为实现销售的"存在性"这一控制目标,注册会计师可能要识别一种控制,该项控制的作用是保证出库单只为已经发出的货物编制。然而,注册会计师可能还要识别这样一种控制,其作用是保证销售发票只有在与一张出库单相匹配时才能开出并登记入账。而且,注册会计师也可能认定不管存在多少种潜在错报,某一特定的控制(如一个设计合理的检查性控制)自身可以足够有效地实现控制目标。例如,对实际发货数量与开票数量进行定期核对调节的程序本身就足以对销售流程中"存在性"这一目标提供合理保证,并且也能对销售流程中"完整性"这一目标提供合理保证。因此,在这种情况下,注册会计师只需了解对实际发货数量与开票数量进行定期核对调节的控制即可。

在实务中,注册会计师还会特别考虑一项检查性控制发现和纠正错报的能力。例如,将实际发货数与开票数量进行核对调节的程序,比复核毛利率或进行实际销售和预算销售的比较更能发现未开票的发货,因为进行上述复核或比较的主要目的不是为了查出未开票的发货,也就是说,控制与认定直接或间接相关;关系越间接,控制对防止或发现并纠正认定错报的效果越小。注册会计师应考虑识别和了解与认定关系更直接、更有效的控制。

当然,如果在之后的穿行测试和评价中,注册会计师发现已识别的控制实际并未得到执行,则应当重新针对该项控制目标识别是否存在其他的控制。

(3)记录相关控制。在被审计单位已设置的控制中,如果有可以对应"哪个环节需设置控制"问题的,注册会计师应将其记录于工作底稿,同时记录由谁执行该控制。注册会计师可以通过备忘录、笔记或复印被审计单位相关资料而逐步使信息趋于完整。

如果注册会计师对重要业务流程的记录符合下列条件,可以认为其是充分的:①该记录识别了所有重要交易类别;②该记录指出在业务处理流程中"在什么环节可能出错",即在什么环节需要控制;③该记录描述了针对"在什么环节可能出错"建立的预防性控制与检查性控制,而且指出这些控制由谁执行以及如何执行。

5.执行穿行测试,证实对交易流程和相关控制的了解

为了解各类重要交易在业务流程中发生、处理和记录的过程,注册会计师通常会每年执行穿行测试。执行穿行测试可获得下列方面的证据:

(1)确认对业务流程的了解;

(2)确认对重要交易的了解是完整的,即在交易流程中所有与财务报表认定相关的可能发生错报的环节都已识别;

(3)确认所获取的有关流程中的预防性控制和检查性控制信息的准确性;

(4)评估控制设计的有效性;

(5)确认控制是否得到执行;

(6)确认之前所做的书面记录的准确性。

需要注意的是,如果不打算信赖控制,注册会计师仍需要执行穿行测试以确认以前业务流程及可能发生错报环节了解的准确性和完整性。

对于重要的业务流程,不管是人工控制还是自动化控制,注册会计师都要对整个流程执行穿行测试,涵盖交易从发生到记账的整个过程。当某个重要业务流程有显著变化时,注册会计师应当根据变化的性质,及其对相关账户发生重大错报的影响程度,考虑是否需要对变化前后的业务都执行穿行测试。

在执行穿行测试的过程中,注册会计师应当在每一个要执行处理程序控制的环节上,询问被审计单位的员工,以了解他们对岗位职责的理解,并设法判断处理程序和控制是否得到执行。

例如,如果某项控制要求某一员工(复核人)在文件上签名以证明他复核过该份文件,注册会计师应当向其复核询问复核的性质,即对什么进行复核,复核的要点是什么,并确认注册会计师执行穿行测试时查阅的文件是否签过字,以及签字人是否为被询问的员工。更重要的是,注册会计师应当询问该员工,如果复核过程中发现了文件中的错误或其他差异,按规定他应该怎么做。如果可能,注册会计师可以检查发现过错误或其他差异的文件。

如果控制包括定期编制和分析调节表,比如银行存款余额调节表,注册会计师可以考虑:①复核一份或几份调节表,以确保所有相关的数据已准确及时地包括在调节表中;②关注对异常事项的处理;③询问当调节表提示确实存在或可能存在错误时,应采取什么行动;④询问错误是怎么发生的;⑤如果可靠的话,获取在调节过程中发现的错误得到改正的证据。

除了追踪文件和表格的实物流转外,注册会计师也会追踪信息系统中的数据和档案信息的流转程序。这种追踪可能包括以下程序:询问了解情况的被审计单位人员;查阅用户手册;在处理业务的终端现场观察处理客户的交易会;复核输出报告文件的记录。

注册会计师应将对业务流程和相关控制的穿行测试情况,记录于工作底稿。记录的内容包括穿行测试中查阅的文件、穿行测试的程序以及注册会计师的发现和结论。

6. 初步评价和风险评估

(1)对控制的初步评价。在识别和了解控制后,根据执行上述程序及获取审计证据,注册会计师需要评价控制设计的合理性并确定其是否得到执行。

注册会计师以对控制的评价结论可能是:①所设计的控制单独或连同其他控制能够防止或发现并纠正重大错报,并得到执行;②控制本身的设计是合理的,但没有得到执行;③控制本身的设计就是无效的或缺乏必要的控制。

由于对控制的了解和评价是在穿行测试完成后但又在测试控制运行有效性之前进行的,因此,上述评价结论只是初步结论,仍可能随控制测试后实施实质性程序的结果而发生变化。

(2)风险评估需考虑因素。注册会计师对控制的评价,进而对重大错报风险的评估,需考虑以下因素:

①账户特征及已识别的重大错报风险。如果已识别的重大错报风险水平为高(例如,复杂的发票计算或计价过程增加了开票错报的风险;经营的季节性特征增加了在旺季发生错报的风险),相关的控制应有较高的敏感度,即在错报率较低的情况下也能防止发现并纠正错报。相反,如果已发现的重大错报风险水平为低(例如,在一个较小的、劳动力相对稳定的公司员工中薪酬的会计处理未能实现 恰当准确性目标的风险),相关的控制就无须具有像重大错报风险较高时那样的敏感性。

②对被审计单位整体层面控制的评价是。注册会计师应将对整体层面获得的了解和结论,同在业务流程层面获得的有关重大交易流程及其控制的证据结合起来考虑。

在评价业务流程层面的控制要素时,考虑的影响因素可能包括:管理层及执行控制的员工表现出来的胜任能力及诚信度;员工受监督的程度及员工流动的频繁程度;管理层凌驾于控制之上的潜在可能性;缺乏职责划分,包括信息技术系统中自动化的职责划分的情况;所审计期间内部审计人员或其他监督人员测试控制运行情况的程度;业务流程变更产生的影响,如变更期间控制程序的有效性是否受到了削弱;在被审计单位的风险评估过程中,所识别的与某项控制运行相关的风险,以及对于该控制是否有进一步的监督。注册会计师同时也要考虑其识别出针对某控制的风险,被审计单位是否也识别出该风险,并采取了适当的措施来降低该风险。

(3)评价决策。在对控制进行初步评价及风险评估后,注册会计师需要利用实施上述程序获得的信息,回答以下问题:

①控制本身的设计是否合理。注册会计师需要根据上述的考虑因素判断,如果识别的控制设计合理,该控制在重要业务流程中单独或连同其他控制能否有效地实现特定控制目标。

②控制是否得到执行。如果设计合理的控制没有得到执行,该控制也不会发挥应有的作用。因此,注册会计师需要获取审计证据,评价这类控制是否确实存在,且正在被使用。

③是否更多地信赖控制并拟实施控制测试。如果认为被审计单位控制设计合理并得到执行,能够有效防止或发现并纠正重大错报,那么,注册会计师通常可以信赖这些控制,减少拟实施的实质性程序。如果拟更多地信赖这些控制,需要确信所信赖的控制在整个拟信赖期间都有效地发挥了作用,即注册会计师应对这些控制在该期间内是否得到一贯运行进行测试。拟信赖该控制的期间可能是整个年度,也可能是其中某一时段。如果控制测试的结果进一步证实内部控制是有效的,注册会计师可以认为相关账户及认定发生重大错报的可能性较低,对相关账户及认定实施实质性程序的范围也将减少。

有时,注册会计师也可能认为控制是无效的,包括控制本身设计不合理,不能实现控制目标,或者尽管控制设计合理,但没有得到执行。在这种情况下,注册会计师不需要测试控制运行的有效性,而直接实施实质性程序。但在评估重大错报风险时,需要考虑控制失效对财务报表及其审计的影响。

注册会计师应将认定层次的控制因素和其他因素相结合,评估认定层次的重大错报风险,以确定进一步审计程序的性质、时间安排和范围。

需要再次指出的是,除非存在某些可以使控制得到一贯运行的自动化控制,注册会计师对控制的了解和评价并不能够代替对控制运行有效性的测试。例如,注册会计师获得了某一人工控制在某一时点得到执行的审计证据,但这并不能证明该控制在被审计期间内的其他时点也得到有效执行。

有关对控制运行有效性实施的测试(即控制测试),以及如何针对认定层次评估的重大错报风险确定进一步审计程序的性质、时间安排和范围,参见《中国注册会计师审计准则第1231号——针对评估的重大错报风险采取的应对措施》及其应用指南。

7. 对财务报告流程的了解

以上讨论了注册会计师如何在重要业务流程层面了解重大交易生成、处理和记录的流程,并评估在可能发生错报的环节控制的设计及其是否得到执行。在实务中,注册会计师还需要进一步了解有关信息从具体交易的业务流程过入总账、财务报表以及相关列报的流程,即财务报告流程及其控制。这一流程和控制与财务报表的列报认定直接相关。

由于财务报告流程将直接影响财务报告,因此,注册会计师应重视对这一重要流程的了解。注册会计师对该流程以及该流程如何与其他重要流程相连接的了解,有助于其识别和评估与财务报表重大错报风险相关的控制。

财务报告流程包括:①将业务数据汇记入总账的程序,即如何将重要业务流程的信息与总账和财务报告系统相连接;②在总账中生成、记录和处理会计分录的程序;③记录对财务报表常规和非常规调整的程序,如合并调整、重分类等;④草拟财务报表和相关披露的程序。

因此,财务报告流程可能包括若干个子流程。例如,编制试算平衡表;汇总、编制、复核和过入会计分录;草拟财务报表和相关披露;编制管理层对财务报表的内部分析等。

被审计单位的财务报告流程包括相关的控制程序,以确保按照适用的会计准则和相关会计制度的规定收集、记录、处理、汇总所需要的信息,并在财务报告中予以充分披露。例如,关联方交易、分部报告等。

了解财务报告流程的控制采取的步骤与重要业务流程类似,也包括了解流程(包括上述的子流程,并考虑各个子流程之间如何连接),确定可能发生错报的环节,识别和了解用于防止或发现并纠正错报的控制,执行穿行测试,对控制的设计及是否得到执行进行评估等。

在了解财务报告流程的过程中,注册会计师应当考虑对以下方面作出评估:①主要的输入信息,执行的程序,主要的输出信息;②每一财务报告流程要素中涉及信息技术的程度;③管理层的哪些人员参与其中;④记账分录的主要类型,如标准分录、非标准分录等;⑤适当人员(包括管理层和治理层)对流程实施监督的性质和范围。

8.2.5 记录对内部控制的了解和初步评价

为形成必要的审计证据,注册会计师应当及时对了解到的内部控制的设计和执行情况以及所作的控制风险的初步评估作出记录,形成审计工作底稿。内部控制的记录方法主要有:调查表法、文字表述法、流程图法。

1. 调查表法

调查表法(Questionnaire)是将那些与保证会计记录的正确性和可靠性以及与保证资产的完整性有密切关系的事项列作调查对象,由会计师事务所自行设计成标准化的调查表,交由企业有关人员填写或由注册会计师根据调查结果自行填写,以记录内部控制的设计和运行情况的方法。调查表一般按调查对象分别设计,多采用问答式,注册会计师需要根据被审计单位内部控制的关键控制点及相应的控制措施设计问题,关键控制点是指那些如果不加以控制就容易产生重大错报风险的业务环节。问题的设计要针对关键控制点以抓住要害,还要易于回答。通常每个问题设置"是"、"否"、"不适用"等回答选项。此外还有"取得方式"和"评注"栏,用来记录回答问题的资料来源或者有关问题的说明。下面以现金内部控制为例介绍调查表的基本格式,如表8.5所示。

调查表法的优点是能对所调查的对象作一个简要的说明,问题突出,容易发现被审计单位内部控制的缺陷和薄弱环节,有利于注册会计师进行分析评价。而且调查表编制起来简便易行,省时省力,在审计项目初期就可很快完成。其缺点是按照不同的调查对象分别考察,难以提供一个关于被审计单位内部控制的总体了解,不利于整体的分析评价。另外,对于不同行业的被审计单位或小型被审计单位,标准问题的调查问卷往往不太适用。

2. 文字表述法

文字表述法(Narrative Description)是通过对被审计单位内部控制的设计和运行情况作出书面叙述来记录内部控制和注册会计师初步评价的方法。采用文字表述法时,注册会计师应按照不同的业务循环来描述,说明各项工作的负责人、经办人以及由他们编写和记录的文件凭证的处置、是否经过审批复核、已发生的全部处理过程等。文字表述法的优点是能够对调查对象做出比较详尽、深入、具体的描述,方便灵活,适应性强,可弥补调查表法下仅作简单的肯定或否定说明的不足。缺点是有时很难用简明易懂的语言来描述内部控制的细节,从而显得比较繁琐冗长,不利于对内部控制进行有效的分析和评价。而且文字表述可能因记录者的语言文字水平以及行文不同而有所不同,容易产生误解。因此文字表述法比较适合于内部控制程序相对简单、易于描述的被审计单位。

表8.5 现金内部控制调查表

被审计单位名称:　　　　　　　　　　　　　　　　索引号____页次____
审计期间:　　　　　　　　　　　　　　　　　　　　编制人____日期____
　　　　　　　　　　　　　　　　　　　　　　　　　复核人____日期____

问　题	回　答			取得方式	评　注
	是	否	不适用		
1. 现金出纳和现金总账的登记是否由不同的人负责?					
2. 现金出纳是否兼任稽核、会计档案保管和收入、费用、支出和债权债务账目的登记工作?					
3. 现金支票和印鉴是否由不同的人负责保管?					
4. 现金支票领用是否有登记制度?					
5. 现金支票存根是否妥善保管?					
6. 库存现金是否符合限额标准?					
7. 收入现金是否都及时开出收据?					
8. 超过限额标准的现金是否及时送存银行?					
9. 是否有控制现金坐支的措施?					
10. 特殊情况坐支现金的是否事先报经开户银行批准?					
11. 借出现金是否有严格的授权审批制度?					
12. 现金账和现金库存是否每天核对?					
13. 报销费用是否经过报销人所在部门领导的审批?					
14. 未经授权的人是否能直接接触现金?					

3. 流程图法

流程图法(Flow Chart)是用特定的符号和图形,将被审计单位具体经营环节或者各业务循环甚至整个信息系统的业务处理程序,以及由此产生的各种文件、凭证的传递流程,以图解的方式进行描述的方法。流程图法的优点是清晰、直观,能清楚地反映各项业务的授权、执行、记录、复核等内部控制的设计和运行情况,便于表达内部控制的特征、控制程序和关键控制点,而且便于根据控制活动的变化随时加以修改,是记录内部控制的有用工具。缺点是编制流程图需要一定的技术,当被审计单位的业务比较复杂时,绘制难度较大,且花费时间较多。有时很难体现内部控制的某些弱点。流程图的基本格式如图8.2所示。

绘制流程图时,有几个问题需要注意:一是必须充分了解被审计单位的业务处理程序,从而准确把握各环节之间的相互联系,以及所涉及的凭证的处理步骤和传递程序;二是会计师事务所应事先规定所用图形、符号的含义,并加以统一。

由于不同的内部控制记录方法各有所长,因此在实际工作中,通常将其结合起来采用。其中比较常见的是将调查表法和流程图法结合使用,这是了解和描述内部控制设计和运行情况的较好方法。

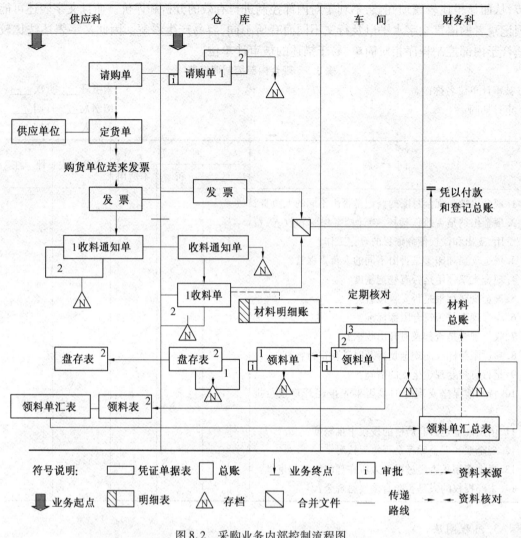

图 8.2 采购业务内部控制流程图

8.3 内部控制测试

8.3.1 控制测试的概念与要求

1. 控制测试的定义

在对内部控制的设计和运行情况进行了解和初步评估之后,注册会计师应当运用职业判断,针对评估的财务报表层次重大错报风险确定总体应对措施,并针对评估的认定层次重大错报风险设计和实施进一步审计程序,以将审计风险降至可接受的低水平。进一步审计程序的性质是指进一步审计程序的目的和类型。进一步审计程序的目的包括通过实施控制测试以确定内部控制运行的有效性,通过实施实质性程序以发现认定层次的重大错报。进一步审计程序的类型包括检查、观察、询问、函证、重新计算、重新执行和分析程序。拟实施进一步审计程序的总体方案包括实质性方案和综合性方案。实质性方案是指注册会计师实施的进一步审计程序以实质性程序为主；综合性方案是指注册会计师在实施进一步审计程序时，将控制测试与实质性程序结合使用。注册会计师应当利用在评价控制设计和确定其是否得到执行时获取的审计证据，作为支持风险评估结果的审计证据，并根据风险评估结果，确定实施进一步审计程序的性质、时间和范围。

控制测试是为了确定内部控制的设计是否合理和执行是否有效而实施的审计程序。控制测试的目的是评价控制是否有效运行。在设计进一步审计程序时，被审计单位采用的特定控制的性质和注册会计师是否打算获取审计证据来确定内部控制在防止或发现并纠正重大错报方面的有效性，是必须考虑的因素之一。注册会计师应当根据对认定层次重大错报风险的评估结果，恰当选用实质性方案或综合性方案。但是，无论选择何种方案，注册会计师都应当对所有重大的各类交易、账户余额、列报设计和实施实质性程序。

应当注意的是，小型被审计单位可能不存在能够被注册会计师识别的控制活动，注册会计师实施的进一步审计程序可能主要是实质性程序。在缺乏控制的情况下，注册会计师应当考虑仅通过实施实质性程序是否能够获取充分、适当的审计证据。

2. 需要进行控制测试的条件

当存在下列情况之一时，注册会计师应当实施控制测试：

（1）在评估认定层次重大错报风险时，预期控制的运行是有效的。如果在评估认定层次重大错报风险时，预期控制的运行是有效的，注册会计师应当实施控制测试，就控制在相关期间或时点的运行有效性获取充分、适当的审计证据，以支持评估结果。这是因为只有认为控制设计合理、能够防止或发现并纠正认定层次的重大错报，注册会计师才有必要对控制运行的有效性实施测试。如果通过对内部控制的了解，已经使注册会计师认为控制设计是不合理的，就没有进行控制测试的必要。

（2）仅实施实质性程序不足以提供认定层次充分、适当的审计证据。如果认为仅仅实施实质性程序获取的审计证据无法将认定层次重大错报风险降至可接受的低水平，注册会计师应当实施相关的控制测试，以获取控制运行有效性的审计证据。

3. 控制测试的内容

在测试控制运行的有效性时，注册会计师应当从下列方面着手，获取关于控制是否有效运行的审计证据：

（1）控制在所审计期间的不同时点是如何运行的；

（2）控制是否得到一贯执行；

（3）控制由谁执行；

（4）控制以何种方式运行。

如果某项控制在所审计的会计期间内是由获得授权的人员按照控制标准一贯地运用，那么该项控制得到了有效的运行；反之，如果由未经授权的人员运用，或者未能按照标准严格运用，或者没有一贯地应用，则内部控制没有得到有效运行。这种情况通常称为"偏差"或者"例外"，而不称为错报。此时潜在错报风险增加，但并不意味着一定存在错报。例如在内部控制的信息系统与沟通要素中，被审计单位要求所有销售发票必须经过独立稽核，以检查其正确性。如果注册会计师在控制测试中发现有些销售发票未经过独立稽核,这并不能表明该发票一定存在错报,因为如果填写人已经按照规定正确的填写了销售发票,那么该销售发票依然是正确的。在实施控制测试时,如果发现被审计单位控制运行出现偏差,注册会计师应当了解这些偏差及其潜在后果,并确定已实施的控制测试是否为信赖控制提供了充分、适当的审计证据,是否需要实施进一步的控制测试或实质性程序以应对潜在的错报风险。

4. 控制测试的种类

比较经济有效、受注册会计师喜欢的控制测试有以下两种:

(1)同步控制测试(Concurrent Compliance Test)。在了解内部控制时,为评价控制设计和确定控制是否得到执行而实施的某些风险评估程序,可能提供有关控制运行有效性的审计证据,注册会计师应当考虑这些审计证据是否足以实现控制测试的目的。因此注册会计师可以考虑在评价控制设计和获取其得到执行的审计证据的同时测试控制运行有效性,以提高审计效率。例如,注册会计师在了解内部控制时,可以询问对材料等存货的定期账实核对制度是否存在,同时还可以询问账实核对工作是如何进行的,有哪些人参加,对账实不符的情况如何处理等,从而确定定期核对账实这一控制是否得到有效运行。这种做法通常称为"同步控制测试"。

(2)双重目的测试(Dual-purpose Testing)。双重目的测试是在执行控制测试的同时,执行细节测试。

细节测试是实质性测试程序的一种,适用于对各类交易、账户余额、列报认定的测试,尤其是对存在或发生、计价认定的测试。注册会计师应当针对评估的风险设计细节测试,获取充分、适当的审计证据,以达到认定层次所计划的保证水平。

控制测试的目的是评价控制是否有效运行;细节测试的目的是发现认定层次的重大错报。尽管两者目的不同,但注册会计师可以考虑针对同一交易同时实施控制测试和细节测试,以实现双重目的。例如,注册会计师在检查赊销审批凭单是否经过被授权人的签字,以独立验证这些凭证的正确性的同时,可以列表反映这些赊销审批凭单上的错误金额。

如果拟实施双重目的测试,注册会计师应当仔细设计和评价测试程序,以确保能够取得有关内部控制运行有效性和认定层次重大错报两个方面的审计证据。

8.3.2 控制测试的性质

注册会计师应当选择适当类型的审计程序以获取有关控制运行有效性的保证。虽然控制测试与了解内部控制的目的不同,但了解内部控制的审计程序同样适用于控制测试,即询问、观察、检查和穿行测试。除此之外,控制测试的程序还包括重新执行。例如,注册会计师可以重新编制应收账款账龄分析表,以检查被审计单位是否定期对应收账款进行分析,并根据情况采取必要的催收措施等。

不同的审计程序有不同的特点,例如,询问本身并不足以测试控制运行的有效性,注册会计师应当将询问与其他审计程序结合使用,以获取有关控制运行有效性的审计证据;又如观察提供的证据仅限于观察发生的时点,本身不足以测试控制运行的有效性,因为在观察时和没观察时,有关人员可能执行不同的控制。因此,将询问与检查或重新执行结合使用,通常能够比仅实施询问和观察获取更高的保证。

注册会计师应当根据特定控制的性质选择所需实施审计程序的类型。例如，某些控制可能存在反映控制运行有效性的文件记录，注册会计师应当考虑检查这些文件记录以获取控制运行有效性的审计证据，如在限额领料的企业，发生超限额领料时，是否经过了特别授权，即限额领料的有关凭证记录中是否有具有特别授权权限的人员签字；某些控制可能不存在文件记录，或文件记录与证实控制运行有效性不相关，注册会计师应当考虑实施检查以外的其他审计程序，以获取有关控制运行有效性的审计证据。如采购的材料物资必须经过有关部门验收方能入库，注册会计师可以通过现场观察的程序，确定这一控制运行的有效性。对于一项自动化的应用控制，由于信息技术处理过程的内在一贯性，注册会计师可以利用该项控制得以执行的审计证据和信息技术一般控制（特别是对系统变动的控制）运行有效性的审计证据，作为支持该项控制在相关期间运行有效性的重要审计证据。

由于注册会计师应当能够对财务报表整体不存在重大错报获取合理保证，故计划的保证水平越高，对有关控制运行有效性的审计证据的可靠性要求越高。

8.3.3 控制测试的范围

从理论上说，控制测试的范围显然越大越好，因为范围越大，获取的有关内部控制运行有效性的证据就越充分。但在审计实务中，又并非如此。注册会计师应当合理的设计控制测试的范围，以获取控制在整个拟信赖的期间有效运行的充分、适当的审计证据，从而力求经济有效的实现审计目标。

在确定某项控制的测试范围时，注册会计师通常应考虑下列因素：

(1)在整个拟信赖的期间，被审计单位执行控制的频率。控制执行的频率越高，测试的范围越大。

(2)在所审计期间，注册会计师拟信赖控制运行有效性的时间长度。在所审计期间，注册会计师拟信赖控制运行有效性的时间越长，测试的范围越大。

(3)为证实控制能够防止或发现并纠正认定层次重大错报，所需获取审计证据的相关性和可靠性。对所需获取审计证据的相关性和可靠性要求越高，控制测试的范围越大。

(4)通过测试与认定相关的其他控制获取的审计证据的范围。通过测试与认定相关的其他控制获取的审计证据的范围越大，控制测试的范围也越大。针对同一认定可能存在不同的控制，当针对其他控制获取的审计证据充分性和适当性较高时，测试该控制的范围可适当缩小。

(5)在风险评估时拟信赖控制运行有效性的程度。在风险评估时对控制运行有效性的拟信赖程度越高，需要实施控制测试的范围越大。

(6)控制的预期偏差。控制的预期偏差率越高，需要实施控制测试的范围越大。如果控制的预期偏差率过高，注册会计师应当考虑控制可能不足以将认定层次的重大错报风险降至可接受的低水平，从而针对某一认定实施的控制测试可能是无效的。

此外，信息技术处理具有内在一贯性，除非系统发生变动，注册会计师通常不需要增加自动化控制的测试范围。

8.3.4 控制测试的时间

在确定了控制测试的性质和范围之后，注册会计师还应当根据控制测试的目的确定控制测试的时间,并确定拟信赖的相关控制的时点或期间。

1. 考虑测试目的

如果测试特定时点的控制,注册会计师仅得到该时点控制运行有效性的审计证据;如果测试某一期间的控制,注册会计师可获取控制在该期间有效运行的审计证据;如果仅需要测试控制在特定时点的运行有效性,注册会计师只需要获取该时点的审计证据;如果需要获取控制在某一期间有效运行的审计证据,仅获取与时点相关的审计证据是不充分的。注册会计师应当辅以其他控制测试,包括测试被审计单位对控制的监督。

2. 确定拟信赖的相关控制的时点或期间

如果已获取有关控制在期中运行有效性的审计证据,并拟利用该证据,注册会计师应当实施下列审计程序。

(1)获取这些控制在剩余期间变化情况的审计证据。如果拟信赖以前审计获取的有关控制运行有效性的审计证据,注册会计师应当通过实施询问并结合观察或检查程序,获取这些控制是否已经发生变化的审计证据。

如果控制在本期发生变化,注册会计师应当考虑以前审计获取的有关控制运行有效性的审计证据是否与本期审计相关。如果拟信赖的控制自上次测试后已发生变化,注册会计师应当在本期审计中测试这些控制的运行有效性。如果拟信赖的控制自上次测试后未发生变化,且不属于旨在减轻特别风险的控制,注册会计师应当运用职业判断确定是否在本期审计中测试其运行有效性,以及本次测试与上次测试的时间间隔,但两次测试的时间间隔不得超过两年。

在确定利用以前审计获取的有关控制运行有效性的审计证据是否适当以及再次测试控制的时间间隔时,注册会计师应当考虑:

①内部控制其他要素的有效性,包括控制环境、对控制的监督以及被审计单位的风险评估过程;

②控制特征(人工控制还是自动化控制)产生的风险;

③信息技术一般控制的有效性;

④控制设计及其运行的有效性,包括在以前审计中测试控制运行有效性时发现的控制运行偏差的性质和程度;

⑤由于环境发生变化而特定控制缺乏相应变化导致的风险;

⑥重大错报的风险和对控制的拟信赖程度。

当出现下列情况时,注册会计师应当缩短再次测试控制的时间间隔或完全不信赖以前审计获取的审计证据:①控制环境薄弱;②对控制的监督薄弱;③相关控制中人工控制的成分较大;④信息技术一般控制薄弱;⑤对控制运行产生重大影响的人事变动;⑥环境的变化表明需要对控制作出相应的变动;⑦重大错报风险较大或对控制的拟信赖程度较高。

如果拟信赖以前审计获取的某些控制运行有效性的审计证据,注册会计师应当在每次审计时从中选取足够数量的控制,测试其运行有效性;不应将所有拟信赖控制的测试集中于某一次审计,而在之后的两次审计中不进行任何测试。

如果确定评估的认定层次重大错报风险是特别风险,并拟信赖旨在减轻特别风险的控制,注册会计师不应依赖以前审计获取的审计证据,而应在本期审计中测试这些控制的运行有效性。

(2)确定针对剩余期间还需获取的补充审计证据。在确定针对剩余期间还需获取的补充审计证据时,注册会计师应当考虑下列因素:

①评估的认定层次重大错报风险的重大程度;

②在期中测试的特定控制;

③在期中对有关控制运行有效性获取的审计证据的程度;

④剩余期间的长度;

⑤在信赖控制的基础上拟减少进一步实质性程序的范围;

⑥控制环境。

通过测试剩余期间控制的运行有效性或测试被审计单位对控制的监督,注册会计师可以获取补充审计证据。

8.3.5 控制测试中应注意的问题

(1)如果被审计单位在所审计期间内的不同时期使用了不同的控制,注册会计师应当考虑不同时期控制运行的有效性。

(2)测试控制运行的有效性与确定控制是否得到执行所需获取的审计证据是不同的。在实施风险评估程序以获取控制是否得到执行的审计证据时,注册会计师应当确定某项控制是否存在,被审计单位是否正在使用;而在测试控制运行的有效性时,注册会计师应当确定的是控制在所审计期间的不同时点是如何运行的、是否得到一贯执行、由谁执行、以何种方式运行。

(3)在设计控制测试时,注册会计师不仅应当考虑与认定直接相关的控制,还应当考虑这些控制所依赖的与认定间接相关的控制,以获取支持控制运行有效性的审计证据。

(4)当拟实施的进一步审计程序主要以控制测试为主,尤其是仅实施实质性程序获取的审计证据无法将认定层次重大错报风险降至可接受的低水平时,注册会计师应当获取有关控制运行有效性的更高的保证水平。

(5)注册会计师对重大错报风险的评估是一种判断,并且由于内部控制存在固有局限性,无论评估的重大错报风险结果如何,注册会计师均应当针对所有重大的各类交易、账户余额、列报实施实质性程序,以获取充分、适当的审计证据。

(6)注册会计师应当考虑实施实质性程序发现的错报对评价相关控制运行有效性的影响。如果实施实质性程序发现被审计单位没有识别出的重大错报,通常表明内部控制存在重大缺陷,注册会计师应当就这些缺陷与管理层和治理层进行沟通。

8.3.6 就内部控制的了解、测试与治理层和管理层的沟通

根据《中国注册会计师审计准则第1211号——了解被审计单位及其环境并评估重大错报风险》及《中国注册会计师审计准则第1152号——向治理层和管理层通报内部控制缺陷》的规定,注册会计师应当及时将注意到的内部控制设计或执行方面的重大缺陷告知适当层次的管理层或治理层。如果识别出被审计单位未加控制或控制不当的重大错报风险,或认为被审计单位的风险评估过程存在重大缺陷,注册会计师应当就此类内部控制缺陷与治理层沟通。沟通的形式可以是口头的,也可以是书面的,根据需要决定内容详细或简略。

对于审计中发现的、根据职业判断认为重大且与治理层履行财务报告过程监督责任直接相关的重大内部控制缺陷,应当采用书面沟通形式。

8.4 与内部控制有关的重大错报风险的评估

8.4.1 财务报表层次和认定层次重大错报风险的初步评估

注册会计师执行财务报表审计,在了解内部控制之后,应当对重大错报风险作出初步评估,即识别和评估财务报表层次以及各类交易、账户余额、列报认定层次的重大错报风险,评价内部控制在防止或发现和纠正财务报表重大错报中的有效性。如果注意到旨在防止或发现舞弊的内部控制在设计或执行方面存在重大缺陷,注册会计师应当尽早告知适当层次的管理层和治理层。如果识别出管理层未加控制或控制不当的舞弊导致的重大错报风险,或认为被审计单位的风险评估过程存在重大缺陷,注册会计师应当就此类内部控制缺陷与治理层沟通。

财务报表层次的重大错报风险很可能源于薄弱的控制环境。因此,内部控制的初步评价一般从控制环境开始。显然,如果治理层和管理层没能履行职责,对内部控制不够重视,没有建立必要的制度和程序,或管理层经营观念偏于激进,又缺乏实现激进目标的人力资源等,控制的有效性就值得怀疑。薄弱的控制环境带来的风险可能对财务报表产生广泛影响,难以限于某类交易、账户余额、列报,注册会计师应当采取总体应对措施。在这种情况下,应当考虑将重大错报风险评估为高水平。

如果控制环境存在缺陷,注册会计师在对拟实施审计程序的性质、时间和范围作出总体修改时应当考虑以下内容:
(1)在期末而非期中实施更多的审计程序;
(2)主要依赖实质性程序获取审计证据;
(3)修改审计程序的性质,获取更具说服力的审计证据;
(4)扩大审计程序的范围。

此外,在评估重大错报风险时,注册会计师应当将所了解的控制与特定认定相联系。控制与认定直接或间接相关。关系越间接,控制对防止或发现并纠正认定错报的效果越小。例如,销售经理对分地区的销售网点的销售情况进行复核,与销售收入完整性的认定只是间接相关。相应的,该项控制在降低销售收入完整性认定中的错报风险方面的效果,要比与该认定直接相关的控制(例如,将发货单与开具的销售发票相核对)的效果差。

在评估重大错报发生的可能性时,除了考虑可能的风险外,还要考虑控制对风险的抵消和遏制作用。有效的控制会减少错报发生的可能性,而控制不当或缺乏控制,错报就会由可能变成现实。注册会计师可能识别出有助于防止或发现并纠正特定认定发生重大错报的控制。在确定这些控制是否能够实现上述目标时,注册会计师应当将控制活动和其他要素综合考虑。

如将销售和收款的控制置于其所在的流程和系统中考虑,以确定其能否实现控制目标。因为单个的控制活动(如将发货单与销售发票相核对)本身并不足以控制重大错报风险,只有多种控制活动和内部控制的其他要素综合作用才足以控制重大错报风险。

当然,也有某些控制活动可能专门针对某类交易或账户余额的个别认定。例如,被审计单位建立的、以确保盘点工作人员能够正确地盘点和记录存货的控制活动,直接与存货账户余额的存在性和完整性认定相关。注册会计师只需要对盘点过程和程序进行了解,就可以确定控制是否能够实现目标。

注册会计师应当考虑对识别的各类交易、账户余额和披露认定层次的重大错报风险予以汇总和评估,以确定进一步审计程序的性质、时间安排和范围。表8.6给出了评估认定层次重大错报风险汇总表范例。

表8.6 评估认定层次的重大错报风险汇总表

重大账户	认定	识别的重大错报风险	风险评估结果
列示重大账户。例如,应收账款	列示相关的认定。例如,存在、完整性、计价或分摊等	汇总实施审计程序识别出的与该重大账户的某项认定相关的重大的错报风险	评估该项认定的重大错报风险水平(应考虑控制设计是否合理、是否得到执行)

8.4.2 特别风险的评估

1. 特别风险的含义

特别风险,是指注册会计师识别和评估的,根据判断认为需要特别考虑的重大错报风险。

作为风险评估的一部分,注册会计师应当运用职业判断,确定识别的风险哪些是需要特别考虑的重大错报风险,即特别风险。对特别风险,注册会计师应当评价相关控制的设计情况,并确定其是否已经得到执行。

2. 确定特别风险时应考虑的事项

在确定哪些风险是特别风险时,注册会计师应当在考虑识别出的控制对相关风险的抵消效果前,根据风险的性质、潜在错报的重要程度(包括该风险是否可能导致多项错报)和发生的可能性,判断风险是否属于特别风险。

在确定风险的性质时,注册会计师应当考虑下列事项:
(1)风险是否属于舞弊风险;
(2)风险是否与近期经济环境、会计处理方法或其他方面的重大变化相关,因而需要特别关注;
(3)交易的复杂程度;
(4)风险是否涉及重大的关联方交易;
(5)财务信息计量的主观程度,特别是计量结果是否具有高度不确定性;
(6)风险是否涉及异常或超出正常经营过程的重大交易。

3. 非常规交易和判断事项导致的特别风险

日常的、不复杂的、经正规处理的交易不太可能产生特别风险。特别风险通常与重大的非常规交易和判断事项有关。

非常规交易是指由于金额或性质异常而不经常发生的交易。例如,企业购并、债务重组、重大或有事项等。由于非常规交易具有下列特征,与重大非常规交易相关的特别风险可能导致更高的重大错报风险:

(1)管理层更多地干预会计处理;
(2)数据收集和处理进行更多的人工干预;
(3)复杂的计算或会计处理方法;
(4)非常规交易的性质可能使被审计单位难以对由此产生的特别风险实施有效控制。

判断事项通常包括作出的会计估计(具有计量的重大不确定性),如资产减值准备金额的估计、需要运用复杂估值技术确定的公允价值计量等。由于下列原因,与重大判断事项相关的特别风险可能导致更高的重大错报风险:①对涉及会计估计、收入确认等方面的会计原则存在不同的理解;②所要求的判断可能是主观和复杂的,或需要对未来事项作出假设。

重大的非常规交易和判断事项可能导致更高的重大错报风险,因此注册会计师在评估内部控制的设计和运行时应予以特别的关注。由于与重大非常规交易或判断事项相关的风险很少受到日常控制的约束,注册会计师应当了解被审计单位是否针对该特别风险设计和实施了控制。例如,重大非常规交易往往涉及特别授权,注册会计师应当了解被审计单位特别授权控制的设计和实施情况,包括特别授权的范围是否合理,职责分工是否明确,发生的重大非常规交易是否经过了特别授权、具体的授权审批手续和步骤等。

如果管理层未能实施控制以恰当应对特别风险,注册会计师应当认为内部控制存在重大缺陷,并考虑其对风险评估的影响。在这种情况下,应当将重大错报风险评估为高水平。

4. 考虑与特别风险相关的控制

了解与特别风险相关的控制,有助于注册会计师制定有效的审计方案予以应对。对特别风险,注册会计师应当评价相关控制的设计情况,并确定其是否已经得到执行。由于与重大非常规交易或判断事项相关的风险很少受到日常控制的约束,注册会计师应当了解被审计单位是否针对该特别风险设计和实施了控制。

例如,作出会计估计所依据的假设是否由管理层或专家进行复核,是否建立作出会计估计的正规程序,重大会计估计结果是否由治理层批准等。再如,管理层在收到重大诉讼事项的通知时采取的措施,包括这类事项是否提交适当的专家(如内部或外部的法律顾问)处理、是否对该事项的潜在影响作出评估、是否确定该事项在财务报表中的披露问题以及如何确定等。

如果管理层未能实施控制以恰当应对特别风险,注册会计师应当认为内部控制存在重大缺陷,并考虑其对风险评估的影响。在此情况下,注册会计师应当就此类事项与治理层沟通。

此外,如果计划测试旨在减轻特别风险的控制运行的有效性,注册会计师不应依赖以前审计获取的关于内部控制运行有效性的审计证据。注册会计师应当专门针对识别的风险实施实质性程序,由于实质性分析程序单独并不足以应对特别风险,注册会计师应当实施细节测试,或将实质性分析程序与细节测试结合运用。

8.4.3 仅通过实质性程序无法应对的重大错报风险

作为风险评估的一部分,如果认为仅通过实质性程序获取的审计证据无法将认定层次的重大错报风险降至可接受的低水平,注册会计师应当评价被审计单位针对这些风险设计的控制,并确定其执行情况。如果认为仅通过实施实质性程序不能获取充分、适当的审计证据,注册会计师应当考虑依赖的相关控制的有效性。

在被审计单位对日常交易采用高度自动化处理的情况下,审计证据可能仅以电子形式存在,其充分性和适当性通常取决于自动化信息系统相关控制的有效性,注册会计师应当考虑仅通过实施实质性程序不能获取充分、适当审计证据的可能性。例如,某企业通过高度自动化的系统确定采购品种和数量,生成采购订购单,并通过系统中设定的收货确认和付款条件进行付款。除了系统中的相关信息以外,该企业没有其他有关订购单和收货的记录。在这种情况下,如果认为仅通过实施实质性程序不能获取充分、适当的审计证据,注册会计师应当考虑依赖的相关控制的有效性,并对其进行了解、评估和测试。

在实务中,注册会计师可以用表8.7汇总识别的重大错报风险。

表8.7 识别的重大错报风险汇总

识别的重大错报风险	对财务报表的影响	相关的各类交易账户类别、账户余额和披露认定	是否与财务报表整体广泛相关	是否属于特别风险	是否属于仅通过实质性程序员无法应对的重大错报风险
记录识别的重大错报风险	描述对财务报表的影响和导致财务报表发生重大错报的可能性	列示相关的各类交易、账户余额和披露及其认定	考虑是否属于财务报表层次的重大错报风险	考虑是否属于特别风险	考虑是否属于仅通过实质性程序无法应对的重大错报风险

注册会计师应当确定,识别的重大错报风险是与特定的某类交易、账户余额、列报的认定相关,还是与财务报表整体广泛相关,进而影响多项认定。如果通过对内部控制的了解发现下列情况,并对财务报表局部或整体的可审计性产生疑问,注册会计师应当考虑出具保留意见或无法表示意见的审计报告:

(1)被审计单位会计记录的状况和可靠性存在重大问题,不能获取充分、适当的审计证据以发表无保留意见;

(2)对管理层的诚信存在严重疑虑。

必要时,注册会计师应当考虑解除业务约定。

复习思考题

1.什么是内部控制?设计内部控制的目标是什么?

2.为什么没有完美的控制?如何理解内部控制固有的局限性?

3. 内部控制与审计的关系是什么？内部控制的局限性对审计有何影响？
4. 什么是控制环境？为什么说控制环境是内部控制中最重要的要素？你是怎样理解这一说法的？
5. 举例说明一般授权和特别授权的区别。
6. 说明人工控制与自动控制的特征。
7. 控制测试是必须的吗？为什么？

练习题

一、单项选择题

1. 下列各项中，预防员工贪污、挪用销货款的最有效的方法是（　　）。
   A. 记录应收账款明细账的人员不得兼任出纳　　B. 收取顾客支票与收取顾客现金由不同人员担任
   C. 请顾客将货款直接汇入公司所指定的银行账户　D. 公司收到顾客支票后立即寄送收据给顾客
2. 甲注册会计师审计 W 公司 2006 年度财务报表时，将交易和账户划分为销售与收款循环、购货与付款循环、生产循环、筹资与投资循环。在一般情况下，甲应将应付职工薪酬项目划入（　　）。
   A. 销售与收款循环　　　　　　　　　　B. 购货与付款循环
   C. 生产循环　　　　　　　　　　　　　D. 筹资与投资循环
3. 通常情况下，对内部控制的了解是按照（　　）来进行的。
   A. 业务程序　　B. 业务循环　　C. 账户类别　　D. 交易时间
4. 下列各项循环中，属于购货与付款循环内部控制内容的是（　　）。
   A. 计算生产成本　　B. 记录应收账款　　C. 记录现金支出　　D. 领取原材料
5. 对重大错报风险的评估具有广泛影响的内部控制要素是（　　）。
   A. 控制环境　　B. 风险评估过程　　C. 信息系统与沟通　　D. 对控制的监督

二、多项选择题

1. 如果通过对内部控制的了解发现下列（　　）情况，并对财务报表局部或整体的可审计性产生疑问，注册会计师应当考虑出具保留意见或无法表示意见的审计报告。
   A. 被审计单位会计记录的状况和可靠性存在重大问题，不能获取充分、适当的审计证据以发表无保留意见
   B. 对管理层的诚信存在严重疑虑
   C. 控制设计不合理
   D. 控制未能有效运行
2. 控制测试的审计程序包括（　　）。
   A. 询问　　B. 观察　　C. 检查和穿行测试　　D. 重新执行
3. 内部控制的人工成分在处理下列哪些情形时可能更为适当（　　）。
   A. 存在大额、异常或偶发的交易　　B. 存在难以定义、防范或预见的错误
   C. 监督自动化控制的有效性　　　　D. 存在大量或重复发生的交易
4. 与财务报告相关的信息系统通常包括的职能有（　　）。
   A. 识别与记录所有的有效交易　　　B. 恰当确定交易生成的会计期间
   C. 一般授权和特别授权　　　　　　D. 在财务报表中恰当列报交易
5. 在确定某项控制的测试范围时，注册会计师通常应当考虑的因素包括（　　）。
   A. 在整个拟信赖的期间，被审计单位执行控制的频率
   B. 在所审期间，注册会计师拟信赖控制运行有效性的时间长度
   C. 通过测试与认定相关的其他控制获取的审计证据的范围
   D. 在风险评估时拟信赖控制运行有效性的程度和控制的预期偏差

三、判断题

1. 控制测试与了解内部控制的目的不同,因此了解内部控制的审计程序不适用于控制测试。(　　)

2. 如果评估的重大错报风险水平较低,注册会计师可以不针对各类交易、账户余额、列报实施实质性程序。(　　)

3. 当存在某些可以使控制得到一贯运行的自动化控制时,注册会计师在了解内部控制后,可以不对控制运行有效性执行测试。(　　)

4. 对内部控制的测试与评价,不能替代注册会计师对账户余额和交易内容所进行的实质性测试。(　　)

5. 针对同一认定可能存在不同的控制,当针对其他控制获取的审计证据充分性和适当性较高时,测试该控制的范围可适当缩小。(　　)

6. 控制环境本身并不能防止或发现并纠正各类交易、账户余额、列报认定层次的重大错报。(　　)

四、案例分析题

1.【资料】某公司财务部门需要完成的工作包括:(1)记录总账;(2)记录应付账款明细账;(3)记录应收账款明细账;(4)开具支票,交财务主管签章,并记录现金日记账;(5)编制银行存款余额调节表;(6)收取或支付库存现金,并送存银行;(7)记录银行存款日记账;(8)记录销售收入明细账;(9)记录材料明细账;(10)保管支票和发票。

【要求】从内部控制的角度出发,分析上述工作需要有几个人来完成,每个人负责哪些工作。

2.【资料】2000 年 9 月,美国在线(American Online)与其债务人英国的温布里公司(Wembley),就温布里公司根据仲裁应当赔偿给美国在线的 2 280 万美元仲裁收入和 400 万美元的罚息,达成一项和解协议。该协议约定,由温布里公司与美国在线签订一项金额为 2 380 万美元的广告合同(注:美国在线的主业是经营在线广告),相应的,美国在线豁免温布里公司上述全部 2 680 万美元的赔偿款。很快美国在线就为温布里公司制作完成并发布了广告,温布里公司也如约支付了款项。美国在线将这笔款项作为 2000 年的主营业务收入纳入 2000 年第三、第四季度对外报告的利润表。

【要求】根据上述内容,请分析:美国在线的会计处理是否正确?如果你是注册会计师,你会同意这一做法吗?为什么?

第9章

审计抽样

新准则提示

《中国注册会计师审计准则第 1314 号——审计抽样》
《中国注册会计师审计准则第 1221 号——计划和执行审计工作时的重要性》
《中国注册会计师审计准则第 1141 号——财务报表审计中与舞弊相关的责任》

第9章 审计抽样

在本章中,你将学到——

- 审计抽样的含义、分类及适用范围
- 抽样风险和非抽样风险
- 样本的设计
- 选取样本和实施审计程序
- 评价样本结果
- 记录抽样程序

中英文关键词对照——

- 审计抽样 Audit Sampling
- 统计抽样 Statistical Sampling
- 非统计抽样 Non-statistical Sampling
- 样本设计 Design of Samples
- 误差 Error or Deviation
- 审计对象总体 Auditing Population
- 抽样单位 Sampling Unit
- 抽样风险 Sampling Risk
- 非抽样风险 Non-sampling Risk
- 信赖不足风险 Risk of Under-reliance
- 信赖过度风险 Risk of Over-reliance
- 误拒风险 Risk of Incorrect Rejection
- 误受风险 Risk of Incorrect Acceptance
- 可容忍误差 Tolerable Error
- 预期总体误差 Expected Overall Error
- 分层 Stratification
- 随机选样 Random Selection
- 系统选样 Systematic Selection

斯特公司贷款案例

弗雷德·斯特公司设在纽约市,主要从事橡胶进口和销售业务。在20世纪20年代,橡胶正是各类工业企业所急需的一种原材料,比起10年前来说,全美各企业对橡胶的需求量已增长了两倍多。橡胶进口贸易的性质,决定了该公司需要大量的营运资金。不幸的是,弗雷德·斯特公司却因经常缺乏营运资金,而不得不向多家银行和金融机构贷款,以维持其惨淡经营的业务。

1924年3月,斯特公司向厄特马斯公司贷了一笔10万美元的贷款,厄特马斯公司是一家主要从事应收账款业务的金融公司。厄特马斯公司过去曾和斯特公司发生过几笔小额业务往来,所以对斯特公司比较熟悉。但这次鉴于贷款数额较大,厄特马斯公司要求斯特公司的管理当局,出具一份经过审计的资产负债表,以决定是否同意发放这笔贷款给他们。

斯特公司已经请了著名的道奇与尼文会计师事务所对该公司1923年的资产负债表进行了查证,事务所对其签署了无保留意见审计报告。斯特公司出具的经审计过的资产负债表显示,它的总资产已超过了250万美元,且有近100万美元的净资产。在看了这份负债表和审计报告后,厄特斯公司向斯特公司提供了10万美元贷款。随后,厄特马斯公司又向其发放了两笔总计6.5万美元的贷款。在同一时间内,斯特公司还以同样的手法,从其他两家当地银行,得到了超过30万美元的贷款。

但是,1925年1月,斯特公司宣告破产,随之而来的法院证词表明:就在资产负债表报告斯特公司拥有100万美元净资产的1923年底,公司已处于资不抵债的状态,斯特公司的一名会计以虚构公司巨额会计分录的方法,向审计人员隐瞒了公司濒临破产的事实。其中虚构最大一笔的会计分录是将超过70万美元的虚假销售收入,记入应收账款账户的借方。

在斯特公司破产后,厄特马斯公司为追回经济损失,起诉了道奇与尼文会计师事务所,认为道奇与尼文会计师事务所的审计人员应该很轻易地查出斯特公司在1923年12月31日的资产负债表中,虚增了70多万美元应收账款项目这一事实,以避免厄特马斯公司的损失。

道奇与尼文会计师事务所的经办人西斯后来承认在斯特公司12月份发生销售虚增70多万美元的17张发票中,他没有检查过其中任何一张发票。那些有问题的发票准备得很仓促,既缺少货运号码,也没有客户订单号及其他有关的资料。在承认没有检查这些发票后,道奇与尼文会计师事务所的律师为此项疏忽辩护说,审计主要是"抽样测试",而不是对所有账目进行详细检查,随后又辩解说,这17张假发票并未包含在被检查的200多张发票之内是不足为奇的。法庭对此裁决指出:虽然通常审计工作是建立在以抽样为基础的原则上的,但鉴于罗姆伯格登记的12月份大额销售收入性质可疑,道奇与尼文会计师事务所有责任对其进行特别检查。

9.1 审计抽样概述

企业规模的扩大和经营复杂程度的不断上升,使得注册会计师对每一笔交易进行检查变得既不可行,又十分没有必要。为了在合理的时间内能合理的成本完成审计工作,审计抽样应运而生。审计抽样旨在帮助注册会计师确定实施审计程序的范围,以获取充分、适当的审计证据,得出合理的结论,作为形成审计意见的基础。

9.1.1 审计抽样的定义

审计抽样(即抽样),是指注册会计师对具有审计相关性的总体中低于百分之百的项目实施审计程序,使所有抽样单元都有被选取的机会,为注册会计师针对整个总体得出结论提供合理基础。审计抽样能够使注册会计师获取和评价有关所选项目某一特征的审计证据,以形成或有助于形成有关总体的结论。总体,是指注册会计师从中选取样本并期望据此得出结论的整个数据集合。

审计抽样应当具备三个基本特征：
（1）对某类交易或账户余额中低于百分之百的项目实施审计程序；
（2）所有抽样单元都有被选取的机会；
（3）审计测试的目的是为了评价该账户余额或交易类型的某一特征。

审计抽样并非在所有审计程序中都可使用。注册会计师拟实施的审计程序将对运用审计抽样产生重要影响。在风险评估程序、控制测试和实质性程序中，有些审计程序可以使用审计抽样，有些审计程序则不宜使用审计抽样。

以下将分别说明实施各种类型的审计程序时对审计抽样的考虑。

（1）风险评估程序通常不涉及审计抽样。如果注册会计师在了解控制的设计和确定控制是否得到执行的同时计划和实施控制测试，则可能涉及审计抽样，但此时审计抽样是针对控制测试进行的。

（2）控制测试指的是测试控制运行的有效性，当控制的运行留下轨迹时，注册会计师可以考虑使用审计抽样实施控制测试。例如，信用部门经理在销售合同上签名批准赊销，或者操作人员在向某计算机数据处理系统输入数据前必须得到有关主管人员的签字授权等，都能留下控制运行的轨迹。

对于未留下运行轨迹的控制，注册会计师通常实施询问、观察等审计程序，以获取有关控制运行有效性的审计证据，此时不宜使用审计抽样。

（3）实质性程序包括对各类交易、账户余额和披露的细节测试，以及实质性分析程序。在实质性细节测试时，注册会计师可以使用审计抽样获取审计证据，以验证有关财务报表金额的一项或多项认定（如应收账款的存在性），或对某些金额做出独立估计（如陈旧存货的价值）。在实施实质性分析程序时，注册会计师不宜使用审计抽样。

综上所述，在审计过程中，只有对留下了运行证据的控制实施的控制测试和对各类交易、账户余额、列报的细节测试才可能涉及审计抽样。

9.1.2 抽样风险和非抽样风险

在获取审计证据时，注册会计师应当运用职业判断，评估重大错报风险，并设计进一步审计程序，以确保将审计风险降至可接受的低水平。在使用审计抽样时，审计风险既可能受到抽样风险的影响，又可能受到非抽样风险的影响。抽样风险和非抽样风险通过影响重大错报风险的评估和检查风险的确定而影响审计风险。

1. 抽样风险

抽样风险，是指注册会计师根据样本得出的结论，可能不同于如果对整个总体实施与样本相同的审计程序得出的结论的风险。

抽样风险分为下列两种类型：一类是影响审计效果的抽样风险，另一类是影响审计效率的抽样风险。但在控制测试和细节测试中，这两类抽样风险的表现形式有所不同。

（1）在实施控制测试时，注册会计师要关注的两类抽样风险是信赖过度风险和信赖不足风险。信赖过度风险是指推断的控制有效性高于其实际有效性的风险，与审计的效果有关；信赖不足风险是指推断的控制有效性低于其实际有效性的风险，与审计的效率有关。

如果注册会计师评估的控制有效性高于其实际有效性，从而导致评估的重大错报风险水平偏低，注册会计师可能不适当地减少从实质性程序中获取的证据，因此审计的有效性下降。容易导致注册会计师发表不恰当的审计意见，因而更应予以关注。

(2)在实施细节测试时，注册会计师也要关注两类抽样风险：误受风险和误拒风险。误受风险是指注册会计师推断某一重大错报不存在而实际上存在的风险，影响审计的效果；误拒风险是指注册会计师推断某一重大错报存在而实际上不存在的风险，影响审计的效率。

如果账面金额实际上存在重大错报而注册会计师认为其不存在重大错报，注册会计师通常会停止对该账面金额继续进行测试，并根据样本结果得出账面金额无重大错报的结论，影响审计效果，因而更应予以关注。

只要使用了审计抽样，抽样风险总会存在。在使用统计抽样时，注册会计师可以准确地计量和控制抽样风险，在使用非统计抽样时，注册会计师无法量化抽样风险，只能根据职业判断对其进行定性的评价和控制。抽样风险与样本规模反方向变动：样本规模越小，抽样风险越大；样本风险越大，抽样风险越小。无论是控制测试还是细节测试，注册会计师都可以通过扩大样本规模降低抽样风险。如果对总体中的所有项目都实施检查，就不存在抽样风险，此时审计风险完全由非抽样风险产生。

2. 非抽样风险

非抽样风险，是指注册会计师由于任何与抽样风险无关的原因而得出错误结论的风险。注册会计师即使对某类交易或账户余额的所有项目实施审计程序，也可能仍未能发现重大错报或控制失效。在审计过程中，可能导致非抽样风险的原因包括下列情况：

(1)注册会计师选择的总体不适合于测试目标。例如，注册会计师在测试销售收入完整性认定时将主营业务收入日记账界定为总体。

(2)注册会计师未能适当地定义误差(包括控制偏差或错报)，导致注册会计师未能发现样本中存在的偏差或错报。例如，注册会计师在测试现金支付授权控制的有效性时，未将签字人未得到适当授权的情况界定为控制偏差。

(3)注册会计师选择了不适于实现特定目标的审计程序。例如，注册会计师依赖应收账款函证来揭露未入账的应收账款。

(4)注册会计师未能适当地评价审计发现的情况。例如，注册会计师错误解读审计证据可能导致没有发现误差。注册会计师对所发现误差的重要性的判断有误，从而忽略了性质十分重要的误差，也可能导致得出不恰当的结论。

(5)其他原因。

非抽样风险是由人为错误造成的，因而可以降低、消除或防范。虽然在任何一种抽样方法中注册会计师都不能量化非抽样风险，但通过采取适当的质量控制政策和程序，对审计工作进行适当的指导、监督和复核，以及对注册会计师实务的适当改进，可以将非抽样风险降至可以接受的水平。注册会计师也可以通过仔细设计其审计程序尽量降低非抽样风险。

9.1.3 统计抽样和非统计抽样

注册会计师在运用审计抽样时，既可以使用统计抽样方法，也可以使用非统计抽样方法，这取决于注册会计师的职业判断。

统计抽样，是指同时具备下列特征的抽样方法：

(1)随机选取样本项目；

(2)运用概率论评价样本结果,包括计量抽样风险。

不同时具备前面提及的两个特征的抽样方法为非统计抽样。一方面,即使注册会计师严格按照随机原则选取样本,如果没有对样本结果进行统计评估,就不能认为使用了统计抽样;另一方面,基于非随机选样的统计评估也是无效的。

注册会计师应当根据具体情况并运用职业判断,确定使用统计抽样或非统计抽样方法,以最有效率地获取审计证据。注册会计师在统计抽样与非统计抽样方法之间进行选择时主要考虑成本效益。

统计抽样的优点在于能够客观地计量抽样风险,并通过调整样本规模精确地控制风险,这是与非统计抽样最重要的区别。另外,统计抽样还有助于注册会计师高效地设计样本,计量所获取证据的充分性,以及定量评价样本结果。但统计抽样又可能发生额外的成本。首先,统计抽样需要特殊的专业技能,因此使用统计抽样需要增加额外的支出对注册会计师进行培训;其次,统计抽样要求单个样本项目符合统计要求,这些也可能需要支出额外的费用。

非统计抽样如果设计适当,也能提供与统计抽样方法同样有效的结果。注册会计师使用非统计抽样时,也必须考虑抽样风险并将其降至可接受水平,但无法精确地测定出抽样风险。

不管统计抽样还是非统计抽样,两种方法都要求注册会计师在设计、实施和评价样本时运用职业判断。另外,对选取的样本项目实施的审计程序通常也与使用的抽样方法无关。

9.2 样本的设计

注册会计师运用审计抽样方法需要在科学、具体的规划指导下进行,一般可以分为三个主要步骤:样本设计、选取样本和实施审计程序、评价样本结果。

在设计审计样本时,注册会计师应当考虑审计程序的目的和抽样总体的特征。也就是说,注册会计师首先应考虑拟实现的具体目标,并根据目标和总体的特点确定能够最好地实现该目标的审计程序组合,以及如何在实施审计程序时运用审计抽样。

审计抽样中样本设计阶段的工作主要包括以下几个步骤:确定测试目标、定义总体与抽样单元、定义误差构成条件、确定样本规模。

9.2.1 确定测试目标

审计抽样必须紧紧围绕审计测试的目标展开,因此确定测试目标是样本设计阶段的第一项工作。一般而言,控制测试的目标是提供关于控制运行有效性的审计证据,以支持计划的重大错报风险评估水平。而细节测试的目的是确定某类交易或账户余额的金额是否正确,获取与存在的错报有关的证据。

9.2.2 定义总体与抽样单元

1. 总体

在实施抽样之前,注册会计师必须仔细定义总体,确定抽样总体的范围。总体可以包括构成某类交易或账户余额的所有项目,也可以只包括某类交易或账户余额中的部分项目。

例如，在应收账款细节测试中，如果应收账款中没有单个重大项目，注册会计师直接对应收账款账面余额进行抽样，则总体包括构成应收账款期末余额的所有项目；如果注册会计师已使用选取特定项目的方法将应收账款中的单个重大项目挑选出来单独测试，只对剩余的应收账款余额进行抽样，则总体只包括构成应收账款期末余额的部分项目。

在控制测试中，注册会计师必须考虑总体的同质性。同质性是指总体中的所有项目应该具有同样的特征。例如，如果被审计单位的出口和内销业务的处理方式不同，注册会计师应分别评价两种不同的控制情况，因此出现两个独立的总体。

注册会计师所定义的总体应该具备适当性和完整性两个特征。

(1)适当性。注册会计师应确定总体适合于特定的审计目标，包括适合于测试的方向。例如，在控制测试中，如果要测试用以保证所有发运商品都已开单的控制是否有效运行，注册会计师从已开单的项目中抽取样本不能发现误差，因为该总体不包含那些已发运但未开单的项目。为发现这种误差，将所有已发运的项目作为总体通常比较适当。又如，在细节测试中，如果注册会计师的目标是测试应付账款的高估，总体可以定义为应付账款清单。但在测试应付账款的低估时，总体就不是应付账款清单，而是后来支付的证明、未付款的发票、供货商的对账单、没有销售发票对应的收货报告，或能提供低估应付账款的审计证据的其他总体。

(2)完整性。在实施审计抽样时，注册会计师需要实施审计程序，以获取有关总体的完整性的审计证据。注册会计师应当从总体项目内容和涉及时间等方面确定总体的完整性。例如，如果注册会计师从档案中选取付款证明，除非确信所有的付款证明都已归档，否则注册会计师不能对该期间的所有付款证明得出结论。又如，如果注册会计师对某一控制活动在财务报告期间是否有效运行得出结论，总体应包括来自整个报告期间的所有相关项目。

注册会计师通常从代表总体的实物中选取样本项目。例如，如果注册会计师将总体定义为特定日期的所有应收账款余额，代表总体的实物就是该日应收账款余额明细表。又如，如果总体是某一测试期间的销售收入，代表总体的实物就可能是记录在销售明细账中的销售交易，也可能是销售发票。由于注册会计师实际上是从该实物中选取样本，所有根据样本得出的结论只与该实物有关。如果代表总体的实物和总体不一致，注册会计师可能对总体得出错误的结论。因此，注册会计师必须详细了解代表总体的实物，确定代表总体的实物是否包括整个总体。注册会计师通常通过加总或计算来完成这一工作。例如，注册会计师可将发票金额总数与已记入总账的销售收入金额总数进行核对。如果注册会计师将选择的实物和总体比较之后，认为代表总体的实物遗漏了应包含在最终评价中的总体项目，注册会计师应选择新的实物，或对被排除在实物之外的项目实施替代程序。

2.定义抽样单元

抽样单元，是指构成总体的个体项目。注册会计师在定义总体时通常都指明了适当的抽样单元。定义的抽样单元应与审计测试目标相适应。

在控制测试中，抽样单元通常是能够提供控制运行证据的一份文件资料、一个记录或其中一行。例如，如果测试目标是确定付款是否得到授权，且设定的控制要求付款之前授权人在付款单据上签字，抽样单元可能被定义为每一张付款单据。如果一张付款单据包含了对几张发票的付款，且设定的控制要求每张发票分别得到授权，那么付款单据上与发票对应的一行就可能被定义为抽样单元。

在细节测试中，抽样单元可能是一个账户余额、一笔交易或交易中的一项记录，甚至是每个货币单位,选择的标准是考虑如何能使审计抽样实现最佳的效率和效果。例如,如果抽样的目标是测试应收账款是否存在,注册会计师可能选择各应收账款明细账余额、发票或发票上的单个项目作为抽样单元。

3. 分层

如果总体项目存在重大的变异性,注册会计师可以考虑将总体分层。分层,是指将总体划分为多个子总体的过程,每个子总体由一组具有相同特征(通常为货币金额)的抽样单元组成。分层可以降低每一层中项目的变异性,从而在抽样风险没有成比例增加的前提下减小样本规模,提高审计效率。注册会计师应当仔细界定子总体,以使每一抽样单元只能属于一个层。

在实施细节测试时,注册会计师通常根据金额对总体进行分层。这使注册会计师能够将更多审计资源投向金额较大的项目,而这些项目最有可能包含高估错报。例如,为了函证应收账款,注册会计师可以将应收账款账户按其金额大小分为三层,即账户金额在 10 000 元以上的,账户金额为 5 000～10 000 元的,账户金额在 5 000 元以下的。然后,根据各层的重要性分别采取不同的选样方法。对于金额在 10 000 元以上的应收账款账户,应进行全部函证;对于金额在 5 000～10 000 元以及 5 000 元以下的应收账款账户,则可采用适当的选样方法选取进行函证的样本。同样,注册会计师也可以根据表明更高错报风险的特定特征对总体分层,例如,在测试应收账款计价中的坏账准备时,注册会计师可以根据账龄对应收账款余额进行分层。

分层后的每层构成一个子总体且可以单独检查。对某一层中的样本项目实施审计程序的结果,只能用于推断构成该层的项目。如果对整个总体得出结论,注册会计师应当考虑与构成整个总体的其他层有关的重大错报风险。例如,在对某一账户余额进行测试时,占总体数量 20% 的项目,其金额可能占该账户余额的 90%。注册会计师只能根据该样本的结果推断至上述 90% 的金额。对于剩余 10% 的金额,注册会计师可以抽取另一个样本或使用其他收集审计证据的方法,单独得出结论,或者认为其不重要而不实施审计程序。

如果注册会计师将某类交易或账户余额分成不同的层,需要对每层分别推断错报。在考虑错报对该类别的所有交易或账户余额的可能影响时,注册会计师需要综合考虑每层的推断错报。

9.2.3 定义误差构成条件

注册会计师必须事先准确定义构成误差的条件,否则执行审计程序时就没有识别误差的标准。在定义误差构成条件时,注册会计师应考虑审计程序的目标。

在控制测试中,误差是指控制偏差。注册会计师应根据对内部控制的理解,确定哪些特征能够显示被测试控制的运行情况,然后据此定义误差构成条件。以购货付款业务为例,正常的内部控制应当包括核对验收报告与购货发票,然后再核准支付货款,因此,对于每张发票和验收报告,凡存在下列情况之一的,均可定义为误差:未附验收单的发票;与验收单所记载的内容不符的发票;计算有误的发票;要素不全的发票;涂改、伪造的发票。

在细节测试中,误差是指错报,注册会计师要确定什么构成错报。例如,在对应收账款存在性的细节测试中(如函证),客户在函证日之前支付、被审计单位在函证日之后不久收到的款项不构成误差。

9.2.4　确定样本规模

样本规模是指从总体中选取样本项目的数量。在审计抽样中,如果样本规模过小,就不能反映出审计对象总体的特征,注册会计师就无法获取充分的审计证据,其审计结论的可靠性就会大打折扣,甚至可能得出错误的审计结论。因此,注册会计师应当确定足够的样本规模,以将抽样风险降至可接受的低水平。相反,如果样本规模过大,则会增加审计工作量,造成不必要的时间和人力上的浪费,加大审计成本,降低审计效率,就会失去审计抽样的意义。因此,注册会计师应综合考虑多种因素的影响,确定适当的样本规模。

1. 可接受的抽样风险

样本规模受注册会计师可接受的抽样风险水平的影响,可接受的风险水平越低,需要的样本规模越大。

在控制测试中,注册会计师主要关注抽样风险中的信赖过度风险。可接受的信赖过度风险与样本规模成反比。通常,相对较低的水平在数量上是指5%～10%的信赖过度风险。在实务中,一般的测试是将信赖过度风险确定为10%,特别重要的测试则可以将信赖过度风险确定为5%。

在细节测试中,注册会计师主要关注抽样风险中的误受风险。误受风险就是细节测试中的检查风险。根据审计风险模型,注册会计师应恰当地评估重大错报风险,并确定检查风险,以将某类交易或账户余额的审计风险控制在适当的水平。因而,在确定可接受的误受风险水平时,注册会计师需要考虑下列因素:

(1)注册会计师愿意接受的审计风险水平;

(2)评估的重大错报风险水平;

(3)针对同一审计目标(财务报表认定)的其他实质性程序的检查风险,包括分析程序。

对特定的余额或交易而言,控制测试的结果会对注册会计师评估的重大错报风险水平产生影响,进而影响到细节测试中的误受风险,并进一步影响细节测试中的样本规模。

如果注册会计师认为内部控制有效,评估的重大错报风险水平较低,在控制测试中就需要更大的样本规模。如果控制测试的结果证明控制确实有效,评估的重大错报风险仍可以保持较低水平。这就使注册会计师可以提高可接受的误受风险(通过运用审计风险模型),从而能在相关的细节测试中选较少的样本。

2. 可容忍误差

可容忍误差是指注册会计师在认为测试目标已实现的情况下准备接受的总体最大误差。

在控制测试中,它指可容忍偏差率。可容忍偏差率,是指注册会计师设定的偏离规定的内部控制程序的比率,注册会计师试图对总体中的实际偏差率不超过该比率获取适当水平的保证。换言之,可容忍偏差率是注册会计师能够接受的最大偏差数量;如果偏差超过这一数量则减少或取消对内部控制程序的信赖。在确定可容忍偏差率时,注册会计师应考虑计划评估的控制有效性。计划评估的控制有效性越低,注册会计师确定的可容忍偏差率通常越高,所需的样本规模就越小。反之,注册会计师在风险评估时越依赖控制运行的有效性,确定的可容忍偏差率越低,进行控制测试的范围越大,因而样本规模增加。

在细节测试中,它指可容忍错报。可容忍错报,是指注册会计师设定的货币金额,注册会计师试图对总体中的实际错报不可超过该货币金额获取适当水平的保证。实际上,可容忍错报是实际执行的重要性这个概念在特定抽样程序中的运用。可容忍错报可能等于或低于实际执行的重要性。

当保证程度一定时,注册会计师运用职业判断确定可容忍误差。可容忍误差越小,为实现同样的保证程度所需的样本规模越大。

3. 预计总体误差

预计总体误差是指注册会计师根据以前对被审计单位的经验或实施风险评估程序的结果而估计总体中可能存在的误差。对总体的预计误差率或误差额的评估,有助于设计审计样本和确定样本规模。在控制测试中,预计总体误差是指预计总体偏差率。在细节测试中,预计总体误差是指预计总体错报额。

预计总体误差越大,可容忍误差也应当越大。在既定的可容忍误差下,当预计总体误差增加时,所需的样本规模更大。预计总体误差越接近可容忍误差,注册会计师越需要从样本中得到更精确的信息,以控制总体实际误差超出可容忍误差的风险,因而样本规模越大。

如果控制测试的预计总体偏差率高得无法接受,意味着控制有效性很低,注册会计师通常决定不实施控制测试,而实施更多的实质性程序。

如果细节测试的预计总体错报很高,注册会计师对总体进行100%检查或使用较大的样本规模可能较为适当。

4. 总体变异性

总体变异性是指总体的某一特征(如金额)在各项目之间的差异程度。在控制测试中,注册会计师在确定样本规模时一般不考虑总体变异性。在细节测试中,注册会计师确定适当的样本规模时要考虑特征的变异性。总体项目的变异性越低,通常样本规模越小。注册会计师可以通过分层,将总体分为相对同质的组,以尽可能降低每一组中变异性的影响,从而减小样本规模。

5. 总体规模

除非总体非常小,一般而言,总体规模对样本规模的影响几乎为零。注册会计师通常将抽样单元超过5 000个的总体视为大规模总体。对大规模总体而言,总体的实际容量对样本规模几乎没有影响。对小规模总体而言,审计抽样比其他选择测试项目的方法的效率低。

表9.1列示了审计抽样中影响样本规模的因素,并分别说明了这些影响因素在控制测试和细节测试中的表现形式。

表9.1 影响样本规模的因素

影响因素	控制测试	细节测试	与样本规模的关系
可接受的抽样风险	可接受的信赖过度风险	可接受的误受风险	反向变动
可容忍误差	可容忍偏差率	可容忍错报	反向变动
预计总体误差	预计总体偏差率	预计总体错报	同向变动
总体变异性	—	总体变异性	同向变动
总体规模	总体规模	总体规模	影响很小

注册会计师应根据审计工作的实际需要,在综合考虑以上各影响因素的情况下,可以使用统计学公式或运用职业判断,合理、适当地确定样本规模。使用统计抽样方法时,注册会计师必须对影响样本规模的因素进行量化,并利用根据统计公式开发的专门的计算机程序或专门的样本量表来确定样本规模。在非统计抽样中,注册会计师可以只对影响样本规模的因素进行定性的估计,并运用职业判断确定样本规模。

9.3 选取样本和实施审计程序

注册会计师在选取样本项目时,不管使用统计抽样或非统计抽样方法,都应当使总体中的每个抽样单元都有被选取的机会。

在统计抽样中,注册会计师选取样本项目时每个抽样单元被选取的概率是已知的。在非统计抽样中,注册会计师根据判断选取样本项目。

9.3.1 样本选取的方法

选取样本的基本方法,包括使用随机数表或计算机辅助审计技术选样、系统选样和随意选样。

1. 使用随机数表或计算机辅助审计技术选样

使用随机数表或计算机辅助审计技术选样又称随机数选样。使用随机数选样需以总体中的每一项目都有不同的编号为前提。注册会计师可以使用计算机生成的随机数,如电子表格程序、随机数码生成程序、通用审计软件程序等计算机程序产生的随机数,也可以使用随机数表获得所需的随机数。

随机数表也称乱数表,它是由随机生成的从0到9十个数字所组成的数表,每个数字在表中出现的次数是大致相同的,它们出现在表上的顺序是随机的。表9.2就是五位随机数表的一部分。

表9.2 随机数表(部分列示)

列\行\随机数	(1)	(2)	(3)	(4)	(5)
1	10480	15011	01536	02011	81647
2	22368	46573	25595	85313	30995
3	24130	48360	22527	97265	76393
4	42167	93093	06243	61680	07856
5	37570	39975	81837	16656	06121
6	77921	06907	11008	42751	27756
7	99562	72905	56420	69994	98872
8	96301	91977	05463	07972	18876
9	89759	14342	63661	10281	17453
10	85475	36857	53342	53988	53060

应用随机数表选样的步骤如下：

(1) 对总体项目进行编号，建立总体中的项目与表中数字的一一对应关系。一般情况下，编号可利用总体项目中原有的某些编号，如凭证号、支票号、发票号等。在没有事先编号的情况下，注册会计师需按一定的方法进行编号。如由 40 页、每页 50 行组成的应收账款明细表，可采用 4 位数字编号，前两位由 01~40 的整数组成，表示该记录在明细表中的页数，后两位数字由 01~50 的整数组成，表示该记录的行次。这样，编号 0534 表示第 5 页第 34 行的记录。所需使用的随机数的位数一般由总体项目数或编号位数决定。如前例中可采用 4 位随机数表，也可以使用 5 位随机数表的前 4 位数字或后 4 位数字。

(2) 确定连续选取随机数的方法。即从随机数表中选择一个随机起点和一个选号路线，随机起点和选号路线可以任意选择，但一经选定就不得改变。从随机数表中任选一行或任何一栏开始，按照一定的方向（上下左右均可）依次查找，符合总体项目编号要求的数字，即为选中的号码，与此号码相对应的总体项目即为选取的样本项目，一直到选足所需的样本量为止。

例如，从前述应收账款明细表的 2 000 个记录中选择 10 个样本，总体编号规则如前所述，即前两位数字不能超过 40，后两位数字不能超过 50。如从表 9.2 第一行第一列开始，使用前 4 位随机数，逐行向右查找，则选中的样本为编号 1048、1501、0201、2236、2413、0624、0612、0546、1434、1028 的 10 个记录。

随机数选样不仅使总体中每个抽样单元被选取的概率相等，而且使相同数量的抽样单元组成的每种组合被选取的概率相等。这种方法在统计抽样和非统计抽样中均适用。由于统计抽样要求注册会计师能够计量实际样本被选取的概率，这种方法尤其适合于统计抽样。

2. 系统选样

系统选样也称等距选样，是指按照相同的间隔从审计对象总体中等距离地选取样本的一种选样方法。采用系统选样法，首先要计算选样间距，确定选样起点，然后再根据间距顺序地选取样本。

选样间距的计算公式如下：

$$选样间距 = 总体规模 \div 样本规模$$

例如，如果销售发票的总体范围是 652~3151，设定的样本量是 125，那么选样间距为 20 [(3152-652)÷125]。注册会计师随机选择数码 9 作为抽样起点，那么第一个样本项目是发票号码为 661(652+9) 的那一张，其余的 124 个项目是 681(661+20)、701(681+20)、……依此类推，直至第 3141 号。

系统选样方法的主要优点是使用方便，比其他选样方法节省时间，并可用于无限总体。此外，使用这种方法时，对总体中的项目不需要编号，注册会计师只要简单数出每一个间距即可。但是，使用系统选样方法要求总体必须是随机排列的，否则容易发生较大的偏差，造成非随机的、不具代表性的样本。如果测试项目的特征在总体内的分布具有某种规律性，则选择样本的代表性就可能较差。例如，应收账款明细表每页的记录均以账龄的长短按先后次序排列，则选中的 200 个样本可能多数是账龄相同的记录。

为克服系统选样法的这一缺点，可采用两种方法：一是增加随机起点的个数；二是在确定选样方法之前对总体特征的分布进行观察。如发现总体特征的分布呈随机分布，则采用系统选样法；否则，可考虑使用其他选样方法。

系统选样可以在非统计抽样中使用,在总体随机分布时也可适用于统计抽样。

3. 随意选样

随意选样也称任意选样,是指注册会计师不考虑金额大小、资料取得的难易程度及个人偏好,以随意的方式选取样本。其主要缺点在于很难完全无偏见地选取样本项目,即这种方法难以彻底排除注册会计师的个人偏好对选取样本的影响,因而很可能使样本失去代表性。例如,从发票柜中取发票时,某些注册会计师可能倾向于抽取柜子中间位置的发票,这样就会使柜子上面部分和下面部分的发票缺乏相等的选取机会。因此,在运用随意选样方法时,注册会计师要避免由于项目性质、大小、外观和位置等的不同所引起的偏见,尽量使所选取的样本具有代表性。

三种基本方法均可选出代表性样本。但随机数选样和系统选样属于随机基础选样方法,即对总体的所有项目按随机规则选取样本,因而可以在统计抽样中使用,当然也可以在非统计抽样中使用。而随意选样虽然也可以选出代表性样本,但它属于非随机基础选样方法,因而不能在统计抽样中使用,只能在非统计抽样中使用。

9.3.2 实施审计程序

注册会计师应当针对选取的每个项目,实施适合具体目的的审计程序。对选取的样本项目实施审计程序旨在发现并记录样本中存在的误差。

如果审计程序不适用于选取的项目,注册会计师应当针对替代项目实施审计程序。例如,如果在测试付款授权时选取了一张作废的支票,并确信支票已按适当程序作废因而不构成偏差,注册会计师需要适当选择一个替代项目进行检查。

注册会计师通常对每一样本项目实施适合于特定审计目标的审计程序。有时,注册会计师可能无法对选取的抽样单元实施计划的审计程序(如由于原始单据丢失等原因)。注册会计师对未检查项目的处理取决于未检查项目对评价样本结果的影响。如果注册会计师对样本结果的评价不会因为未检查项目可能存在错报而改变,就不需对这些项目进行检查。如果未检查项目可能存在的错报会导致该类交易或账户余额存在重大错报,注册会计师就要考虑实施替代程序,为形成结论提供充分的证据。例如,对应收账款的积极式函证没有收到回函时,注册会计师可以审查期后收款的情况,以证实应收账款的余额。注册会计师也要考虑无法对这些项目实施检查的原因是否会影响计划的重大错报风险评估水平或对舞弊风险的评估。如果未能对某个选取的项目实施设计的审计程序或适当的替代程序,注册会计师应当将该项目视为控制测试中对规定的控制的一项偏差,或细节测试中的一项错报。

9.4 评价样本结果

注册会计师在对样本实施必要的审计后,需要对抽样结果进行评价,以确定对总体相关特征的评估是否得到证实或需要修正。其具体步骤和内容是:分析样本误差,推断总体误差,评价样本结果。

9.4.1 分析样本误差

注册会计师应当根据预先界定的构成误差的条件,确定某一有问题的项目是否为一项误差,在此基础上,注册会计师应当考虑样本的结果、已识别的所有误差的性质和原因,及其对具体审计目标和审计的其他方面可能产生的影响。无论是统计抽样还是非统计抽样,对样本结果的定性评估和定量评估一样重要。即使样本的统计评价结果在可以接受的范围内,注册会计师也应对样本中的所有误差(包括控制测试中的控制偏差和细节测试中的金额错报)进行定性分析。

在控制测试时,当识别出控制的运行存在误差时,注册会计师应当进行专门调查,并考虑下列事项:

(1)已识别的误差对财务报表的直接影响。虽然控制偏差并不一定导致财务报表中的金额错报,但是如果确定某项控制偏差更容易导致金额错报,则该项控制偏差就更加重要。例如,与被审计单位没有定期对信用限额进行检查相比,如果被审计单位的销售发票出现错误,则注册会计师对后者的容忍度较低。这是因为,被审计单位即使没有对客户的信用限额进行定期检查,其销售收入和应收账款的账面金额也不一定发生错报;但如果销售发票出现错误,通常会导致被审计单位确认的销售收入和其他相关账户金额出现错报。

(2)内部控制的有效性及其对审计方法的影响。在分析偏差的性质和原因时,一般考虑该偏差是有意的还是无意的? 是误解了规定还是粗心大意? 是经常发生还是偶然发生? 是系统的还是随机的? 如果对偏差的分析表明是故意违背了既定的内部控制政策或程序,注册会计师应考虑存在重大舞弊的可能性。与错误相比,舞弊通常要求对其可能产生的影响进行更为广泛的考虑。

在上述情况下,注册会计师应当确定实施的控制测试能否提供适当的审计证据,是否需要增加控制测试,或是否需要使用实质性程序应对潜在的错报风险。

在分析发现的误差时,注册会计师可能注意到许多误差具有共同的特征。在这种情况下,注册会计师应当考虑识别出总体中具有共同特征的全部项目,并将审计程序延伸至所有这些项目。这些误差有可能是故意的,并显示可能存在舞弊。

如果误差是由某一孤立事件引起的,该事件只有在特定条件下才会重复发生,比如某一天由于计算机崩溃所发生的误差,此类误差属异常误差,对总体误差不具有代表性。对异常误差,注册会计师应当实施追加的审计程序,以高度确信该误差对总体误差不具有代表性。追加的审计程序取决于具体情况,但应能为注册会计师提供充分、适当的审计证据,以证明该误差并不影响总体的剩余部分。

9.4.2 推断总体误差

在实施控制测试时,将样本中发现的偏差数量除以样本规模,计算出样本偏差率。无论使用统计抽样或非统计抽样方法,样本偏差率就是注册会计师对总体偏差率的最佳估计,因而无需另外推断总体偏差率,但注册会计师还必须考虑抽样风险。

在实施细节测试时,注册会计师应当根据样本中发现的误差金额推断总体误差金额,并考虑推断误差对特定审计目标及审计的其他方面的影响。注册会计师使用的抽样方法不同,根据样本中发现的错报推断总体错报的方法也不同。在细节测试中进行审计抽样,可能使用统计抽样,也可能使用非统计抽样。在非统计抽样中,可以用来推断总体错报的常用方法是比率法和差异法。注册会计师在细节测试中使用的统计抽样方法主要包括传统变量抽样和概率比例规模抽样法(以下简称PPS抽样)。

1. 非统计抽样

(1)比率法。即用样本中的错报金额除以该样本中包含的账面金额占总体账面总金额的比例。例如,注册会计师选取的样本可能包含了应收账款账户账面金额的20%。如果注册会计师在样本中发现了10万元的错报,则其对总体错报的最佳估计为50万元(10万元÷20%)。这种方法不需使用总体规模。比率估计法在错报金额与抽样单元金额相关时最为适用,是大多数审计抽样中注册会计师首选的总体推断方法。

(2)差异法。即计算样本中所有项目审定金额和账面金额的平均差异,并推断至总体的全部项目。例如,注册会计师从5 000个总体中选取了100个非统计抽样样本,在样本中发现的错报为1万元,样本项目审定金额和账面金额的平均差异则为100元(1万元÷100)。然后注册会计师可以根据样本项目的平均差异乘以总体规模,来估计总体错报金额为50万元(100元×5 000)。

2. 传统的变量抽样

(1)均值估计抽样。均值估计抽样是指通过抽样审查确定样本的平均值,再根据样本平均值推断总体的平均值和总值的一种变量抽样方法。使用这种方法时,注册会计师先计算样本中所有项目审定金额的平均值,然后用这个样本平均值乘以总体规模,得出总体金额的估计值。总体估计金额和总体账面金额之间的差额就是推断的总体错报。例如,注册会计师从总体规模为1 000、账面金额为1 000 000元的存货项目中选择了200个项目作为样本。在确定了正确的采购价格并重新计算了价格与数量的乘积之后,注册会计师将200个样本项目的审定金额加总后除以200,确定样本项目的平均审定金额为980元。然后计算估计的存货余额为980 000元(980×1 000)。推断的总体错报就是20 000元(1 000 000-980 000)。

(2)差额估计抽样。差额估计抽样是以样本实际金额与账面金额的平均差额来估计总体实际金额与账面金额的平均差额,然后再以这个平均差额乘以总体规模,从而求出总体的实际金额与账面金额的差额(即总体错报)的一种方法。使用这种方法时,注册会计师先计算样本项目的平均错报,然后根据这个样本平均错报椎断总体。

例如,注册会计师从总体规模为1 000个的存货项目中选取了200个项目进行检查。总体的账面金额总额为1 040 000元。注册会计师逐一比较200个样本项目的审定金额和账面金额并将账面金额(208 000元)和审定金额(196 000元)之间的差异加总,本例为12 000元。12 000元的差额除以样本项目个数200,得到样本平均错报60元。然后注册会计师用这个平均错报乘以总体规模,计算出总体错报为60 000元(60×1 000)。

(3)比率估计抽样。比率估计抽样是指以样本的实际金额与账面金额之间的比率关系来估计总体实际金额与账面金额之间的比率关系,然后再以这个比率去乘总体的账面金额,从而求出估计的总体实际金额的一种抽样方法。比率估计抽样法的计算公式如下:

$$比率 = 样本审定金额 \div 样本账面金额$$
$$估计的总体实际金额 = 总体账面金额 \times 比率$$

推断的总体错报=估计的总体实际金额-总体账面金额

如果上例中注册会计师使用比率估计抽样,样本审定金额合计与样本账面金额的比例则为 0.94(196 000÷208 000)。注册会计师用总体的账面金额乘以该比例 0.94,得到估计的存货余额 977 600 元(1 040 000×0.94)。推断的总体错报则为 62 400 元(1 040 000-977 600)。

如果未对总体进行分层,注册会计师通常不使用均值估计抽样,因为此时所需的样本规模可能太大,以至于对一般的审计而言不符合成本效益原则。比率估计抽样和差额估计抽样都要求样本项目存在错报。如果样本项目的审定金额和账面金额之间没有差异,这两种方法使用的公式所隐含的机理就会导致错误的结论。如果注册会计师决定使用统计抽样,且预计只发现少量差异,就不应使用比率估计抽样和差额估计抽样,而考虑使用其他的替代方法,如均值估计抽样或 PPS 抽样。

3. PPS 抽样

PPS 抽样以货币单元作为抽样单元,有时也被称为金额加权选样、货币单元抽样、累计货币金额抽样等。在该方法下总体中的每个货币单元被选中的机会相同,所以总体中某一项目被选中的概率等于该项目的金额与总体金额的比率。项目金额越大,被选中的概率就越大。但实际上注册会计师并不是对总体中的货币单元实施检查,而是对包含被选取货币单元的余额或交易实施检查。货币单元只是起一个类似钩子的作用,从而带出与之相关联的一个实物单元。PPS 抽样有助于注册会计师将审计重点放在较大的余额或交易。此抽样方法之所以得名,是因为总体中每一余额或交易被选取的概率与其账面金额(规模)成比例。

使用 PPS 抽样时,如果样本中没有发现错报,推断的总体错报就是零;如果样本中发现了错报,注册会计师应计算推断的总体错报。当使用系统选样时,推断的总体错报由两部分构成。第一部分是选取的大于或等于选样间距的项目中已发现的实际错报,第二部分是根据其余小于选样间距的被选取项目中发现的错报所推断的错报。其计算方法是:用每个被选取项目的错报比例乘以选样间距,得出各层的推断错报;然后将各乘积加总,得出小于选样间距的被选取项目的推断错报总额。其中错报比例是指项目错报金额占账面金额的比例。第一部分与第二部分的金额之和,就是 PPS 抽样中推断的总体错报。

9.4.3 评价样本结果

注册会计师应当评价样本结果,以确定对总体相关特征的评估是否得到证实或需要修正。

1. 控制测试中的样本结果评价

在控制测试中,注册会计师应当将总体偏差率与可容忍偏差率比较,但必须考虑抽样风险。

(1)统计抽样。在统计抽样中,注册会计师通常使用表格或计算机程序计算抽样风险。用以评价抽样结果的大多数计算机程序都能根据样本规模、样本结果,计算在注册会计师确定的信赖过度风险条件下可能发生的偏差率上限的估计值。该偏差率上限的估计值即总体偏差率与抽样风险允许限度之和。

如果估计的总体偏差率上限低于可容忍偏差率,则总体可以接受。这时注册会计师对总体得出结论,样本结果支持计划评估的控制有效性,从而支持计划的重大错报风险评估水平。

如果估计的总体偏差率上限大于或等于可容忍偏差率,则总体不能接受。这时注册会计师对总体得出结论,样本结果不支持计划评估的控制有效性,从而不支持计划的重大错报风险评估水平。此时注册会计师应当修正重大错报风险评估水平,并增加实质性程序的数量。注册会计师也可以对影响重大错报风险评估水平的其他控制进行测试,以支持计划的重大错报风险评估水平。

如果估计的总体偏差率上限低于但接近可容忍偏差率,注册会计师应当结合其他审计程序的结果,考虑是否接受总体,并考虑是否需要扩大测试范围,以进一步证实计划评估的控制有效性和重大错报风险水平。

(2)非统计抽样。在非统计抽样中,抽样风险无法直接计量。注册会计师通常将样本偏差率(即估计的总体偏差率)与可容忍偏差率相比较,以判断总体是否可以接受。

如果样本偏差率大于可容忍偏差率,则总体不能接受。

如果样本偏差率低于总体的可容忍偏差率,注册会计师要考虑即使总体实际偏差率高于可容忍偏差率时仍出现这种结果的风险。如果样本偏差率大大低于可容忍偏差率,注册会计师通常认为总体可以接受。如果样本偏差率虽然低于可容忍偏差率,但两者很接近,注册会计师通常认为总体实际偏差率高于可容忍偏差率的抽样风险很高,因而总体不可接受。如果样本偏差率与可容忍偏差率之间的差额不是很大也不是很小,以至于不能认定总体是否可以接受时,注册会计师则要考虑扩大样本规模,以进一步收集证据。

2. 细节测试中的样本结果评价

当实施细节测试时,注册会计师应当根据样本中发现的错报推断总体错报。注册会计师首先必须根据样本中发现的实际错报要求被审计单位调整账面记录金额。将被审计单位已更正的错报从推断的总体错报金额中减掉后,注册会计师应当将调整后的推断总体错报与该类交易或账户余额的可容忍错报相比较,但必须考虑抽样风险。如果推断错报高于确定样本规模时使用的预期错报,注册会计师可能认为,总体中实际错报超出可容忍错报的抽样风险是不可接受的。考虑其他审计程序的结果有助于注册会计师评估总体中实际错报超出可容忍错报的抽样风险,获取额外的审计证据可以降低该风险。

(1)统计抽样。在统计抽样中,注册会计师利用计算机程序或数学公式计算出总体错报上限,并将计算的总体错报上限与可容忍错报比较。计算的总体错报上限等于推断的总体错报(调整后)与抽样风险允许限度之和。

如果计算的总体错报上限低于可容忍错报,则总体可以接受。这时注册会计师对总体得出结论,所测试的交易或账户余额不存在重大错报。

如果计算的总体错报上限大于或等于可容忍错报,则总体不能接受。这时注册会计师对总体得出结论,所测试的交易或账户余额存在重大错报。在评价财务报表整体是否存在重大错报时,注册会计师应将该类交易或账户余额的错报与其他审计证据一起考虑。通常,注册会计师会建议被审计单位对错报进行调查,且在必要时调整账面记录。

(2)非统计抽样。在非统计抽样中,注册会计师运用其经验和职业判断评价抽样结果。如果调整后的总体错报大于可容忍错报,或虽小于可容忍错报但两者很接近,注册会计师通常得出总体实际错报大于可容忍错报的结论。也就是说,该类交易或账户余额存在重大错报,因而总体不能接受。如果对样本结果的评价显示,对总体相关特征的评估需要修正,注册会计师可以单独或综合采取下列措施:提请管理层对已识别的错报和存在更多错报的可能性进行调查,并在必要时予以调整;修改进一步审计程序的性质、时间安排和范围;考虑对审计报告的影响。

如果调整后的总体错报远远小于可容忍错报,注册会计师可以得出总体实际错报小于可容忍错报的结论,即该类交易或账户余额不存在重大错报,因而总体可以接受。

如果调整后的总体错报虽然小于可容忍错报但两者之间的差距很接近(既不很小又不很大),注册会计师必须特别仔细地考虑,总体实际错报超过可容忍错报的风险是否能够接受,并考虑是否需要扩大细节测试的范围,以获取进一步的证据。

9.5　记录抽样程序

注册会计师应当记录所实施的审计程序,以形成审计工作底稿。在控制测试中使用审计抽样时,注册会计师通常记录下列内容:

(1)对所测试的设定控制的描述;
(2)抽样的目标,包括与重大错报风险评估的关系;
(3)对总体和抽样单元的定义,包括注册会计师如何考虑总体的完整性;
(4)对偏差的构成条件的定义;
(5)信赖过度风险,可容忍偏差率,以及在抽样中使用的预计总体偏差率;
(6)确定样本规模的方法;
(7)选样方法;
(8)对如何实施抽样程序的描述,以及样本中发现的偏差清单;
(9)对样本的评价及总体结论摘要。

对样本的评价和总体结论摘要可能包含样本中发现的偏差数量,对注册会计师如何考虑抽样风险的解释,以及关于样本结果是否支持计划的重大错报风险评估水平的结论。

工作底稿中还可能记录偏差的性质,注册会计师对偏差的定性分析,以及样本评价结果对其他审计程序的影响。

在实质性程序中使用审计抽样时,注册会计师通常记录下列内容:

(1)测试目标和对与此目标相关的其他审计程序的描述;
(2)总体和抽样单元的定义,包括注册会计师如何确定总体的完整性;
(3)错报的定义;
(4)误受风险、误拒风险和可容忍错报;
(5)使用的审计抽样方法;
(6)选样方法;
(7)描述抽样程序的实施,以及样本中发现的错报清单;
(8)对样本的评价和总体结论摘要。

对样本的评价和总体结论摘要可能包含根据样本中发现的错报推断总体,对注册会计师如何考虑抽样风险的解释,以及关于总体的最终结论。工作底稿也可记录注册会计师对错报的性质方面的考虑。

复习思考题

1. 选取测试项目的方法有哪几种?分别适用于什么情形?
2. 抽样风险和非抽样风险是如何影响审计工作的?
3. 审计抽样方法适用于哪些审计程序?不适用于哪些审计程序?
4. 注册会计师在设计样本时应当考虑哪些因素?
5. 注册会计师确定样本规模时应当考虑哪些因素?
6. 注册会计师对抽样结果进行评价的具体程序和内容是什么?

练习题

一、名词解释

1. 审计抽样 2. 统计抽样 3. 非统计抽样 4. 抽样风险 5. 非抽样风险 6. 分层 7. 随机选样 8. 系统选样

二、单项选择题

1. 注册会计师在设计样本时,首先考虑的应当是(   )。
   A. 将要达到的具体审计目的   B. 审计对象总体和抽样单位
   C. 抽样风险和非抽样风险   D. 可信赖程度和可容忍误差

2. 注册会计师确定某账户的可容忍误差为 8 万元,依据抽样结果推断的差错额为 60 万元,而该账户的实际差错额为 20 万元,这种情况属于注册会计师承担(   )。
   A. 误受风险   B. 信赖不足风险   C. 误拒风险   D. 未引起抽样风险

3. 注册会计师欲使用系统抽样法从 300 张编号为 001 至 300 的支票中抽取 20 张进行审计,随机确定的抽样起点为 007,那么抽取的第五张支票的编号为(   )。
   A. 52   B. 67   C. 76   D. 57

4. 注册会计师如果根据具体情况对抽样对象进行了适当的分层,则在抽样中,下列(   )做法是不可取的。
   A. 对不同层次使用不同的抽样比率   B. 对不同层次实施相同的审计程序
   C. 对包含最重要项目的层次全部审计   D. 对数量大而特征值低的层次放弃审计

5. 注册会计师运用分层抽样方法的主要目的是为了(   )。
   A. 减少样本的非抽样风险   B. 决定审计对象总体特征的发生率
   C. 审计可能有较大错误的项目,并减少样本量 D. 无偏见地选取样本项目

6. 以下在抽样过程出现的各种失误中,属于非抽样风险的是(   )。
   A. 由于将可信赖程度确定的过高而引起样本量过低
   B. 在抽取样本时未进行分层使得样本的代表性不高
   C. 由于抽样单位确定不当而引起对总体推断的失误
   D. 在对抽取的样本进行审查时未能发现其中的错误

7. 如果为审查企业是否是经验收报告与进货发票相核对后才核准支付采购货款,注册会计师抽查发票及其有关的验收单据时,不属于"误差"的是(   )。
   A. 未附验收单据的任何发票   B. 发票虽附有验收单据,但该单据却属于其他发票
   C. 发票与验收单据记载的数量不符   D. 每张凭单上均附有验收报告及发票

8. 注册会计师按照既定的审计程序对某项目进行测试,如果无法对样本取得审计证据,也无法执行替

代审计程序时,应将有关样本视为( )。

A. 审计差异　　　　B. 应调整事项　　　　C. 误差　　　　D. 错误

9. 有关抽样风险与非抽样风险的下列表述中,注册会计师不能认同的是( )。

A. 信赖不足风险会降低审计效率

B. 误拒风险会影响审计效果

C. 信赖过度风险与误受风险会影响审计效果

D. 非抽样风险对审计工作的效率和效果都有影响

10. 在关于销售业务的审计中,不适宜抽样的是( )。

A. 确认赊销是否均经过批准　　　　B. 确认销货发票是否均附有发运单副本

C. 审查大额或异常的销售业务　　　D. 确认销货发票副本上是否表明账户号码

三、综合题

1. 某委托人应收账款的编号为0001至4000,注册会计师拟利用随机数表选择其中的150份进行函证(随机数表请参见教材)。要求:

(1) 以第1列、第1行数字为起始点,自上往下,自左往右,以各数的前四位数为准,注册会计师选择的最初5个样本的号码分别是多少?

(2) 以第2列、第4行数字为起始点,自上往下,自左往右,以各数的前四位数为准,注册会计师选择的最初5个样本的号码分别是多少?

2. 假设被审计单位的应付账款账面总值为600万元,共计3 600个账户,注册会计师为对应付账款总额进行估计,选出200个账户,账面价值为24万元。审定后认定的价值为22万元。使用比率估计抽样,应付账款总体金额应为多少?

四、案例分析题

【资料】注册会计师张伞在审计民昌上市公司2006年度财务报表时,对助理人员进行在岗培训时讲到:监盘、查询、函证和计算等程序的实施都需要采用审计抽样的方法。但对于不同项目,实施审计抽样的方法不同。如对于存货项目,注册会计师应当根据被审计单位的生产经营特点,选取对期间生产经营成果影响比较敏感、期间收发数量金额较大、易于腐烂变质和库存数量较大不易清点等项目作为样本进行抽盘。对于固定资产项目,注册会计师应当选取流动性强的项目、当期增减变化的项目、全部或局部投入使用的在建工程项目等作为样本进行检查、盘点。对于债权性往来项目,注册会计师应当主要选取明细账户中账龄较长的、数额较大的、业务发生频繁而数额较小的、重大的关联方交易、重大或异常交易、可能存在争议以及产生重大错误与舞弊的交易等和预付账款长期未收到所预订货物的、与生产经营无关的款项等实施查询与函证。对会计期间成本费用的归集分配、产成品成本和在产品成本的计算,注册会计师应当在控制测试的基础上,选取适当的月份(一般可选取6月、12月),对被审计单位的全部或主要产品成本的计算,按照其成本核算实地进行复验以确定其计算的正确性。总之,对被审计单位会计报表项目的实质性测试,应根据被审计会计报表项目的具体经济性质和获取审计证据的需要,选择充分、适当的样本。

【要求】请分析判断注册会计师所选择审计样本的适当性。

第 10 章

财务报表审计

新准则提示

《中国注册会计师审计准则第 1301 号——审计证据》
《中国注册会计师审计准则第 1311 号——对存货、诉讼和索赔、分部信息等特定项目获取审计证据的特殊考虑》
《中国注册会计师审计准则第 1312 号——函证》
《中国注册会计师审计准则第 1313 号——分析程序》
《中国注册会计师审计准则第 1321 号——审计会计估计(包括公允价值会计估计)和相关披露》
《中国注册会计师审计准则第 1323 号——关联方》
《中国注册会计师审计准则第 1324 号——持续经营》
《中国注册会计师审计准则第 1331 号——首次审计业务涉及的期初余额》
《中国注册会计师审计准则第 1332 号——期后事项》

第 10 章 财务报表审计

在本章中,你将学到——

- 销售与收款循环主要业务关键控制、控制测试和主要项目实质性程序
- 购货与付款循环主要业务关键控制、控制测试和主要项目实质性程序
- 生产循环主要业务关键控制、控制测试和主要项目实质性程序
- 筹资与投资主要业务关键控制、控制测试和主要项目实质性程序
- 货币资金关键控制、控制测试和主要项目实质性程序
- 特殊项目审计

中英文关键词对照——

- 财务报表审计 Audit for Financial Statement
- 销售与收款循环 Sales and Collection Cycle
- 购货与付款循环 Acquision and Payment Cycle
- 筹资与投资循环 Financing and Investment Cycle

2001 年 1 月 12 日,美国传媒业霸主时代华纳公司和网络新贵全美最大网络服务公司美国在线强强联手,合并组成了美国在线时代华纳公司,合并形成了商誉 1 100 亿美元,加上两个公司原有的商誉总计 1 300 多亿美元。2001 年末,也就是合并当年的年末,摊销商誉 67 亿美元,当年美国在线时代华纳公司亏损 49.21 亿美元。2002 年度,共计提商誉减值准备 989 亿美元;2002 年度,公司亏损 986.96 亿美元。

2002 年 12 月 31 日美国在线时代华纳公司资产负债表资产项目的部分数据如表 10.1 所示(金额单位:百万美元),如果你是注册会计师,对美国在线时代华纳商誉摊销的会计处理,你有什么看法?你会比较关注这张报表的哪些内容?你觉得有可能存在重大错报风险吗?你将如何着手进行审计测试?需要执行哪些测试呢?

表 10.1   百万美元

项目名称	2002 年末余额
流动资产	11 155
非流动性存货及电影成本	3 351
投资	5 138
固定资产	12 150
无形资产	
其中:需要摊销的无形资产	7 061
不需要摊销的无形资产	37 145
商誉	36 986
无形资产合计	81 192
其他资产	2 464
资产总额	115 450

在前面的各章里，我们介绍了审计的基本理论和基本方法，本章将以业务循环为单位，选取各业务循环中涉及的主要财务报表项目，简要介绍财务报表审计的审计程序——控制测试和实质性程序。注册会计师的审计过程，就是在了解被审计单位内部控制的基础上，对重大错报风险进行初步评估，然后在认为必要的时候执行控制测试，并执行实质性程序。

无论是控制测试还是实质性程序，事实上财务报表审计的核心，就是以适用的会计准则和相关会计制度(包括财政部颁布的内部会计控制规范)为标尺，遵循中国注册会计师审计准则的要求，衡量和判断被审计单位的财务报表编制是否合法，会计处理是否正确，所反映的财务状况、经营成果和现金流量是否公允，以合理保证作为各方决策信息的财务报表不存在重大错报。

在评价财务报表是否按照适用的会计准则和相关会计制度的规定编制时，注册会计师应当考虑下列内容：

(1)选择和运用的会计政策是否符合适用的会计准则和相关会计制度，并适合于被审计单位的具体情况；

(2)管理层作出的会计估计是否合理；

(3)财务报表反映的信息是否具有相关性、可靠性、可比性和可理解性；

(4)财务报表是否作出充分披露，使财务报表使用者能够理解重大交易和事项对被审计单位财务状况、经营成果和现金流量的影响。

在评价财务报表是否作出公允反映时，注册会计师应当考虑下列内容：

(1)经管理层调整后的财务报表，是否与注册会计师对被审计单位及其环境的了解一致；

(2)财务报表的列报、结构和内容是否合理；

(3)财务报表是否真实地反映了交易和事项的经济实质。

控制测试通常按照业务循环法来进行，实质性程序则有两种方式，一个是按财务报表项目进行，另一个是按照业务循环进行。因此利用业务循环法组织实施审计工作，可以将控制测试和实质性程序有效联系，并且有助于审计人员深入了解被审计单位业务，同时也便于项目组的分工，是一种效率较高的方法，在审计实务中广泛采用。因此，我们将以销售与收款循环、购货与付款循环、生产循环、筹资与投资循环分别说明各业务循环的审计，并单独介绍货币资金以及一些特殊项目的审计业务。

为明确财务报表项目与各业务循环之间的关系，我们绘制了表10.2，该表简要介绍了财务报表项目与各业务循环之间的对应关系，作为按照业务循环执行实质性程序的参考。由于篇幅有限，本章将仅选取各业务循环中的主要财务报表项目介绍其实质性程序。其他项目的实质性程序，可依据各该项目的审计目标，参照主要项目，按照被审计单位适用的会计准则和相关会计制度与中国注册会计师审计准则这两把"尺子"予以确定。

在进行任何一个循环的审计时，必须首先了解该业务循环的主要经济活动，以及该业务循环的业务流程。在整个业务流程中，留下了交易轨迹，即有关凭证和记录(包括会计记录)。内部控制的关键控制点，是在业务流程中体现和完成的。通过业务流程中留下的交易轨迹，对关键控制点通过审计抽样进行控制测试，进而执行实质性程序，为发表审计意见获取充分、适当的审计证据，并形成审计工作底稿，就是对每一个循环进行审计要做的工作。

本章将主要采用业务处理流程图的方式,简要介绍各业务循环的主要业务、处理流程、各业务环节的关键控制点,以及针对各关键控制点应当采取的控制测试、交易的实质性程序、主要财务报表项目的实质性程序。

表 10.2 业务循环与主要财务报表项目关联一览表

业务循环	资产负债表项目	利润表项目
销售与收款循环	应收票据、应收账款、预收账款、应交税费	营业收入、营业税金及附加、销售费用、资产减值损失
购货与付款循环	应付票据、应付账款、预付账款、固定资产、在建工程、工程物资、固定资产清理	资产减值损失
生产循环	存货、应付职工薪酬	营业成本
筹资与投资循环	交易性金融资产、应收利息、应收股利、可供出售金融资产、持有至到期投资、长期应收款、长期股权投资、投资性房地产、无形资产、开发支出、商誉、长期待摊费用、递延所得税资产、短期借款、交易性金融负债、应付利息、应付股利、其他应付款、长期借款、应付债券、长期应付款、专项应付款、预计负债、递延所得税负债、股本、资本公积、库存股、盈余公积、未分配利润	管理费用、财务费用、投资收益、资产减值损失、公允价值变动收益、对联营企业和合营企业的投资收益、营业外收入、营业外支出、所得税

10.1 销售与收款循环审计

10.1.1 销售与收款循环的主要业务流程及其控制

1. 销售与收款循环主要经济活动与业务流程

图 10.1 和图 10.2 反映了销售与收款循环的业务流程与关键控制点,包括职责分工、授权审批、涉及的充分的凭证和记录、凭证的处理和传递以及内部独立稽核,并简单介绍了与之相关的认定。

2. 销售与收款循环的主要业务

从图 10.1 和图 10.2 中可知,销售与收款循环的主要业务包括:①接受顾客订单;②批准赊销;③按销售单供货;④按销售单发运货物;⑤向顾客开具发票账单;⑥记录销售业务;⑦收取货款;⑧处理和记录销售退回、折扣与折让;⑨核销坏账;⑩提取坏账准备。

3. 销售与收款循环的主要凭证和会计记录

从图 10.1 和图 10.2 中可知,销售与收款循环的主要凭证和会计记录包括:

(1)顾客订货单。

(2)销售单:列示顾客所定商品名称、规格、数量等订货信息的凭证,是销售企业处理订货的内部凭证,也是发运货物的依据。

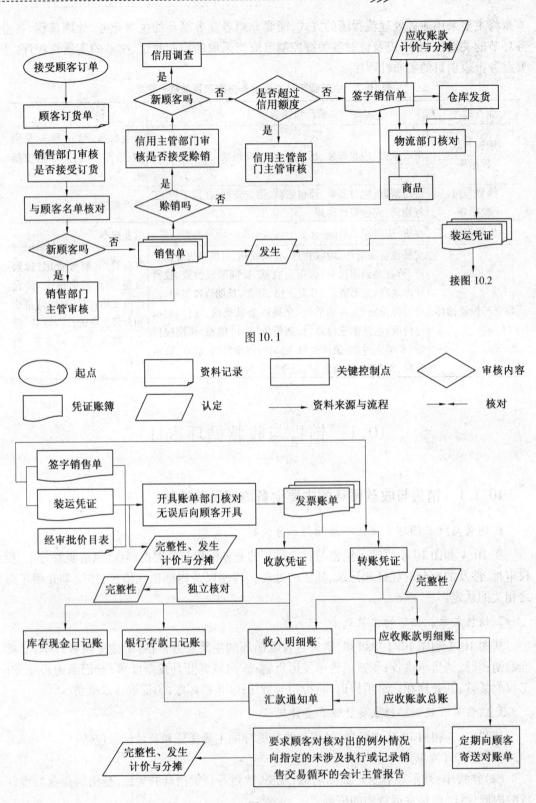

图 10.1

图 10.2

(3)发运凭证:是发运货物时编制的、记录发出商品名称、规格、数量等信息的凭据。一联寄送顾客,其余由企业保存,作为发出商品和开具发票账单的依据。

(4)销售发票。

(5)商品价目表:是列示已经授权批准的各种商品价格的清单。

(6)销售退回、折扣与折让通知单:是反映销售退回或经批准的销售折扣与折让的凭证。

(7)应收账款账龄分析表:通常应收账款账龄分析表按月编制,反映月末尚未收回的应收账款总额和账龄,并详细反映每个客户月末尚未偿还的应收账款数额和账龄。

(8)应收账款明细账。

(9)主营业务收入明细账。

(10)折扣与折让明细账。

(11)汇款通知书或收款通知:是收到款项的凭证。

(12)库存现金日记账和银行存款日记账。

(13)顾客对账单:是定期(如每个月末)寄送给顾客,反映应收账款期初余额、本期发生额、期末余额等数据,据以进行账目核对的凭证。

(14)转账凭证。

(15)收款凭证。

(16)坏账审批表:是用来批准核销坏账的内部凭证。

4.销售与收款循环的主要控制

从图 10.1 和图 10.2 中,可以看到的主要控制有:

(1)适当的岗位分工。图中清晰地反映了不同岗位的职责,各部门的分工情况。

(2)正确的授权审批。包括对顾客的选择、赊销的审批、信用政策等。以赊销的审批为例,对于超过赊销限额的顾客,必须经过被授权的主管审批。

(3)清晰的交易轨迹。各种记录和凭证(所有内部凭证除特殊情况无法编号外,均须预先连续编号),反映了整个交易过程,也留下了审计轨迹。

(4)内部稽核制度。例如开具账单部门人员必须独立核对销售单和装运凭证,确认无误后方可开具发票账单;独立稽核人员必须对登记入账的销售业务检查其所附发票的连续性及相关佐证凭证是否齐全等。

(5)定期对账制度。定期与顾客对账,并建立顾客对于例外情况向适当的人报告的制度。

有关销售与收款内部控制的详细内容,请登录财政部网站(www.mof.gov.cn)查询《内部会计控制——销货与收款(试行)》。

10.1.2 销售与收款循环关键控制点的测试

根据图 10.1、图 10.2 所反映的业务流程及相关控制,可以确定销售与收款循环的控制目标,关键控制点,然后就可以针对关键控制点确定应当采用的控制测试和实质性程序。《内部会计控制规范——销售与收款(试行)》中,明确规定了销售与收款内部控制监督检查的主要内容,注册会计师进行测试时,也应当对此重点关注。这些内容包括:

(1)销售与收款业务相关岗位及人员的设置情况。重点检查是否存在销售与收款业务不相容职务混岗的现象。

（2）销售与收款业务授权批准制度的执行情况。重点检查授权批准手续是否健全，是否存在越权审批行为。

（3）销售的管理情况。重点检查信用政策、销售政策的执行是否符合规定。

（4）收款的管理情况。重点检查单位销售收入是否及时入账，应收账款的催收是否有效，坏账核销和应收票据的管理是否符合规定。

（5）销售退回的管理情况。重点检查销售退回手续是否齐全、退回货物是否及时入库。

表10.3 在图10.1、图10.2 的基础上，反映了销售业务的控制目标、关键控制点和对关键控制点的常用测试。应当说明的是，表10.3 只是以列举的方式，列示了销售与收款循环中可以采用的审计测试，并非全部可供使用的审计程序，审计程序与相关认定之间也不是固定的对应关系（以下各节中同样的表格亦如此）。在实务中，注册会计师需要根据具体情况和审计计划确定应当执行的审计程序。

表10.3　销售业务的控制目标、相关认定、内部控制与常用测试

控制目标与认定	关键控制点	常用的控制测试	常用的交易实质性程序
1. 登记入账的销货业务都是真实的——发生	销售业务是根据经过适当人员审核的销售发票以及销售单和发运凭证登记入账的；销售发票均连续编号，并正确登记入账；赊销在发货前已经过适当审批；大额赊销与特殊价格销售均经过特别授权；定期向顾客寄送对账单，对顾客报告的例外情况进行专门调查	检查销售发票副联是否附有销售单、发运凭证，并与顾客订货单核对；检查销售发票是否连续编号；检查赊销与特殊价格销售是否经过适当的人审批；询问和观察是否定期寄发对账单，检查顾客回函档案	以主营业务收入明细账为起点，追查至有关原始凭证，重点查明有无下列情况：(1) 未发货却已登记销售入账；(2) 销售重复入账；(3) 虚假销售，即顾客是虚构的。复核主营业务收入总账、明细账以及应收账款明细账中的大额和异常项目，对大额和异常应收账款进行函证；将主营业务收入明细账与记账凭证及其所附发票、销售单、发运凭证核对，并核对赊销审批与发运审批；将发运凭证与存货总账、明细账核对；检查应收账款坏账的核销审批表
2. 已发生的所有销售业务都已登记入账——"完整性"	销售单均事先连续编号并登记入账；发运凭证均事先连续编号并登记入账；销售发票均事先连续编号并登记入账	检查销售单是否连续编号，编号是否完整；检查发运凭证是否连续编号，编号是否完整；检查销售发票是否连续编号，编号是否完整	以发运凭证为起点，追查至销售发票存根和主营业务收入明细账，重点查明有无遗漏；将发运凭证、销售单、销售发票与主营业务收入和应收账款明细账进行核对

续表10.3

控制目标与认定	关键控制点	常用的控制测试	常用的交易实质性程序
3. 按订货数量发货、按发货数量准确开具发票、将发票上的数据准确登记入账——计价或分摊、准确性	销售价格、信用条件、运费、折扣和折让的确定经过适当授权；特殊价格的销售经过适当的人特别授权；由独立人员对销售发票进行内部稽核	检查销售发票、折扣折让通知单是否经过适当的人审批；特殊价格的销售是否经过适当的人特别授权审批；检查有关凭证上的内部稽核标记	重新计算销售发票上的数据，包括金额小计与合计；将发票上的商品价格、规格、数量、顾客名称等资料与发运凭证和商品价目表核对；以主营业务收入明细账为起点，与应收账款明细账核对，并追查至销售发票存根
4. 登记入账的销售业务分类恰当——分类	使用适当的会计科目表；进行内部稽核	检查会计科目表是否适当；检查有关凭证上的内部稽核标记	将销售业务明细账与会计科目表核对，并检查其他有关原始凭证和资料
5. 销售业务的记录及时——完整性、截止、计价与分摊	限定凭单的传递时间，使已发生的销货在规定时间内开具收款凭单和登记入账；定期进行内部稽核	检查尚未开具收款凭单的发货和尚未登记入账的销售业务；检查有关凭证上的内部稽核标记	将发运凭证上的日期与销售发票存根、记账凭证、主营业务收入明细账、应收账款明细账上的日期进行核对
6. 所有销售业务已经正确地计入明细账，并经正确汇总——完整性、准确性、计价和分摊	定期（每月）向顾客寄送对账单；由独立人员对对账单进行内部稽核；将应收账款明细账余额合计数与总账余额核对	询问或观察对账单是否寄出；检查对账单上的内部稽核标记；检查应收账款明细账余额合计数与总账余额核对的标记	从销售发票存根追查至记账凭证、主营业务收入明细账和应收账款明细账；将主营业务收入明细账加总，追查至主营业务收入总账和应收账款明细账、现金日记账、银行存款日记账

10.1.3 营业收入审计

1. 营业收入审计目标

营业收入是销售与收款循环的重要项目，由主营业务收入和其他业务收入两个账户组成。在审计实务中，对财务信息作出虚假报告导致的重大错报通常源于多计或少计收入，即存在高估或低估错报，其中又以高估错报居多；也有一些被审计单位（多为一些高投资报酬率、高利润率的企业）存在低估错报。例如，财政部在2005年度检查的39户房地产开发企业，就普遍存在低估收入的问题，查出收入不实84亿元（详见财政部会计信息质量检查公告第十二号）。因此，注册会计师应当假定被审计单位在收入确认方面存在舞弊风险，并应当考虑哪些收入类别以及与收入有关的交易或认定可能导致舞弊风险。在注册会计师审计营业收入时，应重点查明：利润表中记录的营业收入是否真实发生，且与被审计单位有关；营业收入的金额是否正确、完整；与营业收入有关的金额及其他数据是否已恰当记录；销售退回、折扣与折让的处理是否适当；会计处理是否正确，是否已记录于正确的会计期间；列报是否恰当。

2. 营业收入的实质性程序

在针对销售交易进行了相关控制测试和实质性程序之后,这里重点介绍营业收入项目的实质性程序。

(1) 取得或编制营业收入项目明细表,包括主营业务收入和其他业务收入明细表,复核加计正确,并与报表数、主营业务收入和其他业务收入总账数、明细账合计数核对。

(2) 检查企业的营业执照,查明主营业务收入和其他业务收入的划分是否符合企业的经营范围。

(3) 检查收入的确认原则和方法是否符合适用的会计准则和相关会计制度规定,前后期是否一致。前已述及,适用的会计准则和相关会计制度是衡量企业会计处理是否正确,财务报表编制是否合法,财务状况、经营成果和现金流量是否公允反映的标尺。《企业会计准则第14号——收入》,明确规定了销售商品、提供劳务和让渡资产使用权收入的确认条件,注册会计师需据此进行判断,特别是特殊销售行为,如采用托收承付方式、预收款方式、销售商品需要安装和检验、销售商品采用以旧换新方式、销售商品采用支付手续费方式委托代销、售后回购、售后租回等。

【案例分析10.1】

H公司将委托他人开发的两项专利产品技术协议转让给其他公司,报告期内共收取技术转让费5 500万元,该技术委托开发成本为230万元,H公司将收取的5 500万元技术转让费列入利润表营业收入项目,同时将委托开发成本230万元列入营业成本项目。注册会计师在检查H公司与受托开发方签订的委托开发合同时发现,合同规定:H公司应当在支付了全部开发经费和报酬,并支付了约定的"技术转让费"之后,才能享有对研究开发成果完全的使用权和转让权。但截至年报审计报告日,H公司尚欠受托开发方79万元开发及转让费。

请问H公司利润表营业收入和营业成本存在什么问题?注册会计师采用了哪些审计程序来查明问题?需要审查哪些资料?H公司存在的问题会对公司利润表构成什么影响?如果财务报表层次的重要性水平为380万元。H公司未经审计的利润表净利润为3 800万元,注册会计师应当发表的审计意见是什么?

收入存在重大错报是财务报表舞弊中常见的问题。其主要表现无非是要么确认虚假收入或提前确认收入,要么少计收入或延迟确认收入,前者涉及收入的发生(真实性)和截止认定,后者涉及收入的完整性和准确性认定。而无论是哪一种,都是没有遵循适用的会计准则和相关会计制度的规定。通过审计抽样,将销售单、发运凭证、销售发票、收款凭单、记账凭证、应收账款明细账、现金日记账、银行存款日记账、商品价目表等的详细内容(包括日期、数量、单价、金额等)的核对,以及有关授权审批、内部稽核标记、顾客对账单的检查,调查售价特别是销售给关联方或重要客户的售价是否合理,还可以根据发票申报表,估算所审计期间的收入金额,与实际入账收入核对等,确定收入确认是否不存在重大错报。

收入的截止测试,参见表10.3。具体做法是从账簿记录或销售发票或发运凭证为起点,追查财务报表日前后若干天有关收入的所有相关记录和凭证,查明发货、开具发票、登记收入账簿是否在适当的会计期间完成,检查销售退回业务的手续是否齐全,注意有无在报告期确认收入,下期初又发生销售退回,却没有相应的发货和收货记录的记账收入。

(4) 采用分析程序,比较本期与上期收入,分析产品结构、价格、毛利率等有无异常变动,调查识别出的、与其他相关信息不一致或与预期数据严重偏离的波动和关系,分析异常变动的原因。

【案例分析10.2】

XYZ股份有限公司20×6年度财务报表主营业务收入和主营业务成本项目附注如下(金额单位:万元):

品 名	主营业务收入		主营业务成本	
	20×5年发生额	20×6年发生额	20×5年发生额	20×6年发生额
X产品	40 000	41 000	38 000	33 800
Y产品	20 000	20 020	19 000	19 019
合 计	60 000	61 020	57 000	52 819

主营业务收入20×6年度发生额61 020万元;主营业务成本20×6年度发生额52 819万元。

该公司20×6年度未发生购并、分立和债务重组行为,供产销形势与上年相当。假定上述附注内容中的上年比较数均已审定无误。试分析上述附注内容中是否存在不合理之处?为什么?(请运用专业判断,必要时运用分析程序分析判断,例如,计算一下该公司两个年度的毛利率、比较两个年度的数据等)

(5)获取折扣与折让明细表,复核加计正确,并与明细账合计数核对,检查销售折扣与折让是否经过适当的人授权,会计处理是否正确。通过函证客户,确定折扣与折让内容是否真实。

(6)检查外币收入的汇率折算是否正确。

(7)对于合并财务报表,要调查集团内部交易的价格、数量和金额,确认是否进行了抵消处理。

(8)调查关联方之间的销售品种、单价、数量、金额,以及占营业收入总额的比例等。

(9)检查主营业务收入在财务报表上的披露。如收入确认所采用的会计政策,包括确定提供劳务交易完工进度的方法以及本期确认的销售商品收入、提供劳务收入、利息收入和使用费收入的金额是否恰当披露。

上市公司九大收入陷阱

收入操纵的九大陷阱:(1)寅吃卯粮,透支未来收入;(2)以丰补歉,储备当期收入;(3)鱼目混珠,伪装收入性质;(4)张冠李戴,歪曲分部收入;(5)借鸡生蛋,夸大收入规模;(6)瞒天过海,虚构经营收入;(7)里应外合,相互抬高收入;(8)六亲不认,隐瞒关联收入;(9)随心所欲,篡改收入分配。

(资料来源:黄世忠.收入操纵的九大陷阱及其防范对策.中国注册会计师,2004年,第1~3期;转引自马贤明,郑朝晖.点睛财务舞弊——上海国家会计学院财务舞弊研究中心2005年度报告.大连出版社,2006年6月。)

10.1.4　应收账款与坏账准备审计

1. 应收账款审计

（1）应收账款审计目标。应收账款与营业收入伴生，不实的营业收入通常就意味着存在虚假的应收账款。因此应收账款审计目标一般包括：确定应收账款是否存在；确定应收账款是否确实属于被审计单位的权利；确定应收账款的会计记录是否完整；确定应收账款的可收回性；确定坏账准备的提取方法和比例是否适当；应收账款和坏账准备的期末余额是否正确，应收账款和坏账准备在财务报表上的列报是否恰当。

（2）应收账款的实质性程序。

① 取得或编制应收账款明细表，复核加计正确，并与总账数、明细账合计数核对，分析应收账款明细账余额，与报表数核对（需考虑坏账准备数）。查明明细账贷方余额的产生原因以及是否在财务报表中作出重分类调整，并结合预收账款明细账户的审计，查明预收账款明细账借方余额是否作出重分类调整。同时请被审计单位在应收账款明细表中标出截至审计时已收回的应收账款金额，对其中金额较大的项目，应核对收款凭证、银行对账单、销售发票等，注意凭证中日期的合理性。抽查应收账款明细账，并追查至有关原始凭证，检查应收账款的核算范围是否符合适用的会计准则和相关会计制度规定，是否存在将不属于应收账款项目的债权计入应收账款的情况。

② 取得或编制应收账款账龄分析表，分析检查应收账款的可收回性。检查长期挂账的应收账款，提请被审计单位进行适当处理。

③ 函证应收账款。对应收账款向债务人进行函证是应收账款实质性程序的一个重要内容。函证应收账款可以证实应收账款和债务人的存在、所有权、完整性和计价认定，帮助注册会计师确认应收账款是否不存在重大错报，确认应收账款记录的可靠性。根据《中国注册会计师审计准则第1312号——函证》规定，除非有充分证据表明应收账款对财务报表不重要，或函证很可能无效，否则注册会计师均应当对应收账款实施函证。如果不对应收账款函证，注册会计师应当在工作底稿中说明理由。如果认为函证很可能无效，注册会计师应当实施替代审计程序，获取充分、适当的审计证据。

询证函由注册会计师根据被审计单位提供的应收账款明细账和客户地址编制，必须注意的是，询证函必须由注册会计师亲自寄发，不能委托被审计单位进行，以防止出现差错。询证函的格式由注册会计师根据特定审计目标设计。在设计询证函时，注册会计师应当考虑所审计的认定以及可能影响函证可靠性的因素。可能影响函证可靠性的因素主要包括：函证的方式、以往审计或类似业务的经验、拟函证信息的性质、选择被询证者的适当性、被询证者易于回函的信息类型等。表10.4列示了函证的方式、对函证方式的选择、函证范围、对象和时间的确定、函证的控制以及函证结果的评价等有关问题。

表10.4 函证方式的选择与函证对象、范围、时间的确定

序号	项目	内容		有关要求
1	函证的方式	积极式函证	要求被询证者在所有情况下（即无论函证结果符合与否）必须回函,确认询证函所列示信息是否正确,或填列询证函要求的信息	注册会计师可采用积极的或消极的函证方式实施函证,也可将两种方式结合使用 积极的函证方式通常比消极的函证方式提供的审计证据可靠 当同时存在下列情况时,注册会计师可考虑采用消极的函证方式:重大错报风险评估为低水平;涉及大量余额较小的账户;预期不存在大量的错误;没有理由相信被询证者不认真对待函证
		消极式函证	只要求被询证者仅在不同意询证函列示信息的情况下才予以回函	
2	函证的范围	确定函证范围时,应当考虑的因素 ①应收账款在全部资产中的比重 ②评估的重大错报风险水平高低 ③以前期间的函证结果是否存在重大差异或欠款纠纷 ④函证方式的选择等		应收账款在全部资产中的比重越大,评估的重大错报风险水平越高,以前期间函证的结果存在重大差异或较多纠纷以及采用消极式函证时,函证的范围应当大一些,样本的选取应当多一些
3	函证的对象	①金额较大的项目 ②账龄较长的项目 ③交易频繁但期末余额较小的项目 ④重大关联方项目 ⑤重大或异常的项目 ⑥可能存在争议以及产生重大舞弊或错误的项目。 要求:采用审计抽样或其他选取测试项目的方法选择函证样本时,样本应当足以代表总体		
4	函证的时间	通常以资产负债表日为截止日,在资产负债表日后适当时间内实施函证 如果重大错报风险评估为低水平,可选资产负债表日前适当日期为截止日实施函证,并对所函证项目自该截止日起至资产负债表日止发生的变动实施实质性程序		
5	函证的控制	注册会计师应当采取下列措施对函证实施过程进行控制: ①将被询证者的名称、地址与被审计单位有关记录核对 ②将询证函中列示的账户余额或其他信息与被审计单位有关资料核对 ③在询证函中指明直接向接受审计业务委托的会计师事务所回函 ④询证函经被审计单位盖章后,由注册会计师直接发出 ⑤将发出询证函的情况形成审计工作记录 ⑥将收到的回函形成审计工作记录,并汇总统计函证结果		

续表 10.4

序号	项目	内　容	有关要求
6	注意问题	①如果被询证者以传真、电子邮件等方式回函,注册会计师应当直接接收,并要求被询证者寄回询证函原件 ②如果采用积极的函证方式实施函证而未能收到回函,注册会计师应当考虑与被询证者联系。如果未能得到被询证者的回应,注册会计师应当实施替代审计程序。替代审计程序应当能够提供实施函证所能够提供的同样效果的审计证据。如果实施函证和替代审计程序都不能提供财务报表有关认定的充分、适当的审计证据,注册会计师应当实施追加的审计程序	
7	函证结果的评价	评价实施函证和替代程序所获取的审计证据是否充分、适当	在评价实施函证和替代审计程序获取的审计证据是否充分、适当时,注册会计师应当考虑: ①函证和替代审计程序的可靠性 ②不符事项的原因、频率、性质和金额。不符事项是否构成错报及其对财务报表可能产生的影响,并将结果形成审计工作记录。如果不符事项构成错报,注册会计师应当重新考虑所实施审计程序的性质、时间和范围 ③实施其他审计程序获取的审计证据。注册会计师应当评价函证及函证以外的审计程序的实施结果是否为所审计的认定提供了充分、适当的审计证据
		评价函证的可靠性	在评价函证的可靠性时,注册会计师应当考虑: ①对询证函的设计、发出及收回的控制情况 ②被询证者的胜任能力、独立性、授权回函情况、对函证项目的了解及其客观性 ③被审计单位施加的限制或回函中的限制 如果有迹象表明收回的询证函不可靠,注册会计师应当实施适当的审计程序予以证实或消除疑虑。

财政部、中国人民银行制定的询证函参考格式(积极式函证)如下:

企业询证函

编号:

_____(公司)

　　本公司聘请的××会计师事务所正在对本公司财务报表进行审计,按照中国注册会计师审计准则的要求,应当询证本公司与贵公司的往来款项等事项,下列数额出自本公司账簿记录,如与贵公司记录相符,请在本函下端"数额证明无误"处签章证明;如有不符,请在"数额不符"处列明不符金额。回函请直接寄至××会计师事务所。

　　通讯地址:
　　邮政编码:　　　　　电话:　　　　　传真:　　　　　电子邮件:
　　1. 本公司与贵公司的往来账项列示如下:

截止日期	贵公司欠	欠贵公司	备 注

2. 其他事项

本函仅为核对账目之用,并非催款结算。若款项在上述日期之后已经付清,仍请及时回复为盼。

（公司签章） （日期）

结论:1. 数据证明无误

（签章） （日期）

2. 数据不符,请列明不符金额

（签章） （日期）

如果收回的询证函显示债务人确认的应收账款与被审计单位有差异,注册会计师应当分析寻找差异的原因,并考虑与债务人联系,进一步核实,并根据差异额估算应收账款总额中可能出现的差错额累计多少,考虑是否进一步扩大审计程序,或要求被审计单位进行适当处理,包括调整或披露。存在差异的原因可能有几种,可能是双方登记入账的时间不同（类似银行存款余额调节表中的未达账项）,也有可能存在错误或舞弊。

如果被审计单位管理层要求对拟函证的某些账户余额或其他信息不实施函证,注册会计师应当保持职业怀疑态度,分析管理层要求不实施函证的原因,并考虑管理层是否诚信、是否可能存在重大的舞弊或错误、替代审计程序能否提供与这些账户余额或其他信息相关的充分、适当的审计证据,确定该项要求是否合理。如果认为管理层的要求合理,注册会计师应当实施替代审计程序,以获取与这些账户余额或其他信息相关的充分、适当的审计证据。如果认为管理层的要求不合理,且被其阻挠而无法实施函证,注册会计师应当视为审计范围受到限制,应当根据情况考虑发表保留意见或无法表示意见的审计报告。

④ 检查未函证应收账款,由于对应收账款的函证是采用审计抽样进行的,为合理保证应收账款不存在重大错报,注册会计师应当对未函证的应收账款进行检查。通过应收账款明细账追查至销售发票、发运凭证等原始凭证,以验证应收账款是否存在。

⑤ 检查坏账审批表和相关会计记录,确定坏账是否经过适当的人授权审批,会计处理是否正确。

⑥ 询问和检查应收账款是否已用于贴现或出售,贴现或出售是否经过适当的人授权审批,相关的会计处理是否正确。

⑦ 检查外币应收账款的折算汇率是否适当,以及折算差额的会计处理是否正确。

⑧ 检查应收账款在财务报表上的披露。

1996年至2001年期间,方大装饰(深圳市方大装饰工程有限公司,方大集团股份有限公司下属子公司)采用年末将应收客户的"应收账款"调整为应收方大经发及方大海跃的"其他应收款",次年再将相关账项予以调回的方式调低应收账款年末金额。根据方大装饰当时的会计政策,对"其他应收款"余额不计提坏账准备,故方大装饰在1996年至2001年期间通过调减应收账款累计少提坏账准备502.73万元。

（资料来源:中国证监会行政处罚决定书证监罚字[2006]18号）

2. 坏账准备审计

(1) 坏账准备审计目标。

坏账准备的审计目标一般包括：确定坏账准备的提取方法、比例是否适当，坏账准备的计提是否充分；确定坏账准备的会计记录是否正确、完整；确定坏账准备的期末余额是否正确；确定坏账准备的披露是否恰当。

(2) 坏账准备的实质性程序。

① 检查坏账准备明细账和企业关于坏账准备提取政策的有关文件资料，确定坏账准备的提取方法、提取比例以及提取范围是否符合适当的会计准则和相关会计制度的规定，前后期是否一致，结合资产减值损失项目确定提取数额是否恰当，会计处理是否正确。按照企业会计准则规定，应收票据、应收账款、预付账款、其他应收款、长期应收款等项目均需提取坏账准备。

② 检查所审计财务报表报告期间发生的坏账损失是否经过适当的人授权审批，结合应收账款审计查明注销的应收账款是否确实存在；注意有无注销后又收回的应收款项，会计处理是否正确。

2003年11月，方大安防（深圳市方大安防技术有限公司，方大集团股份有限公司下属子公司）通过伪造银行进账单据，虚构从深圳市蛇口招商港湾工程有限公司等单位收回应收账款7笔共计298.51万元；2003年11月，方大意德通过伪造银行进账单据，虚构从北京市中安装饰安装公司等单位收回应收账款5笔共计167万元。该两笔款项共计465.51万元均系从深建华辉转入。2003年7月至8月，方大装饰伪造银行进账单据，虚构从深圳市金鹏（集团）股份有限公司等单位收回应收账款5笔共计200.63万元，该笔款项实际并未收到。

上述收回的应收账款总计666.14万元均在以前年度全额计提坏账准备，3家公司在虚构收回应收账款的同时冲销了提取的坏账准备。

（资料来源：中国证监会行政处罚决定书证监罚字[2006]18号）

③ 执行分析程序，分析比较本期与上期坏账准备占应收账款余额的百分比，确定有无重大差异，必要时重新计算坏账准备余额。

【案例分析10.3】

XYZ股份有限公司20×6年度财务报表附注有关应收账款和坏账准备的内容如下（金额单位：万元）：

应收账款账龄分析表

账龄	年初数	年末数
1年以内	8 392	10 915
1~2年	1 186	1 399
2~3年	1 161	1 365
3年以上	1 421	2 874
合计	12 160	16 553

坏账核算的会计政策:坏账核算采用备抵法,坏账准备按期末应收账款余额的5%计提。

应收账款项目20×6年年末余额16 500.23万元;坏账准备20×6年年末余额52.77万元。

该公司20×6年度未发生购并、分立和债务重组行为,供产销形势与上年相当。假定上述附注内容中的年初数均已审定无误。试分析上述附注内容中是否存在不合理之处?为什么?

④ 确定坏账准备的披露是否恰当。

10.2 购货与付款循环审计

10.2.1 购货与付款循环的主要业务流程及其控制

1. 购货与付款循环主要经济活动与业务流程

图10.3反映了购货与付款循环的业务流程与关键控制点,包括职责分工、授权审批、涉及的充分的凭证和记录、凭证的处理和传递以及内部独立稽核,并简单介绍了与之相关的认定。

2. 购货与付款循环的主要业务

从图10.3中可知,购货与付款循环的主要业务包括:①请购商品和劳务;②编制订购单;③验收商品;④储存已验收的商品存货;⑤编制付款凭单;⑥记录购货业务,确认负债;⑦付款;⑧记录现金、银行存款支出。

3. 购货与付款循环的主要凭证和会计记录

从图10.3中可知,购货与付款循环的主要凭证和会计记录包括:

(1)请购单:由仓库或其他使用部门有关人员填写,经被授权的人审批后送交采购部门,作为申请购买货物或接受劳务的书面凭证,是购货企业的内部凭证,也是购货与付款循环交易轨迹的起点。

(2)订购单:由采购部门填写,向销售企业购买特定数量、规格、品种货物的书面凭证。

(3)验收单:由验收部门填写,记录收到的货物品种、数量、规格等的书面凭证,是购货企业的内部凭证。

(4)购货发票。

(5)付款凭单:由应付凭单部门编制,记录已收到货物的供应商名称、应付款金额和付款日期的书面凭证,是购货企业记录应付款和支付货款的授权证明。

(6)转账凭证。

(7)付款凭证。

(8)应付账款明细账。

(9)现金日记账和银行存款日记账。

(10)供应商对账单:是供应商定期(每月)编制的,列示应付账款期初余额、本期发生、期末余额的书面凭证。

4. 购货与付款循环的主要控制

从图 10.3 中,可以看到购货与付款循环的主要控制与销售与收款循环基本一致,也包括:①适当的岗位分工;②正确的授权审批,包括对货物的询价、种类等的审批;③清晰的交易轨迹;④内部稽核制度;⑤定期对账制度。

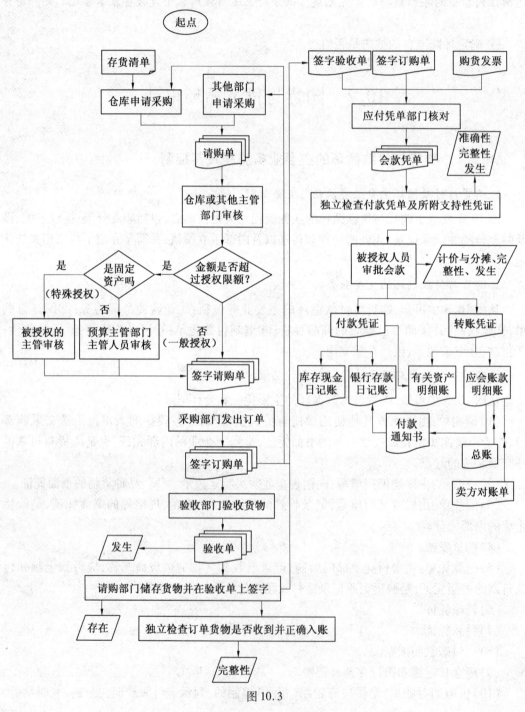

图 10.3

有关购货与付款内部控制的详细内容,请登录财政部网站(www.mof.gov.cn)查询《内部会计控制——购货与付款(试行)》。

10.2.2 购货与付款循环关键控制点的测试

根据图10.3所反映的业务流程及相关控制,可以确定购货与付款循环的控制目标、关键控制点,然后就可以针对关键控制点确定应当采用的控制测试和实质性程序。《内部会计控制规范——采购与付款(试行)》中,明确规定了采购与付款内部控制监督检查的主要内容,注册会计师在进行测试时,也应当重点关注。这些内容包括:

(1)采购与付款业务相关岗位及人员的设置情况。重点检查是否存在采购与付款业务不相容职务混岗的现象。

(2)采购与付款业务授权批准制度的执行情况。重点检查大宗采购与付款业务的授权批准手续是否健全,是否存在越权审批的行为。

(3)应付账款和预付账款的管理。重点审查应付账款和预付账款支付的正确性、时效性和合法性。

(4)有关单据、凭证和文件的使用和保管情况。重点检查凭证的登记、领用、传递、保管、注销手续是否健全,使用和保管制度是否存在漏洞。

表10.5在图10.3的基础上,反映了购货业务的控制目标、关键控制点和对关键控制点的常用测试。同样是以列举的方式,列示了购货与付款循环中可以采用的审计测试,并非全部可供使用的审计程序,审计程序与相关认定之间也不是固定的对应关系。在实务中,注册会计师需要根据具体情况和审计计划确定应当执行的审计程序。

表10.5 购货业务的控制目标、相关认定、内部控制与常用测试

控制目标与相关认定	关键控制点	常用的控制测试	常用的交易实质性程序
1.登记入账的购货业务都是真实的,确已收到货物或已接受劳务,并且所购货物或接受的劳务是合理的,符合企业的经营范围——发生、存在	购货业务是根据经过适当人员审核的购货发票以及请购单、订货单、验收单和付款凭单登记入账的,且相关佐证凭证均附在付款凭单后; 购货前已经过适当审批; 大额采购与特殊货物、特殊价格采购均经过特别授权; 由独立人员对购货发票、请购单、订货单、验收单进行内部稽核	检查付款凭单后是否附有请购单、订货单、验收单、和购货发票; 检查请购是否经过适当的人授权审批; 检查有关凭证上的内部稽核标记	复核采购总账、明细账以及应付账款明细账中是否有大额和异常项目,对大额和异常购货进行追查; 以存货明细账为起点,追查至记账凭证及其所附发票、请购单、订货单、验收单,核对购货审批;并进行存货监盘,重点查明有无下列情况:①未购货却已登记存货入账,形成应付账款或已经支付货款;②购货重复入账

续表 10.5

控制目标与相关认定	关键控制点	常用的控制测试	常用的交易实质性程序
2. 已发生的所有购货业务都已登记入账——完整性	订货单均事先连续编号并登记入账；验收单均事先连续编号并登记入账；购货发票均事先连续编号并登记入账	检查订货单是否连续编号，编号是否完整；检查验收单是否连续编号，编号是否完整；检查购货发票是否连续编号，编号是否完整	以验收单为起点，追查至购货发票和采购明细账，或从购货发票追查至采购明细账，重点查明有无遗漏
3. 登记入账的购货业务计价准确——计价或分摊、准确性	购货价格、信用条件、购货费用、购货折扣的确定经过适当授权；特殊价格的购货经过适当的人特别授权；对购货金额的内部稽核	检查购货价格、信用条件、购货费用、购货折扣是否经过适当的人审批；特殊价格的购货是否经过适当的人特别授权审批；检查有关凭证上的内部稽核标记	重新计算购货发票上的数据，包括金额小计与合计，计算折扣与购货费用的准确性；将发票上的商品价格、规格、数量、销售单位等资料与订货单和购货合同核对；以采购明细账为起点，与购货发票、验收单、订货单核对
4. 登记入账的购货业务分类恰当——分类	使用适当的会计科目表；进行内部稽核	检查会计科目表是否适当；检查有关凭证上的内部稽核标记。	将购货明细账与会计科目表核对，并检查购货发票等原始凭证和资料
5. 购货业务的记录及时——完整性、截止、计价与分摊	限定凭单的传递时间，使已发生的购货在规定时间内开具付款凭单和登记入账；定期进行内部稽核	检查尚未开具付款凭单的购货和尚未登记入账的购货业务；检查有关凭证上的内部稽核标记	将验收单上的日期与购货发票、记账凭证、采购明细账、应付账款明细账上的日期进行核对
6. 所有购货业务已经正确地计入存货和应付账款明细账，并经正确汇总——完整性、准确性、计价和分摊	由独立人员对销售方对账单进行内部稽核；将应付账款明细账余额合计数与总账余额合计数核对；将存货明细账余额合计数与总账余额核对；注销付款凭单以防重复使用	检查销售方对账单上的内部稽核标记；检查应付账款明细账余额合计数与总账余额核对的标记；检查凭证的注销标记	从购货发票追查至记账凭证、采购明细账和应付账款明细账；将采购明细账加总，追查至采购总账和应付账款明细账、存货明细账、现金日记账、银行存款日记账

固定资产的内部控制，除了图 10.3 中的预算管理、授权审批、账簿记录、职责分工之外，还应当包括资本性支出的确定标准、定期盘点、维护保养、处置等方面的制度。

10.2.3 应付账款审计

1. 应付账款审计目标

应付账款的审计目标一般包括:确定应付账款的增减变动记录是否完整;确定应付账款的期末余额是否正确;确定应付账款在财务报表上的披露是否恰当。

2. 应付账款的实质性程序

(1)取得或编制应付账款明细表,复核加计正确,并与总账数、明细账合计数核对,分析应付账款明细账余额,与报表数核对。检查应付账款明细账是否存在借方余额,查明借方余额的产生原因以及是否在财务报表中作出重分类调整。同时结合预付账款明细账户的审计,查明预付账款明细账贷方余额是否作出重分类调整。

结合关联方名单查明应付账款明细表中的应付关联方货款,了解交易目的、内容和价格,结合购货合同和发票,必要时进行函证,查明交易的真实性。

(2)检查长期挂账的应付账款,分析原因,并考虑要求被审计单位作出解释,判断其偿债能力,注意是否可能无需支付或存在其他问题,提请被审计单位进行适当的处理。对于确实无法支付的应付账款,检查被审计单位是否作出了适当处理,并且相关的授权审批手续齐全。

(3)执行分析程序。包括:将本期期末余额与上期期末余额进行比较,检查有无重大或异常波动,分析波动原因;计算应付账款和存货、流动负债之间的比率,并与前期比较,评价应付账款总体合理性;根据存货、主营业务成本和主营业务收入的增减变动情况,判断确定应付账款增减变动的合理性。

(4)函证应付账款。由于应付账款的余额可以通过购货发票等外部证据来证实,而函证也无法查出未入账的应付账款,因此,应付账款一般不需要函证。但是如果评估的重大错报风险较高,或被审计单位处于财务困难阶段,则对于金额较大的应付账款明细账,以及在资产负债表日金额不大、甚至为零的重要供应商,也应当进行函证。函证的有关要求与应收账款函证相同。

(5)查找未入账的应付账款。隐瞒债务也是财务报表舞弊中常见的一种方式,因此,注册会计师应当结合存货监盘,进行截止测试,检查资产负债表日前后验收入库的存货和收到的购货发票,注意核对验收单、购货发票、记账凭证和应付账款明细账上的日期,并通过询问会计和采购、验收、仓储等部门的相关人员,确认入账时间是否正确。

(6)检查附有信用条件如现金折扣等的应付账款,注意其会计处理是否符合适用的会计准则和相关会计制度规定。

(7)检查外币应付账款折算汇率是否适当,折算差额的会计处理是否正确。

(8)检查应付账款在资产负债表上的披露是否恰当。

10.2.4 固定资产审计

固定资产项目涉及固定资产、累计折旧和固定资产减值准备三项内容。

1. 固定资产审计

（1）固定资产审计目标。

固定资产审计目标一般包括：确定固定资产是否存在；确定固定资产是否确实属于被审计单位；确定固定资产增减变动的记录是否完整；确定固定资产的计价是否恰当；确定固定资产期末余额是否正确；确定固定资产在财务报表上的披露是否恰当。

（2）固定资产的实质性程序。

①取得或编制固定资产和累计折旧分类汇总表，以及固定资产减值准备明细表，复核加计正确，并与总账数、明细账合计数、报表数核对，检查固定资产分类是否恰当。

②检查固定资产的增加记录，核对不同渠道取得的固定资产的相关凭证，如购货合同、购货发票、发运凭证、验收和移交报告、投资合同或协议、资产评估报告、解除债权债务关系协议以及其他固定资产所有权凭证等，确定各种来源渠道固定资产是否经过适当的授权审批，相关手续是否齐全并符合规定，固定资产入账价值的确定、会计处理以及借款费用的资本化等是否符合适用的会计准则和相关会计制度的规定。注意有无来自关联方的固定资产，检查其交易价格和交易条件。

③检查固定资产的减少记录，结合营业外收支等账户的记录，确定各种不同原因减少的固定资产其会计处理是否符合适用的会计准则和相关会计制度的规定，相关的授权审批手续是否齐全，计算是否准确。

④检查固定资产的后续支出处理是否符合适用的会计准则和相关会计制度的规定。

⑤检查固定资产的所有权凭证，确定固定资产是否确实归被审计单位所有。

⑥以实地观察为起点，追查至固定资产明细账，确定固定资产会计记录的完整性；以固定资产明细账为起点，进行实地观察，确定会计记录中的固定资产是否确实存在。

⑦确定固定资产使用年限和预计残值的确定是否合理。

⑧检查租赁固定资产。确认租赁类型即融资租赁与经营租赁的确定以及相关会计处理是否符合适用的会计准则和相关会计制度的规定，有无租赁合同，相关的授权审批手续是否齐全，结合未确认融资费用等项目确定租金与或有租金、履约成本、折旧等的计算是否准确，会计处理是否正确。

⑨执行分析程序。包括：计算确定固定资产原值与本期产品产量的比率，计算本期折旧额与固定资产原值的比率，计算累计折旧与固定资产原值的比率，并与前期比较，注意有无异常或较大波动，分析其原因；比较本期与上期的固定资产后续支出，比较本期和前期固定资产的构成和增减变动，深入分析差异产生的原因是否合理。

⑩检查未使用和不需用的固定资产，调查原因，并确定其处理是否恰当，结合累计折旧和固定资产减值准备查明是否计提折旧和减值准备，相关会计处理是否正确。

⑪询问固定资产的抵押、担保情况，结合银行借款等的检查，确定固定资产的抵押、担保是否已经作了恰当的会计处理。

⑫检查固定资产的保险，注意保险合同中的保险范围、保险金额是否恰当。

⑬检查有无因清产核资、资产评估而调整的固定资产，核对清产核资和资产评估报告以及有关政府部门的批复或备案报告，确定其计价的准确性和内容的真实性。

⑭检查固定资产在资产负债表上的披露是否恰当。注意下列内容是否在附注中披露：固定资产的确认条件、分类、计量基础、折旧方法；各类固定资产的使用寿命、预计净残值和

折旧率;各类固定资产的期初和期末原价;对固定资产所有权的限制及其金额和用于担保的固定资产账面价值;准备处置的固定资产名称、账面价值、公允价值、预计处置费用和预计处置时间等。

2. 累计折旧审计

(1) 累计折旧审计目标。

累计折旧审计目标一般包括:确定折旧政策和方法是否符合适用的会计准则和相关会计制度规定,前后期是否一致;确定累计折旧增减变动的会计记录是否完整;确定累计折旧的计算与分摊是否正确,前后期是否一致;确定累计折旧的期末余额是否正确;确定累计折旧在财务报表上的披露是否恰当。

(2) 累计折旧的实质性程序。

①取得或编制固定资产和累计折旧分类汇总表,复核加计正确,并与总账数、明细账合计数核对,结合固定资产减值准备,与报表数核对,检查折旧分类是否恰当。

②检查被审计单位制定的折旧政策和方法是否符合适用的会计准则和相关会计制度规定,折旧方法、折旧年限和预计净残值是否合理,前后期是否一致,是否经管理层适当的人授权审批。

③分析程序。计算本期折旧额与固定资产原值的比率,计算累计折旧与固定资产原值的比率,并与前期比较,结合固定资产减值准备,注意有无异常或较大波动,分析是否合理。

④根据被审计单位的折旧政策和方法,重新计算本期固定资产的应提折旧额,与被审计单位的计提额进行比较。检查有无差异,并分析其产生原因。

⑤检查折旧的会计处理是否正确,结合固定资产审计,注意固定资产增减变动时,相关折旧的处理是否正确合规。

【案例分析 10.4】

XYZ 股份有限公司 20×6 年度财务报表附注固定资产原价和累计折旧项目部分内容如下(金额单位:万元):

固定资产原价 20×6 年末余额:49 580

类别\固定资产原价	年初数	本年增加	本年减少	年末数
房屋及建筑物	20 930	2 655	21	23 564
通用设备	8 612	1 158	62	9 708
专用设备	10 008	3 854	121	13 741
运输工具	1 681	460	574	1 567
土 地	472			472
其他设备	389	150	11	528
合 计	42 092	8 277	789	49 580

累计折旧 20×6 年末余额:11 296

类别\累计折旧	年初数	本年增加	本年减少	年末数
房屋及建筑物	3 490	898	31	4 357
通用设备	863	865	34	1 694
专用设备	3 080	1 041	20	4 101
运输工具	992	232	290	934
土　　地		15		15
其他设备	115	83	3	195
合　　计	8 540	3 134	387	11 296

该公司 20×6 年度未发生购并、分立和债务重组行为,供产销形势与上年相当。假定附注内容中的年初数已审定无误。试分析上述附注内容中是否存在不合理之处?为什么?审计中应当使用那些审计程序?

⑥将累计折旧账户贷方的本期提取额与对应的成本费用明细账核对,检查有无差异,并分析原因,考虑建议被审计单位进行调整。

⑦通过检查有关资产评估报告,检查因评估引起的累计折旧调整是否正确。

⑧检查累计折旧在财务报表上的披露是否恰当。如当期确认的折旧费用、累计折旧额、折旧方法是否在附注中披露等。

3. 固定资产减值准备审计

(1)固定资产减值准备审计目标。

固定资产减值准备审计目标一般包括:确定固定资产减值准备的计提依据是否合理,固定资产减值的判断是否恰当,计提是否充分;确定固定资产减值准备增减变动的记录是否完整;确定固定资产减值准备的期末余额是否正确;确定固定资产减值准备在财务报表上的披露是否恰当。

(2)固定资产减值准备的实质性程序。

①取得或编制固定资产减值准备明细表,复核加计正确,并与总账数、明细账合计数核对,结合固定资产和累计折旧与报表数核对。

②检查计提固定资产减值准备的授权审批是否适当,计提依据是否合理,计提数额是否恰当,结合资产减值损失项目确定会计处理是否正确。

③执行分析程序,比较本期与上期固定资产减值准备计提额是否有较大波动,分析原因。

④检查固定资产减少时固定资产减值准备的相关会计处理是否正确。

⑤结合资产减值损失项目检查已计提减值准备的固定资产价值又恢复的,其转回依据是否充分,会计处理是否正确。

⑥确定固定资产减值准备在财务报表上的披露是否恰当。注意是否在附注中披露固定资产减值准备累计金额等。

10.3 生产循环审计

10.3.1 生产循环的主要业务流程及其控制

1. 生产循环主要经济活动与业务流程

图 10.4 反映了生产循环的业务流程与关键控制点,包括职责分工、授权审批、涉及的充分的凭证和记录、凭证的处理和传递以及内部独立稽核,并简单介绍了与之相关的认定。

2. 生产循环的主要业务

从图 10.4 中可知,生产循环的主要业务包括:①计划和安排生产;②领用原材料;③生产产品;④核算产品成本;⑤产成品验收入库;⑥发出产成品。

3. 生产循环的主要凭证和会计记录

从图 10.4 中可知,生产循环的主要凭证和会计记录包括:

(1)生产通知单:企业下达产品制造品种和数量等生产任务的通知单,是生产部门据以组织安排生产、仓储部门安排材料发放、会计部门进行成本核算的内部凭证,是生产循环交易轨迹的起点。

(2)领发料凭证:如领料单、限额领料单、发料凭证汇总表、退料单等。

(3)产量和工时记录:是生产部门记录产品产量和生产工时等资料的内部原始凭证,如产量通知单、产量报告等。

(4)工资汇总表和人工费用分配表。

(5)材料费用分配表。

(5)制造费用分配表。

(6)成本计算单。

(7)存货明细账。

10.3.2 生产循环关键控制点的测试

根据图 10.4 所反映的业务流程及相关控制,可以确定生产循环的控制目标,关键控制点,然后就可以针对关键控制点确定应当采用的控制测试和实质性程序。完整的生产循环内部控制应当包括成本控制、职工薪酬控制和存货控制,而存货控制又包括存货的收入控制、发出控制两部分,关于存货的收入与发出控制,参见本章第 1 节销售与收款循环和第 2 节购货与付款循环。本节只介绍成本控制和职工薪酬控制以及产品生产完工入库的有关控制。在图 10.4 的基础上,仍然通过表格的方式反映生产业务的控制目标、关键控制点和对关键控制点的常用测试,如表 10.6 所示。

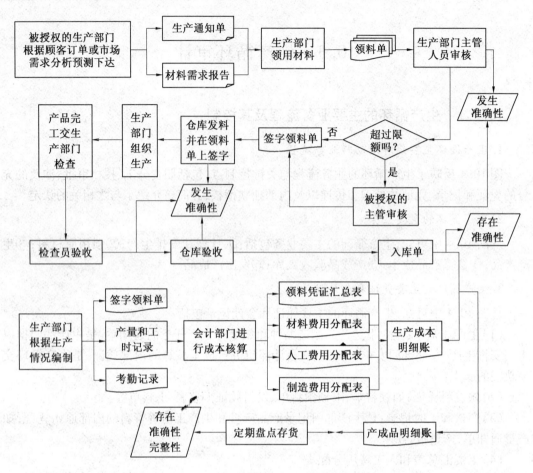

图 10.4

表 10.6 生产业务的控制目标、相关认定、内部控制与常用测试

控制目标与相关认定	关键控制点	常用的控制测试	常用的交易实质性程序
1. 生产任务是根据管理层的一般或特别授权进行的；职工薪酬经过授权审批；产品完工入库是经过授权验收进行的——发生	生产通知单、材料需求报告、领料单、发料凭证汇总表、派工单、产量记录、工时记录、工资标准、工资单、工资结算表和工资汇总表、产品入库单等均已经过适当审批；领料单是根据材料需求报告编制，发料凭证汇总表是根据领料单编制；由独立人员对上述相关凭证进行内部稽核	检查生产通知单、检查材料需求报告、领料单、发料凭证汇总表、派工单、产量记录、工时记录、工资标准、工资单、工资结算表和工资汇总表、产品入库单等是否经过适当审批；检查人事档案；检查有关内部稽核标记	核对领料单与生产通知单和材料需求报告；核对领料单与发料凭证汇总表；核对派工单、产量记录、工时记录、工资标准、工资单、工资结算表和工资汇总表以及产品入库单

续表 10.6

控制目标与相关认定	关键控制点	常用的控制测试	常用的交易实质性程序
2. 记录的各项成本项目是真实的——发生	材料费用、职工薪酬、其他生产费用等发生的成本,是根据经过审核的上述原始凭证以及材料、工薪、制造费用分配表登记入账的,工时记录、产量记录经适当的人核准	检查有关成本费用的记账凭证是否附有前述原始凭证;检查各该原始凭证是否连续编号;检查工时记录、产量记录是否经过适当的人核准;检查员工名册	以生产成本明细账为起点,追查至有关佐证的原始凭证,并进行核对;执行分析程序,将本期产量与各项成本项目与上期进行比较,注意有无较大的或异常差异,并分析差异产生原因
3. 所有发生的成本费用均已登记入账——完整性	领料单、产量和工时记录、职工薪酬分配表、材料费用分配表、制造费用分配表各项原始凭证已事先连续编号;各项费用的登记均经过内部稽核	检查各该原始凭证是否连续编号;检查各该原始凭证上的内部稽核标记;检查员工工薪手册	以领料单、产量和工时记录员工名册及其他费用发生的原始凭证为起点,追查至生产成本明细账
4. 各项成本项目均以正确的金额及时登记入恰当的会计期间和适用的账户——准确性、截止、分类	使用适当的会计科目表,对各成本计算对象分别核算;采用适当的材料费用分配方法、工薪分配方法、制造费用分配方法和成本核算方法,并且前后期一致;各项成本费用均计入恰当的成本计算对象;进行费用分配和成本计算的内部稽核	检查会计科目是否适当;检查各项成本项目的归集和分配,复核成本的计算;检查各该成本核算账户登记的成本内容是否恰当;检查费用分配表和成本计算单上的内部稽核标记	执行分析程序,比较本期各项成本费用与上期各项成本费用;检查分配方法是否一致;抽查成本核算明细账,与相关原始凭证、费用分配表核对
5. 对存货采取限制接近的保护措施,实物的保管和记录、授权使用人员相互独立;人事管理、考勤、工时与产量记录、工薪发放、记录等职务相互分离	已将存货的保管、记录、授权使用人员职务分离;已将人事管理、考勤、工时与产量记录、工薪发放、记录等职务分离	询问和观察对存货和记录的接触;询问和观察各项职责的执行情况	
6. 账面存货与实际存货定期核对相符	定期进行存货盘点	询问和观察存货盘点	监盘存货

10.3.3 存货审计

存货因其品种多、收发频繁、流动性强等特点,通常具有较高的重大错报风险,尤其是制造企业的存货。注册会计师在进行风险评估程序时,应当充分考虑可能导致存货重大错报风险的因素。这些因素可能包括:存货的数量和种类(如鲜活商品容易发生损坏;服装服饰可能过时、单位价值高昂的珠宝首饰或古董容易被盗窃等)、遭受损失的难易程度、技术进步、制造过程较长、市场价格波动、存货运输的便捷程度、不恰当的职务分离,等等。因此对存货的审计是一项相对较为复杂的工作。注册会计师应当在风险评估的基础上,合理安排控制测试和实质性程序。以下简要介绍有关存货的实质性程序。

1. 存货审计目标

存货审计目标一般包括:确定全部存货及销售成本是否合理,有无重大错报;确定资产负债表日已记录的存货是否全部存在;确定现有的存货是否均已盘点并记入存货总额,会计记录是否正确完整;确定所有存货均归被审计单位所有,没有被抵押的存货;确定存货账实是否相符,计价是否准确;确定存货期末余额是否正确;确定存货在财务报表上的披露是否恰当。

2. 存货成本实质性程序

存货成本审计一般从检查生产成本明细账、材料明细账、工薪和制造费用分配表、制造费用明细账等着手,抽查有关凭证记录,判断确定存货成本的真实性和合理性。

(1) 抽查产品成本计算单和生产成本明细账,检查直接材料、直接人工和制造费用的计算是否正确,分配标准与计算方法是否适当,前后期是否一致,分配率和分配额计算是否正确,并与材料费用分配表、工薪费用分配表、制造费用分配表核对相符。采用标准成本法或定额成本核算的企业,还应当查明标准成本或定额成本的确定是否合理,在审计的报告期间内有无重大变更,以及成本差异的计算、分配与会计处理是否适当。

(2) 将直接材料消耗量与生产通知单核对,确定材料费用的真实性和记录的准确性。

(3) 检查材料费用、人工费用、制造费用的会计处理是否正确、及时。核对相关原始凭证和记账凭证、明细账上的日期。

(4) 取得或编制制造费用明细表,复核加计正确,并与总账数、明细账合计数核对,与生产成本明细账核对。注意抽查重大费用项目与异常项目,追查至原始凭证,分析是否合理。检查制造费用明细账,注意其核算内容是否符合适用的会计准则和相关会计制度的规定。必要时,检查资产负债表日前后若干天的制造费用明细账及支持性原始凭证,实施截止测试。

3. 分析程序

(1) 比较本期和前期存货余额及其构成,确定期末存货余额的总体合理性。

(2) 比较同一产品本期和前期的直接材料费用、人工费用和制造费用及各项费用的构成,注意有无重大或异常波动,查明原因。

(3) 比较本期和前期生产成本总额和单位成本,结合产量分析有无重大或异常波动,查明原因。

(4) 比较本期和前期主营业务成本,结合销售量分析有无重大或异常波动,查明原因。

(5) 比较本期和前期存货成本差异率,分析有无重大或异常波动,查明原因。

(6) 比较存货余额和现有顾客订单,考虑下年度预计销售额,分析评价存货发生滞销或跌价损失的可能性。

(7) 比较本期提取的存货跌价准备和发生的存货跌价损失,判断存货跌价准备提取的合理性和充分性。

(8) 比较与关联方和非关联方之间发生的存货交易在交易价格、信用条件等方面有无不同,分析各自占总交易额的比例,注意是否做出了符合适用的会计准则和相关会计制度规定的会计处理。

(9)计算存货周转率、毛利率,并与前期比较,结合存货发出计价方法、产品销售结构、单位成本、单价等的审计,分析重大或异常差异的产生原因。

10.3.4 存货监盘

定期盘点存货,合理确定存货的数量和状况是被审计单位管理层的责任。而实施存货监盘,获取有关期末存货数量和状况(存在与完整性认定)的充分、适当的审计证据是注册会计师的责任。因此,对存货执行监盘是存货审计中必不可少的一个环节。

1. 编制存货监盘计划

如同执行审计业务应当编制审计计划一样,注册会计师在进行存货监盘之前,应当根据被审计单位存货的特点、盘存制度和存货内部控制的有效性等情况,并与被审计单位就存货监盘等问题进行沟通,在评价被审计单位存货盘点计划的基础上,编制存货监盘计划,对存货监盘的地点和程序等作出合理安排。存货监盘程序也包括控制测试和实质性程序。通常情况下,如果少数存货构成了存货的主要部分,监盘程序以实质性程序为主,监盘范围的大小因存货的特点而不同:对于单位价值高昂的存货,应当全部执行实质性测试;对于其他存货,则可以抽查。如果通过对被审计单位的了解,初步评估的重大错报风险水平较低,则可选择以控制测试为主的监盘程序,但无论如何,实质性程序是必不可少的。

(1)编制存货监盘计划时应当实施的审计程序。

编制存货监盘计划时,注册会计师应当实施下列审计程序:

①了解存货的内容、性质、各存货项目的重要程度(如占总资产和流动资产的比例、相对金额等)及存放场所。

②了解与存货相关的内部控制。

③评估与存货相关的重大错报风险和重要性。

④查阅以前年度的存货监盘工作底稿,以了解被审计单位存货的特点、盘存制度和以前年度审计中发现的重大问题等。

⑤考虑实地察看存货的存放场所,特别是金额较大或性质特殊的存货,以了解被审计单位的存货管理方式和管理条件,有助于分析判断存货管理中可能存在的问题及其对财务报表的影响。

⑥考虑是否需要利用专家的工作或其他注册会计师的工作。对于一些特殊种类的存货,如古董、艺术品、房地产、矿石堆等,在确定存在状况和数量时,可以考虑利用专家的工作。

⑦复核或与管理层讨论其存货盘点计划。注册会计师应当根据被审计单位的存货盘存制度和相关内部控制的有效性,评价其盘点时间是否合理。如果认为被审计单位的存货盘点计划存在缺陷,注册会计师应当提请被审计单位调整。

在复核或与管理层讨论其存货盘点计划时,注册会计师应当考虑下列主要因素,以评价其能否合理地确定存货的数量和状况:

ⅰ 盘点的时间安排;

ⅱ 存货盘点范围和场所的确定;

ⅲ 盘点人员的分工及胜任能力；

ⅳ 盘点前的会议及任务布置；

ⅴ 存货的整理和排列，对毁损、陈旧、过时、残次及所有权不属于被审计单位的存货的区分；

ⅵ 存货的计量工具和计量方法；

ⅶ 在产品完工程度的确定方法；

ⅷ 存放在外单位的存货的盘点安排；

ⅸ 存货收发截止的控制；

ⅹ 盘点期间存货移动的控制；

ⅺ 盘点表单的设计、使用与控制；

ⅻ 盘点结果的汇总以及盘盈或盘亏的分析、调查与处理。

(2)存货监盘计划的内容。

存货监盘计划应当包括下列主要内容：存货监盘的目标、范围及时间安排；存货监盘的要点及关注事项；参加存货监盘人员的分工；检查存货的范围。

2. 存货监盘程序

(1)观察。在被审计单位盘点存货前，注册会计师应当观察盘点现场，确定应纳入盘点范围的存货是否已经适当整理和排列，并附有盘点标识，防止遗漏或重复盘点。对未纳入盘点范围的存货，注册会计师应当查明未纳入的原因。

对所有权不属于被审计单位的存货，注册会计师应当取得其规格、数量等有关资料，并确定这些存货是否已分别存放、标明，且未被纳入盘点范围，视情况确定是否执行进一步审计程序。如果无法立即识别存货的归属，应当执行必要的审计程序，向其所有权人核实。

在监盘过程中，注册会计师应当观察被审计单位盘点人员是否遵守盘点计划并准确地记录存货的数量和状况。

(2)检查。注册会计师应当对已盘点的存货进行适当检查，将检查结果与被审计单位盘点记录相核对，并形成相应记录。从而确定被审计单位的盘点计划时都得到适当执行，同时还可以证实存货实物数量和存在状况。检查范围的大小取决于注册会计师对被审计单位盘点过程观察的情况。如果被审计单位盘点工作组织管理得当，存货盘点的内部控制有效运行，则可以减少检查的范围。为保证检查结果的可靠性，无论检查范围大小，注册会计师对检查项目的选择应当避免事先为被审计单位所知悉。

为了测试盘点记录的准确性，在检查已盘点的存货时，注册会计师应当从存货盘点记录中选取部分项目追查至存货实物；注册会计师还应当从存货实物中选取项目追查至存货盘点记录，以测试存货盘点记录的完整性。如果检查时发现差异，注册会计师应当查明原因，及时提请被审计单位更正。如果差异较大，注册会计师应当扩大检查范围或提请被审计单位重新盘点。

(3)需要特别关注的情况。在执行监盘程序时，注册会计师应当特别关注以下情况：

①存货的移动情况。关注存货的移动情况，主要是防止遗漏或重复盘点。

②存货的状况。注意观察被审计单位是否已经恰当区分所有毁损、陈旧、过时及残次的存货，并对所有毁损、陈旧、过时及残次的存货作出详细记录，以便于追查和核对存货跌价准备项目的记录是否适当。

③盘点日前后存货收发及移动的凭证。注册会计师应当获取盘点日前后存货收发及移动的凭证,注意相关记录中的日期、编号,检查库存记录与会计记录期末截止是否正确。

(4)盘点结束前的审计程序。在被审计单位存货盘点结束前,注册会计师应当实施下列审计程序:

①再次观察盘点现场,以确定所有应纳入盘点范围的存货是否均已盘点;

②取得并检查已填列使用、作废以及未使用的盘点表单的号码记录,确定其是否连续编号,查明已发放的表单是否均已收回,并与存货盘点的汇总记录进行核对。

③复核盘点结果汇总记录,评估其是否正确地反映了实际盘点结果。

如果存货盘点日不是资产负债表日,注册会计师应当实施适当的审计程序,确定盘点日与资产负债表日之间存货的变动是否已作出正确的记录。此外,在永续盘存制下,如果永续盘存记录与存货盘点结果之间出现重大差异,注册会计师应当实施追加的审计程序,查明原因,并检查永续盘存记录是否已作出适当的调整。如果认为被审计单位的盘点方式及其结果无效,注册会计师应当提请被审计单位重新盘点。

3.特殊情况的处理

(1)无法实施存货监盘的情况。被审计单位的存货可能由于性质或位置等原因导致存货监盘无法实施。例如存货存在配方或工艺等的保密问题,或者存货属于放射性物质等危害性物质;存货在途,或存放在公共仓库或其他被审计单位以外的地方等。在无法实施存货监盘的情况下,注册会计师应当考虑能否实施替代审计程序,获取有关期末存货数量和状况的充分、适当的审计证据。可以实施的替代审计程序主要包括:

① 检查进货交易凭证或生产记录以及其他相关资料;

② 检查资产负债表日后发生的销货交易凭证;

③ 向顾客或供应商函证。

此外,注册会计师还可以询问能够接触到存货的有关人员,以了解存货是否存在、存在状况如何。对于危害性物质,国家通常会有相关的管理部门和管理规定,可以通过向有关管理部门函证来证实存货的存在和状况。

(2)因不可预见的因素导致无法在预定日期实施存货监盘或接受委托时被审计单位的期末存货盘点已经完成。如果因不可预见的因素(例如天气变化,突然发生的暴风雪导致存货被覆盖)导致无法在预定日期实施存货监盘或接受委托时被审计单位的期末存货盘点已经完成,注册会计师应当评估与存货相关的内部控制的有效性,对存货进行适当检查或提请被审计单位另择日期重新盘点;同时测试在该期间发生的存货交易,以获取有关期末存货数量和状况的充分、适当的审计证据。

(3)委托其他单位保管的或已作抵押的存货。对被审计单位委托其他单位保管的或已作抵押的存货,注册会计师应当向保管人或债权人函证。如果此类存货的金额占流动资产或总资产的比例较大,注册会计师还应当考虑实施存货监盘或利用其他注册会计师的工作。

(4)首次接受委托。当注册会计师首次接受委托未能对上期期末存货实施监盘,且该存货对本期财务报表存在重大影响时,如果已获取有关本期期末存货余额的充分、适当的审计证据,注册会计师应当实施下列一项或多项审计程序,以获取有关本期期初存货余额的充分、适当的审计证据:

① 查阅前任注册会计师工作底稿;

② 复核上期存货盘点记录及文件;
③ 检查上期存货交易记录;
④ 运用毛利百分比法等进行分析。

10.4 筹资与投资循环审计

10.4.1 筹资与投资循环的主要业务流程及其控制

筹资与投资循环的业务,包括筹资业务和投资业务两部分。和经营活动产生的业务相比,筹资和投资业务具有交易数量少,但每笔交易额往往较大,一旦出现重大错报,将会在很大程度上影响财务报表公允性的特点。

下面分别介绍筹资业务和投资业务的主要内容和控制。

1. 筹资与投资业务的主要流程与控制

(1)筹资业务的主要流程和控制,如图 10.5 所示。

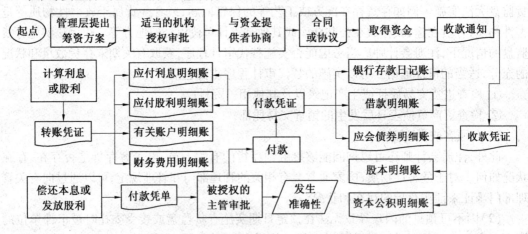

图 10.5

从图 10.5 中可知,筹资业务主要包括:①对筹资方案的授权审批。不同的筹资方式,审批的权力机构不同。一般说来,借款需要管理层审批,发行债券则需要董事会或类似权力机构审批,发行股票则需要在董事会或类似权力机构审批后,报国家有关管理部门审批;②与银行或其他金融机构签订借款合同或债券承销合同;③取得所筹资金;④计算利息或股利;⑤偿还本息或发放股利。

(2)投资业务的主要流程和控制,如图 10.6 所示。

从图 10.6 中可知,投资业务主要包括:对投资方案的授权审批、取得金融资产或长期股权投资、取得投资收益、转让或收回投资。

2. 筹资与投资业务中涉及的主要凭证和会计记录

筹资与投资业务中涉及的主要凭证和会计记录包括:

(1)债券。

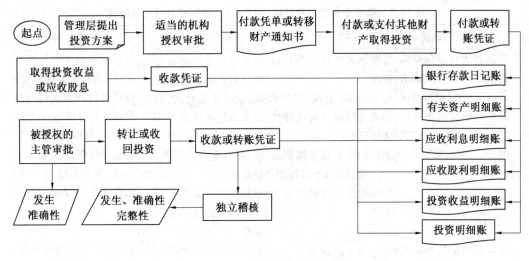

图 10.6

(2) 股票。

(3) 债券契约:用来明确债券持有人与发行人双方的权利与义务的法律性文件。内容包括:债券的发行和批准情况、利息或利率、债券面值和总额、受托管理人及证书、抵押债券的抵押财产、利息支付和本金返还的方式等。

(4) 股东名册:记录股东持股数量、取得日期的书面文件。

(5) 公司债券存根簿:记录债券的发行日期、面额、票面利率、还本付息方式和期限、债券持有人姓名或名称住所等详细资料的书面文件。

(6) 承销或包销协议。

(7) 借款合同或协议:记录借款金额、期限、利率、担保或抵押方式等的法律性文件。

(8) 投资合同或协议:记录出资额、出资方式、出资期限、权利义务等的法律性文件。

(9) 有关记账凭证。

(10) 有关会计科目的明细账和总账。

(11) 其他有关文件记录:如董事会决议、股东大会决议等。

10.4.2 筹资与投资循环关键控制点的测试

根据图10.5、图10.6所反映的业务流程及相关控制,可以确定筹资与投资循环的控制目标、关键控制点,然后就可以针对关键控制点确定应当采用的控制测试和实质性程序。表10.7和表10.8仍然是在图10.5和图10.6的基础上,列举了筹资与投资业务的控制目标、关键控制点和对关键控制点的常用测试。

表 10.7　筹资业务的控制目标、相关认定、内部控制与常用测试

控制目标与认定	关键控制点	常用的控制测试	常用的交易实质性程序
1. 借款和所有者权益账面余额在资产负债表日确实存在,报告期内发生的利息费用和已支付的股利是真实的——存在、发生	筹资方案经过适当授权审批;相关的借款合同、债券承销或包销协议等法律性文件已签订;利息的计算是依据借款合同规定的利率进行的,股利的分配已经过适当审批	检查筹资方案是否经过适当授权,手续是否完备;检查借款合同、债券承销或包销协议等相关法律性文件;检查借款合同、债权契约和董事会、股东大会等会议记录,确定利息的计算和股利的分配是否经过适当授权审批	以借款和股本明细账为起点,追查至原始凭证;以应付股利和应付利息明细账为起点,追查至原始凭证;取得或编制借款和股本明细表,复核加计正确,并与总账数、明细账合计数、报表数核对
2. 报告期内借款和所有者权益的增减变动、利息和股利均已登记入账——完整性	筹资业务的授权、执行、记录、相关文件的保管等职务均已适当分工,相关文件资料已妥善保管;与外部保管机构之间定期核对保管资料	询问和观察有关职务的分离情况;询问和观察相关文件是否得到妥善保管;检查与外部保管机构定期核对的有关记录	以相关原始凭证为起点,追查至有关明细账,确定所有增减变动是否全部登记入账,有无遗漏和重复
3. 借款均为被审计单位的债务,所有者权益均为所有者享有的权利——权利和义务	借款和发行股票所得款项已经收到,所有者已按照章程或协议约定的出资方式、出资额和出资时间支付出资	检查银行或金融机构、证券承销机构的划款通知;检查有关出资证明,检查注册会计师出具的验资报告	向银行或其他金融机构、证券承销机构函证,并与账面余额核对;检查有关资产的所有权凭证
4. 借款和所有者权益的期末余额正确,应付利息和应收股利的期末余额正确,会计处理正确——准确性、计价与分摊、截止、分类	应付利息和应付股利已在适当时期以适当金额登记入适当的账户账	检查应付利息和应付股利是否以恰当的金额计入恰当的时期,所作的会计处理是否正确	复核应付利息和应付股利计算的正确性,结合借款合同和经适当审批的股利分配方案,追查至有关原始凭证,注意核对相关记录上的日期
5. 借款和所有者权益在资产负债表上恰当表述——分类与可理解性	流动负债与非流动负债分别列报;一年内到期的非流动负债应当在资产负债表上单独列报	检查流动负债与非流动负债是否分别列报;检查一年内到期的非流动负债是否在资产负债表上单独列报	检查借款和所有者权益在资产负债表上是否恰当表述;检查非流动负债明细账的到期时间

表 10.8 投资业务的控制目标、相关认定、内部控制与常用测试

控制目标与认定	关键控制点	常用的控制测试	常用的交易实质性程序
1. 投资账面余额在资产负债表日确实存在，报告期内发生的投资收益或损失是真实的——存在、发生	投资业务经过适当授权审批；相关的合同或协议等法律性文件已签订；投资时取得出资证明	检查授权审批文件是否经过适当授权；检查有无投资合同或协议；检查有无出资证明	取得或编制投资明细表，复核加计正确，并与总账数、明细账合计数、报表数核对；向被投资单位函证投资额、持股比例和股利发放情况；核对公允价值变动情况
2. 报告期内投资的增减变动、投资收益或损失均已登记入账——完整性	投资业务的授权、执行、记录、金融资产的保管等职务均已适当分工；建立金融资产领用保管制度，金融资产收发均经过适当授权并办理有关手续；与外部保管机构之间定期核对保管资料	询问和观察有关职务的分离情况；询问和观察金融资产是否得到妥善保管，金融资产的收发是否经过适当授权，手续是否完备；检查与外部保管机构定期核对的有关记录	以相关原始凭证为起点，追查至投资和投资收益明细账，并与投资合同或协议、公允价值变动情况、被投资单位所有者权益变动情况核对，确定所有增减变动是否全部登记入账，有无遗漏和重复
3. 投资均为被审计单位所有——权利和义务	金融资产已取得有关所有权凭证；出资证明已收到	检查金融资产所有权凭证和出资证明；检查外部托管机构的托管证明	盘点金融资产；向接受投资单位和外部托管机构函证，并与账面余额核对
4. 投资的计价方法正确，会计核算方法正确，期末余额正确——计价与分摊、准确性	使用适当的会计科目表，对各种投资分别核算；按照适用的会计准则和相关会计制度规定的计量标准和核算方法核算投资；采用适当的实际利率摊销金融资产成本；采用适当的标准计提投资减值准备，并经过适当授权	检查会计科目是否适当，是否按照适用的会计准则和相关会计制度规定的计量标准和核算方法核算投资；检查实际利率的确定是否适当；检查提取减值准备的授权审批文件，检查确定减值的标准是否适当	检查原始凭证和相关会计记录，复核是否按照公允价值和适当的标准计量金融资产；复核成本法和权益法核算的长期股权投资；复核期末公允价值和资产减值准备、公允价值变动损益的计算；复核实际利率法的摊销结果
5. 投资在资产负债表上的表述恰当——分类与可理解性	投资的列报符合适用的会计准则和相关会计制度规定；一年内到期的投资应当在资产负债表上单独列报	检查一年内到期的投资是否在资产负债表上单独列报	检查投资在资产负债表上是否恰当表述；检查非流动资产中投资明细账的到期时间

10.4.3 筹资审计

1. 借款的审计目标

借款作为企业的债务，通常容易发生的错报是隐瞒、低估错报，而不是高估错报，因为，高估负债对企业不利，而低估负债却可以起到改善财务状况、粉饰业绩的作用。因此注册会

计师在审计过程中,应当重点关注被审计单位是否低估和隐瞒负债。审计目标一般包括:确定报告期内借款业务是否全部登记入账,有无遗漏;确定借款是否存在,是否属于被审计单位承担的义务;确定借款业务的会计处理是否正确;确定借款的发生是否合法,被审计单位是否遵守借款合同的有关规定;确定借款余额在财务报表上的列报是否适当。

2. 借款的实质性程序

(1)银行或其他金融机构借款的实质性程序。银行或其他金融机构借款包括短期借款和长期借款,其实质性程序基本相同,这里一并讨论。

①取得或编制短期和长期借款明细表,复核加计正确,并与总账数、明细账合计数、报表数核对。

②函证借款。注册会计师应当考虑对余额较大的短期借款和重大的长期借款或其他认为有必要的借款项目进行函证。

③了解银行或其他金融机构对被审计单位的信用评估情况,以及借款的担保抵押情况,以评估被审计单位的融资能力和信誉。检查抵押担保资产的所有权凭证,确定是否属于被审计单位,其价值状况是否与合同规定相符。

④检查借款的增减变动记录。查明增加是否经过授权审批以及借款条件、期限、利率等详细资料,查明减少的相关记录和原始凭证。

⑤检查有无到期未偿还的借款,查明是否已向贷款单位提出申请并获得批准,检查延期手续。计算到期未偿还借款金额,判断被审计单位的偿债能力。

⑥检查借款的使用是否符合合同规定。

⑦复核或重新计算借款利息,结合财务费用和相关资产的记录,确定借款费用的计算和处理是否正确、适当。

⑧检查外币借款折算汇率是否恰当,折算差额计算是否准确。

⑨检查重大的资产租赁合同,注意有无表外融资问题。

【案例分析10.5】

新疆天山水泥股份有限公司(以下简称天山股份)自1999年3月至2004年4月,设立表外账,使用银行贷款资金进行委托理财,并发生相应收入和支出。期间,天山股份共发生表外银行贷款49笔,累计18.22亿元人民币(以下无特别说明的,均为人民币元),该公司利用表外资金与德恒证券有限责任公司(以下简称德恒证券)等六家公司进行委托理财,签订委托理财合同44笔,累计理财金额19.9亿元,最高委托理财金额为5.7亿元,获得理财收益16 500.44万元。截止2004年1月,尚有表外贷款余额3.05亿元未归还,委托理财本金3.2亿元未收回。但该公司一直未将上述业务纳入公开披露的财务报表,导致1999年度至2003年度隐瞒利润5 998.54万元,隐瞒表外负债33 068.45万元。负债主要表现为银行贷款,截至2004年7月余额为30 500万元,其他负债2 568.45万元。

(资料来源:中国证监会行政处罚决定书证监罚字[2006]11号)

试分析:应当采取哪些审计程序,获取哪些审计证据来审计有无表外融资、隐瞒负债的重大错报?

⑩检查借款在资产负债表上的列报是否恰当,一年内到期的长期借款是否单独列示,抵押和担保是否充分披露。

【案例分析 10.6】

下面是 XYZ 股份有限公司 20×6 年度财务报表附注部分内容(金额单位:万元):

长期借款项目 20×6 年末余额:13 730

贷款单位	金额	借款期限	年利率	借款条件
a 银行第一营业部	1 800	20×4 年 8 月~20×8 年 7 月	9.72%	抵押借款
b 银行第一营业部	11 650	20×3 年 9 月~20×7 年 8 月	7.65%	抵押借款
c 银行第二营业部	280	20×6 年 1 月~20×8 年 1 月	5.925%	抵押借款
合　　计	13 730			

试分析上述附注内容中是否存在不合理之处？为什么？

(2)应付债券的实质性程序。和银行或金融机构借款相比，一般来说，被审计单位的应付债券业务不多，但一旦存在错报往往就比较重大。其实质性程序包括：

①取得或编制应付债券明细表，复核加计正确，并与总账数、明细账合计数、报表数核对。

②检查债券交易的原始凭证，如授权审批报告、承销合同、汇款通知单、债权契约等，并与相关会计记录和对，确定债券的发行是否经过适当授权，债券利息、折价或溢价摊销的计算是否正确，会计核算是否正确。

③向债券承销机构函证。

④检查借款费用的计算和处理是否正确，必要时重新计算。

⑤检查应付债券在资产负债表上的列报是否恰当，一年内到期的应付债券是否作为非流动负债单独列示，债券类别(如是否可转换公司债券等)是否充分披露。

(3)财务费用的实质性程序。其实质性程序包括：

①取得或编制财务费用明细表，复核加计正确，并与总账数、明细账合计数、报表数核对。

②执行分析程序，比较本期与上期财务费用，注意有无重大和异常波动，分析原因。

③检查利息支出、汇兑损失等明细账，结合借款和外币借款等项目，确定利息和汇兑损失的真实性和正确性，注意其他明细账费用项目的合理性和真实性，与相关原始凭证核对。

④检查资产负债表日前后若干天的费用项目，进行截止测试。

⑤检查财务费用在资产负债表上的列报是否恰当。

3. 股本和资本公积审计

(1)股本和资本公积审计目标。其审计目标包括：确定投入资本的真实性和合法性；确定资本公积形成的合法性和合理性；确定报告期内所有的股本和资本公积增减变动均已登记入账。

(2)股本或实收资本的实质性程序。其实质性程序包括：

①取得或编制股本或实收资本明细表，复核加计正确，并与总账数、明细账合计数、报表数核对。

②检查公司章程和股东大会、董事会会议记录和验资报告，确定投资方式、出资时间、出资期限和其他有关要求以及股票的发行、收回、发行数量、面值等均经过授权批准，有关交易

符合法律法规和公司章程等的规定。

③检查投资者的出资证明、投入资产的验收手续或所有权凭证、银行的收款通知等原始凭证的日期和内容,确定股东的出资方式、出资时间和出资比例等符合公司章程的规定。

④检查银行对账单或收款通知、募股清单、股票发行登记簿、营业执照变更登记手续等股票发行和收回的原始凭证,并与记账凭证和账簿核对,确定股本或实收资本的增减变动均经过适当的处理。

⑤向证券承销机构函证发行在外的股票,确定股票发行交易和数量、价格等的真实性,并与账户核对。

⑥检查股票发行费用的有关原始凭证,确定其真实性及会计处理是否符合适用的会计准则和相关会计制度。

⑦检查外币资本投资的折算汇率以及折算差额的处理是否适当。

⑧检查股本在资产负债表上的列报是否恰当。

(3) 资本公积的实质性程序。其实质性程序包括:

①取得或编制资本公积明细表,复核加计正确,并与总账数、明细账合计数、报表数核对。

②检查资本公积增减变动的有关原始凭证,确定其真实性和会计处理的正确性,确定其核算内容是否符合适用的会计准则和相关会计制度规定。对于资本或股本溢价,可以结合实收资本或股本的审计,检查有关出资证明和公司章程、股东大会、董事会会议记录等,并考虑向投资人或证券承销机构函证,确定其真实性。

③检查资本公积在资产负债表上的列报是否恰当。

10.4.4 投资审计

1. 投资审计目标

投资的审计目标一般包括:确定投资是否存在;确定投资是否确实属于被审计单位的权利;确定投资在报告期内的增减变动及收益或损失是否全部登记入账;确定投资的计量标准和核算方法是否恰当;确定投资的期末余额是否正确;确定投资在资产负债表上的列报是否恰当。

2. 对公允价值计量和披露的考虑

除企业会计准则另有规定以外,金融资产投资通常要求按照公允价值进行初始确认和后续计量。因此,注册会计师应当首先了解被审计单位公允价值计量和披露的程序及相关控制活动,以足够识别和评估认定层次的重大错报风险,并据以设计和实施进一步审计程序。此外,由于公允价值计量通常涉及管理层的主观判断,可能影响能够实施的控制活动的性质,因而注册会计师在评估重大错报风险时应当考虑控制的固有局限性。在此基础上评价财务报表中公允价值计量和披露是否符合适用的会计准则和相关会计制度的规定,确定公允价值计量的会计处理是否适当,对公允价值计量和相关重大不确定性的披露是否充分。

(1) 了解被审计单位公允价值计量和披露的程序及相关控制活动时,注册会计师应当考虑以下事项:①从事公允价值计量人员专业知识和经验;②信息技术在计量过程中的作用;③需要以公允价值计量或披露的账户或交易的类型;④依赖服务机构提供公允价值计量或支持计量数据的范围;⑤在确定公允价值计量和披露时,利用专家工作的程度;⑥在确定公允价值时,管理层作出的重大假设;⑦支持管理层作出假设的记录;⑧在形成和运用假设以及监控假设的变化时,管理层采用的方法;⑨估值模型及相关信息系统的更改控制和安全性程序的完整性;⑩对估值模型中使用数据的一致性、及时性和可靠性的控制。

(2)与公允价值计量和披露相关的实质性程序。注册会计师实施的与公允价值计量和披露相关的实质性程序通常包括:

①测试管理层的重大假设、估值模型和基础数据。被审计单位对资产以公允价值进行计量和披露,应当以公允价值能够可靠计量的假定为前提,采用一定的估值方法,利用有关基础数据进行估价。因此注册会计师应当首先对其进行测试,确定其假设是否合理、选择估值方法的理由是否适当、前后期是否一致、模型是否适当以及基础数据是否恰当相关。必要时,应当考虑利用专家的工作。

②对公允价值进行独立估值,以印证其计量是否适当。

③考虑期后事项对公允价值计量和披露的影响。

注册会计师应当就公允价值计量和披露的重大假设的合理性获取管理层的书面声明,包括这些假设是否恰当地反映管理层针对公允价值计量或披露而采取特定措施的意图和能力。在需要的时候,考虑与治理层的沟通。

3.投资的实质性程序

(1)取得或编制投资明细表,复核加计正确,并与总账数、明细账合计数、报表数核对。投资明细表中应当按照投资的种类分别列示,包括交易性金融资产、可供出售金融资产、持有至到期投资以及长期股权投资等项目及其具体内容,并列示各项目的期初、期末余额、本年增减变动、投资收益或损失,以及长期股权投资的持股(资)比例和核算方法。

(2)检查金融资产投资和长期股权投资的有关文件和证券。如果金融资产是由外单位托管的,应当进行函证,以确定投资是否存在,并与账面记录核对;对于长期股权投资,应向接受投资企业函证,并结合有关资产转移凭证的检查,与账面记录核对。

(3)查投资的入账价值。对于金融资产,应取得有关公允价值的资料来源,确定是否按照公允价值计量,公允价值的确定是否恰当,交易费用的处理是否正确。结合应收项目的审计,确定取得金融资产时支付的价款中包含已宣告但尚未发放的现金股利或已到付息期但尚未领取的债券利息,是否单独确认为应收项目。对于长期股权投资,检查有关合同或协议,确定选择的核算方法是否恰当。

(4)检查金融资产的后续计量是否按照适当的标准进行。按照《企业会计准则第22号——金融工具确认与计量》的规定,结合公允价值变动损益和相关账户审计,检查不同类型的金融资产是否按照规定的规准进行后续计量。

(5)检查有关原始凭证和相关会计记录,确定投资收益的确认是否适当,注意投资收益的真实性和完整性。

(6)对于长期股权投资,确定采用的核算方法是否恰当。对于采用权益法核算的长期股权投资,检查有关账面记录是否确实采用了权益法,考虑通过向被审计单位管理层询问和向接受投资企业函证的方式,确定采用权益法的适当性和有关变动处理的正确性。

(7)检查投资减值准备的计提和会计处理是否正确,确定对减值的判断是否恰当,检查被审计单位据以确认并计提减值准备的依据,对减值后价值又恢复的,注意其判断标准和会计处理是否恰当。

(8)检查金融资产的转移是否符合适用的会计准则和相关会计制度规定,从原始凭证追查至相关会计记录,确定其业务发生的真实性和会计处理的正确性、完整性。

(9)执行分析程序,确定投资在资产中的比例,以及投资收益在利润总额中的比例。分析投资对被审计单位财务状况和经营成果的影响程度。比较本期和上期投资项目有无重大变动,询问并分析原因。

(10)检查投资在资产负债表上的列报是否恰当。注意需要进行重分类的金融资产是否进行了适当的重分类。

10.5 货币资金和特殊项目审计

10.5.1 货币资金审计

从前面的销售与收款循环、购货与付款循环、生产循环、投资与筹资循环中,我们不难发现,货币资金的收付业务,贯穿于每一个循环之中。货币资金一旦发生错报,其影响往往比较重大,因此注册会计师在审计中,应当格外关注其重大错报风险。

1. 货币资金审计目标

货币资金审计目标一般包括:确定货币资金是否存在;确定货币资金是否归被审计单位所有;确定被审计单位是否可以自由使用货币资金,即货币资金的使用是否受限制;确定报告期内所有的货币资金收支业务是否均已登记入账;确定货币资金的余额是否正确;确定货币资金在资产负债表上的列报是否恰当。

2. 货币资金内部控制及测试

货币资金作为企业资产的重要组成部分,因其流动性极强而必须加强管理,建立良好的内部控制。有关货币资金的内部控制,除了《内部会计控制规范——货币资金(试行)》中的规定之外,在《内部会计控制规范——销售与收款(试行)》和《内部会计控制规范——采购与付款(试行)》中也有相关规定。下面简要介绍货币资金收支业务内部控制的控制测试。

①询问和观察货币资金的职责分工是否符合有关内部控制规范的规定。

②检查有关货币资金的收支凭证是否经过适当的授权审批,手续是否完备。

③将收、付款业务的原始凭证如银行进账单、汇款通知书、收款通知、收(付)款凭单、购货发票等与相关记账凭证和库存现金、银行存款日记账、银行对账单的日期、金额和其他详细内容进行核对,确定是否存在与被审计单位经营无关的款项收支。抽查大额库存现金和银行存款收支业务,确定是否经过适当授权审批。

④检查是否定期盘点库存现金,检查库存现金盘点记录,确定库存现金是否定期盘点;检查银行存款余额调节表,并与银行存款日记账、总账、银行对账单进行核对,确定被审计单位是否定期编制并复核银行存款余额调节表。

⑤结合应收、应付款项等有关账户,核对库存现金、银行存款日记账和总账是否相符,并与相关原始凭证核对。

⑥检查库存现金的保管制度。
⑦检查银行存款账户有无出租、出借现象。
⑧检查外币货币资金的折算方法是否恰当。

3. 货币资金的实质性程序

（1）库存现金的实质性程序。

①取得或编制库存现金明细表，复核加计正确，并与总账数、日记账合计数核对。

②监盘库存现金。库存现金盘点的范围为所有的库存现金，包括已收到但尚未存入银行的现金、零用现金等。如果现金存放地点不止一处，应当同时盘点。盘点的时间最好选择上班前或下班后。盘点程序为：首先由出纳员将库存现金集中存入保险柜，必要时可封存；然后要求出纳员将所有已发生的现金收支业务，依据有关原始凭证编制记账凭证并登记入现金日记账，结出余额。之后便可开始盘点。注册会计师应注意有无"白条"。如果盘点日不是资产负债表日，应根据盘点结果和资产负债表日至盘点日之间的发生的收付业务，调节推算资产负债表日的库存现金余额。

③检查资产负债表日前后若干天的库存现金收支凭证，进行截止测试。

④检查外币库存现金的折算汇率是否适当，折算差额的核算是否正确。

⑤检查库存现金在资产负债表上的列报是否恰当。

（2）银行存款的实质性程序。其实质性程序包括：

①取得或编制银行存款明细表，复核加计正确，并与总账数、日记账合计数核对。

②函证银行存款余额。

③检查资产负债表日前后若干天的银行存款收支凭证及其原始凭证，进行截止测试。

④检查一年以上定期存款和限定用途存款，执行分析程序确定其在银行存款中的比例。

⑤检查银行存款余额调节表，确定未达账项的真实性，请被审计单位标示出截至审计时已经收到相关原始凭证并已登记入账的未达账项，检查资产负债表日前后若干天的银行存款收支业务，并追查至原始凭证，确定未达账项已取得相关凭证并登记入账，并与银行存款余额调节表核对。对截至审计时仍然存在的未达账项，应询问并追查原因。必要时可向收款人或付款人函证。

⑥检查外币银行存款的折算汇率是否适当，折算差额的核算是否正确。

⑦检查银行存款在资产负债表上的列报是否恰当。一年以上定期存款和限定用途存款，是否在非流动资产中列报。

【案例分析 10.7】

2005年2月6日，每日经济新闻（新浪网财经纵横）报道：证监会5日对西安达尔曼原董事长许宗林开出"罚单"：给予警告和罚款30万元，并对其实施永久性市场禁入的处罚。证监会在公告中称：处罚理由是许宗林在担任西安达尔曼实业股份有限公司董事长期间，对公司存在的信息披露违法行为负有责任。

经司法机关查实，1996年至2004年7月，达尔曼董事长许宗林利用职权，指使公司财务人员先后从控股的几家公司，以"货款"往来款名义转往疑犯李晓明控制的深圳、珠海几家公司共计人民币4.83亿余元，其中3.34亿余元转回西安达尔曼实业公司，1.49亿元转入深圳10余家公司。许宗林、李晓明将其兑换成美元，且将其中1 000万美元转入许宗林和其妻和立红在加拿大私人账户。

此外证监会还对审计达尔曼的注册会计师提出两项指控,其中之一是未能揭示4.27亿元大额定期存单质押情况。根据中国人民银行《单位定期存单质押贷款管理规定》第二条规定,单位定期存单只能为质押贷款的目的而开立和使用。

请分析:达尔曼在现金管理的内部控制上存在什么问题?注册会计师应当执行那些审计程序以发现这些问题?如何对存单的质押情况进行测试?

10.5.2 特殊项目审计

除了利用各业务循环进行财务报表审计之外,财务报表的项目还会受到一些特殊业务的影响,例如期初余额、会计估计、关联方、持续经营、期后事项等,所以注册会计师应当考虑这些项目对财务报表的影响,并进行审计。以下分别说明上述特殊项目的审计。

1. 期初余额的审计

(1)期初余额的审计和注册会计师的责任。期初余额的审计是指注册会计师在首次接受委托时对财务报表中期初余额的审计。而期初余额是指期初已存在的账户余额。期初余额以上期期末余额为基础,反映了以前期间的交易和上期采用的会计政策的结果。如果期初余额中存在重大错报,就可能对本期财务报表产生影响,所以当注册会计师首次接受委托时,必然涉及期初余额的审计问题。

注册会计师对于首次接受委托时被审计单位财务报表中的期初余额,应当承担什么责任呢?注册会计师接受委托,是对本期的财务报表进行审计,因此一般不需要对期初余额发表专门的审计意见,但是由于期初余额和本期报表存在着必然的内在联系,根据《中国注册会计师审计准则第1331号——首次审计业务涉及的初期余额》的规定,对首次接受委托业务,注册会计师应当采取必要的审计程序,获取充分、适当的审计证据以确定以下问题:

①期初余额不存在对本期财务报表产生重大影响的错报;

②上期期末余额已正确结转至本期,或在适当的情况下已作出重新表述;

③被审计单位一贯运用恰当的会计政策,或对会计政策的变更作出正确的会计处理和恰当的列报。

然后在此基础上考虑期初余额对审计结论和报告的影响。

(2)期初余额的审计程序和对审计结论、报告的影响。注册会计师应当如何确定其所获取的审计证据是充分、适当的呢?一般说来,在判断有关期初余额的审计证据的充分性和适当性时,注册会计师应当考虑下列事项,并作出相应的处理:

①被审计单位运用的会计政策。企业上期采用的会计政策,会直接影响到上期账户的发生额和期末余额,而一般情况下,上期的期末余额就是本期的期初余额。当然有时由于受到期后事项和会计政策变更等的影响,上期期末余额在结转至本期期初余额时,可能需要作出适当调整并重新表述。因此,注册会计师应当考虑期初余额是不是反映了上期运用了恰当的会计政策的结果,以及这些会计政策是否在本期财务报表中得到一贯运用。当会计政策发生变更时,注册会计师应当考虑这些变更是否恰当、会计处理是否正确、列报是否恰当。

如果与期初余额相关的会计政策未能在本期得到一贯运用,并且会计政策的变更未能得到正确的会计处理和恰当的列报,注册会计师应当出具保留意见或否定意见的审计报告。

②上期财务报表是否经过审计;如果经过审计,审计报告是否为非标准审计报告。

如果上期财务报表由前任注册会计师审计,注册会计师应当考虑通过查阅前任注册会计师的工作底稿获取有关期初余额的充分、适当的审计证据,并考虑前任注册会计师的独立性和专业胜任能力。

如果上期财务报表未经审计,或虽然经过审计,但通过执行与前任注册会计师沟通、查阅前任注册会计师的工作底稿,并考虑前任注册会计师的独立性和专业胜任能力等审计程序后,注册会计师对期初余额不能得出满意结论,应当采取以下措施:

ⅰ 对流动资产和流动负债,通常可以通过本期实施的审计程序获取部分审计证据;

ⅱ 对于存货,当首次接受委托未能对上期期末存货实施监盘,且该存货对本期财务报表存在重大影响时,如果已获取有关本期期末存货余额的充分、适当的审计证据,注册会计师应当实施追加审计程序,以获取有关本期期初存货余额的充分、适当的审计证据。这些追加审计程序可以包括:查阅前任注册会计师工作底稿、复核上期存货盘点记录及文件、检查上期存货交易记录、运用毛利百分比法等进行分析。

ⅲ 对非流动资产和非流动负债,通常检查形成期初余额的会计记录和其他信息。在某些情况下,注册会计师可向第三方函证期初余额,或实施追加的审计程序。

如果前任注册会计师对上期财务报表出具了非标准审计报告,注册会计师应当考虑该审计报告对本期财务报表的影响。如果导致出具非标准审计报告的事项对本期财务报表仍然相关和重大,注册会计师应当对本期财务报表出具非标准审计报告。

③账户的性质和本期财务报表中的重大错报风险以及期初余额对于本期财务报表的重要程度。如果期初余额存在对本期财务报表产生重大影响的错报,注册会计师应当告知管理层。如果上期财务报表由前任注册会计师审计,注册会计师还应当考虑提请管理层告知前任注册会计师。如果错报的影响未能得到正确的会计处理和恰当的列报,注册会计师应当出具保留意见或否定意见的审计报告。

如果实施相关审计程序后无法获取有关期初余额的充分、适当的审计证据,这表明注册会计师的审计范围受到了限制,应当根据情况出具保留意见或无法表示意见的审计报告。

2. 会计估计的审计

(1)管理层和注册会计师对会计估计的责任。执行会计估计审计,首先要明确管理层与注册会计师双方对会计估计的责任。会计估计是被审计单位管理层在不确定情况下作出的估计或判断。因此,很显然,被审计单位管理层应当对其作出的包括在财务报表中的会计估计负责。而根据中国注册会计师审计准则的规定,获取充分、适当的审计证据,评价被审计单位作出的会计估计是否合理、披露是否充分,是注册会计师的责任。

(2)会计估计的审计目标和审计程序。会计估计的审计目标一般包括:确定特定环境下的会计估计是否合理;确定会计估计在必要时是否得以充分披露。为此,注册会计师应当了解被审计单位及其环境,包括了解管理层作出会计估计的程序和方法、相关控制活动等,以评估会计估计的重大错报风险,并确定会计估计的重大错报风险是否属于特别风险。在此基础上,设计和实施进一步审计程序,获取充分、适当的审计证据,实现上述审计目标。

管理层通常通过故意作出不当的会计估计对财务信息作出虚假报告。因此注册会计师在复核会计估计是否有失公允、从而可能产生舞弊导致的重大错报时,应当采取下列措施:

①从财务报表整体上考虑管理层作出的某项会计估计是否反映出管理层的某种偏向,是否与注册会计师所获取审计证据表明的最佳估计存在重大差异;

②复核管理层在以前年度财务报表中作出的重大会计估计及其依据的假设。

如果发现管理层作出的会计估计可能有失公允,注册会计师应当评价这是否表明存在舞弊导致的重大错报风险。注册会计师应当考虑管理层在作出会计估计时是否同时高估或低估所有准备,从而使收益在两个或多个会计期间内得以平滑,或达到某特定收益水平。

具体说来,注册会计师可以采取以下一种或者几种程序审计会计估计:

① 复核和测试管理层作出会计估计的过程。这一程序可以按照以下步骤完成:

第一步,评价会计估计依据的数据,考虑会计估计依据的假设。

企业在作出会计估计时,都是建立在一定的假设基础上,以一定的数据为依据进行的。因此,执行会计估计审计,首先应当评价会计估计依据的数据的准确性、完整性和相关性,确定其是否足以为会计估计的作出提供充足的证据和理由。注册会计师可以利用被审计单位生成的信息,并考虑从被审计单位外部获取与会计估计相关的审计证据。如果注册会计师利用被审计单位生成的信息,应当核对该信息是否与会计信息系统处理的数据相一致。其次,注册会计师应当评价被审计单位是否对收集的数据进行恰当的分析,并将其作为确定会计估计的合理基础。再次,注册会计师应当评价被审计单位在作出会计估计时使用的主要假设是否具有合理的依据。注册会计师可以根据以前期间的实际结果,判断这些假设是否合理、是否与其他会计估计依据的假设一致、是否与管理层合理可行的计划一致。此外,注册会计师还应当特别关注主观的、容易引起重大错报的或对情况变化敏感的假设。

第二步,测试会计估计的计算过程。

注册会计师应当对管理层作出会计估计的计算过程实施审计程序,进行测试。所实施审计程序的性质、时间和范围取决于评估的重大错报风险和该风险受会计估计计算的复杂性的影响、注册会计师对管理层会计估计程序和方法的了解与评价以及会计估计在财务报表中的重要性等因素。

如果会计估计过程比较复杂,涉及特殊技术,注册会计师应当考虑利用专家的工作。

第三步,将以前期间作出的会计估计与其实际结果进行比较。

如果有可能,注册会计师应当将以前期间作出的会计估计与其实际结果进行比较,从而获取有关会计估计程序和方法总体可靠性的审计证据,并考虑是否需要调整会计估计公式,以及评价会计估计与实际结果之间的差异是否已经量化,如有必要,是否已作适当调整或披露。在此基础上,根据了解的被审计单位以前期间的财务成果、所处行业的惯例以及管理层向注册会计师披露的未来计划,复核管理层在作出会计估计时使用的会计估计公式的持续适当性。

第四步,考虑管理层对会计估计的批准程序。

会计估计会对企业的财务状况、经营成果构成一定影响,例如坏账损失率的估计会影响应收项目和利润的金额,因此,重要的会计估计通常需要取得管理层的复核和批准。注册会计师应当考虑这种复核和批准是否由适当层次的管理层执行,并在支持作出会计估计的书面文件(如审批报告、有关会议记录)中留下证据。注册会计师可以询问有关管理层,并检查这些书面文件,以确定会计估计批准程序的合理性和适当性。

②运用独立估计与管理层作出的会计估计进行比较。注册会计师可以自行作出独立估计或从其他渠道获取独立估计,即由注册会计师或其他适当的机构或人士重新独立作出会计估计,并与管理层作出的会计估计进行比较,以评价被审计单位作出的会计估计是否合理、披露是否充分。

当运用独立估计时,注册会计师应当评价独立估计依据的数据、假设和使用的公式,并针对计算过程实施审计程序。

③复核能够证实会计估计合理性的期后事项。这里的期后事项是指资产负债表日后至审计完成之前发生的交易或事项。这些事项可能为注册会计师审计会计估计提供审计证据。因此,注册会计师对这些交易或事项的复核可能减少甚至取代前面的两项审计程序,即对管理层形成会计估计过程的复核和实施的其他审计程序,或取代在评估会计估计合理性时运用的独立估计。

(3) 会计估计审计结果的评价。注册会计师应当在了解被审计单位及其环境,并执行了上述一项或多项审计程序,获取了充分、适当的审计证据后,考虑是否存在影响作出会计估计时使用的假设和数据的重大期后交易或事项,对会计估计的合理性以及会计估计是否与审计过程中获取的其他审计证据相一致作出最终评价。

如果依据审计证据得出的估计结果与包括在财务报表中的估计金额存在差异,并且注册会计师认为该项差异不合理,应当提请管理层予以调整。如果管理层拒绝调整,注册会计师应当将该项差异视为一项错报,并连同所有其他错报一并考虑,以评价对财务报表的影响是否重大。如果认为被接受的各项差异合理但均偏向一个方向,以致各项差异的累积数可能对财务报表产生重大影响,注册会计师应当从整体上评价会计估计的合理性。

3. 关联方及其交易的审计

(1) 关联方及其交易的审计目标。关联方交易往往会成为企业粉饰业绩,提供虚假财务信息的手段。因此,企业会计准则和中国注册会计师审计准则都规定管理层有责任识别、披露关联方和关联方交易。而中国注册会计师审计准则同时要求注册会计师应当实施审计程序,就管理层是否按照适用的会计准则和相关会计制度的规定识别、披露关联方和关联方交易,获取充分、适当的审计证据。也就是说,注册会计师应当采取必要的审计程序,确定:关联方与关联方交易是否存在;关联方关系的披露是否充分;关联方交易的记录是否恰当;关联方交易的披露是否充分。

(2) 关联方及其交易的审计程序。为实现上述审计目标,在对关联方及其交易进行审计时,注册会计师首先了解被审计单位及其环境,以足够识别——可能导致与关联方和关联方交易有关的重大错报风险的交易和事项。在了解被审计单位内部控制时,注册会计师应当考虑与关联方交易授权和记录相关的控制活动的适当性。在此基础上,执行以下审计程序:

①复核由治理层和管理层提供的所有已知关联方名称的信息,以确定关联方存在,并获取管理层就所提供的关于识别关联方信息的完整性所作的书面声明;

②执行审计程序,判断治理层和管理层提供的关联方名称的信息是否完整,有无遗漏;

为确定治理层和管理层提供的关联方信息的完整性,注册会计师应当实施下列审计程序:

ⅰ 复核以前年度工作底稿,确认已识别的关联方名称;

ⅱ 复核被审计单位识别关联方的程序;

ⅲ 询问治理层和关键管理人员是否与其他单位存在隶属关系;

ⅳ 复核投资者记录以确定主要投资者的名称,在适当情况下,从股权登记机构获取主要投资者的名单;

ⅴ 查阅股东会和董事会的会议纪要,以及其他相关的法定记录;

ⅵ 询问其他注册会计师或前任注册会计师所知悉的其他关联方;

ⅶ 复核被审计单位向监管机构报送的所得税申报表和其他信息。

③按照适用的会计准则和相关会计制度的规定,确定被审计单位对关联方关系的披露是否充分,并获取管理层关于在财务报表中披露的关联方和关联方交易充分性的书面声明;

④复核由治理层和管理层提供的关联方交易的信息,并对其他重要的关联方交易保持警惕;

⑤注意以下异常交易,保持警惕,考虑是否存在以前尚未识别出的关联方:价格、利率、担保和付款等条件异常的交易;商业理由明显不合乎逻辑的交易;实质与形式不符的交易;处理方式异常的交易;与某些顾客或供货商进行的大量或重大交易;未予记录的交易。

⑥执行下列审计程序,确定关联方交易是否存在:执行交易和余额的细节测试;查阅股东会和董事会的会议纪要;复核大额或异常的交易、账户余额的会计记录,特别关注接近报告期末或在报告期末确认的交易;复核对债权债务关系的询证函回函以及来自银行的询证函回函,以发现担保关系和其他关联方交易;复核投资交易。

⑦检查已识别的关联方交易,包括有关发票、合同、协议以及其他有关文件和会计记录,获取充分、适当的审计证据,以确定这些交易是否已得到恰当记录和充分披露。

⑧向关联方函证交易的条件和金额;

⑨检查关联方拥有的信息;

⑩向与交易相关的人员和机构如银行、律师、担保人或代理商等函证或与之讨论相关信息。

(3)关联方交易审计对审计结论和报告的影响。如果注册会计师无法就关联方和关联方交易获取充分、适当的审计证据,注册会计师应当根据情况出具保留意见或无法表示意见的审计报告;如果关联方和关联方交易的披露不充分,注册会计师应当根据情况出具保留意见或否定意见的审计报告。

4. 期后事项的审计

(1)期后事项的含义和内容。期后事项,是指资产负债表日至审计报告日之间发生的事项以及审计报告日后发现的事实。包括两部分内容:一是资产负债表日至审计报告日之间发生的事项;二是审计报告日后发现的事实,它又分为审计报告日后至财务报表报出日前发现的事实和财务报表报出后发现的事实两部分。本章要讨论的是第一部分,即资产负债表日至审计报告日之间发生的事项。关于审计报告日后发现的事实,将在第11章审计报告中介绍。

在理解期后事项的含义时,必须弄清楚以下几个重要的日期:

①资产负债表日,是注册会计师接受委托审计的财务报表中资产负债表的日期。

②审计报告日,是审计报告上注明的日期,它不应早于注册会计师获取充分、适当的审计证据(包括管理层认可对财务报表的责任且已批准财务报表的证据),并在此基础上对财务报表形成审计意见的日期。

③财务报表公布日,是指被审计单位对外披露已审计财务报表的日期。

(2)期后事项的审计。资产负债表日至审计报告日之间发生的期后事项有两类可能对财务报表和审计报告产生影响,注册会计师应当予以考虑。这两类事项就是:①资产负债表日后调整事项;②资产负债表日后非调整事项。

注册会计师应当尽量在接近审计报告日时,实施以下程序,以识别这些期后事项:

①复核被审计单位管理层建立的用于确保识别期后事项的程序;

②查阅股东会、董事会及其专门委员会在资产负债表日后举行的会议的纪要,并在不能获取会议纪要时询问会议讨论的事项;

③查阅最近的中期财务报表;如认为必要和适当,还应当查阅预算、现金流量预测及其他相关管理报告;

④向被审计单位律师或法律顾问询问有关诉讼和索赔事项;

⑤向管理层询问是否发生可能影响财务报表的期后事项。询问的内容主要包括:根据初步或尚无定论的数据作出会计处理的项目的现状;是否发生新的担保、借款或承诺;是否出售或购进资产,或者计划出售或购进资产;是否已发行或计划发行新的股票或债券,是否已签订或计划签订合并或清算协议;资产是否被政府征用或因不可抗力而遭受损失;在风险领域和或有事项方面是否有新进展;是否已作出或考虑作出异常的会计调整;是否已发生或可能发生影响会计政策适当性的事项。

在进行期后事项审计时,应当注意的是,如果被审计单位的分支机构、子公司等组成部分的财务信息是由其他注册会计师审计的,注册会计师应当考虑其他注册会计师对资产负债表日后事项所实施的审计程序,并考虑是否需要向其告知计划的审计报告日。如果知悉对财务报表有重大影响的期后事项,注册会计师应当考虑这些事项在财务报表中是否得到恰当的会计处理并予以充分披露。

5. 持续经营假设的审计

持续经营假设是会计核算的五个基本假设前提之一。从审计的角度说,持续经营假设是指被审计单位在编制财务报表时,假定其经营活动在可预见的将来会继续下去,不拟也不必终止经营或破产清算,可以在正常的经营过程中变现资产、清偿债务。这里可预见的将来通常是指资产负债表日后 12 个月。

企业会计核算所采取的计量属性和核算方法都是建立在这一假设基础上的。有了这一假设前提,才产生了会计分期的必要,才需要设定权责发生制前提以分期确定收入和费用,确定经营成果,产生了会计的计量标准,等等。如果没有这一前提条件,上述会计计量属性、核算方法等将不能再使用。也就是说,企业在持续经营前提下所选择的核算前提、核算内容、核算方法、会计信息使用者的需求等与非持续经营前提下有着本质的区别。持续经营假设下,财务会计的目标旨在通过编制财务报表公允的反映企业的财务状况、经营成果和现金流量方面的信息。而在非持续经营假设下,财务会计的目标是客观地反映资产的变现和债务的清偿情况。因此,注册会计师在计划和实施审计程序以及评价其结果时,应当首先明确双方对持续经营假设的责任,并考虑管理层在编制财务报表时运用持续经营假设的适当性。

(1)管理层对持续经营假设的责任。根据适用的会计准则和相关会计制度的规定评估被审计单位的持续经营能力是管理层的责任。

基于持续经营假设对会计假设、会计原则、会计方法等的影响,在进行会计核算时,管理层应当根据适用的会计准则和相关会计制度的规定,对持续经营能力进行评估。对持续经营能力的评估主要涉及在特定时点对某些事项或情况的未来结果作出判断,这些事项或情况的未来结果具有固有的不确定性,它们可能导致经营风险,甚至单独或连同其他事项或情况可能导致对持续经营假设产生重大疑虑。因此管理层必须考虑这些事项或情况的存在,对其持续经营能力的影响。这些事项或情况可能存在于被审计单位的以下三个方面:

①财务方面。被审计单位在财务方面存在的可能导致对持续经营假设产生重大疑虑的事项或情况主要包括:无法偿还到期债务;无法偿还即将到期且难以展期的借款;无法继续履行重大借款合同中的有关条款;存在大额的逾期未缴税金;累计经营性亏损数额巨大;过度依赖短期借款筹资;无法获得供应商的正常商业信用;难以获得开发必要新产品或进行必要投资所需资金;资不抵债;营运资金出现负数;经营活动产生的现金流量净额为负数;大股东长期占用巨额资金;重要子公司无法持续经营且未进行处理;存在大量长期未作处理的不良资产;存在因对外巨额担保等或有事项引发的或有负债。

②经营方面。被审计单位在经营方面存在的可能导致对持续经营假设产生重大疑虑的事项或情况主要包括:关键管理人员离职且无人替代;主导产品不符合国家产业政策;失去主要市场、特许权或主要供应商;人力资源或重要原材料短缺。

③其他方面。被审计单位在其他方面存在的可能导致对持续经营假设产生重大疑虑的事项或情况主要包括:严重违反有关法律法规或政策;异常原因导致停工、停产;有关法律法规或政策的变化可能造成重大不利影响;经营期限即将到期且无意继续经营;投资者未履行协议、合同、章程规定的义务,并有可能造成重大不利影响;因自然灾害、战争等不可抗力因素遭受严重损失。

(2)注册会计师对持续经营假设的责任和审计目标。注册会计师的责任是考虑管理层在编制财务报表时运用持续经营假设的适当性,并考虑是否存在需要在财务报表中披露的有关持续经营能力的重大不确定性。因此持续经营假设的审计目标是:确定持续经营假设是否合理;确定有关持续经营能力的重大不确定性是否需要在财务报表中披露。

(3)持续经营假设的审计程序。

①对持续经营的总体考虑。为实现上述审计目标,中国注册会计师审计准则要求注册会计师在了解被审计单位时,应当考虑是否存在可能导致对持续经营能力产生重大疑虑的事项或情况以及相关经营风险。并在整个审计过程中,始终关注可能导致对持续经营能力产生重大疑虑的事项或情况以及相关经营风险。

②实施风险评估程序。在了解被审计单位的基础上,注册会计师应当考虑与持续经营假设相关的事项或情况,以便及时与管理层讨论并复核其针对已识别的持续经营问题制定的应对计划,实施风险评估程序,评估重大错报风险。如果管理层已对持续经营能力作出初步评估,注册会计师应当复核该初步评估,以确定管理层是否识别出上述财务、经营和其他方面存在的可能导致对持续经营假设产生重大疑虑的事项或情况,并复核管理层提出的应对计划。

如果管理层没有对持续经营能力作出初步评估,就依据这一假设编制了财务报表,注册会计师应当与管理层讨论运用持续经营假设的理由,询问是否存在那些可能导致对持续经营假设产生重大疑虑的事项或情况,并提请管理层对持续经营能力作出评估。如果管理层拒绝注册会计师的要求,注册会计师应当将其视为审计范围受到限制,考虑出具保留意见或无法表示意见的审计报告。

在实施风险评估程序时,注册会计师应当考虑识别出的事项或情况对重大错报风险评估的影响,及其对进一步审计程序的性质、时间和范围的影响。

③评价管理层对持续经营能力作出的评估。在审计持续经营假设时,一个重要的内容就是注册会计师要对管理层对持续经营能力的评估情况进行判断,以评价管理层作出持续经营假设的合理性。在判断管理层对持续经营能力作出的评估的合理性时,注册会计师可以从以下几个方面着手进行:

首先,确定管理层评估持续经营能力涵盖的期间是否符合适用的会计准则和相关会计制度的规定。如果管理层评估持续经营能力涵盖的期间少于自资产负债表日起的12个月,注册会计师应当提请管理层将其延伸至自资产负债表日起的12个月。如果管理层拒绝注册会计师的要求,注册会计师应当将其视为审计范围受到限制,考虑出具保留意见或无法表示意见的审计报告。

其次,考虑管理层作出评估的过程、依据的假设以及应对计划。

第三,考虑管理层作出的评估是否已考虑所有相关信息,其中包括注册会计师实施审计程序获取的信息。

如果被审计单位具有良好的盈利记录并很容易获得外部资金支持,管理层可能无需详细分析就能对持续经营能力作出评估。在这种情况下,注册会计师通常无需实施详细的审计程序,就可对管理层作出评估的适当性得出结论。

④ 实施进一步审计程序。当注册会计师识别出可能导致对持续经营能力产生重大疑虑的事项或情况时,应当实施进一步审计程序,以判断持续经营假设是否合理,并确定有关持续经营能力的重大不确定性是否需要在财务报表中披露。进一步审计程序包括以下三个:

一是复核管理层依据持续经营能力评估结果提出的应对计划。

通常情况下,管理层对识别出的可能导致对持续经营能力产生重大疑虑的事项或情况,会制定应对计划,采取必要的措施(如变卖资产、借款或债务重组、削减或延缓开支以及获得新的投资等),以缓解或改善、消除这些事项或情况对持续经营能力带来的影响。注册会计师应当对管理层提出的应对计划进行复核和询问,还应当对管理层作出持续经营能力评估后发生的事实或可获得的信息予以考虑。

二是通过实施必要的审计程序,包括考虑管理层提出的应对计划和其他缓解措施的效果,获取充分、适当的审计证据,以确认是否存在与此类事项或情况相关的重大不确定性。

注册会计师应当实施必要的审计程序,获取充分、适当的审计证据,以判断管理层提出的应对计划是否可行,以及应对计划的结果是否能够改善持续经营能力。这些相关审计程序主要包括:

ⅰ 与管理层分析和讨论现金流量预测、盈利预测以及其他相关预测。如果现金流量分析对考虑事项或情况的未来结果是重要的,注册会计师应当:考虑被审计单位生成相关信息的信息系统的可靠性;考虑管理层作出现金流量预测所依赖的假设是否存在充分的依据;将最近若干期间的预测性财务信息与实际结果进行比较;将本期的预测性财务信息与截至目前的实际结果进行比较。

ⅱ 与管理层分析和讨论最近的中期财务报表;

ⅲ 复核债券和借款协议条款并确定是否存在违约情况;

ⅳ 阅读股东会会议、董事会会议以及相关委员会会议有关财务困境的记录;

ⅴ 向被审计单位的律师询问是否存在针对被审计单位的诉讼或索赔,并向其询问管理

层对诉讼或索赔结果及其财务影响的估计是否合理;

ⅵ 确认财务支持协议的存在性、合法性和可行性,并对提供财务支持的关联方或第三方的财务能力作出评价;

ⅶ 考虑被审计单位准备如何处理尚未履行的客户订单;

ⅷ 复核期后事项并考虑其是否可能改善或影响持续经营能力。

三是向管理层获取有关应对计划的书面声明。

⑤对超出管理层评估期间的事项或情况的考虑。除了评价管理层对持续经营能力所作出的评估之外,注册会计师还应当询问管理层是否知悉超出评估期间的、可能导致对持续经营能力产生重大疑虑的事项或情况以及相关经营风险。因为这些事项或情况可能对注册会计师考虑管理层运用持续经营假设编制财务报表的适当性产生重大影响。注册会计师应当确定这些事项或情况对持续经营能力的影响是否重大,如果影响重大,注册会计师应当考虑采取进一步措施,并提请管理层确定这些事项或情况对评估持续经营能力的潜在影响。如果管理层拒绝注册会计师的要求,注册会计师应当将其视为审计范围受到限制,考虑出具保留意见或无法表示意见的审计报告。

除实施询问程序外,注册会计师没有责任设计其他审计程序,以测试是否存在超出评估期间的、可能导致对持续经营能力产生重大疑虑的事项或情况。

(4)持续经营对审计结论和报告的影响。注册会计师应当根据获取的审计证据,确定可能导致对持续经营能力产生重大疑虑的事项或情况是否存在重大不确定性,根据以下几种情况判断对审计结论和报告的影响。

①如果认为被审计单位在编制财务报表时运用持续经营假设是适当的,但可能导致对持续经营能力产生重大疑虑的事项或情况存在重大不确定性,注册会计师应当考虑两个问题:一是财务报表是否已充分描述导致对持续经营能力产生重大疑虑的主要事项或情况,以及管理层针对这些事项或情况提出的应对计划;二是财务报表是否已清楚指明可能导致对持续经营能力产生重大疑虑的事项或情况存在重大不确定性,被审计单位可能无法在正常的经营过程中变现资产、清偿债务。

如果财务报表已作出充分披露,注册会计师应当出具无保留意见的审计报告,并在审计意见段之后增加强调事项段,强调可能导致对持续经营能力产生重大疑虑的事项或情况存在重大不确定性的事实,并提醒财务报表使用者注意财务报表附注中对有关事项的披露。

在极端情况下,如同时存在多项重大不确定性,注册会计师应当考虑出具无法表示意见的审计报告,而不是在审计意见段之后增加强调事项段。

如果财务报表未能作出充分披露,注册会计师应当出具保留意见或否定意见的审计报告,并在审计报告中具体提及可能导致对持续经营能力产生重大疑虑的事项或情况存在重大不确定性的事实,并指明财务报表未对该事实作出披露。

②如果判断被审计单位将不能持续经营,但财务报表仍然按照持续经营假设编制,注册会计师应当出具否定意见的审计报告。显然,这种情况下,被审计单位编制的财务报表已经不符合适用的会计准则和相关会计制度的规定,未能在所有重大方面公允反映其财务状况、经营成果和现金流量。

③如果管理层认为编制财务报表时运用持续经营假设不再适当,选用了其他基础编制财务报表。在这种情况下,注册会计师应当实施补充的审计程序。

如果在实施补充审计程序后,认为管理层选用的其他编制基础是适当的,且财务报表已作出充分披露,注册会计师可以出具无保留意见的审计报告,并考虑在审计意见段之后增加强调事项段,提醒财务报表使用者关注管理层选用的其他编制基础。

④如果管理层在资产负债表日后严重拖延对财务报表的签署或批准,注册会计师应当考虑拖延签署或批准的原因。当拖延原因涉及与管理层评估持续经营能力有关的事项或情况时,注册会计师应当考虑是否有必要实施追加的审计程序,以及可能导致对持续经营能力产生重大疑虑的事项或情况是否存在重大不确定性。

复习思考题

1. 企业应当为销售业务设计哪些关键控制?
2. 销售与收款循环的主要经济业务有哪些?涉及哪些凭证和记录?
3. 举例说明主营业务收入的真实性和完整性目标的测试程序有什么不同。
4. 应收账款的函证对象有哪些?确定函证范围时应当考虑哪些因素?如何选择函证方式?
5. 企业应当为购货业务设计哪些关键控制?
6. 购货与付款循环的主要经济业务有哪些?涉及哪些凭证和记录?
7. 特殊情况如果无法实施存货监盘,注册会计师应当如何处理?
8. 试设计一份销售业务的内部控制调查表。
9. 试分析批准赊销、特殊价格(指低于商品价目表上的价格)销售、记录销售业务各环节可能发生的错报。对这些环节的关键控制点包括哪些?注册会计师应当考虑执行的控制测试有哪些?
10. 如何执行收入的截止测试?如何执行购货的截止测试?这些测试与哪些认定相关?
11. 注册会计师对期初余额、会计估计、关联方及其交易、持续经营假设有什么责任?

练习题

一、单项选择题

1. 注册会计师审计长期借款业务时,为确定"长期借款"账户余额的真实性,可以进行函证。函证的对象应当是( )。
   A. 公司的律师　　　　B. 银行或其他有关债权人　　C. 金融监管机关　　　　D. 公司的主要股东

2. 注册会计师对被审计单位实施销货业务的截止测试,其主要目的是为了检查( )。
   A. 年底应收账款的真实性　　　　　　B. 是否存在过多的销货折扣
   C. 销货业务的入账时间是否正确　　　D. 销货退回是否已经核准

3. 注册会计师实施产品销售收入的截止测试,主要目的是发现( )。
   A. 年底应收账款余额不正确　　　　　B. 当年度未入账销货
   C. 超额的销货折扣　　　　　　　　　D. 未核准的销货退回

4. 下列各项中,不属于应收账款实质性程序的审计目标的是( )。
   A. 确定应收账款的内部控制是否存在、有效得到一贯遵循
   B. 确定应收账款是否存在、完整和归被审计单位所有
   C. 确定应收账款年末余额是否正确
   D. 确定应收账款在会计报表上的披露是否恰当

5. 如果被审计单位的证券投资是委托某些专门机构代为保管的,为证实这些证券投资的真实存在,注册会计师应( )。
   A. 实地盘点投资证券　　　　　　　　B. 获取被审计单位管理当局声明
   C. 向代保管机构发函询证　　　　　　D. 逐笔检查被审计单位相关会计记录

6. 应收账款询证函的回函应当(   )
   A. 直接寄给客户   B. 直接寄给会计师事务所
   C. 直接寄给客户和会计师事务所   D. 直接寄给客户,由客户转交给会计师事务所
7. 设计和运行有效的存货内部控制要求由独立的采购部门负责(   )
   A. 编制请购单   B. 编制订购单
   C. 记录采购价格   D. 检验购入货物的数量和质量
8. 编制应付工资明细表和实际发放工资的人应当是(   )
   A. 出纳员   B. 会计   C. 同一个人   D. 不同的人
9. 仓储部门应当根据预先编号并经批准的(   )向生产和其他使用部门发货。
   A. 领料单   B. 验收单   C. 保管单   D. 收料单
10. 期后事项是(   )发现的事实。
    A. 资产负债表日以后   B. 资产负债表日至审计报告日之间发生的事项以及审计报告日以后
    C. 审计报告日以后   D. 财务报表报出日以后

二、多项选择题

1. 验证银行存款收付截止日期是为了(   )
   A. 确保所有已开出支票均已入账   B. 确保所有收款均已入账
   C. 确保银行存款余额的正确性   D. 验证银行存款是否存在
2. 注册会计师对期初余额进行审计,主要是为了确定(   )
   A. 期初余额不存在对本期财务报表产生重大影响的错报
   B. 上期期末余额已正确结转至本期,或在适当的情况下已作出重新表述
   C. 被审计单位一贯运用恰当的会计政策
   D. 对会计政策的变更作出正确的会计处理和恰当的列报。
3. 如果管理层拒绝注册会计师关于确定对超出管理层评估期间的事项或情况对评估持续经营能力的潜在影响的要求,注册会计师应当将其视为审计范围受到限制,考虑出具(   )审计报告。
   A. 无保留意见   B. 保留意见   C. 否定意见   D. 无法表示意见
4. 注册会计师确定应收账款函证的数量和范围时,应当考虑的因素包括(   )
   A. 应收账款在全部资产中的比重   B. 评估的重大错报风险水平高低
   C. 前期间的函证结果是否存在重大差异或欠款纠纷 D. 函证方式的选择
5. 下列各项中属于采购业务审计中必须审计的项目是(   )
   A. 请购单   B. 订货单   C. 购货发票   D. 付款凭单

三、判断题

1. 应付账款一般不需要函证。但是如果评估的重大错报风险较高,或被审计单位处于财务困难阶段,则对于金额较大的应付账款明细账,以及在资产负债表日金额不大、甚至为零的重要供应商,也应当进行函证。(   )
2. 如果通过对被审计单位的了解,初步评估的重大错报风险水平较低,则可选择全部执行控制测试的监盘程序,不执行实质性程序。(   )
3. 如果关联方和关联方交易的披露不充分,注册会计师应当根据情况出具保留意见或无法表示意见的审计报告。(   )
4. 除实施询问程序外,注册会计师没有责任设计其他审计程序,以测试是否存在超出评估期间的、可能导致对持续经营能力产生重大疑虑的事项或情况。(   )
5. 除非特殊情况,良好的内部控制要求企业将各种内部凭证事先进行连续编号,以减少错报的发生。(   )

四、案例分析题

1.【资料】2002 年至 2004 年,广东科龙电器股份有限公司(以下简称科龙电器)通过对未真实出库销售的存货开具发票或销售出库单并确认为收入的方式虚增年度报告的主营业务收入、利润。

(1)2002 年年度报告虚增收入 40 330.54 万元,虚增利润 11 996.31 万元

2002 年 12 月,科龙电器通过其 17 家销售分公司向广东东莞泰林贸易有限公司等 81 家单位开具发票或销售出库单,并确认收入 40 330.54 万元(不含增值税,下同)。事实上,上述开单、开票并确认收入的商品并无真实交易,相关存货实物封存于科龙电器的仓库而未发送给客户。同时,科龙电器虚转销售成本 29 724.53 万元和安装维修费用 1 735.94 万元,并少计提存货跌价准备 3 126.24 万元。上述行为导致科龙电器 2002 年年度报告虚增利润 11 996.31 万元。

(2)2003 年年度报告虚增收入 30 483.86 万元,虚增利润 8 935.06 万元

2003 年 11 月至 12 月,科龙电器向合肥市维希电器有限公司(以下简称合肥维希)开具发票或销售出库单并确认收入 30 483.86 万元。事实上,上述开单、开票并确认收入的商品并无真实交易,相关存货实物封存于科龙电器的仓库而未发送给客户。同时,科龙电器虚转销售成本 20 321.36 万元和安装维修费用 1 792.55万元,并少计提存货跌价准备 565.11 万元。上述行为导致科龙电器 2003 年年度报告虚增利润 8 935.06 万元。

(3)2004 年年度报告虚增收入 51 270.29 万元,虚增利润 12 042.05 万元

2004 年,科龙电器及其 16 家销售分公司向合肥维希、武汉长荣电器有限公司(以下简称武汉长荣)等 66 家客户开具发票或销售出库单并确认收入 51 270.29 万元。事实上,上述开单、开票并确认收入的商品并无真实交易,相关存货实物封存于科龙电器的仓库而未发送给客户。同时,科龙电器虚转销售成本 36 331.49万元和安装维修费用 3 142.82 万元,并少计提存货跌价准备 246.07 万元。上述行为导致科龙电器 2004 年年度报告虚增利润 12 042.05 万元。

(资料来源:中国证监会行政处罚决定书证监罚字[2006]16 号)

【要求】注册会计师可以通过执行哪些审计程序发现上述问题?

2.【资料】2003 年,科龙电器通过少计坏账准备虚增年度报告的利润。

科龙电器将 2003 年期末对广州市海珠区腾遥电器有限公司应收账款余额 122.14 万元和对东莞市虎门供销社粤华家电公司应收账款余额-472.1 万元合并进行账龄分析,少计提对广州市海珠区腾遥电器有限公司应收账款坏账准备 122.14 万元。科龙电器将 2003 年期末对深圳市新楚源电器有限公司应收账款余额 476.46 万元与应收电白县水东远东家电商场余额-51.19 万元合并进行账龄分析,且部分账龄划分错误,少计提对深圳市新楚源电器有限公司应收账款坏账准备 70.14 万元。科龙电器将对顺德市龙涌五金交电有限公司账龄一年以上的应收账款,全部划分为三个月以内账龄,少计提坏账准备 262.97 万元。科龙电器将对大庆海浪物资贸易公司 2003 年期末应收账款余额全部作为三个月以内账款,少计提坏账准备 60.3 万元。上述行为导致科龙电器 2003 年年度报告虚增利润 515.55 万元。

(资料来源:中国证监会行政处罚决定书证监罚字[2006]16 号)

【要求】注册会计师应当执行哪些审计程序来发现上述问题?如果涉及检查程序,应当检查哪些记录?

3.【资料】西安达尔曼实业股份有限公司(以下简称达尔曼)于 2005 年 3 月 25 日在上海证券交易所因未能在规定期限内披露定期报告而被终止上市,成为沪深两市首家因这一原因而被终止股票上市的公司。董事长许宗林携巨款举家出走。经证监会查处,达尔曼主要存在以下问题:

(1)2002 年、2003 年年报共计虚构销售收入 40 621.66 万元,虚增利润 15 216.97 万元

经对达尔曼以及控股子公司、主要子公司及达尔曼下属核算单位进行调查,发现达尔曼 2002 年年报虚构销售收入 24 363.45 万元,占当年销售收入 77%,虚增利润 9 550.55 万元;2003 年年报虚构销售收入 16 258.21 万元,占当年销售收入 76%,虚增利润 5 666.42 万元。

(2)2003 年年报虚增在建工程 21 563.21 万元

通过虚签建设施工合同、设备采购合同、虚假付款、虚增工程设备价格等方式,虚构或虚增以下 5 个在

建工程项目的投资:(1)以建设"珠宝一条街"为名,虚构在建工程 8 200 万元。(2)虚增都江堰钻石加工中心项目在建工程投资 4 276 万元。(3)蓝田林木种苗项目及轻型基制项目虚增在建工程 1 500 万元。(4)西安富士达传感器项目虚增在建工程 5 213 万元。(5)蓝田现代农业基地项目虚增在建工程 2 374.21 万元。

(3)重大信息未披露或未及时披露

经查,达尔曼在 2002 年、2003 年存在大量重大事项未披露或未及时披露。达尔曼未披露公司对外担保事项,涉及金额合计 18 000 万元人民币;未披露公司重大资产的抵押、质押等重大事项,涉及金额合计 18 300 万元;未披露公司对两家子公司(包括西安达尔曼新型材料有限公司和西安达尔曼房地产开发有限责任公司)的投资;未及时披露公司对外担保的重大事项,涉及金额 118 213 万元人民币、383.5 万美元;未及时披露公司重大资产的抵押、质押等重大事项,涉及金额合计 14 546 万元;未及时披露 7 项重大诉讼事项,涉及金额为 9 769.78 万元人民币。

(资料来源:中国证监会行政处罚决定书证监罚字[2005]10 号)

【要求】对上述问题,应当采用哪些审计程序,获取哪些审计证据来查明?这些问题和哪些认定相关?

4.【资料】以下是美国在线(AOL)1993 年至 1996 年财务报表部分项目数据。

项目名称	1993 年	1994 年	1995 年	1996 年
营业收入	52.0	115.7	394.3	1 093.9
税前经营收益	1.7	4.2	-21.4	65.2
净收益	1.4	2.2	-35.8	29.8
资产总额	39.3	155.2	405.4	958.8
其中 DMAC		26.0	77.2	314.2

其中 DMAC 是递延订户获取成本。自 1994 年开始,美国在线采取了两大措施来吸引客户,一是改流量计费制为固定月费制,即由原来的按上网小时收费改为包月收费,不再限制上网时间;二是向用户免费赠送光盘。两项措施在为公司带来大量客户的同时,也带来了高昂的营销成本。

美国公认会计准则规定,营销成本应当在发生的当期作为费用。AICPA 发布的《会计政策说明书》同时规定,广告成本应当在发生时或广告第一次播出时作为费用。但是,如果在相当稳定的环境下从事经营的主体,在有确凿的历史证据对广告成本的相关性和可靠性进行分析的基础上,表明该广告成本可以在未来得到弥补的,也可将广告成本资本化,根据受益期确定摊销期限,分期摊销,计入各期费用。

根据 AICPA 的例外条款,AOL 自 1994 年起,将发生的营销成本予以资本化,作为 DMAC 列入资产负债表,并分期摊销。

(资料来源:黄世忠. 会计数字游戏——美国十大财务舞弊案例剖析[M]. 中国财政经济出版社,2003.)

【要求】你认为 AOL 的做法合适吗?请说明你的理由。

第 11 章

审计报告

 新准则提示

《中国注册会计师审计准则 1501 号——对财务报表形成审计意见和出具审计报告》

《中国注册会计师审计准则 1502 号——在审计报告中发表非无保留意见》

《中国注册会计师审计准则 1503 号——在审计报告中增加强调事项段和其他事项段》

《中国注册会计师审计准则 1601 号——对按照特殊目的编制基础编制的财务报表审计的特殊考虑》

《中国注册会计师审计准则 1604 号——对简要财务报表出具报告的业务》

《中国注册会计师审计准则 1151 号——与治理层的沟通》

《中国注册会计师审计准则 1332 号——期后事项》

《中国注册会计师审计准则 1341 号——书面声明》

在本章中,你将学到——

- 审计报告的概念、作用和内容框架
- 审计报告的种类
- 审计报告的基本类型
- 审计报告各种审计意见类型的出具条件
- 审计报告编制前需要做的准备工作
- 审计报告的编制要求和编制步骤
- 期后发现的事实处理
- 特殊目的审计的内容以及审计报告的编制

中英文关键词对照——

- 审计报告 Audit Report
- 无保留意见 Unqualified Opinion
- 保留意见 Qualified Opinion
- 否定意见 Adverse Opinion
- 无法表示意见 Disclaimer of opinion
- 强调事项 Emphasis of Matter
- 管理层声明书 Management Representations

岳华会计师事务所有限责任公司

岳总审字(2006)第 B077 号

审 计 报 告

西安达尔曼实业股份有限公司:

  我们接受委托,对后附的西安达尔曼实业股份有限公司(以下简称"贵公司")2005年12月31日的资产负债表以及2005年度的利润及利润分配表和现金流量表进行审计。这些会计报表的编制是贵公司管理当局的责任。

  1、贵公司2003年10月将控股子公司西安达尔曼化学工业有限公司全部股权,作价26 783 000.00元转让给陕西嘉华企业集团有限公司。截止审计报告日,上述股权转让款项尚未收回,股权过户手续仍未办理,并且我们未能获取陕西嘉华企业集团有限公司对该股权转让行为的确认函;

  2、截止2005年12月31日,贵公司所有者权益为-100 200.63万元,并且公司因众多的法律诉讼资产已被法院查封,银行账户被冻结,生产经营已经停滞,已不具备持续经营能力。

  我们认为,由于上述审计范围受到限制对贵公司会计报表整体反映可能产生的重大影响,我们无法对上述会计报表发表审计意见。

岳华会计师事务所有限责任公司　　　　　　　　中国注册会计师 苏汉强
　　　　　　　　　　　　　　　　　　　　　　中国注册会计师 黄丽琼
　　　　　　　　　　　　　　　　　　　　　　（主任/副主任会计师）
中国·北京　　　　　　　　　　　　　　　　　　二○○六年十二月二十八日
　　　　　　　　　　　　　　　　　　　　　　（资料来源:新浪网新浪股票）

　　这是西安达尔曼实业股份有限公司 2005 年报的审计报告。注册会计师发表的意见类型是无法表示意见。这份审计报告具有什么样的内涵？各种不同的审计意见类型又应当在什么情况下发表？审计报告应当具有怎样的格式呢？在这一章里,我们将来介绍这些问题。

11.1　审计报告概述

11.1.1　审计报告的概念和作用

1. 审计报告的概念

审计报告,是指注册会计师根据中国注册会计师审计准则的规定,在实施审计工作的基础上对被审计单位财务报表发表审计意见的书面文件。作为鉴证业务的最终成果,审计报告具有法定证明效力。

如同财务报表是会计人员的"产品"一样,审计报告是注册会计师的"产品",是注册会计师根据产品质量标准(中国注册会计师审计准则),在取得合适的原材料(搜集充分、适当的审计证据)的基础上,采用一定的方法(风险评估程序、控制测试、实质性程序等审计程序)进行生产、加工(形成和编制审计工作底稿,并评价取得的审计证据)完成的。

2. 审计报告的作用

审计报告主要具有鉴证、保护和证明三项作用。

(1)鉴证作用。财务报表审计业务属于鉴证业务,是由注册会计师对鉴证对象即被审计单位的财务报表提出结论,以增强除责任方之外的预期使用者对财务报表信任程度的业务。从注册会计师的产生发展历程中,我们看到,注册会计师审计就是应检查错误和舞弊,对财务报表的可靠性等进行鉴定和证明的需求而产生并不断发展的,是围绕上述实践需求,要求注册会计师以超然独立的第三者身份,对被审计单位财务报表的合法性、公允性发表意见,进行鉴定和证明。审计意见的这种鉴证作用,得到了政府及其各部门和社会公众的普遍认可。财务报表作为反映企业财务状况、经营成果的重要信息,成为政府及其各部门、投资者、债权人以及社会公众赖以进行经济决策的重要依据,而财务报表是否合法、公允,主要依据注册会计师的审计报告所发表的审计意见,为信息使用者提供合理保证。

(2)保护作用。财务报表作为经济决策的重要依据,其是否合法、公允,直接关系到依据财务报表进行决策的财务信息使用者的利益。财务报表审计的目的,旨在通过注册会计师的审计意见,提高财务报表的可信赖程度,从而保护财务报表使用者的利益。

(3)证明作用。产品的生产者应当对其所生产的产品质量负责。审计报告作为注册会计师的"产品",可以反映注册会计师的工作质量,从而明确注册会计师的审计责任。通过检验审计报告这个产品的质量,可以证明注册会计师是否严格按照审计准则的要求进行了审计,实施了必要的审计程序,遵守了职业道德规范的要求,所发表的审计意见是否恰当,以及审计责任的履行情况。

11.1.2 审计意见的形成

注册会计师应当就财务报表是否在所有重大方面按照适用的财务报告编制基础编制并实现公允反映形成审计意见。为了形成审计意见,针对财务报表整体是否不存在由于舞弊或错误导致的重大错报,注册会计师应当得出结论,确定是否已就此获取合理保证。在得出结论时,注册会计师应当考虑下列几方面内容。

1. 审计证据取的充分性和适当性

在得出总体结论之前,注册会计师应当根据实施的审计程序和获取的审计证据,评价对认定层次重大错报风险的评估是否仍然适当。在形成审计意见时,注册会计师应当考虑所有相关的审计证据,无论该证据与财务报表认定相互印证还是相互矛盾。如果对重大的财务报表认定没有获取充分、适当的审计证据,注册会计师应当尽可能获取进一步的审计证据。

2. 财务报表重大错报

在确定未更正错报单独或汇总起来是否构成重大错报时,注册会计师应当考虑:相对特定类别的交易、账户余额或披露以及财务报表整体而言,错报的金额和性质以及错报发生的特定环境;与以前期间相关的未更正错报对相关类别的交易、账户余额或披露以及财务报表整体的影响。

3. 按照财务报告编制基础编制财务报表

在评价财务报表是否在所有重大方面按照适用的财务报告编制基础时,注册会计师应当特别评价下列内容:

(1)财务报表是否充分披露了选择和运用的重要会计政策;

(2)选择和运用的会计政策是否符合适用的财务报告编制基础,并适合被审计单位的具体情况;

(3)管理层作出的会计估计是否合理;

(4)财务报表列报的信息是否具有相关性、可靠性、可比性和可理解性;

(5)财务报表是否作出充分披露,使财务报表预期使用者能够理解重大交易和事项对财务报表所传递的信息的影响;

(6)财务报表使用的术语(包括每一财务报表的标题)里否适当。

在评价财务报表是否在所有重大方面按照适用的财务报告编制基础编制时,注册会计师还应当考虑被审计单位会计实务的质量,包括表明管理层的判断可能出现偏向的迹象。

4. 公允反映

在评价财务报表是否实现公允反映时,注册会计师应当考虑下列内容:

(1)财务报表的整体列报、结构和内容是否合理;

(2)财务报表(包括相关附注)是否公允地反映了相关交易和事项。

5.恰当说明适用的财务报告编制基础

管理层和治理层(如适用)编制的财务报表需要恰当说明适用的财务报告编制基础。由于这种说明向财务报表使用者告知编制财务报表所依据的编制基础,因此是非常重要的。只有财务报表符合适用的财务报告编制基础(在财务报表所涵盖的期间内有效)的所有要求,声明财务报表按照该编制基础编制才是恰当的。

11.1.3 审计报告的种类

审计报告可以按照不同的标准进行分类,常见的划分方式如下。

1.按照审计报告性质分类

按照审计报告性质不同,可以将审计报告划分为标准审计报告和非标准审计报告。

(1)标准审计报告。标准审计报告是指不含有说明段、强调事项段、其他事项段或其他任何修饰性用语的无保留意见的审计报告。其中,无保留意见是指当注册会计师认为财务报表在所有重大方面按照适用的财务报告编制基础编制并实现公允反映时发表的审计意见。包含其他报告责任段,但不含有强调事项段或其他事项段的无保留意见的审计报告也被视为标准审计报告。

(2)非标准审计报告。非标准审计报告是指带强调事项段或其他事项段的无保留意见的审计报告和非无保留意见的审计报告。非无保留意见的审计报告包括保留意见的审计报告、否定意见的审计报告和无法表示意见的审计报告。

2.按照审计报告的使用目的分类

按照审计报告的使用目的分类,可以分为公布目的的审计报告和非公布目的的审计报告。

(1)公布目的的审计报告。公布目的的审计报告是一般用于向企业股东、债权人、投资人等非特定的预期使用者公布,并附送所审计的财务报表的审计报告。标准审计报告和非标准审计报告均适用于公布目的。

(2)非公布目的的审计报告。非公布目的的审计报告是一般用于向特定使用者公布,是出于某些特定目的,例如企业合并或转让、融通资金、经营管理等而出具的审计报告。标准审计报告和非标准审计报告也可以用于非公布目的。

3.按照审计报告的详略程度分类

按照审计报告的详略程度分类,可以分为简式审计报告和详式审计报告。

(1)简式审计报告。简式审计报告又称短式审计报告,是指注册会计师对需要公布的财务报表进行审计后编制的内容简明扼要的审计报告。标准审计报告和非标准审计报告都属于简式审计报告。它反映的内容是非特定的预期使用者共同认为必要的审计事项,其内容和格式是由相关法规制度所规定的。因此适用于公布目的。

(2)详式审计报告。详式审计报告又称长式审计报告,是指对审计业务所约定的审计对象的所有情况都要做出详细说明和分析的审计报告。主要用于评价企业经营管理中存在的问题,提出相应的意见和建议,以帮助企业改善经营管理。其所反映的内容是根据审计业务合同约定的事项来决定的,没有特定的格式,不适合于公布目的。

11.1.4 审计报告的内容

根据《中国注册会计师审计准则1501号——对财务报表形成审计意见和出具审计报告》的规定,审计报告应当包括以下内容。

1. 标题

根据审计准则的规定,审计报告的标题统一规范为"审计报告"。

2. 收件人

审计报告的收件人是指注册会计师按照业务约定书的要求致送审计报告的对象,一般是指审计业务的委托人。审计报告应当载明收件人的全称,并且应当明确为所有的预期使用者,例如"ABC股份有限公司全体股东"。

3. 引言段

审计报告的引言段应当包括下列方面:指出被审计单位的名称;说明财务报表已经审计;指出构成整套财务报表的每一财务报表的名称;提及财务报表附注(包括重要会计政策概要和其他解释性信息);指明构成整套财务报表的每一财务报表的日期或涵盖的期间。

4. 管理层对财务报表的责任段

审计报告应当包含标题为"管理层对财务报表的责任"的段落。管理层对财务报表的责任段应当说明,编制财务报表是管理层的责任,这种责任包括:按照适用的财务报告编制基础编制财务报表,并使其实现公允反映;设计、执行和维护必要的内部控制,以使财务报表不存在由于舞弊或错误导致的重大错报。

5. 注册会计师的责任段

审计报告中应当载明注册会计师的责任。注册会计师的责任段应当说明下列内容:

(1)注册会计师的责任是在执行审计工作的基础上对财务报表发表审计意见。

(2)注册会计师按照中国注册会计师审计准则的规定执行了审计工作。中国注册会计师审计准则要求注册会计师遵守职业道德规范,计划和实施审计工作以对财务报表是否不存在重大错报获取合理保证。

(3)审计工作涉及实施审计程序,以获取有关财务报表金额和披露的审计证据。选择的审计程序取决于注册会计师的判断,包括对由于舞弊或错误导致的财务报表重大错报风险的评估。在进行风险评估时,注册会计师考虑与财务报表编制和公允列报相关的内部控制,以设计恰当的审计程序,但目的并非对内部控制的有效性发表意见。审计工作还包括评价管理层选用会计政策的恰当性和作出会计估计的合理性,以及评价财务报表的总体列报。

(4)注册会计师相信获取的审计证据是充分、适当的,为其发表审计意见提供了基础。

应当注意的是,如果注册会计师接受委托,结合财务报表审计对内部控制的有效性发表意见,则应当删除上述第(3)项内容中"但目的并非对内部控制的有效性发表意见"的术语。

6. 审计意见段

审计报告应当包含标题为"审计意见"的段落。如果对财务报表发表无保留意见,除非法律法规另有规定,审计意见应当使用"财务报表在所有重大方面按照[适用的财务报告编制基础(如企业会计准则等)]编制,公允反映了……"的措辞。

如果在审计意见中提及的适用的财务报告编制基础不是企业会计准则,而是国际财务报告准则、国际公共部门会计准则或者其他国家或地区的财务报告准则,注册会计师应当在审计意见段中指明国际财务报告准则或国际公共部门会计准则,或者财务报告准则所属的国家或地区。

除审计准则规定的注册会计师对财务报表出具审计报告的责任外,相关法律法规可能对注册会计师设定了其他报告责任。如果注册会计师在对财务报表出具的审计报告中履行其他报告责任,应当在审计报告中将其单独作为一部分,并以"按照相关法律法规的要求报告的事项"为标题。

(1)非无保留意见说明段——一个特定情况下应当具备的内容。

当出具保留意见、否定意见或无法表示意见的审计报告时,注册会计师应当在注册会计师的责任段之后、审计意见段之前增加说明段,清楚地说明导致所发表意见或无法发表意见的所有原因,并在可能情况下,指出其对财务报表的影响程度。

(2)强调事项段——另一个特定情况下应当具备的内容。

如果认为有必要提醒财务报表使用者关注已在财务报表中列报或披露,且根据职业判断认为对财务报表使用者理解财务报表至关重要的事项,注册会计师在已获取充分、适当的审计证据证明该事项在财务报表中不存在重大错报的条件下,应当在审计报告中增加强调事项段。

必须注意的是,除上述两种情形外,注册会计师不应在审计报告的审计意见段之后增加强调事项段或任何解释性段落,以免财务报表使用者产生误解。

7. 注册会计师的签名和盖章

审计报告应当由注册会计师签名并盖章。

《财政部关于注册会计师在审计报告上签名盖章有关问题的通知》

(财会[2001]1035号)

通知明确规定:审计报告应当由两名具备相关业务资格的注册会计师签名盖章并经会计师事务所盖章方为有效。合伙会计师事务所出具的审计报告,应当由一名对审计项目负最终复核责任的合伙人和一名负责该项目的注册会计师签名盖章。有限责任会计师事务所出具的审计报告,应当由会计师事务所主任会计师或其授权的副主任会计师和一名负责该项目的注册会计师签名盖章。

8. 会计师事务所的名称、地址及盖章

审计报告应当载明会计师事务所的名称和地址,并加盖会计师事务所公章。

9. 报告日期

审计报告应当注明报告日期。审计报告的日期不应早于注册会计师获取充分、适当的审计证据(包括管理层认可对财务报表的责任且已批准财务报表的证据),并在此基础上对财务报表形成审计意见的日期。

在确定审计报告日时,注册会计师应当确信已获取下列两方面的审计证据:

(1)构成整套财务报表的所有报表(包括相关附注)已编制完成;

(2)被审计单位的董事会、管理层或类似机构已经认可其对财务报表负责。

11.2 审计报告的基本类型

11.2.1 标准审计报告

1. 标准审计报告的含义

标准审计报告是指不含有说明段、强调事项段、其他事项段或其他任何修饰性用语的无保留意见的审计报告。其中,无保留意见是指当注册会计师认为财务报表在所有重大方面按照适用的财务报告编制基础编制并实现公允反映时发表的审计意见。包含其他报告责任段,但不含有强调事项段或其他事项段的无保留意见的审计报告也被视为标准审计报告。

2. 标准审计报告出具条件和措词

注册会计师在执行审计后,如果认为财务报表符合下列所有条件,注册会计师应当出具无保留意见的审计报告。

(1)财务报表已按适用的会计准则和相关会计制度的规定编制,在所有重大方面公允反映了被审计单位的财务状况、经营成果和现金流量;

(2)注册会计师已经按照中国注册会计师审计准则的规定计划和实施审计工作,在审计过程中未受到限制。

注册会计师出具无保留意见的审计报告时,应当以"我们认为"作为意见段的开头,并使用"在所有重大方面"、"公允反映"等术语。不能使用"我们保证"、"完全正确"、"绝对公允""毫无问题"等绝对性措词,也不能使用"基本上"、"大体上"等模棱两可、含糊不清的词语,以免引起财务报表使用者的误解。这是因为注册会计师的审计意见是对财务报表不存在重大错报的合理保证,不是绝对保证;注册会计师对其所出具的意见类型态度是明确的,不是含糊的。注册会计师的财务报表审计不能减轻被审计单位管理层和治理层的责任。

标准无保留意见的审计报告参考格式如下:

审 计 报 告

ABC 股份有限公司全体股东:

一、对财务报表出具的审计报告

我们审计了后附的 ABC 股份有限公司(以下简称 ABC 公司)财务报表,包括 20×6 年 12 月 31 日的资产负债表,20×6 年度的利润表、股东权益变动表和现金流量表以及财务报表附注。

(一)管理层对财务报表的责任

编制和公允列报财务报表是 ABC 公司管理层的责任,这种责任包括:(1)按照企业会计准则的规定编制财务报表,并使其实现公允反映;(2)设计、执行和维护必要的内部控制,以使财务报表不存在由于舞弊或错误导致的重大错报。

(二)注册会计师的责任

我们的责任是在执行审计工作的基础上对财务报表发表审计意见。我们按照中国注册会计师审计准则的规定执行了审计工作。中国注册会计师审计准则要求我们遵守职业道德守则,计划和执行审计工作以对财务报表是否不存在重大错报获取合理保证。

审计工作涉及实施审计程序,以获取有关财务报表金额和披露的审计证据。选择的审计程序取决于注册会计师的判断,包括对由于舞弊或错误导致的财务报表重大错报风险的评估。在进行风险评估时,我们考虑与财务报表编制相关的内部控制,以设计恰当的审计程序,但目的并非对内部控制的有效性发表意见。审计工作还包括评价管理层选用会计政策的恰当性和作出会计估计的合理性,以及评价财务报表的总体列报。

我们相信,我们获取的审计证据是充分、适当的,为发表审计意见提供了基础。

(三)审计意见

我们认为,ABC 公司财务报表在所有重大方面按照企业会计准则的规定编制,公允反映了 ABC 公司 20×6 年 12 月 31 日的财务状况以及 20×6 年度的经营成果和现金流量。

二、按照相关法律法规的要求报告的事项

(本部分报告的格式和内容,取决于相关法律法规对其他报告责任的规定。)

××会计师事务所　　　　　　　　　　　中国注册会计师:×××
　　（盖章）　　　　　　　　　　　　　　　（签名并盖章）
　　　　　　　　　　　　　　　　　　　中国注册会计师:×××
　　　　　　　　　　　　　　　　　　　　　（签名并盖章）

中国××市　　　　　　　　　　　　　　二○×七年×月×日

11.2.2　非标准审计报告

非标准审计报告是指带强调事项段或其他事项段的无保留意见的审计报告和非无保留意见的审计报告。

1.非无保留意见的审计报告

(1)影响发表非无保留意见的情形。非无保留意见是指保留意见、否定意见或无法表示意见。当存在下列情形之一时,注册会计师应当在审计报告中发表非无保留意见:①根据获取的审计证据,得出财务报表整体存在重大错报的结论;②无法获取充分、适当的审计证据,不能得出财务报表整体不存在重大错报的结论。

注册会计师确定恰当的非无保留意见类型,取决于下列事项:①导致非无保留意见的事项的性质,是财务报表存在重大错报,还是在无法获取充分、适当的审计证据的情况下,财务报表可能存在重大错报;②注册会计师就导致非无保留意见的事项对财务报表产生或可能产生影响的广泛性作出的判断。

其中,广泛性是描述错报影响的术语,用以说明错报对财务报表的影响,或者由于无法获取充分、适当的审计证据而未发现的错报(如存在)对财务报表可能产生的影响。根据注册会计师的判断,对财务报表的影响具有广泛性的情形包括:不限于对财务报表的特定要素、账户或项目产生影响;虽然仅对财务报表的特定要素、账户或项目产生影响,但这些要素、账户或项目是或可能是财务报表的主要组成部分;当与披露相关时,产生的影响对财务报表使用者理解财务报表至关重要。

在承接审计业务后,如果注意到管理层对审计范围施加了限制,且认为这些限制可能导致对财务报表发表保留意见或无法表示意见,注册会计师应当要求管理层消除这些限制。如果管理层拒绝消除这些限制,除非治理层全部成员参与管理被审计单位,注册会计师应当就此事项与治理层沟通,并确定能否实施替代程序以获取充分、适当的审计证据。

如果无法获取充分、适当的审计证据,注册会计师应当通过下列方式确定其影响:①如果未发现的错报(如存在)可能对财务报表产生的影响重大,但不具有广泛性,注册会计师应当发表保留意见;②如果未发现的错报(如存在)可能对财务报表产生的影响重大且具有广泛性,以至于发表保留意见不足以反映情况的严重性,注册会计师应当在可行时解除业务约定(除非法律法规禁止);如果在出具审计报告之前解除业务约定被禁止或不可行,应当发表无法表示意见。

注册会计师对导致发生非无保留意见事项的性质和这些事项对财务报表产生或可能产生影响的广泛性作出的判断,以及注册会计师的判断对审计意见类型的影响,如表11.1所示。

表11.1 非无保留意见的判断

导致发表非无保留意见的事项的性质	这些事项对财务报表产生或可能产生影响的广泛性	
	重大但不具有广泛性	重大且具有广泛性
财务报表存在重大错报	保留意见	否定意见
无法获取充分、适当的审计证据	保留意见	无法表示意见

(2)保留意见的审计报告。存在下列情形之一时,注册会计师应当发表保留意见:①在获取充分、适当的审计证据后,注册会计师认为错报单独或汇总起来对财务报表影响更大,但不具有广泛性;②注册会计师无法获取充分、适当的审计证据以作为形成审计意见的基础,但认为未发现的错报(如存在)对财务报表可能产生的影响重大,但不具有广泛性。

在格式和措辞方面,注册会计师出具保留意见的审计报告时,应当在审计意见段之前增加说明段,以清楚地说明发表保留意见的所有原因,并在可能情况下,指出其对财务报表的影响程度;并在审计意见段中使用"除……的影响外"等措辞。如果出具保留意见是因为审计范围受到限制,注册会计师还应当在"注册会计师的责任段"中提及这一情况,并修改对注册会计师责任的描述,以说明:注册会计师相信,注册会计师已获取的审计证据是充分、适当的,为发表非无保留意见提供了基础。

同时,当注册会计师发表保留意见时,在审计意见段中使用"由于上述解释"或"受……影响"等措辞是不恰当的,因为这些措辞不够清晰或没有足够的说服力。

保留意见的审计报告参考格式如下:

审计报告

ABC股份有限公司全体股东:

一、对财务报表出具的审计报告

我们审计了后附的ABC股份有限公司(以下简称ABC公司)财务报表,包括20×1年12月31日的资产负债表、20×1年度的利润表、现金流量表和股东权益变动表以及财务报表附注。

(一)管理层对财务报表的责任

编制和公允列报财务报表是ABC公司管理层的责任,这种责任包括:(1)按照企业会计准则的规定编制财务报表,并使其实现公允反映;(2)设计、执行和维护必要的内部控制,以使财务报表不存在由于舞弊或错误导致的重大错报。

(二)注册会计师的责任

我们的责任是在执行审计工作的基础上对财务报表发表审计意见。我们按照中国注册会计师审计准则的规定执行了审计工作。中国注册会计师审计准则要求我们遵守中国注册会计师职业道德守则,计划和执行审计工作以对财务报表是否不存在重大错报获取合理保证。

审计工作涉及实施审计程序,以获取有关财务报表金额和披露的审计证据。选择的审计程序取决于注册会计师的判断,包括对由于舞弊或错误导致的财务报表重大错报风险的评估。在进行风险评估时,注册会计师考虑与财务报表编制和公允列报相关的内部控制,以设计恰当的审计程序,但目的并非对内部控制的有效性发表意见。审计工作还包括评价管理层选用会计政策的恰当性和作出会计估计的合理性,以及评价财务报表的总体列报。

我们相信,我们获取的审计证据是充分、适当的,为发表保留意见提供了基础。

(三)导致保留意见的事项

ABC公司20×1年12月31日资产负债表中存货的列示金额为×元。管理层根据成本对存货进行计量,而没有根据成本与可变现净值孰低的原则进行计量,这不符合企业会计准则的规定。公司的会计记录显示,如果管理层以成本与可变现净值孰低来计量存货,存货列示金额将减少×元。相应的,资产减值损失将增加×元,所得税、净利润和股东权益将分别减少×元、×元和×元。

(四)保留意见

我们认为,除"(三)导致保留意见的事项"段所述事项产生的影响外,ABC公司财务报表在所有重大方面按照企业会计准则的规定编制,公允反映了ABC公司20×1年12月31的财务状况以及20×1年度的经营成果和现金流量。

二、按照相关法律法规的要求报告的事项

(本部分报告的格式和内容,取决于相关法律法规对其他报告责任的规定。)

×会计师事务所　　　　　　　　　　　中国注册会计师:×××
　　(盖章)　　　　　　　　　　　　　　　(签名并盖章)
　　　　　　　　　　　　　　　　　　　中国注册会计师:×××
　　　　　　　　　　　　　　　　　　　　　(签名并盖章)

中国××市　　　　　　　　　　　　　二〇×二年×月×日

(3)否定意见的审计报告。在获取充分、适当的审计证据后,如果认为错报单独或汇总起来对财务报表的影响重大且具有广泛性,注册会计师应当发表否定意见。

在格式和措辞方面,当出具否定意见的审计报告时,注册会计师应当在审计意见段之前增加说明段,以清楚地说明发表否定意见的所有原因,并在可能情况下,指出其对财务报表的影响程度;并在审计意见段中使用"由于上述问题造成的重大影响"、"由于受到前段所述事项的重大影响"等措辞。如果出具保留意见是因为审计范围受到限制,注册会计师还应当在"注册会计师的责任段"中提及这一情况,修改对注册会计师责任的描述。

否定意见的审计报告参考格式如下:

审计报告

ABC 股份有限公司全体股东：

一、对合并财务报表出具的审计报告

我们审计了后附的 ABC 股份有限公司（以下简称 ABC 公司）的合并财务报表，包括 20×1 年 12 月 31 日的合并资产负债表，20×1 年度的合并利润表、合并现金流量表和合并股东权益变动表以及财务报表附注。

（一）管理层对合并财务报表的责任

编制和公允列报财务报表是 ABC 公司管理层的责任，这种责任包括：(1) 按照企业会计准则的规定编制财务报表，并使其实现公允反映；(2) 设计、执行和维护必要的内部控制，以使财务报表不存在由于舞弊或错误导致的重大错报。

（二）注册会计师的责任

我们的责任是在执行审计工作的基础上对财务报表发表审计意见。我们按照中国注册会计师审计准则的规定执行了审计工作。中国注册会计师审计准则要求我们遵守中国注册会计师职业道德守则，计划和执行审计工作以对财务报表是否不存在重大错报获取合理保证。

审计工作涉及实施审计程序，以获取有关财务报表金额和披露的审计证据。选择的审计程序取决于注册会计师的判断，包括对由于舞弊或错误导致的财务报表重大错报风险的评估。在进行风险评估时，注册会计师考虑与财务报表编制和公允列报相关的内部控制，以设计恰当的审计程序，但目的并非对内部控制的有效性发表意见。审计工作还包括评价管理层选用会计政策的恰当性和作出会计估计的合理性，以及评价财务报表的总体列报。

我们相信，我们获取的审计证据是充分、适当的，为发表否定意见提供了基础。

（三）导致否定意见的事项

如财务报表附注×所述，20×1 年 ABC 公司通过非同一控制下的企业合并获得对 XYZ 公司的控制权，因未能取得购买日 XYZ 公司某些重要资产和负债的公允价值，故未将 XYZ 公司纳入合并财务报表的范围，而是按成本法核算对 XYZ 公司的股权投资。ABC 公司的这项会计处理不符合企业会计准则的规定。如果将 XYZ 公司纳入合并财务报表的范围，ABC 公司合并财务报表的多个报表项目将受到重大影响。但我们无法确定未将 XYZ 公司纳入合并范围对财务报表产生的影响。

（四）否定意见

我们认为，由于"（三）导致否定意见的事项"段所述事项的重要性，ABC 公司的合并财务报表没有在所有重大方面按照企业会计准则的规定编制，未能公允反映 ABC 公司及其子公司 20×1 年 12 月 31 日的财务状况以及 20×1 年度的经营成果和现金流量。

二、按照相关法律法规的要求报告的事项

（本部分报告的格式和内容，取决于相关法律法规对其他报告责任的规定。）

××会计师事务所　　　　　　　　　　　中国注册会计师：×××

（盖章）　　　　　　　　　　　　　　　（签名并盖章）

　　　　　　　　　　　　　　　　　　　中国注册会计师：×××

　　　　　　　　　　　　　　　　　　　（签名并盖章）

中国××市　　　　　　　　　　　　　　二〇×二年×月×日

(4)无法表示意见的审计报告。如果无法获取充分、适当的审计证据以作为形成审计意见的基础,但认为未发现的错报(如存在)对财务报表可能产生的影响重大且具有广泛性,注册会计师应当发表无法表示意见。

在极其特殊的情况下,可能存在多个不确定事项,即使注册会计师对每个单独的不确定事项获取了充分、适当的审计证据,但由于不确定事项之间可能存在相互影响,以及可能对财务报表产生累积影响,注册会计师不可能对财务报表形成审计意见。在这种情况下,注册会计师应当发表无法表示意见。

在格式和措辞方面,当由于无法获取充分、适当的审计证据而发表无法表示意见时,注册会计师应当在审计意见段中说明:"由于导致无法表示意见的事项段所述事项的重要性,注册会计师无法获取充分、适当的审计证据以为发表审计意见提供基础,因此,注册会计师不对这些财务报表发表审计意见。"当由于无法获取充分、适当的审计证据而发表无法表示意见时,注册会计师应当修改审计报告的引言段,说明注册会计师接受委托审计财务报表。注册会计师还应当修改对注册会计师责任和审计范围的描述,并仅能作出如下说明:"我们的责任是在按照中国注册会计师审计准则的规定执行审计工作的基础上对财务报表发表审计意见。但由于导致无法表示意见的事项段中所述的事项,我们无法获取充分、适当的审计证据以为发表审计意见提供基础。"

无法表示意见的审计报告参考格式如下:

审计报告

ABC 股份有限公司全体股东:

一、对财务报表出具的审计报告

我们审计了后附的 ABC 股份有限公司(以下简称 ABC 公司)财务报表,包括 20×1 年 12 月 31 日的资产负债表,20×1 年度的利润表、现金流量表和股东权益变动表以及财务报表附注。

(一)管理层对财务报表的责任

编制和公允列报财务报表是 ABC 公司管理层的责任,这种责任包括:(1)按照企业会计准则的规定编制财务报表,并使其实现公允反映;(2)设计、执行和维护必要的内部控制,以使财务报表不存在由于舞弊或错误导致的重大错报。

(二)注册会计师的责任

我们的责任是在按照中国注册会计师审计准则的规定执行审计工作的基础上对财务报表发表审计意见。但由于"(三)导致无法表示意见的事项"段中所述的事项,我们无法获取充分、适当的审计证据以为发表审计意见提供基础。

(三)导致无法表示意见的事项

我们于 20×2 年 1 月接受 ABC 公司的审计委托,因而未能对 ABC 公司 20×1 年初金额为×元的存货和年末金额为×元的存货实施监盘程序。此外,我们也无法实施替代审计程序获取充分、适当的审计证据。并且,ABC 公司于 20×1 年 9 月采用新的应收账款电算化系统,由于存在系统缺陷导致应收账款出现大量错误。截至审计报告日,管理层仍在纠正系统缺陷并更正错误,我们也无法实施替代审计程序,以对截至 20×1 年 12 月 31 的应收账款总额×元获取充分、适当的审计证据。因此,我们无法确定是否有必要对存货、应收账款以及财务报表其他项目作出调整,也无法确定应调整的金额。

(四)无法表示意见

由于"(三)导致无法表示意见的事项"段所述事项的重要性,我们无法获取充分、适当的审计证据以为发表审计意见提供基础,因此,我们不对 ABC 公司财务报表发表审计意见。

二、按照相关法律法规的要求报告的事项

(本部分报告的格式和内容,取决于相关法律法规对其他报告责任的规定。)

××会计师事务所　　　　　　　　　　　　　中国注册会计师:×××
(盖章)　　　　　　　　　　　　　　　　　　(签名并盖章)
　　　　　　　　　　　　　　　　　　　　　中国注册会计师:×××
　　　　　　　　　　　　　　　　　　　　　(签名并盖章)

中国××市　　　　　　　　　　　　　　　二○×二年×月×日

应当注意的是,注册会计师出具无法表示意见的审计报告,只能是在审计范围受到了严重限制,无法获得充分、适当的审计证据,来对财务报表的合法性和公允性作出合理判断的情况下。如果注册会计师已经取得了充分、适当的审计证据,能够确定应当发表保留意见或者否定意见的审计报告,则不得出具无法表示意见的审计报告。

2. 带强调事项段和其他事项段的审计报告

(1)审计报告中的强调事项段。强调事项段是指审计报告中含有的一个段落,该段落提及已在财务报表中恰当列报或披露的事项,根据注册会计师的职业判断,该事项对财务报表使用者理解财务报表至关重要。

如果认为有必要提醒财务报表使用者关注已在财务报表中列报或披露,且根据职业判断认为对财务报表使用者理解财务报表至关重要的事项,注册会计师在已获取充分、适当的审计证据证明该事项在财务报表中不存在重大错报的条件下,应当在审计报告中增加强调事项段。

强调事项段应当仅提及已在财务报表中列报或披露的信息。例如,异常诉讼或监管行动的未来结果存在不确定性;提前应用(在允许的情况下)对财务报表有广泛影响的新会计准则;存在已经或持续对被审计单位财务状况产生重大影响的特大灾难。

如果在审计报告中增加强调事项段,注册会计师应当采取下列措施:①将强调事项段紧接在审计意见段之后;②使用"强调事项"或其他适当标题;③明确提及被强调事项以及相关披露的位置,以便能够在财务报表中找到对该事项的详细描述;④指出审计意见没有因该强调事项而改变。

需要说明的是,增加强调事项段不能代替下列情形:根据审计业务的具体情况,注册会计师需要发表保留意见、否定意见或无法表示意见;适用的财务报告编制基础要求管理层在财务报表中作出的披露。

带强调事项段的保留意见的审计报告参考格式如下:

审计报告

ABC 股份有限公司全体股东：

一、对财务报表出具的审计报告

我们审计了后附的 ABC 股份有限公司（以下简称 ABC 公司）财务报表，包括 20×1 年 12 月 31 日的资产负债表，20×1 年度的利润表、现金流量表和股东权益变动表以及财务报表附注。

（一）管理层对财务报表的责任

编制和公允列报财务报表是 ABC 公司管理层的责任，这种责任包括：(1) 按照企业会计准则的规定编制财务报表，并使其实现公允反映；(2) 设计、执行和维护必要的内部控制，以使财务报表不存在由于舞弊或错误导致的重大错报。

（二）注册会计师的责任

我们的责任是在执行审计工作的基础上对财务报表发表审计意见。我们按照中国注册会计师审计准则的规定执行了审计工作。中国注册会计师审计准则要求我们遵守中国注册会计师职业道德守则，计划和执行审计工作以对财务报表是否不存在重大错报获取合理保证。

审计工作涉及实施审计程序，以获取有关财务报表金额和披露的审计证据。选择的审计程序取决于注册会计师的判断，包括对由于舞弊或错误导致的财务报表重大错报风险的评估。在进行风险评估时，注册会计师考虑与财务报表编制和公允列报相关的内部控制，以设计恰当的审计程序，但目的并非对内部控制的有效性发表意见。审计工作还包括评价管理层选用会计政策的恰当性和作出会计估计的合理性，以及评价财务报表的总体列报。

我们相信，我们获取的审计证据是充分、适当的，为发表保留意见提供了基础。

（三）导致保留意见的事项

ABC 公司 20×1 年 12 月 31 日资产负债表中存货的列示金额为×元。管理层根据成本对存货进行计量，而没有根据成本与可变现净值孰低的原则进行计量，这不符合企业会计准则的规定。公司的会计记录显示，如果管理层以成本与可变现净值孰低来计量存货，存货列示金额将减少×元。相应的，资产减值损失将增加×元，所得税、净利润和股东权益将分别减少×元、×元和×元。

（四）保留意见

我们认为，除"（三）导致保留意见的事项"段所述事项产生的影响外，ABC 公司财务报表在所有重大方面按照企业会计准则的规定编制，公允反映了 ABC 公司 20×1 年 12 月 31 日的财务状况以及 20×1 年度的经营成果和现金流量。

（五）强调事项

我们提醒财务报表使用者关注，如财务报表附注×所述，截至财务报表批准日，XYZ 公司对 ABC 公司提出的诉讼尚在审理当中，其结果具有不确定性。本段内容不影响已发表的审计意见。

二、按照相关法律法规的要求报告的事项

（本部分报告的格式和内容，取决于相关法律法规对其他报告责任的规定。）

×会计师事务所	中国注册会计师：×××
（盖章）	（签名并盖章）
	中国注册会计师：×××
	（签名并盖章）
中国××市	二〇×二年×月×日

（2）审计报告中的其他事项段。其他事项段是指审计报告中含有的一个段落,该段落提及未在财务报表中列报或披露的事项,根据注册会计师的职业判断,该事项与财务报表使用者理解审计工作、注册会计师责任或审计报告相关。

对于未在财务报表中列报或披露,但根据职业判断认为与财务报表使用者理解审计工作、注册会计师的责任或审计报告相关且未被法律法规禁止的事项,如果认为有必要沟通,注册会计师应当在审计报告中增加其他事项段,并使用"其他事项"或其他适当标题。注册会计师应当将其他事项段紧接在审计意见段和强调事项段（如有）之后。需要在审计报告中增加其他事项段的情形包括:①与使用者理解审计工作相关的情形;②与使用者理解注册会计师的责任或审计报告相关的情形;③对两套以上财务报表出具审计报告的情形;④限制审计报告分发和使用的情形。

11.3　审计报告的编制

11.3.1　审计报告编制前的准备工作

注册会计师在完成了各个财务报表项目的审计测试等必要的审计程序之后,应当对执行审计程序过程中获取的审计证据进行汇总和分析、评价,为最后编制和出具审计报告作准备。在编制审计报告之前,需要做的准备工作主要包括:编制审计差异调整表和试算平衡表、获取律师声明书、执行分析程序、完成审计工作底稿的项目质量控制复核、撰写审计总结和评价审计结果、与被审计单位治理层沟通、获取被审计单位管理层声明书。

1. 编制审计差异调整表和试算平衡表

（1）编制审计差异调整表。审计差异是指注册会计师与管理层在被审计单位会计政策的选用、会计估计的作出或财务报表的披露方面存在分歧。这些分歧所产生的差异可以准确地计量。审计差异调整表是注册会计师将审计过程中发现的审计差异,根据重要性原则进行初步确定并汇总编制而成,据以建议被审计单位调整财务报表的书面文件,是审计工作底稿的组成部分。试算平衡表是注册会计师根据审计差异调整表中初步确定并汇总的审计差异,对被审计单位的财务报表进行调整和试算平衡,从而形成"经审计的财务报表"的书面文件。

审计差异按照是否需要调整账户记录分为核算误差和重分类误差两类。核算误差是因企业对经济业务进行了不正确的会计核算形成的误差。按照重要性,核算误差又分为建议调整的不符事项和不建议调整的不符事项;重分类误差是企业未按照会计准则和适用的会计制度编制财务报表,进行财务报表列报而形成的误差。例如企业长期借款项目中反映的将在一年(含一年)内到期的长期借款,应收账款项目中反映的预收账款,应付账款项目中反映的预付账款等。

  注册会计师在审计过程中发现的各种审计差异,是以会计分录的形式记录于审计工作底稿中的。为便于区分不同类型的审计差异,综合分析和判断审计差异的影响程度,在编制审计差异调整表时,通常将建议调整的不符事项、不建议调整的不符事项和重分类误差分别汇总编制不同的审计差异调整表,具体方法是将建议调整的不符事项,汇总编制调整分录汇总表,将不建议调整的不符事项汇总编制不建议调整的不符事项汇总表,将重分类误差汇总编制重分类分录汇总表。三张汇总表的格式如表11.2、表11.3和表11.4所示。

表 11.2　审计差异调整表——调整分录汇总表　　　　　　　　　单位:元

客户名称		编制人		编制日期		索引号	
会计期间		复核人		复核日期		页次	
序号	调整内容及项目	索引号	调整金额		影响利润 +(-)	客户调整情况 调整√未调整×	
			借方	贷方			
	合　　计						

表 11.3　审计差异调整表——重分类分录汇总表　　　　　　　　　单位:元

客户名称		编制人		编制日期		索引号	
会计期间		复核人		复核日期		页次	
序号	重分类内容及重分类项目	索引号	调整金额		客户调整情况 调整√未调整×	
			借方	贷方		
	合　　计					

表 11.4 审计差异调整表——不建议调整事项汇总表 单位：元

客户名称		编制人		编制日期		索引号	
会计期间		复核人		复核日期		页次	
序号	调整内容及项目	索引号	调整金额		备注		
			借方	贷方			
合计							
不建议调整事项的影响			项目	金额	百分比		
1. 净利润 2. 净资产 3. 资产总额 4. 主营业务收入							
结论：							

注：表中右上角的索引号是指这张工作底稿本身的索引号，中间的索引号项目是指记载该项审计差异的审计工作底稿索引号。

在编制审计差异调整表时，注册会计师应当考虑已识别的单个或累计的错报即审计差异是否对财务报表整体产生重大影响，根据审计重要性原则，从金额和性质两个方面来衡量和判断每一笔核算误差，以确认该核算误差是属于建议调整的不符事项，还是不建议调整的不符事项。一般说来，通常按照下列原则进行判断：

①单笔核算误差金额超过财务报表对应项目层次或各类交易、账户余额认定层次重要性的，应当视为建议调整的不符事项。

②单笔核算误差金额不超过财务报表对应项目层次或各类交易、账户余额认定层次重要性，但性质重要的，例如影响收益趋势的核算误差、现金或实收资本项目等不期望出现的核算误差、涉及舞弊和违法行为的核算误差等，应当视为建议调整的不符事项。

③单笔核算误差金额不超过财务报表对应项目层次或各类交易、账户余额认定层次重要性，并且性质也明显不重要的，通常视为不建议调整的不符事项。但如果不建议调整的不符事项汇总金额，超过或者接近财务报表对应项目层次或各类交易、账户余额认定层次重要性的，应从中选择一部分转为建议调整的不符事项，过入调整分录汇总表，使不建议调整的不符事项汇总金额明显不重大。

在注册会计师最终确定了建议调整的不符事项和重分类误差后，应当以书面形式及时征求被审计单位对需要调整财务报表事项的意见，并建议被审计单位对财务报表进行调整。如果被审计单位接受调整建议，注册会计师应取得被审计单位同意调整的书面证明；如果被审计单位拒绝调整，注册会计师应分析原因，并根据被审计单位未调整的事项的重要程度

(仍然从金额和性质两方面考虑),确定对审计报告意见类型的影响。

(2)编制试算平衡表。试算平衡表是注册会计师在被审计单位未经审计的财务报表基础上,根据调整分录汇总表和重分类分录汇总表,对未审计财务报表各项目进行调整并试算平衡,以确定经审计财务报表各项目数据的书面文件。试算平衡表和审计差异调整表一样,也是审计工作底稿的组成部分。试算平衡表的格式如表 11.5 和表 11.6 所示。

表 11.5 资产负债表试算平衡表 单位:元

客户名称			编制人			编制日期			索引号			
会计期间			复核人			复核日期			页次			
项目	审前金额借方	调整金额借方	调整金额贷方	审定金额借方	重分类调整借方	重分类调整贷方	报表反映数借方	项目	审前金额借方	调整金额借方	调整金额贷方	审定金额借方	重分类调整借方	重分类调整贷方	报表反映数借方
货币资金								短期借款							
交易性金融资产								交易性金融负债							
应收票据								应付票据							
应收账款								应付账款							
预付账款								预收款项							
应收利息								应付职工薪酬							
应收股利								应交税费							
其他应收款								应付利息							
存货								应付股利							
一年内到期的非流动资产								其他应付款							
其他流动资产								一年内到期的非流动负债							
可供出售金融资产								其他流动负债							
持有至到期投资															
长期应收款								长期借款							
长期股权投资								应付债券							
投资性房地产								长期应付款							
固定资产								专项应付款							
在建工程								预计负债							
工程物资								递延所得税负债							

续表 11.5

项目	审前金额借方	调整金额借方	调整金额贷方	审定金额借方	重分类调整借方	重分类调整贷方	报表反映数借方	项目	审前金额借方	调整金额借方	调整金额贷方	审定金额借方	重分类调整借方	重分类调整贷方	报表反映数借方
固定资产清理								其他非流动负债							
生产性生物资产															
油气资产															
无形资产								实收资本（或股本）							
开发支出								资本公积							
商誉								减：库存股							
长期待摊费用								盈余公积							
递延所得税资产								未分配利润							
其他非流动资产															
合计								合计							

表 11.6 利润表试算平衡表 单位：元

客户名称		编制人		编制日期		索引号	
会计期间		复核人		复核日期		页 次	

项目	审计前金额	调整金额		审定金额
		借方	贷方	
一、营业收入				
减：营业成本				
营业税金及附加				
销售费用				
管理费用				
财务费用				
资产减值损失				
加：公允价值变动收益				
投资收益				
其中：对联营企业和合营企业的投资收益				
二、营业利润				
加：营业外收入				
减：营业外支出				

续表 11.6

项　　目	审计前金额	调整金额		审定金额
		借方	贷方	
其中:非流动资产处置损失				
三、利润总额				
减:所得税费用				
四、净利润				
五、每股收益				
(一)基本每股收益				
(二)稀释每股收益				

试算平衡表编制说明：

①"审计前金额"栏，根据被审计单位的未审计财务报表填列。

②有些财务报表项目可能受到多个审计差异的影响，为避免在试算平衡表工作底稿中反复调整所带来的麻烦和不便，可以先根据审计差异调整表对该项目的调整内容加以汇总，然后将汇总后的调整金额填入试算平衡表的"调整金额"和"重分类调整"栏中。

③编制试算平衡表时，应注意核对财务报表相关项目的勾稽关系。

2. 获取律师声明书

对于期后事项和或有事项，注册会计师在进行审计时，往往需要向被审计单位的法律顾问和律师进行函证，以获取对这些事项的确认证据。被审计单位的法律顾问或律师对函证问题所作的答复，就是律师声明书。律师的责任，是声明被审计单位对期后事项和或有事项等的说明是否完整，指出疏漏，并作出评价。律师声明书通常可以提供充分而有力的证据，帮助注册会计师解释并报告期后事项和或有事项，减少误解。

注册会计师应当根据该律师的执业条件和职业道德等情况，确定律师声明书的合理性和可靠性，确定其与注册会计师所知悉的情况是否矛盾。除非律师声明书所表达的意见是不合理的，否则注册会计师应当接纳律师声明书中的意见。律师声明书可能会影响注册会计师发表审计意见的类型。但是，注册会计师不能以律师声明书本身作为发表审计意见的基本理由。如果律师声明书表明或者暗示律师拒绝提供信息，或者隐瞒信息，通常认为审计范围受到了限制，注册会计师应当根据情况考虑发表保留意见或无法表示意见的审计报告。

律师声明书通常没有固定的格式和措辞，其内容一般包括：

(1)由被审计单位或者被审计单位的律师出具一份清单，说明被审计单位涉及的未决诉讼或正面临的诉讼、索赔或尚未认定的索赔等事项；

(2)就上述事项，被审计单位准备采取的法律行动、可能产生的不利影响及其发生的可能性、损失金额的大小或估计范围等，要求律师提供有关资料和证明；

(3)要求律师确认被审计单位对期后事项和或有事项所作的列报是否完整，并指出疏漏；

(4)如果律师的答复受限制，要求律师说明原因，及相关事项的性质。

3. 执行分析程序

注册会计师应当在审计结束时运用分析程序对财务报表进行总体复核,以确定财务报表整体是否与其对被审计单位的了解一致,从而进一步评价和确定审计过程中所形成的结论是否恰当,判断被审计单位财务报表列报的合法性和整体反映的公允性。

在利用分析程序对财务报表进行总体复核时,应当按照以下步骤进行:

首先,全面审阅财务报表,评价实质性程序中获取的审计证据是否充分适当,特别是针对实质性程序中发现的异常或非预期差异所获取的审计证据是否充分、适当,判断这些异常或非预期差异与审计计划阶段的预计之间的关系。

其次,将分析程序用于财务报表,以确定是否还存在其他的异常或非预期差异。如果识别出以前未识别的重大错报风险,注册会计师应当重新考虑对全部或部分各类交易、账户余额、列报评估的风险,并在此基础上重新评价之前计划的审计程序。

对财务报表执行总体分析程序,可以采用比率分析法和其他比较方法,将被审计单位的资料,与预期的被审计单位的结果进行比较。其复核对象应当集中在两个方面:一是注册会计师认定的重要审计领域;二是考虑了所有建议调整的不符事项和重分类误差后的财务报表。

4. 完成审计工作底稿的项目质量控制复核

在出具审计报告前,项目质量控制复核人员应当对项目组作出的重大判断和在准备报告时形成的结论作出客观评价。复核人应当通过复核审计工作底稿和与项目组讨论,确信获取的审计证据已经充分、适当,足以支持形成的结论和拟出具的审计报告。

5. 撰写审计总结,评价审计结果

(1) 撰写审计总结。注册会计师完成实质性程序之后,应当对审计工作底稿进行全面复核,在此基础上对审计计划的执行情况和审计业务约定的完成情况进行总结,并形成书面文件。通过撰写审计总结,可以起到以下作用:及时发现审计过程中存在的疏漏,以及时采取措施进行补救;对审计过程中所作的判断作进一步确认,有助于注册会计师形成恰当的审计意见;为审计工作底稿的复核提供一个总括资料;总结经验教训,有利于提高专业水平等。

审计总结通常包括以下内容:

①公司简介,包括重要会计政策的选择和会计估计的确定等。

②审计概况,包括审计过程、审计计划的执行情况、审计过程中发现的重大问题和建议调整不符事项等。

③审计总体评价和结论,包括拟出具的审计报告意见类型。

(2) 评价审计结果。注册会计师应当评价根据审计证据得出的结论,以作为对财务报表形成审计意见的基础,并确定项目组全体成员在审计过程中是否遵循了审计准则的要求。评价审计结果主要包括以下内容:

①对重要性和审计风险进行最终评价。在对财务报表形成审计意见时,注册会计师应当根据已获取的审计证据,考虑重要性原则和审计风险,评价是否对财务报表整体不存在重大错报获取合理保证。事实上,在编制审计差异汇总表和试算平衡表时,注册会计师就可以同时执行这项工作。

②对已审计财务报表进行技术性复核。主要是检查和已审计财务报表相关的所有审计

程序是否全部完成。包括检查以前期间审计所结转下来的事项是否全部处理、审计范围是否完全没有受到限制、是否考虑了期后事项的影响、是否检查了审计报告日前所有的董事会会议、股东大会会议以及其他高层会议的会议纪要、是否收到相关事项的声明书、审计过程中所发现的重大事项是否都已在审计总结中反映,并已经得到恰当的解决,等等。

如果在检查中注册会计师认为未能获取充分、适当的审计证据,应当考虑追加审计程序以获取更多相关证据,或者发表保留意见或无法表示意见的审计报告。

③形成审计意见,草拟审计报告。审计意见包括合法性和公允性两个内容。在评价审计结果时,注册会计师应当按照这两个内容,根据审计过程中取得的充分、适当的审计证据,确定审计意见,拟定审计报告。

④对审计工作底稿进行最终复核。

6. 与被审计单位治理层沟通

根据《中国注册会计师审计准则 1151 号——与治理层的沟通》的规定,注册会计师应当就与财务报表审计相关且根据职业判断认为与治理层责任相关的重大事项,以适当的方式及时与治理层进行明晰的沟通。为保证审计质量,完成审计目标,注册会计师在审计过程中与治理层沟通是审计工作中必不可少的环节,与治理层的沟通贯穿整个审计过程。

(1)沟通的目的。注册会计师与治理层沟通的主要目的是:

①明确责任,取得相互了解。注册会计师就审计范围和时间以及注册会计师、治理层和管理层各方在财务报表审计和沟通中的责任,进行有效沟通,可以明确各自的责任,增进双方了解,减少不必要的误解和麻烦。

②及时向治理层告知审计中发现的与治理层责任相关的事项。注册会计师有责任将审计过程中发现的与治理层责任相关的事项及时与治理层沟通,帮助被审计单位加强内部控制、改善经营管理,更好地为被审计单位服务,同时也有助于注册会计师赢得被审计单位的信赖。

③共享有助于注册会计师获取审计证据和治理层履行责任的其他信息。

(2)沟通的事项。从整个审计工作过程看,注册会计师与治理层沟通的事项主要包括以下五方面。

①注册会计师与财务报表审计相关的责任。注册会计师应当与治理层沟通注册会计师与财务报表审计相关的责任,包括:注册会计师负责对管理层在治理层监督下编制的财务报表形成和发表意见;财务报表审计并不减轻管理层或治理层的责任。注册会计师与财务报表审计相关的责任通常包含在审计业务约定书或记录审计业务约定条款的其他适当形式的书面协议中。

②计划的审计范围和时间安排。在与治理层就计划的审计范围和时间安排进行沟通时,尤其是在治理层部分或全部成员参与管理被审计单位的情况下,注册会计师需要保持职业谨慎,避免损害审计的有效性。沟通的事项可能包括:注册会计师拟如何应对由于舞弊或错误导致的特别风险;注册会计师对与审计相关的内部控制采取的方案;在审计中对重要性概念的运用。

此外,还包括可能适合与治理层讨论的计划方面的其他事项。首先,如果被审计单位设有内部审计,注册会计师拟利用内部审计工作的程度,以及注册会计师和内部审计人员如何以建设性和互补的方式更好地协调和配合工作。其次,治理层对下列问题的看法:与被审计单位治理结构中的哪些适当人员沟通;治理层和管理层之间的责任分配;被审计单位的目标和战略,以及可能导致重大错报的相关经营风险;治理层认为审计过程中需要特别关注的事项,以及治理层要求注册会计师追加审计程序的领域;与监管机构的重要沟通;治理层认为可能会影响财务报表审计的其他事项。第三,治理层对下列问题的态度、认识和措施:被审计单位的内部控制及其在被审计单位中的重要性,包括治理层如何监督内部控制的有效性;舞弊发生的可能性或如何发生舞弊。第四,治理层应对会计准则、公司治理实务、交易所上市规则和相关事项变化的措施。第五,治理层对以前与注册会计师沟通做出的反应。

③审计中发现的重大问题。注册会计师应当与治理层沟通审计中发现的下列重大问题:注册会计师对被审计单位会计实务(包括会计政策、会计估计和财务报表披露)重大方面的质量的看法;审计工作中遇到的重大困难;已与管理层讨论或需要书面沟通的审计中出现的重大事项,以及注册会计师要求提供的书面声明,除非治理层全部成员参与管理被审计单位;审计中出现的、根据职业判断认为对监督财务报告过程重大的其他事项,可能包括已更正的、含有已审计财务报表的文件中的其他信息存在的对事实的重大错报或重大不一致。

④注册会计师的独立性。注册会计师需要遵守与财务报表审计相关的职业道德要求,包括对独立性的要求。通常包括:对独立性的不利影响;法律法规和职业规范规定的防范措施、被审计单位采取的防范措施,以及会计师事务所内部自身的防范措施。

如果被审计单位是上市实体,注册会计师还应当与治理层沟通下列内容:就项目组成员、会计师事务所其他相关人员以及会计师事务所和网络事务所按照相关职业道德要求保持了独立性作出声明;根据职业判断,注册会计师认为会计师事务所、网络事务所与被审计单位之间存在的可能影响独立性的所有关系和其他事项;为消除对独立性的不利影响或将其可接受的水平,已经采取的相关防范措施。

⑤补充事项。注册会计师可能注意到一些补充事项,其不一定与监督财务报告流程有关,但对治理层监督被审计单位的战略方向或与被审计单位受托责任相关的义务很可能是重要的。这些事项可能包括与治理结构或过程有关的重大问题、缺乏适当授权的高级管理层作出的重大决策或行动。

在确定是否与治理层沟通补充事项时,注册会计师可能就其注意到的某类事项与适当层级的管理层进行讨论,除非在具体情形下不适合这么做。如果需要沟通补充事项,注册会计师使治理层注意下列可能是适当的:识别和沟通这类事项对审计目的(旨在对财务报表形成意见)而言,只是附带的;除对财务报表形成审计意见所需实施的审计程序外,没有专门针对这些事项实施其他程序;没有实施程序来确定是否还存在其他的同类事项。

(3)沟通的方式及其选择。注册会计师与治理层沟通的方式包括:口头或书面沟通、详细或简略沟通、正式或非正式沟通。有效的沟通形式不仅包括正式声明和书面报告等正式形式,也包括讨论等非正式的形式。

对于审计中发现的重大问题,如果根据职业判断认为采用口头形式沟通不适当,注册会计师应当以书面形式与治理层沟通,当然,书面沟通不必包括审计过程中的所有事项;对于审计准则要求的注册会计师的独立性,注册会计师也应当以书面形式与治理层沟通。除上述事项外,对于其他事项,注册会计师可以采取口头形式或书面的方式沟通。书面沟通可能包括向治理层提供审计业务约定书。

此外,注册会计师在确定沟通方式时,还应当考虑下列因素的影响:

①特定事项是否已经得到满意的解决。

②管理层是否已事先就该事项进行沟通。通常,在注册会计师确信管理层已经就拟沟通事项与治理层有效沟通的情况下,如果该事项属于审计准则规定应当直接与治理层沟通的事项,注册会计师在与治理层进行沟通时可以相对简略;如果沟通事项属于审计准则规定的补充事项,注册会计师可能没有必要就该事项再与治理层进行沟通。

③被审计单位的规模、经营结构、控制环境和法律结构。通常,被审计单位的规模越大、经营和法律结构越复杂,注册会计师就越向于采取书面的、更为详细的和更加正式的沟通形式。相对于上市实体或大型被审计单位,在小型被审计单位中,注册会计师可以以不太正式的方式来与治理层沟通。

④在特殊目的财务报表审计中,注册会计师是否还审计被审计单位的通用目的财务报表。在同时审计的情况下,对于已经在通用目的财务报表审计中充分沟通的事项,就可以仅做简要沟通。

⑤法律法规的要求。如果法律法规规定对某些特定事项的沟通必须采用书面、正式形式,应当从其规定。

⑥治理层的期望,包括与注册会计师定期会谈或沟通的安排。在不违背法律法规和审计准则要求、有利于实现沟通目的的前提下,注册会计师在确定沟通形式时一般会尽可能地尊重治理层的预期和愿望。

⑦注册会计师与治理层持续接触和对话的次数。如果双方保持频繁的有效联系和对话,对于一些治理层已经了解的事项,沟通的形式就可以比较简略。

⑧治理机构的成员是否发生重大变化。通常,如果治理层成员发生了重大变化,注册会计师对相关事项的沟通就应当更加详细,以便让新接任的治理层成员全面了解相关的情况。

(4)沟通的对象。注册会计师必须与被审计单位适当的人员就上述事项进行沟通,适当人员可能因沟通事项的不同而不同。

沟通的对象通常包括治理层的下设组织或个人和管理层。如果被审计单位设有审计委员会或监事会,注册会计师应当着重与审计委员会或监事会沟通。同时,注册会计师应当考虑仅与审计委员会或监事会沟通是否足以履行其与治理层沟通的责任。在某些情况下,注册会计师可能还需要与治理层整体沟通。如果被审计单位是某集团的组成部分,适当人员除了包括该组成部分治理层外,可能还包括集团治理层。当集团治理层履行组成部分治理责任时,适当人员为集团治理层。

在确定与哪些适当人员沟通特定事项时,注册会计师应当利用在了解被审计单位及其环境时获取的有关治理结构和治理过程的信息。如果无法清楚地识别需要与哪些人员沟通,注册会计师应当与委托人商定。

7. 获取被审计单位管理层声明书

(1)管理层声明书的定义。被审计单位管理层声明书是被审计单位管理层在接受审计期间向注册会计师提供的各种重要口头声明的书面陈述,以及管理层对重大事项以书面方式作出的解释或声明。

(2)管理层声明书的作用。被审计单位管理层声明书作为重要的审计证据,主要有以下作用:

①明确被审计单位管理层对财务报表应负的会计责任。前已述及,保证财务报告不存

在由于错误或舞弊而导致的重大错报是被审计单位的会计责任,注册会计师的审计不能减轻被审计单位对其财务报表应负的责任。因此,注册会计师在出具审计报告前,应当向被审计单位管理层索取声明书,要求被审计单位管理层对此作出书面确认,作为重要的审计证据,以提醒被审计单位管理层明确会计责任。

②有利于保护注册会计师。管理层声明书将管理层就有关审计事项向注册会计师所作的口头声明或答复形成了书面记录,如果双方发生意见分歧或法律诉讼时,可作为书面证据,有利于保护注册会计师(也就是说,管理层所做的书面声明,有可能成为呈堂证供)。

(3)管理层声明书的格式(参考格式)。

```
                    (标题)管理层声明书
(收件人)致××会计师事务所(或××注册会计师)(签署审计报告的注册会计师))
(正文:声明内容)


                                    (日期)(通常为审计报告日)
                                    (被审计单位签章及高管人员签章)
```

(4)管理层声明书的内容。管理层声明书一般包括关于财务报表的声明,关于信息的完整的声明,关于确认、计量和列报三方面内容,具体情况如下:

①财务报表的编制符合适用的会计准则和相关会计制度的规定,被审计期间所有交易事项均已入账。财务报表的真实性、完整性、合法性由管理层负责。

②有关错误和舞弊方面的内容。已按照有关规定设计和执行内部控制以防止或发现与财务报表有关的错误和舞弊;设计和执行内部控制以防止或发现舞弊是管理层的责任;无违反法规行为、舞弊现象、重大不确定事项,或者已对舞弊作出了适当处理,包括已向注册会计师披露了其对舞弊导致的财务报表重大错报风险的评估结果;已向注册会计师披露了已知的涉及管理层、在内部控制中承担重要职责的员工以及其舞弊行为可能对财务报表产生重大影响的其他人员的舞弊或舞弊嫌疑;已向注册会计师披露了从现任和前任员工、分析师、监管机构等方面获知的、影响财务报表的舞弊指控或舞弊嫌疑;已将其知悉的、影响财务报表的所有违反或可能违反相关法律法规的情况告知注册会计师。

③审计所需的所有资料均已提供,包括财务会计资料、股东大会及董事会或其他高层领导会议的会议记录、关联方交易的有关资料。

④期后事项和或有事项的有关资料均已提供,并已按照适用的会计准则和相关会计制度作出适当的调整或披露。

⑤对注册会计师提出的所有重大调整事项已作调整。

⑥其他需要声明的事项。

在审计实务中,通常的做法是,由注册会计师准备好内容,要求被审计单位管理层用其公函打印,并由管理层中对被审计单位及其财务负主要责任的人员签署后送注册会计师本人。为避免日期不一致可能发生的误解,管理层声明书的日期通常应当是审计报告日。

应当注意的是管理层声明书作为来自被审计单位内部的审计证据,注册会计师应当对其保持必要的职业怀疑态度,不应完全依赖其可靠性。

如果被审计单位管理层拒绝就对财务报表具有重大影响的事项提供必要的书面声明,

或拒绝对其所作的口头声明进行书面确认，应当视为审计范围受到限制，注册会计师应当考虑出具保留意见或无法表示意见的审计报告。

除了管理层声明书，对于诸如管理层拒绝调整的不符事项等错报，为了降低发生误解的可能性，注册会计师还可以要求治理层提供书面声明，说明已引起治理层注意的错报没有得到更正的原因；但获取该声明并不能减轻注册会计师对未更正错报的影响形成结论的责任。

11.3.2 审计报告的编制步骤

在完成了审计报告编制前的准备工作之后，注册会计师就可以编制审计报告了。审计报告的编制通常经过以下四个步骤：

1. 整理和分析审计工作底稿

审计项目组成员在审计过程中取得或编制的审计工作底稿，往往是分散的、不系统的。审计工作底稿作为审计证据的载体，取得的审计证据分布其中。要综合评价审计结果，评价审计证据是否充分、适当，确定审计意见类型，必须首先整理和分析审计工作底稿。

2. 提请被审计单位调整和披露

审计过程中发现的问题，通过整理和分析审计工作底稿，汇总编制了审计差异调整表，并与被审计单位进行了必要的沟通后，应提请被审计单位对财务报表列报做出调整和披露。如果管理层拒绝调整财务报表，并且扩大审计程序范围的结果不能使注册会计师认为尚未更正错报的汇总数不重大，注册会计师应当考虑出具非无保留意见的审计报告。

3. 确定审计报告的意见类型，提请被审计单位调整和披露

根据被审计单位对注册会计师提请调整和披露意见的接受和采纳情况，确定审计报告的意见类型和措辞。如果被审计单位已经按照注册会计师的建议做出了适当的调整和披露，注册会计师不必将被审计单位已经调整和披露的事项在审计报告中进行说明。而对于被审计单位拒绝接受调整和披露的事项，则注册会计师应当视情况确定适当的审计意见类型。

4. 编制和出具审计报告

在完成上述有关工作之后，审计项目负责人就可以编制审计报告了。如果由其他人员编制，项目负责人应当进行复核。编制完成后，再由会计师事务所的主任会计师进行复核，定稿后，由注册会计师签章并加盖会计师事务所公章，然后致送委托人。

11.3.3 编制和使用审计报告的要求

审计报告作为具有法定证明效力的重要书面文件，关系到财务报表使用者对其审计的财务报表可靠性的信赖程度。因此，为帮助财务报表使用者理解和判断，其编制必须符合一定的要求。这些要求包括：

1. 内容全面完整

作为会计师事务所和注册会计师的"产品"，审计报告的构成要件必须要齐全，注册会计师必须严格按照审计准则规定的格式和内容进行编制，不能有所遗漏。

2. 责任界限分明

这里的责任是指会计责任和审计责任。在前面的各章中，我们已经反复强调，必须分清

注册会计师的审计责任和被审计单位的会计责任。在这份具有法定证明效力、注册会计师须对其承担法律责任的审计报告中,必须明确反映会计责任和审计责任,以提醒审计报告的使用者。

3. 证据充分、适当

注册会计师以审计准则和适用的会计准则及相关会计制度为标尺,对被审单位的财务报表进行审计,鉴定和证明财务报表的合法性和公允性,必须建立在充分、适当的审计证据基础上,否则就难以令社会公众信服,也就失去了存在的意义。

4. 使用恰当

审计报告只是注册会计师在取得充分、适当的审计证据的基础上,对财务报表的合法性和公允性所做的合理保证。因此注册会计师应当要求委托人按照审计业务约定书中的约定用途分发和使用审计报告。对于委托人或第三方因使用审计报告不当所造成的后果,注册会计师和会计师事务所不承担法律责任。

此外,当鉴证业务服务于特定的使用者,或具有特定目的时,注册会计师应当考虑在鉴证报告中注明该报告的特定使用者或特定目的,对报告的用途加以限定。

11.4 期后发现的事实

期后发现的事实是指审计报告日后发现的事实,属于期后事项的组成部分,包括审计报告日后至财务报表报出日前发现的事实和财务报表报出后发现的事实两类。

11.4.1 审计报告日后至财务报表报出日前发现的事实

1. 注册会计师和管理层对审计报告日后至财务报表报出日前发现的事实的责任

在审计报告日后,注册会计师没有责任针对财务报表实施任何审计程序。但是,对于在审计报告日后至财务报表报出日前,知悉的可能对财务报表产生重大影响的事实,注册会计师应当予以必要的关注。

在审计报告日至财务报表报出日期间,管理层有责任告知注册会计师可能影响财务报表的事实。

2. 注册会计师对审计报告日后至财务报表报出日前发现的事实的考虑

在审计报告日后至财务报表报出日前,如果知悉可能对财务报表产生重大影响的事实,注册会计师应当考虑是否需要修改财务报表,并与管理层讨论,同时根据具体情况采取适当措施。

如果管理层针对期后发现的事实修改了财务报表,注册会计师应当根据具体情况实施必要的审计程序,并针对修改后的财务报表出具新的审计报告。新的审计报告日期不应早于董事会或类似机构批准修改后的财务报表的日期。

在新的审计报告日之前,注册会计师应当实施必要的审计程序,获取充分、适当的审计证据,以确定截至审计报告日发生的、需要在财务报表中调整或披露的事项是否均已得到识别。并且应当尽量在接近审计报告日时,实施旨在识别需要在财务报表中调整或披露事项的审计程序。这些程序包括：

（1）复核被审计单位管理层建立的用于确保识别期后事项的程序；

（2）查阅股东会、董事会及其专门委员会在资产负债表日后举行的会议的纪要，并在不能获取会议纪要时询问会议讨论的事项；

（3）查阅最近的中期财务报表；如认为必要和适当，还应当查阅预算、现金流量预测及其他相关管理报告；

（4）向被审计单位律师或法律顾问询问有关诉讼和索赔事项；

（5）向管理层询问是否发生可能影响财务报表的期后事项。

在向管理层询问可能影响财务报表的期后事项时，注册会计师询问的内容主要包括：

①根据初步或尚无定论的数据作出会计处理的项目的现状；

②是否发生新的担保、借款或承诺；

③是否出售或购进资产，或者计划出售或购进资产；

④是否已发行或计划发行新的股票或债券，是否已签订或计划签订合并或清算协议；

⑤资产是否被政府征用或因不可抗力而遭受损失；

⑥在风险领域和或有事项方面是否有新进展；

⑦是否已作出或考虑作出异常的会计调整；

⑧是否已发生或可能发生影响会计政策适当性的事项。

如果注册会计师认为应当修改财务报表而管理层没有修改，并且审计报告尚未提交给被审计单位，注册会计师应当按照《中国注册会计师审计准则1502号——在审计报告中发表非无保留意见》的规定，出具保留意见或否定意见的审计报告。

如果注册会计师认为应当修改财务报表而管理层没有修改，并且审计报告已提交给被审计单位，注册会计师应当通知治理层不要将财务报表和审计报告向第三方报出。

如果财务报表仍被报出，注册会计师应当采取措施防止财务报表使用者信赖该审计报告；采取的措施取决于自身的权利和义务以及征询的法律意见。

11.4.2 财务报表报出后发现的事实

1. 注册会计师对财务报表报出后发现的事实的责任

在财务报表报出后，注册会计师没有义务针对财务报表实施任何审计程序；但应当对财务报表报出后发现的事实予以必要的关注。

2. 注册会计师对财务报表报出后发现的事实的考虑

在财务报表报出后，如果知悉在审计报告日已存在的、可能导致修改审计报告的事实，注册会计师应当考虑是否需要修改财务报表，并与管理层讨论，同时根据具体情况采取适当措施。

如果管理层修改了财务报表，注册会计师应当根据具体情况实施必要的审计程序，复核管理层采取的措施能否确保所有收到原财务报表和审计报告的人士了解这一情况，并针对修改后的财务报表出具新的审计报告。新的审计报告应当增加强调事项段，提请财务报表使用者注意财务报表附注中对修改原财务报表原因的详细说明，以及注册会计师出具的原审计报告。新的审计报告日期不应早于董事会或类似机构批准修改后的财务报表的日期。

在出具新的审计报告的情况下,注册会计师应当采取的措施,与对审计报告日后至财务报表报出日前发现的事实出具新的审计报告时相同。

如果管理层既没有采取必要措施确保所有收到原财务报表和审计报告的人士了解这一情况,又没有在注册会计师认为需要修改的情况下修改财务报表,注册会计师应当采取措施防止财务报表使用者信赖该审计报告,并将拟采取的措施通知治理层;采取的措施取决于自身的权利和义务以及征询的法律意见。

如果临近公布下一期财务报表,且能够在下一期财务报表中进行充分披露,注册会计师应当根据法律法规的规定确定是否仍有必要提请被审计单位修改财务报表,并出具新的审计报告。

此外,当被审计单位公开发行证券时,注册会计师应当考虑有关证券发行的法律法规对期后事项的特殊规定。

11.5 特殊目的审计报告

11.5.1 特殊目的审计的内容与要求

1. 特殊目的审计的内容

特殊目的审计业务,是指注册会计师接受委托,对某些特定财务信息进行审计并出具审计报告的业务。这些特定财务信息包括:

(1)按照企业会计准则和相关会计制度以外的其他基础(简称特殊基础)编制的财务报表。被审计单位可能因特殊目的而编制特殊基础的财务报表。特殊基础通常包括:收付实现制基础、计税基础、监管机构的报告要求。

(2)财务报表的组成部分,包括财务报表特定项目、特定账户或特定账户的特定内容,例如存货、投资等。

注册会计师可能应委托人的要求对财务报表的一个或多个组成部分发表审计意见。这种类型的业务可以作为一项独立的业务予以承接,也可以连同财务报表审计一起承接。

(3)合同的遵守情况,注册会计师可能应委托人的要求对合同的遵守情况进行审计,出具审计报告。

(4)简要财务报表。为了满足某些财务报表使用者对被审计单位财务状况和经营成果主要情况的了解,被审计单位可能依据年度已审计财务报表编制一份简要财务报表。

2. 特殊目的审计的要求

注册会计师执行特殊目的的审计,应当遵循以下要求:

(1)在承接特殊目的审计业务前,注册会计师应当与委托人就业务性质、审计报告的格式和内容等达成一致意见,从而增进彼此的了解,促进合作,更好地为被审计单位服务。

(2)在计划审计工作时,注册会计师应当清楚了解所审计信息的用途及可能的使用者。为了避免审计报告被用于非预定目的,注册会计师可以在审计报告中说明出具审计报告的目的,以及在分发和使用上的限制。

(3)注册会计师应当复核和评价在执行特殊目的审计业务过程中获取的审计证据和由此得出的结论,以作为发表审计意见的基础。

(4)特殊目的的审计意见与一般目的审计一样,应当以书面报告的形式清晰地表达。

(5)对于财务报表组成部分的审计,在确定财务报表组成部分的审计范围时,注册会计师应当考虑与所审计的财务报表组成部分相互关联,且可能对其具有重大影响的其他财务报表项目。注册会计师应当从对财务报表组成部分出具审计报告的角度考虑重要性概念。另外,为避免信息使用者误认为对财务报表组成部分出具的审计报告与整套财务报表相关,注册会计师应当提请委托人不应将整套财务报表附于审计报告后。

(6)对于合同的遵守情况的审计,只有当合同遵守情况的总体方面与会计和财务事项相关,且在注册会计师专业胜任能力范围内时,注册会计师才能承接该项业务。如果该业务的某些方面超越注册会计师的专业胜任能力,注册会计师应当考虑利用专家的工作。如果所审计的信息基于某项合同的条款,注册会计师应当考虑管理层在编制信息时是否已对所依据的合同作出重要解释。

应当注意的是,在执行特殊目的审计业务时,注册会计师实施的审计程序的性质、时间和范围因业务具体情况的不同而存在差异。

11.5.2 特殊目的审计报告的内容

特殊目的审计报告是对特殊目的审计业务出具的审计报告,其内容因审计的财务信息不同而不同。

1. 除简要财务报表的审计报告外,其他特殊目的审计业务的审计报告内容

(1)标题,特殊目的的审计报告标题同一般目的的审计报告一样,也是"审计报告"。

(2)收件人,收件人是指特殊目的审计业务的委托人。

(3)引言段,应当说明所审计的财务信息和被审计单位管理层的责任和注册会计师的责任。

(4)范围段,应当说明执行特殊目的的审计业务依据的审计准则和注册会计师已实施的工作。

(5)审计意见段,应当清楚地说明对财务信息发表的审计意见。

(6)注册会计师的签名和盖章。

(7)会计师事务所的名称、地址及盖章。

(8)报告日期。

2. 简要财务报表审计报告的内容

(1)标题,应统一规范为"对简要财务报表出具的审计报告审计报告"。

(2)收件人,应当按照审计业务约定条款的要求载明收件人。如果对简要财务报表出具的审计报告的收件人不同于对已审计财务报表出具的审计报告的收件人,注册会计师应当评价使用不同收件人名称的适当性。

(3)引言段,编写时应当包括下列方面:

①指出注册会计师出具审计报告所针对的简要财务报表,包括每张简要财务报表的名称;

②指出已审计财务报表;

③提及对已审计财务报表出具的审计报告和报告日期,对已审计财务报表发表无保留意见这一事实;

④如果简要财务报表的审计报告日迟于已审计财务报表的审计报告日,说明简要财务报表和已审计财务报表均未反映在已审计财务报表的审计报告日后发生的事项的影响;

⑤指出简要财务报表未包含编制财务报表时所采用的财务报告编制基础要求披露的全部事项,因此,对简要财务报表的阅读不能替代对已审计财务报表的阅读。

(4)管理层对简要财务报表的责任段,应当说明按照采用的标准编制简要财务报表是管理层的责任。

(5)注册会计师的责任段,应当说明注册会计师的责任是在实施《中国注册会计师审计准则1604号——对简要财务报表出具报告的业务》规定的程序的基础上对简要财务报表发表审计意见。

(6)审计意见段,应当清楚地表达对简要财务报表的意见。

(7)注册会计师的签名和盖章。

(8)会计师事务所的名称、地址及盖章。

(9)报告日期。

如果委托人要求按照指定格式出具审计报告,注册会计师应当考虑指定格式报告的实质要求及措辞。必要时,应当修改指定格式报告的措辞,或另附一份符合审计准则规定要求的审计报告。

11.5.3 特殊目的审计报告的编制要求

1. 按照特殊基础编制的财务报表的审计报告的编制要求

按照特殊基础编制的财务报表的审计报告,应当符合下列要求:

(1)注册会计师应当在出具的审计报告中指明财务报表编制的基础,或提醒财务报表使用者注意财务信息附注中对编制基础作出的说明。

(2)审计意见应当说明财务报表是否按照指定的特殊基础编制。

(3)注册会计师应当考虑财务报表的标题或附注是否清楚表明,该财务报表并非按照企业会计准则和相关会计制度的规定编制。

(4)如果按照特殊基础编制的财务报表未能冠以适当的标题,或特殊基础未得到充分披露,注册会计师应当出具恰当的非无保留意见的审计报告。

2. 财务报表组成部分的审计报告的编制要求

财务报表组成部分的审计报告,应当符合下列要求:

(1)注册会计师应当在审计报告中指明财务报表组成部分的编制基础,或提及规定编制基础的协议。

(2)审计意见应当说明财务报表组成部分是否按照指定的编制基础编制。

(3)如果已对整套财务报表出具否定意见或无法表示意见的审计报告,只有在组成部分并不构成财务报表的主要部分时,注册会计师才可以对组成部分出具审计报告。

3. 合同的遵守情况的审计报告的编制要求

合同的遵守情况的审计报告,应当符合下列要求:

(1)注册会计师应当考虑对合同作出的重要解释是否已在财务信息中得到清晰的披露,并考虑是否有必要在审计报告中提醒信息使用者注意财务信息附注中对这些解释的描述。

(2)审计意见应当说明被审计单位是否遵守了合同的特定条款。

4. 简要财务报表的审计报告的编制要求

简要财务报表的审计报告,应当符合下列要求:

(1)只有对简要财务报表所依据的财务报表发表了审计意见,注册会计师才可对简要财务报表出具审计报告。

(2)简要财务报表应当冠以适当的标题,以指明其所依据的已审计财务报表。

(3)简要财务报表并未包含年度已审计财务报表中的所有信息。注册会计师在对简要财务报表发表审计意见时,不应使用"在所有重大方面"、"公允反映"等术语。

(4)如果对已审计财务报表出具的审计报告包含保留意见、强调事项段或其他事项段,但注册会计师确信,简要财务报表按照采用的标准在所有重大方面与已审计财务报表保持一致或公允概括了已审计财务报表,对简要财务报表出具的审计报告还应当:在引言段中说明对已审计财务报表出具的审计报告包含保留意见、强调事项段或其他事项段;在审计意见段中描述对已审计财务报表发表保留意见的依据,对已审计财务报表出具的审计报告中的保留意见,或者强调事项段或其他事项段,以及由此对简要财务报表的影响(如有)。

(5)如果对已审计财务报表发表了否定意见或无法表示意见,对简要财务报表出具的审计报告还应当:在引言段中说明对已审计财务报表发表了否定意见或无法表示意见;在审计意见段中描述发表否定意见或无法表示意见的依据;在审计意见段中说明由于对已审计财务报表发表否定意见或无法表示意见,因此,对简要财务报表发表意见是不适当的。

(6)简要财务报表的审计报告日不应早于下列日期:注册会计师已获取充分、适当的证据并在此基础上形成审计意见的日期,这些证据包括简要财务报表已编制完成以及法律法规规定的被审计单位董事会、管理层或类似机构已经认可其对简要财务报表负责;已审计财务报表的审计报告日。

复习思考题

1. 审计报告说明段的作用是什么?
2. 什么样的事项属于强调事项? 什么情况下需要在审计报告中增加强调事项段? 强调的目的何在?
3. 各种审计意见类型的出具条件是什么?
4. 什么是审计差异? 审计差异有哪些类型? 有何区别?
5. 如何判断每一笔核算误差是属于建议调整的不符事项,还是不建议调整的不符事项?
6. 什么是律师声明书? 什么是管理层声明书? 注册会计师为什么要获取它们?

练习题

一、单项选择题

1. 在以下列基础编制的财务报表中,不属于特殊基础的是(   )。

　　A. 权责发生制　　　　B. 收付实现制　　　　C. 计税基础　　　　D. 监管机构的报告要求

2. 管理层声明书的日期通常应当是(   )。

A. 资产负债表日　　　　　　　　　　B. 董事会批准财务报告报出日
C. 审计报告日　　　　　　　　　　　D. 财务报表公布日

3. 如果注册会计师的审计范围受到了非常重大和广泛的限制,则应签发( )。
A. 带强调事项说明段的审计报告　　　B. 无法表示意见的审计报告
C. 否定意见的审计报告　　　　　　　D. 保留意见的审计报告

4. 注册会计师在出具保留意见、否定意见或无法表示意见的审计报告时,应在意见段前增加说明段,明确说明理由,并在可能情况下,指出其( )。
A. 对被审计单位财务状况的影响程度　B. 对审计意见的影响
C. 对财务报表审计的影响　　　　　　D. 对财务报表的影响程度

二、多项选择题

1. 如果律师声明书表明或者暗示律师拒绝提供信息,或者隐瞒信息,通常认为审计范围受到了限制,注册会计师应当根据情况考虑发表( )。
A. 无保留意见　　B. 保留意见　　C. 否定意见　　D. 无法表示意见

2. 在向管理层询问可能影响财务报表的期后事项时,注册会计师询问的内容主要包括( )。
A. 是否发生新的担保、借款或承诺
B. 资产是否被政府征用或因不可抗力而遭受损失
C. 是否已作出或考虑作出异常的会计调整
D. 在风险领域和或有事项方面是否有新进展

3. 如果注册会计师认为应当修改财务报表而管理层没有修改,并且审计报告尚未提交给被审计单位,注册会计师应当按照审计准则的规定,出具( )的审计报告。
A. 无保留意见　　B. 保留意见　　C. 否定意见　　D. 无法表示意见

4. 对于审计过程中发现的问题,注册会计师应提请被审计单位对财务报表列报做出调整和披露。如果管理层拒绝调整财务报表,并且扩大审计程序范围的结果不能使注册会计师认为尚未更正错报的汇总数不重大,注册会计师应当考虑出具( )的审计报告。
A. 无保留意见　　B. 保留意见　　C. 否定意见　　D. 无法表示意见

5. 下列情形中,注册会计师不能出具无保留意见的审计报告的有( )。
A. 审计范围受到严重限制　　　　　　B. 财务报表未按适用的会计准则编制
C. 拒绝对重大不确定事项进行披露　　D. 被审计单位不允许审计人员进行存货监盘

三、判断题

1. 只有对简要财务报表所依据的财务报表发表了审计意见,注册会计师才可对简要财务报表出具审计报告。( )

2. 为保护财务报表使用者的利益,注册会计师应当对任何必要的情况在审计报告的审计意见段之后增加强调事项段或解释性段落,对相关事项进行强调或解释,以充分提醒财务报表使用者。( )

3. 无论出具何种意见类型的审计报告,注册会计师和被审计单位的责任都是必须具备的内容。( )

4. 如果注册会计师认为某项重大的会计处理不恰当,应当向治理层说明理由,并在必要时提请更正。( )

5. 律师声明书可能会影响注册会计师发表审计意见的类型。( )

6. 注册会计师可以以律师声明书本身作为发表审计意见的基本理由。( )

7. 在财务报表报出后,针对财务报表报出后发现的事实,注册会计师应当予以必要的关注,并有义务针对财务报表作出查询。( )

8. 对于委托人或第三方因使用审计报告不当所造成的后果,注册会计师和会计师事务所不承担法律责任。( )

9. 标准审计报告就是无保留意见的审计报告。( )

四、案例分析题

【资料】Y 公司系股份有限公司,A 和 B 注册会计师负责对其 1999 年度财务报表进行审计,并于 2000 年 3 月 6 日完成外勤审计工作。Y 公司未经审计的财务报表中的部分会计资料如下:

项 目	金额(万元)
1999 年度主营业务收入	180 000
1999 年度主营业务成本	150 000
1999 年度利润总额	5 400
1999 年度净利润	3 618
1999 年 12 月 31 日资产总额	135 000
1999 年 12 月 31 日股东权益	66 000

A 和 B 注册会计师确定 Y 公司 1999 年度财务报表层次的重要性水平为 540 万元,并且将该重要性水平分配至各财务报表项目,其中部分财务报表项目的重要性水平如下:

财务报表项目	重要性水平(万元)
应收账款	50
存货	40
长期股权投资	45
长期债权投资	20
在建工程	60
固定资产	140
累计折旧	30
应付债券	10

A 和 B 注册会计师在审计过程中发现以下情况:

(1)S 公司系 Y 公司在国外的分公司,从事 Y 公司大部分的生产经营业务,其提供的 1999 年度财务报表反映,主营业务收入为 108 000 万元、主营业务成本为 90 000 万元、利润总额为 3 240 万元,均占 Y 公司相应财务报表项目金额的 60%。该财务报表未经其他会计师事务所审计,A 和 B 注册会计师也未赴国外进行审计。

(2)1999 年 1 月 1 日,由于 W 公司增加了新的投资者和资本,使 Y 公司在 W 公司中持有的股权比例从原有的 48% 降至 10%。Y 公司因此将对 W 公司的长期股权投资核算方法由权益法改为成本法,冲回 1991 年至 1998 年原按权益法核算已计入投资损失中的属于 38% 的部分,共计 3 000 万元,相应调整为 1999 年度的投资收益,Y 公司未对此计提长期投资减值准备。A 和 B 注册会计师提出相应的审计调整建议,Y 公司拒绝接受。

(3)1999 年度,Y 公司以 108 元/公斤的售价将 1 000 万公斤 a 产品(增值税税率为 17%)销售给控股股东 P 公司,已确认为 1999 年度的主营业务收入 104 000 万元,确认资本公积 4 000 万元,并相应结转了 a 产品成本 90 000 万元,货款尚未结算。a 产品与市场同类产品的成本基本相同,但市场公允售价为 104 元/公斤。Y 公司已在其财务报表附注中就该关联方交易事项予以披露。

(4)1999 年 1 月 1 日,Y 公司经批准接面值发行了 15 000 万元五年期、债券票面年利率为 4.2%、到期一次还本付息的公司债券。发行债券所筹集资金中的 6 000 万元用于建造生产厂房(1999 年 12 月 31 日尚未完工),9 000 万元用于补充流动资金。Y 公司对债券发行作了相应的会计处理,但未计提 1999 年度的债券利息。A 和 B 注册会计师提出补提债券利息的审计调整建议,Y 公司拒绝接受。Y 公司 1999 年度向关联公司 E 公司出售旧汽车一部,账面原值 15 万元,累计折旧 13 万元,双方协议作价 1.8 万元,差额 0.2 万元已计入当期损益。A 和 B 注册会计师提请 Y 公司在其财务报表附注中予以披露,Y 公司拒绝接受。

【要求】假定 Y 公司分别只存在上述第(1)、第(2)、第(3)、第(4)种情况,A 和 B 注册会计师分别应当发表何种审计意见?请简要说明理由。

第 12 章

其他鉴证与非鉴证业务

新准则提示

《中国注册会计师审计准则第 1602 号——验资》

《中国注册会计师其他鉴证业务准则第 3101 号——历史财务信息审计或审阅以外的鉴证业务》

《中国注册会计师其他鉴证业务准则第 3111 号——预测性财务信息的审核》

《中国注册会计师相关服务准则第 4101 号——对财务信息执行商定程序》

《中国注册会计师相关服务准则第 4111 号——代编财务信息》

> 在本章中,你将学到——
>
> - 验资的概念、意义和程序
> - 资本投入的审验
> - 验资工作底稿和验资报告
> - 其他鉴证业务的目标和要素
> - 预测性财务信息
> - 商定程序业务和对财务信息执行商定程序、代编财务信息等

> 中英文关键词对照——
>
> - 验资 Capital Verification
> - 验资报告 Capital Verification Report
> - 预测性财务信息 Prospective Financial Information
> - 预测性财务信息审核 Examination of Prospective Financial Information

某会计师事务所有一客户,总注册资本 2 000 万元,公司章程规定分期出资,第一期出资 1 100 万元于 2006 年 4 月 20 日到账,该会计师事务所按常规于 4 月 21 日出具了验资报告;2006 年 4 月 25 日第二期出资 900 万元到账,他们在验资时发现第一期出资的款项于 4 月 22 日全部付给一建筑公司;检查了公司的账务处理情况,第一期出资 1 100 万元的会计处理为借记银行存款 1 100 万元、贷记实收资本 1 100 万元,4 月 22 日付给一建筑公司的 1 100 万元会计处理为借记预付账款——建筑公司 1 100 万元、贷记银行存款 1 100 万元;他们复印了有关转账支票、会计凭证、报表及建筑施工合同、建筑公司收款凭证,并向该建筑公司进行了函证得到回复;同时他们要求验资单位出具了上期出资已经到位未抽资的书面声明。至此,他们在 900 万元到账后出具了资本全部到账的验资报告,他们这样做以后,验资的程序是否执行到位呢?

对被审单位的会计报表进行审计,是注册会计师提供的鉴证服务之一,除此之外,注册会计师还提供其他类型的鉴证服务。那么这些鉴证业务有哪些呢?

12.1 验 资

12.1.1 验资的概念

验资是指注册会计师依法接受委托,对被审验单位注册资本的实收情况或注册资本及实收资本的变更情况进行审验,并出具验资报告。该定义主要包括下列要点:

(1)验资是注册会计师的法定业务。《中华人民共和国注册会计师法》第十四条明确规定,"验证企业资本,出具验资报告"是注册会计师的法定业务之一。其他法律法规也有对

注册会计师承办验资业务作出规定的,如《中华人民共和国公司法》等。

(2)验资是一种受托业务。注册会计师必须接受委托人的委托,由其所在会计师事务所与委托人签订业务约定书,方可执行验资业务。

(3)验资是一项鉴证业务。注册会计师的审验意见旨在提高被审验单位的注册资本实收情况或注册资本及实收资本变更情况的可信赖程度,满足公司登记机关登记注册资本和实收资本及被审验单位向出资者签发出资证明的需要。

(4)验资的内容。验资包括对被审验单位注册资本的实收情况或注册资本及实收资本的变更情况进行审验。"被审验单位注册资本的实收情况"是指被审验单位实际收到出资者缴纳注册资本的情况。"被审验单位注册资本及实收资本的变更情况"是指被审验单位注册资本及实收资本的增减变动情况。

被审验单位是指在中华人民共和国境内拟设立或已设立的,依法应当接受验资的有限责任公司和股份有限公司。根据《中华人民共和国公司法》、《中华人民共和国企业法人登记管理条例》、《公司注册资本登记管理规定》等法律法规的规定,拟设立或已设立公司应当接受注册会计师对其注册资本的实收情况或注册资本及实收资本的变更情况进行审验。所谓拟设立公司是指处于筹备阶段中,已经向公司登记机关办理了公司名称预先核准,或已办理了审批手续(对法律、行政法规规定设立公司必须报经批准的)正准备向公司登记机关申请设立登记的公司。已设立公司是指已经办理了公司登记,领取了营业执照,正式成立的公司。

(5)出具验资报告。注册会计师完成审验工作后,应对被审验单位注册资本的实收情况或注册资本及实收资本的变更情况发表审验意见,出具验资报告。

验资是公司设立过程中的一个必经环节。《公司法》第二十九条规定:"股东缴纳出资后,必须经依法设立的验资机构验资并出具证明。"

12.1.2 验资的种类

根据验资的目的、范围及使用情况,验资包括设立验资和变更验资。

1. 设立验资

设立验资是指注册会计师对被审验单位申请设立登记时的注册资本实收情况进行的审验。

设立验资的目的主要是为了验证被审验单位的注册资本是否符合法律、法规的要求,投资各方是否按照合同、协议、章程等规定的出资比例、出资方式和出资期限足额缴纳资本。因此,设立验资的审验范围一般应限于被审验单位注册资本实收情况有关的事项,包括出资者、出资金额、出资方式、出资比例、出资期限和出资币种等。

需要注册会计师进行设立验资的情况主要包括:①被审验单位向公司登记机关申请设立登记时全体股东的一次性全部出资和分次出资的首次出资;②公司新设合并、分立,新设立的公司向公司登记机关申请设立登记。

2. 变更验资

变更验资是指注册会计师对被审验单位申请变更登记时的注册资本及实收资本的变更情况进行的审验。

变更验资的主要目的是验证被审验单位变更注册资本和实收资本是否符合法定程序,增减的资本是否真实,相关的会计处理是否正确。因此,变更验资的审验范围一般应限于被审验单位注册资本及实收资本发生增减变动情况有关的事项。增加注册资本及实收资本时,审验范围包括与增资相关的出资者、出资金额、出资方式、出资比例、出资期限和出资币种及相关会计处理等。减少注册资本及实收资本时,审验范围包括与减资相关的减资者、减资金额、减资方式、减资比例、减资期限、减资币种、债务清偿或担保情况、相关会计处理以及减资后的出资者、出资金额和出资比例等。

需要注册会计师进行变更验资的情况主要包括:①被审验单位出资者(包括原出资者和新出资者)新投入资本,增加注册资本及实收资本;②分次出资的非首次出资,增加实收资本,但注册资本不变;③被审验单位以资本公积、盈余公积、未分配利润转增注册资本及实收资本;④被审验单位因吸收合并变更注册资本及实收资本;⑤被审验单位因派生分立、注销股份或依法收购股东的股权等减少注册资本及实收资本;⑥被审验单位整体改制,包括由非公司制企业变更为公司制企业或由有限责任公司变更为股份有限公司时,以净资产折合实收资本。

值得注意的是,如果公司因出资者、出资比例等发生变化,但注册资本及实收资本金额不变,公司也需要按照有关规定向公司登记机关申请办理变更登记;但此时不需要进行变更验资。

12.1.3 验资的意义

《中华人民共和国企业法人登记管理条例》、《中华人民共和国公司法》等法律法规的正文或其实施条例、实施细则中均明确规定须经会计师事务所的注册会计师或其他法定中介机构验资。我国各类企业的财务制度也明确要求,企业的资本金须聘请中国注册会计师验资并出具验资报告。验资在我国的经济发展过程中起着重要的作用,主要表现在:

(1)验资有利于界定企业产权关系,保护投资各方的合法权益。验资不仅明确了资本的真实性,而且明确了资本由谁投入、归谁所有,使企业的产权关系明晰化。通过验资,确定投资者的出资数额、出资方式、出资期限及资产作价的合理性和真实性,既可以明确投资者对企业承担的责任,又可以保证投资各方按实缴资本的比例分享利润,从而维护投资各方的经济利益。

(2)验资有利于企业取信于社会,维护债权人的合法权益。企业注册资本的大小,是衡量企业规模的一个标志。通过验资证实企业资本的真实性,是企业取信于社会的重要手段。

(3)验资有利于规范企业行为,保障正常的社会经济秩序。验资是检验企业行为的开始,严格验资手续和要求,可以规范企业行为,保障正常的社会经济秩序。

12.1.4 验资程序

验资程序是指注册会计师从接受验资委托开始,到实施必要的验资方法,取得充分、适当的审验证据,分析、评价验资结论并出具验资报告为止的整个验资业务工作过程。该过程具体内容如下:

1.了解被审验单位基本情况

了解被审验单位基本情况,主要是指在接受委托前,注册会计师应当与委托人、被审验单位管理层沟通,实地查看被审验单位的住所和主要经营场所,了解被审验单位基本情况,获取有关资料,填写被审验单位基本情况表。

被审验单位基本情况主要包括:被审验单位的设立审批、变更审批,名称预先核准,经营范围,公司类型、组织机构和人员,申请设立或变更登记的注册资本、实收资本、出资方式、出资时间,全体出资者指定代表或委托代理人等基本情况。

对于变更验资,注册会计师应当查阅被审验单位的前期验资报告、近期财务报表、审计报告和其他与本次验资有关的资料,以了解被审验单位以前注册资本的实收情况。必要时,应与前任注册会计师沟通,如查阅前任注册会计师的验资工作底稿。

2. 评估验资风险

验资风险是指被审验单位注册资本实收情况或注册资本及实收资本变更情况存在重大错报而注册会计师发表不恰当验资意见的可能性。验资风险主要源自两个方面:一是被审验单位管理层的诚信度、所提供验资资料的真实性与完整性;二是注册会计师的专业胜任能力和职业道德水平。

下列事项通常导致注册资本实收情况或注册资本及实收资本变更情况发生重大错报风险:

(1)验资业务委托渠道复杂或不正常;
(2)验资资料存在涂改、伪造痕迹或验资资料互相矛盾;
(3)被审验单位或随意更换或不及时提供验资资料,或只提供复印件不提供原件;
(4)自然人出资、家庭成员共同出资或关联方共同出资;
(5)出资人之间存在分歧;
(6)被审验单位拒绝或阻挠注册会计师实施重要审验程序,如被审验单位拒绝或阻挠注册会计师实施银行存款函证、实物资产监盘等程序,或不执行法律规定的程序,如非货币财产应当评估而未评估等;
(7)被审验单位处在高风险行业;
(8)非货币财产计价的主观程度高或其计价需要依赖大量的主观判断;
(9)验资付费远远超出规定标准或明显不合理。

3. 与委托人的沟通

注册会计师应当就委托目的、出资者和被审验单位的责任以及注册会计师的责任、审验范围、时间要求、验资收费、报告分发和使用的限制等主要事项与委托人沟通,并达成一致意见。

沟通的目的在于避免双方对验资业务的理解产生分歧。如果委托人不是被审验单位,在签订业务约定书前,注册会计师应当与委托人、被审验单位就验资业务约定相关条款进行充分沟通,并达成一致意见。

4. 签订业务约定书

注册会计师应当与委托人就委托目的、审验范围、出资者和被审验单位的责任以及注册会计师的责任、审验范围、时间要求、验资收费、验资报告的用途、报告分发和使用的限制、约定事项的变更及违约责任等事项协商一致,并由会计师事务所与委托人签订验资业务约定书。

5. 编制验资计划

注册会计师执行验资业务,应当编制验资计划,对验资工作作出合理安排。

(1)验资计划的种类。验资计划包括总体验资计划和具体验资计划。总体验资计划是注册会计师对验资业务作出的总体安排;具体验资计划是注册会计师对拟实施审验程序的性质、时间和范围作出的具体安排。

计划验资工作并非验资业务的一个孤立阶段,而是一个持续的、不断修正的过程,贯穿于整个验资业务的始终。由于未预期事项、条件的变化或在实施审验程序中获取的审验证据的变化等原因,注册会计师可以在验资过程中对总体验资计划和具体验资计划作出必要的更新和修改。

总体验资计划的主要内容包括:验资类型、委托目的和审验范围;以往的验资和审计情况;重点审验领域;验资风险评估;对专家工作的利用;验资工作进度及时间、收费预算;验资小组组成及人员分工;质量控制安排。

具体验资计划通常包括各审验项目(货币资金、实物资产、无形资产等)的以下主要内容:审验目标、审验程序、执行人及执行日期、验资工作底稿的索引号。在实务中通常用审验程序表(如表12.1所示)替代。

表12.1 ××审验程序表

索引号:			页次:
被审验单位名称:	编制人员:		日期:
审验项目:	复核人员:		日期:
一、审验目标			
二、审验程序	适用否		索引号
三、审验结论			
四、复核意见			

6. 验资取证与审验

注册会计师执行设立验资业务时,应当根据实际情况,获取下列资料,形成审验证据:

(1)被审验单位的设立申请报告及审批机关的批准文件;

(2)被审验单位出资者签署的与出资有关的协议、合同和企业章程;

(3)出资者的企业法人营业执照或自然人身份证明;

(4)被审验单位法定代表人的任职文件和身份证明;

(5)全体出资者指定代表或委托代理人的证明和委托文件、代表和代理人的身份证明;

(6)经企业登记机关核准的《企业名称预先核准通知书》;

(7)被审验单位住所和经营场所使用证明;

(8)银行出具的收款凭证、对账单(或具同等证明效力的文件)及银行询证函回函;

(9)实物移交与验收证明、作价依据、权属证明和实物存放地点的证明;

(10)专利证书、专利登记簿、商标注册证、土地使用权证、房地产证、土地红线图及有关允许出资的批准文件;

（11）政府有关部门对高新技术成果的审查认定文件；

（12）与无形资产出资有关的转让合同、交接证明及作价依据；

（13）实物资产、无形资产等的评估报告及出资各方对资产价值的确认文件；

（14）出资者对其出资资产的权属及未设定担保等事项的书面说明；

（15）拟设立企业及其出资者签署的在规定期限内办妥有关财产权转移手续等事项的承诺函；

（16）拟设立企业关于依法建立会计账簿等事项的书面声明；

（17）被审验单位确认的货币出资清单、实物出资清单、无形资产出资清单、与净资产出资相关的资产和负债清单、注册资本实收情况明细表；

（18）国家相关法规规定的其他资料。

7. 撰写验资报告

注册会计师完成验资业务的取证与审验之后，需要根据《中国注册会计师审计准则第1602号——验资》的要求撰写验资报告。

12.1.4 资本投入的审验

1. 资本投入审验的一般要求

（1）检查与注册资本实收情况相关的会计处理是否正确。

（2）注册会计师应当关注被审验单位注册资本与投资总额的比例、出资期限、外方出资者的出资比例是否符合有关协议、合同、章程、审批机关的批准文件及国家相关法规的规定。

（3）注册会计师执行设立验资业务，应当关注被审验单位申请的注册资本是否达到国家规定的最低限额。

2. 货币资金投入的审验

以货币出资的，注册会计师应当在检查被审验单位开户银行出具的收款凭证、对账单及银行询证函回函等的基础上，审验出资者的实际出资金额和货币出资比例是否符合规定。对于股份有限公司向社会公开募集的股本，还应当检查证券公司承销协议、募股清单和股票发行费用清单等。

需要说明的是，我国的相关法律法规对外商投资企业、有限责任公司、股份有限公司的验资内容都有具体的规定，审计人员在进行验资时，应兼顾到这些法律法规的要求。在本章节的论述中，因篇幅所限，主要讲述设立验资情况下货币资金、实物资产、无形资产的一般审验内容。

货币出资的具体审验程序包括以下几方面内容：

（1）检查货币出资清单填列的出资者、出资币种、出资金额、出资时间、出资方式和出资比例等内容是否符合协议、章程的规定；

（2）检查入资账户（户名及账号）是否为被审验单位在银行开设的账户；

（3）检查收款凭证的金额、币种、日期等内容是否与货币出资清单一致；

（4）检查收款凭证是否加盖银行收讫章或转讫章；

（5）检查收款凭证的收款人是否为被审验单位，付款人是否为出资者；

(6) 检查收款凭证中是否注明该款项为投资款；

(7) 检查截至验资报告日的银行对账单(或具有同等证明效力的文件)的收款金额、币种、日期等是否与收款凭证一致并关注其中资金往来有无明显异常情况；

(8) 向银行函证，检查出资者是否缴存货币资金，金额是否与收款凭证一致，询证函的格式(见表12.2)；

(9) 核对货币出资清单与注册资本实收情况明细表是否相符；

(10) 检查全体股东或者发起人的货币出资金额是否不低于注册资本的30%(此程序仅适用于出资者一次足额出资，如出资者分次出资则在末次验资时予以关注)。

表12.2 验资业务的银行询证函

编号：010

中国工商银行××分理处：

本公司(筹)聘请的一方会计师事务所正在对本公司(筹)的注册资本进行审验。按照《中国注册会计师审计准则第1602号——验资》的要求和国家工商行政管理局的有关规定，应当询证本公司(筹)投资者李明向贵行缴存的出资额。下列数据出自本公司(筹)账簿记录，如与贵行记录相符，请在本函下端"数据证明无误"处签章证明；如有不符，请在"数据不符"处列明不符金额。有关询证费用可直接从本公司(筹)存款账户中收取。回函请直接寄至一方会计师事务所。

通信地址：

邮编： 电话： 传真：

截至2005年12月31日止，本公司投资者李明缴入的出资额列示如下：

缴款人	缴入日期	银行账号	币种	金额	款项用途	备注
李明	2005/12/28	1245798	人民币	500万	投资款	
合计						

××公司(筹)

法定代表或委托代理人：(签名并盖章)

(日期)

结论：

1. 数据证明无误　　　　　　　　　　2. 数据不符，请列明不符金额

(银行签章)　　　　　　　　　　　　(银行签章)

(日期)　　　　　　　　　　　　　　(日期)

经办人：　　　　　　　　　　　　　经办人：

3. 实物资产投入的审验

以实物出资的，注册会计师应当观察、检查实物，审验其权属转移情况，并按照国家有关规定在资产评估的基础上审验其价值。如果被审验单位是外商投资企业，注册会计师应当按照国家有关外商投资企业的规定，审验实物出资的价值。

实物出资的具体审验程序包括以下几方面内容：

(1) 检查实物出资清单填列的实物品名、数量、作价、出资日期等内容是否符合协议、章程的规定；

（2）检查实物资产出资是否按国家规定进行资产评估，查阅其评估报告，了解评估目的、评估范围与对象、评估基准日、评估假设等有关限定条件是否满足验资的要求，关注评估报告的特别事项说明和评估基准日至验资报告日期间发生的重大事项是否对验资结论产生影响；检查实物资产作价是否存在显著高估或低估；检查投入实物资产的价值是否经各出资者认可；

（3）观察、检查实物数量并关注其状况，验证其是否与实物出资清单一致；

（4）检查房屋、建筑物的平面图、位置图，验证其名称、坐落地点、建筑结构、竣工时间、已使用年限及作价依据等是否符合协议、章程的规定；

（5）检查机器设备、运输设备、材料等实物的购货发票、货物运输单、保险单等单证，验证其权属及作价依据；

（6）检查实物是否办理交接手续，交接清单是否得到出资者及被审验单位的确认，实物的交付方式、交付时间、交付地点是否符合协议、章程的规定；

（7）检查须办理财产权转移手续的房屋、车辆等出资财产是否已办理财产权转移手续，验证其出资前是否归属出资者，出资后是否归属被审验单位；

（8）检查相关文件确认出资的实物是否设定担保；

（9）核对实物出资清单与注册资本实收情况明细表是否相符。

4. 无形资产投入的审验

以知识产权、土地使用权等无形资产出资的，注册会计师应当审验其权属转移情况，并按照国家有关规定在资产评估的基础上审验其价值。如果被审验单位是外商投资企业，注册会计师应当按照国家有关外商投资企业的规定，审验无形资产出资的价值。

无形资产出资的具体审验程序包括以下几方面内容：

（1）检查知识产权、土地使用权等无形资产出资清单填列的资产名称、有效状况、作价依据等内容是否符合协议、章程的规定；

（2）检查知识产权、土地使用权等无形资产出资是否按国家规定进行资产评估，查阅其评估报告，了解评估目的、评估范围与对象、评估基准日、评估假设等有关限定条件是否满足验资的要求；关注评估报告的特别事项说明和评估基准日至验资报告日发生的重大事项是否对验资结论产生影响；检查无形资产作价是否存在显著高估或低估；检查投入资产的价值是否经各出资者认可；

（3）以专利权出资的，如专利权人为全民所有制单位，检查专利权转让是否经过上级主管部门批准；以商标权出资须经商标主管部门审批的，检查是否经其审查同意；

（4）检查各项知识产权出资是否以其整体作价出资；

（5）检查土地使用权证和平面位置图，并现场察看，以审验土地使用权证载明的有关内容是否真实，土地使用权的作价依据是否合理；

（6）检查知识产权、土地使用权等无形资产是否办理交接手续，交接清单是否得到出资者及被审验单位的确认；

（7）检查须办理财产权转移手续的知识产权、土地使用权等出资财产是否已办理财产权转移手续，验证其出资前是否归属出资者，出资后是否归属被审验单位；

（8）获取相关文件确认出资的知识产权、土地使用权等无形资产是否设定担保；

（9）核对无形资产出资清单与注册资本实收情况明细表是否相符。

12.1.5 验资工作底稿

注册会计师应当对验资过程及结果进行记录,形成验资工作底稿。验资工作底稿一般分为综合类工作底稿、业务类工作底稿和备查类工作底稿。注册会计师应当按照《中国注册会计师审计准则第1131号——审计工作底稿》的要求,编制和归档验资工作底稿。注册会计师可根据实际需要对本指南列示的各种验资工作底稿及有关范式予以取舍、增减,但不应省略形成审验意见的记录和证据。

1. 综合类验资工作底稿

综合类验资工作底稿通常包括下列内容:
(1)被审验单位基本情况表。
(2)验资业务约定书。
(3)总体验资计划。
(4)验资报告。
(5)其他综合类验资工作底稿。

2. 业务类验资工作底稿

对于业务类验资工作底稿,设立验资业务和变更验资业务的内容有所不同。
(1)设立验资业务类工作底稿。其通常包括下列内容:
①货币出资审验程序表;
②货币出资清单;
③银行开户文件、收款凭证、对账单(或具有同等证明效力的文件)及银行询证函回函;
④实物(包括固定资产、存货等)出资审验程序表;
⑤实物出资清单;
⑥实物资产评估报告及对评估报告确认的有关资料;
⑦知识产权、土地使用权等无形资产出资审验程序表;
⑧知识产权、土地使用权等无形资产出资清单;
⑨知识产权、土地使用权等无形资产的评估报告及对评估报告确认的有关资料;
⑩以净资产折合实收资本的审验程序表;
⑪与以净资产折合实收资本相关的资产、负债清单;
⑫出资者及被审验单位签署的实物、知识产权、土地使用权出资及以净资产折合实收资本相关的资产、负债交接清单;
⑬非货币财产的已办理财产权转移手续的证明文件(外商投资企业为非货币财产的财产权转移手续)及注册会计师的审验记录;
⑭与验资业务有关的重大事项声明书;
⑮被审验单位对货币、实物、知识产权、土地使用权出资的会计处理资料及注册会计师的审验记录;
⑯对被审验单位与其关联方往来款项进行审验的工作底稿。

验资过程中获取的货币、实物、知识产权、土地使用权等出资的原始单证或其复印件及注册会计师的审验记录应附于上述相应审验工作底稿之后。

(2) 变更验资业务类工作底稿。其通常包括下列内容：

①以货币、实物、知识产权、土地使用权等出资增加注册资本及实收资本的,注册会计师应当按照设立验资业务类工作底稿的要求执行；

②以资本公积、盈余公积、未分配利润转增注册资本及实收资本的,或因合并、分立、注销股份等减少注册资本的,可选用财务报表审计业务类工作底稿和设立验资业务类工作底稿,同时,还应当编制变更验资审验程序表；

③前期的验资报告；

④出资者与被审验单位对前期的非货币出资已办理财产权转移手续的有关资料及注册会计师的审验记录。

3. 备查类验资工作底稿

对于业务类验资工作底稿,设立验资业务和变更验资业务的内容有所不同。

(1) 设立验资备查类工作底稿。其通常包括下列内容：

①被审验单位的设立申请书以及审批机关的批准文件（需要审批的）；

②被审验单位出资者签署的与出资有关的协议和公司章程；

③出资者的主体资格证明或者自然人身份证明；

④载明公司董事、监事、经理的姓名、住所的文件以及有关委派、选举或者聘用的证明；

⑤被审验单位法定代表人的任职文件和身份证明；

⑥全体出资者（或董事会）指定代表或共同委托代理人的证明和委托文件、代表或代理人的身份证明；

⑦经公司登记机关核准的《企业名称预先核准通知书》；

⑧被审验单位住所和经营场所使用证明；

⑨公司登记机关颁发的准予开业的营业执照；

⑩董事会、股东会、股东大会的决议和会议纪要；

⑪新设合并的公告及债务清偿报告或债务担保证明；

⑫被审验单位签署的注册资本实收情况明细表；

⑬其他备查资料。

(2) 变更验资业务备查类工作底稿。其通常包括下列内容：

①被审验单位法定代表人签署的变更登记申请书；

②合并或分立有关的报纸上的公告、债务清偿报告或债务担保证明；

③与减资有关的报纸上的公告、债务清偿报告或债务担保证明；

④注册资本、实收资本增加或减少前最近一期的财务报表；

⑤董事会、股东会、股东大会增加或减少注册资本及实收资本的决议；

⑥外商投资企业注册资本变更后的批准证书；

⑦注册资本及实收资本变更前的营业执照；

⑧经批准的注册资本及实收资本增加或减少前后的协议、章程；

⑨政府有关部门对被审验单位注册资本及实收资本变更等事宜的批准文件（需要审批的）；

⑩委托承销协议、承销报告、募股清单、证券登记机构出具的有关证明；

⑪招股说明书、配股说明书；

⑫被审验单位签署的注册资本、实收资本变更情况明细表;
⑬其他备查资料。

12.1.6 验资报告

验资报告具有法定证明效力,供被审验单位申请设立登记或变更登记及据以向出资者签发出资证明时使用。《中国注册会计师审计准则第1602号——验资》第二十一条规定,注册会计师应当评价根据审验证据得出的结论,以作为形成审验意见和出具验资报告的基础。

1. 验资报告的基本内容

根据《中国注册会计师审计准则第1602号——验资》的有关规定,验资报告应当包括下列要素:标题;收件人;范围段;意见段;说明段;附件;注册会计师的签名和盖章;会计师事务所的名称、地址及盖章;报告日期。

(1)标题。标题统一规范为"验资报告"。

(2)收件人。验资报告的收件人是指注册会计师按照业务约定书的要求致送验资报告的对象,一般是指验资业务的委托人。验资报告应当载明收件人的全称。对拟设立的公司,收件人通常是公司登记机关预先核准的名称并加"(筹)"。

(3)范围段。验资报告的范围段应当说明审验范围、出资者和被审验单位的责任、注册会计师的责任、审验依据和已实施的主要审验程序等。

审验范围是指注册会计师所验证的被审验单位截至特定日期止的注册资本实收情况或注册资本及实收资本变更情况。

出资者和被审验单位的责任是按照法律法规以及协议、合同、章程的要求出资,提供真实、合法、完整的验资资料,保护资产的安全、完整。

注册会计师的责任是按照本准则的规定,对被审验单位注册资本的实收情况或注册资本及实收资本的变更情况进行审验,出具验资报告。

审验依据是《中国注册会计师审计准则第1602号——验资》。

已实施的主要审验程序通常包括检查记录或文件、检查有形资产、观察、询问、函证、重新计算等。

(4)意见段。验资报告的意见段应当说明已审验的被审验单位注册资本的实收情况或注册资本及实收资本的变更情况。

对于设立验资,注册会计师在意见段中应当说明被审验单位申请登记的注册资本金额、约定的出资时间,并说明截至特定日期止,被审验单位已收到全体出资者缴纳的注册资本情况,包括实收注册资本金额(实收资本)、各种出资方式的出资金额。

对于变更验资,注册会计师仅对本次注册资本及实收资本的变更情况发表审验意见。注册会计师在意见段中应当说明原注册资本及实收资本金额,增资或减资的依据,申请增加或减少注册资本及实收资本金额,约定的增资或减资的时间,变更后的注册资本金额;并说明截至特定日期止被审验单位注册资本及实收资本变更情况,包括实际收到或实际减少的注册资本及实收资本金额,各种出资方式的增资金额或减资方式的减资金额。

(5)说明段。验资报告的说明段应当说明验资报告的用途、使用责任及注册会计师认为应当说明的其他重要事项。对于变更验资,注册会计师还应当在验资报告说明段中说明对以前注册资本实收情况审验的会计师事务所名称及其审验情况,并说明变更后的累计注册资本实收金额。

验资报告具有法定证明效力,供被审验单位申请设立登记或变更登记及据以向出资者签发出资证明时使用。验资报告不应被视为对被审验单位验资报告日后资本保全、偿债能力和持续经营能力等的保证。委托人、被审验单位及其他第三方因使用验资报告不当所造成的后果,与注册会计师及其所在的会计师事务所无关。

注册会计师认为应当说明的其他重要事项包括:注册会计师与被审验单位在注册资本及实收资本的确认方面存在异议。如果在注册资本及实收资本的确认方面与被审验单位存在异议,且无法协商一致,注册会计师应当在验资报告说明段中清晰地反映有关事项及其差异和理由;已设立公司尚未对注册资本的实收情况或注册资本及实收资本的变更情况作出相关会计处理;被审验单位由于严重亏损而导致增资前的净资产小于注册资本及实收资本;验资截止日至验资报告日期间注册会计师发现的影响审验结论的重大事项;注册会计师发现的前期出资不实的情况以及明显的抽逃出资迹象;其他事项。

(6)附件。验资报告的附件应当包括已审验的注册资本实收情况明细表或注册资本、实收资本变更情况明细表和验资事项说明等。

(7)注册会计师的签名和盖章。验资报告应当由注册会计师签名并盖章。

(8)会计师事务所的名称、地址及盖章。验资报告应当载明会计师事务所的名称和地址,并加盖会计师事务所公章。验资报告中的会计师事务所地址通常应注明"中国××市"。

(9)报告日期。验资报告日期是指注册会计师完成审验工作的日期。

2.验资报告的参考格式

验资报告的参考格式(适用于拟设立有限责任公司股东一次全部出资)如下。

验资报告

××有限责任公司(筹):

我们接受委托,审验了贵公司(筹)截至××年×月×日止申请设立登记的注册资本实收情况。按照法律法规以及协议、章程的要求出资,提供真实、合法、完整的验资资料,保护资产的安全、完整是全体股东及贵公司(筹)的责任。我们的责任是对贵公司(筹)注册资本的实收情况发表审验意见。我们的审验是依据《中国注册会计师审计准则第1602号——验资》进行的。在审验过程中,我们结合贵公司(筹)的实际情况,实施了检查等必要的审验程序。

根据协议、章程的规定,贵公司(筹)申请登记的注册资本为人民币××元,由全体股东于××年×月×日之前一次缴足。经我们审验,截至××年×月×日止,贵公司(筹)已收到全体股东缴纳的注册资本(实收资本),合计人民币××元(大写)。各股东以货币出资××元,实物出资××元。

[如果存在需要说明的重大事项增加说明段]

……

本验资报告供贵公司(筹)申请办理设立登记及据以向全体股东签发出资证明时使用,不应被视为是对贵公司(筹)验资报告日后资本保全、偿债能力和持续经营能力等的保证。因使用不当造成的后果,与执行本验资业务的注册会计师及本会计师事务所无关。

附件:1. 注册资本实收情况明细表
　　　2. 验资事项说明

××会计师事务所　　　　　　　　中国注册会计师:×××
（盖章）　　　　　　　　　　　　（主任会计师/副主任会计师）
　　　　　　　　　　　　　　　　（签名并盖章）
　　　　　　　　　　　　　　　　中国注册会计师:×××
　　　　　　　　　　　　　　　　（签名并盖章）

中国××市　　　　　　　　　　　　　　　年　月　日

附件1

注册资本实收情况明细表

截至　年　月　日止

被审验单位名称：　　　　　　　　　　　　　　　　货币单位：

股东名称	认缴注册资本		实际出资情况									
									实收资本		其中:货币出资	
	金额	出资比例	货币	实物	知识产权	土地使用权	其他	合计	金额	占注册资本总额比例	金额	占注册资本总额比例
合计												

附件2

验资事项说明

一、基本情况

××公司（筹）（以下简称贵公司）系由××（以下简称甲方）和××（以下简称乙方）共同出资组建的有限责任公司，于××年×月×日取得××[公司登记机关]核发的××号《企业名称预先核准通知书》，正在申请办理设立登记。（如果该公司在设立登记前须经审批，还需说明审批情况）

二、申请的注册资本及出资规定

根据协议、章程的规定，贵公司申请登记的注册资本为人民币××元，由全体股东于××年×月×日之前一次缴足。其中:甲方认缴人民币××元，占注册资本的x%，出资方式为货币××元，实物（机器设备）××元；乙方认缴人民币××元，占注册资本的x%，出资方式为货币。

三、审验结果

截至××年×月×日止,贵公司已收到甲方、乙方缴纳的注册资本(实收资本)合计人民币××元,实收资本占注册资本的100%。

(一)甲方实际缴纳出资额人民币××元。其中:货币出资××元,于××年×月×日缴存××公司(筹)在××银行开立的人民币临时存款账户××账号内;于××年×月×日投入机器设备××[名称、数量等],评估价值为××元,全体股东确认的价值为××元。

××资产评估有限公司已对甲方出资的机器设备进行了评估,并出具了[文号]资产评估报告。

甲方已与贵公司于××年×月×日就出资的机器设备办理了财产交接手续。

(二)乙方实际缴纳出资额人民币××元。其中:货币出资××元,于××年×月×日缴存××公司(筹)在××银行开立的人民币临时存款账户××账号。

[如果股东的实际出资金额超过其认缴的注册资本金额,应当说明超过部分的处理情况]

(三)全体股东的货币出资金额合计××元,占注册资本总额的×%。

四、其他事项

12.1.7 拒绝出具验资报告并解除业务约定情形

注册会计师在审验过程中,遇有下列情形之一时,应当拒绝出具验资报告并解除业务约定:

(1)被审验单位或出资者不提供真实、合法、完整的验资资料的;

(2)被审验单位或出资者对注册会计师应当实施的审验程序不予合作,甚至阻挠审验的;

(3)被审验单位或其出资者坚持要求注册会计师作不实证明的。

例如,遇有下列情形之一时,注册会计师应当拒绝出具验资报告并解除业务约定:

(1)出资者投入的实物、知识产权、土地使用权等资产的价值难以确定;

(2)被审验单位及其出资者不按国家规定对出资的实物、知识产权、土地使用权等非货币财产进行资产评估或价值鉴定、办理有关财产权转移手续;

(3)被审验单位减少注册资本或合并、分立时,不按国家规定进行公告、债务清偿或提供债务担保;

(4)外汇管理部门在外方出资情况询证函回函中注明附送文件存在虚假、违规等情况;

(5)出资者以法律法规禁止的劳务、信用、自然人姓名、商誉、特许经营权或者设定担保的财产等作价出资;

(6)首次出资额和出资比例不符合国家有关法律法规规定;

(7)全体股东的货币出资比例不符合国家有关法律法规规定。

12.2 其他鉴证业务

12.2.1 其他鉴证业务的目标

其他鉴证业务的保证程度分为合理保证和有限保证。

(1)合理保证的其他鉴证业务的目标是注册会计师将鉴证业务风险降至该业务环境下可接受的低水平,以此作为以积极方式提出结论的基础。例如,注册会计师将内部控制鉴证作为合理保证的其他鉴证业务予以承接。在该业务中,要求注册会计师将鉴证业务风险降至可接受的低水平,对鉴证后的内部控制的有效性提供高水平保证(合理保证),在鉴证报告中以积极方式提出结论。

(2)有限保证的其他鉴证业务的目标是注册会计师将鉴证业务风险降至该业务环境下可接受的水平,以此作为以消极方式提出结论的基础。例如,在预测性财务信息审核业务中,要求注册会计师将鉴证业务风险降至可接受的水平,对鉴证后的管理层采用的假设的合理性提供低于高水平的保证(有限保证),在鉴证报告中以消极方式提出结论。

(3)有限保证的其他鉴证业务的风险水平高于合理保证的其他鉴证业务的风险水平。

12.2.2 其他鉴证业务的要素

(1)三方关系。其他鉴证业务的三方关系为注册会计师、责任方和预期使用者。其中,责任方与预期使用者可能是同一方,也可能不是同一方。

(2)其他鉴证对象。其他鉴证业务目前主要有预测性财务信息审核、内部控制鉴证。

(3)标准。注册会计师应当评估用于评价或计量鉴证对象的标准的适当性,适当的标准应当具备下列所有特征:相关性、完整性、可靠性、中立性、可理解性。

(4)注册会计师应当以职业怀疑态度计划和执行鉴证业务,获取有关鉴证对象信息是否不存在重大错报的充分、适当的证据。

(5)其他鉴证报告。注册会计师应当以书面报告形式提出鉴证结论,鉴证报告应当清晰表述注册会计师对鉴证对象信息提出的结论。其他鉴证业务的鉴证报告可以分为短式报告和长式报告。长式报告除包括基本内容外,还包括对业务约定条款的详细说明、在特定方面发现的问题以及提出的相关建议。

12.2.3 预测性财务信息的审核

1. 预测性财务信息的概念

预测性财务信息,是指被审核单位依据对未来可能发生的事项或采取的行动的假设而编制的财务信息。预测性财务信息可以表现为预测、规划或两者的结合,可能包括财务报表或财务报表的一项或多项要素。在我国,比较常见的预测性财务信息是一些上市公司做出的盈利预测。

在执行预测性财务信息审核业务时,注册会计师应当就下列事项获取充分、适当的证据:管理层编制预测性财务信息所依据的最佳估计假设并非不合理;在依据推测性假设的情况下,推测性假设与信息的编制目的是相适应的;预测性财务信息是在假设的基础上恰当编制的;预测性财务信息已恰当列报,所有重大假设已充分披露,包括说明采用的是推测性假设还是最佳估计假设;预测性财务信息的编制基础与历史财务报表一致,并选用了恰当的会计政策。

管理层负责编制预测性财务信息,包括识别和披露预测性财务信息依据的假设。注册会计师接受委托对预测性财务信息实施审核并出具报告,可增强该信息的可信赖程度。注册会计师不应对预测性财务信息的结果能否实现发表意见。当对管理层采用的假设的合理性发表意见时,注册会计师仅提供有限保证。

2. 预测性财务信息审核的基本流程

(1) 接受业务委托。在承接预测性财务信息审核业务前,注册会计师应当考虑下列因素:

①信息的预定用途;
②信息是广为分发还是有限分发;
③假设的性质,即假设是最佳估计假设还是推测性假设;
④信息中包含的要素;
⑤信息涵盖的期间。

注册会计师应当与委托人就业务约定条款达成一致意见,并签订业务约定书。如果假设明显不切实际,或认为预测性财务信息并不适合预定用途,注册会计师应当拒绝接受委托,或解除业务约定。

(2) 了解被审核单位情况。注册会计师应当充分了解被审核单位情况,以评价管理层是否识别出编制预测性财务信息所要求的全部重要假设。

注册会计师还应当通过考虑下列事项,熟悉被审核单位编制预测性财务信息的过程:

①与编制预测性财务信息相关的内部控制,以及负责编制预测性财务信息人员的专业技能和经验;
②支持管理层作出假设的文件的性质;
③运用统计、数学方法及计算机辅助技术的程度;
④形成和运用假设时使用的方法;
⑤以前期间编制预测性财务信息的准确性,及其与实际情况出现重大差异的原因。

注册会计师应当考虑被审核单位编制预测性财务信息时依赖历史财务信息的程度是否合理。注册会计师应当了解被审核单位的历史财务信息,以评价预测性财务信息与历史财务信息的编制基础是否一致,并为考虑管理层假设提供历史基准。注册会计师应当确定相关历史财务信息是否已经审计或审阅,是否选用了恰当的会计政策。

注册会计师应当考虑预测性财务信息涵盖的期间。随着涵盖期间的延长,假设的主观性将会增加,管理层作出最佳估计假设的能力将会减弱。预测性财务信息涵盖的期间不应超过管理层可作出合理假设的期间。

(3) 确定审核程序。在确定审核程序的性质、时间和范围时,注册会计师应当考虑下列因素:重大错报的可能性;以前期间执行业务所了解的情况;管理层编制预测性财务信息的能力;预测性财务信息受管理层判断影响的程度;基础数据的恰当性和可靠性。

注册会计师应当评估支持管理层作出最佳估计假设的证据的来源和可靠性。注册会计师可以从内部或外部来源获取支持这些假设的充分、适当的证据,包括根据历史财务信息考虑这些假设,以及评价这些假设是否依据被审核单位有能力实现的计划。

当使用推测性假设时,注册会计师应当确定这些假设的所有重要影响是否已得到考虑。对推测性假设,注册会计师不需要获取支持性的证据,但应当确定这些假设与编制预测性财务信息的目的相适应,并且没有理由相信这些假设明显不切合实际。

注册会计师应当通过检查数据计算准确性和内在一致性等,确定预测性财务信息是否依据管理层确定的假设恰当编制。

注册会计师应当关注对变化特别敏感的领域,并考虑该领域影响预测性财务信息的程度。

当接受委托审核预测性财务信息的一项或多项要素时,注册会计师应当考虑该要素与财务信息其他要素之间的关联关系。

当预测性财务信息包括本期部分历史信息时,注册会计师应当考虑对历史信息需要实施的程序的范围。

(4) 评价预测性财务信息的列报。在评价预测性财务信息的列报(包括披露)时,注册会计师除考虑相关法律法规的具体要求外,还应当考虑下列事项:预测性财务信息的列报是否提供有用信息且不会产生误导;预测性财务信息的附注中是否清楚地披露会计政策;预测性财务信息的附注中是否充分披露所依据的假设,是否明确区分最佳估计假设和推测性假设;对于涉及重大且具有高度不确定性的假设,是否已充分披露该不确定性以及由此导致的预测结果的敏感性;预测性财务信息的编制日期是否得以披露,管理层是否确认截至该日期止,编制该预测性财务信息所依据的各项假设仍然适当;当预测性财务信息的结果以区间表示时,是否已清楚说明在该区间内选取若干点的基础,该区间的选择是否不带偏见或不产生误导;从最近历史财务信息披露以来,会计政策是否发生变更,变更的原因及其对预测性财务信息的影响。

(5) 出具审核报告。注册会计师对预测性财务信息出具的审核报告应当包括下列内容:

①标题。标题一般统一规范为"审核报告"。

②收件人。收件人是注册会计师致送审核报告的对象。

③指出所审核的预测性财务信息。

④提及审核预测性财务信息时依据的准则。

⑤说明管理层对预测性财务信息(包括编制该信息所依据的假设)负责。

⑥适当时,提及预测性财务信息的使用目的和分发限制。

⑦以消极方式说明假设是否为预测性财务信息提供合理基础。

⑧对预测性财务信息是否依据假设恰当编制,并按照适用的会计准则和相关会计制度的规定进行列报发表意见。

⑨对预测性财务信息的可实现程度作出适当警示。

⑩注册会计师的签名及盖章。

⑪会计师事务所的名称、地址及盖章。

⑫报告日期。报告日期应为完成审核工作的日期。

注册会计师应当在预测性财务信息的审核报告中说明以下内容:

①根据对支持假设的证据的检查,注册会计师是否注意到任何事项,导致其认为这些假设不能为预测性财务信息提供合理基础。

②对预测性财务信息是否依据这些假设恰当编制,并按照适用的会计准则和相关会计制度的规定进行列报发表意见。

③由于预期事项通常并非如预期那样发生,并且变动可能重大,实际结果可能与预测性财务信息存在差异;同样,当预测性财务信息以区间形式表述时,对实际结果是否处于该区间内不提供任何保证。

④在审核规划的情况下,编制预测性财务信息是为了特定目的。在编制过程中运用了一整套假设,包括有关未来事项和管理层行动的推测性假设,而这些事项和行动预期在未来未必发生。因此,提醒信息使用者注意,预测性财务信息不得用于该特定目的以外的其他目的。

如果认为预测性财务信息的列报不恰当,注册会计师应当对预测性财务信息出具保留或否定意见的审核报告,或解除业务约定。

如果认为一项或者多项重大假设不能为依据最佳估计假设编制的预测性财务信息提供合理基础,或在给定的推测性假设下,一项或者多项重大假设不能为依据推测性假设编制的预测性财务信息提供合理基础,注册会计师应当对预测性财务信息出具否定意见的审核报告,或解除业务约定。

如果审核范围受到限制,导致无法实施必要的审核程序,注册会计师应当解除业务约定,或出具无法表示意见的审核报告,并在报告中说明审核范围受到限制的情况。

(6)预测性财务信息审核报告的基本格式。对预测性财务报表出具无保留意见的审核报告的参考格式如下所示。

审 核 报 告

ABC 股份有限公司:

我们审核了后附的 ABC 股份有限公司(以下简称 ABC 公司)编制的预测(列明预测涵盖的期间和预测的名称)。我们的审核依据是《中国注册会计师其他鉴证业务准则第 3111 号——预测性财务信息的审核》。ABC 公司管理层对该预测及其所依据的各项假设负责。这些假设已在附注×中披露。

根据我们对支持这些假设的证据的审核,我们没有注意到任何事项使我们认为这些假设没有为预测提供合理基础。而且,我们认为,该预测是在这些假设的基础上恰当编制的,并按照××编制基础的规定进行了列报。

由于预期事项通常并非如预期那样发生,并且变动可能重大,实际结果可能与预测性财务信息存在差异。

××会计师事务所	中国注册会计师:×××
	(签名并盖章)
(盖章)	中国注册会计师:×××
	(签名并盖章)
中国××市	二〇×二年×月×日

12.3 非鉴证业务

12.3.1 商定程序业务

1. 商定程序业务的特点

对财务信息执行商定程序的目标,是注册会计师对特定财务数据、单一财务报表或整套财务报表等财务信息执行与特定主体商定的具有审计性质的程序,并就执行的商定程序及其结果出具报告。

(1) 特定主体。特定主体是指委托人和业务约定书中指明的报告致送对象。委托人是委托注册会计师执行商定程序业务并与会计师事务所签订执行商定程序业务约定书的一方,是注册会计师报告的致送对象。例如,为了鉴证贷款人执行贷款协议的情况,银行会要求贷款人聘请注册会计师执照协议去检查协议执行的结果。在通常情况下,贷款人就是委托人,而银行便是业务约定书中指明的报告致送对象。委托人与被执行商定程序的主体可能是同一主体,也可能不是同一主体。

商定程序业务报告的致送对象除了委托人之外,可能还有其他人。比如,企业为满足其债权人的需要,委托注册会计师对该企业的有关财务信息执行商定程序,报告致送对象不仅包括企业,而且还包括企业的多个债权人。需要注意的是,除委托人之外的其他报告致送对象仅指业务约定书中所指明的报告致送对象。

(2) 商定程序业务的特点。可从以下几个方面加以理解:

①注册会计师只有接受委托才能去执行商定程序业务。商定程序业务不是一项注册会计师的法定业务,同时意味着其他主体也可接受委托人的委托执行商定程序业务。

②注册会计师执行的程序是与特定主体协商确定的。注册会计师执行商定程序业务的前提是与有关方(特定主体)协商需要执行哪些程序,以达到某一特定的目的。与审计业务的明显差别是,审计中执行的程序是由注册会计师按照审计准则的要求选择和决定的,为达到审计目的,注册会计师可以使用各种审计程序。商定程序业务则不同,执行哪些程序不由注册会计师自主决定,而是要与特定主体进行协商确定。

③执行商定程序的对象是财务信息。财务信息涉及的范围很广,通常包括特定财务数据、单一财务报表或整套财务报表等。特定财务数据通常包括财务报表特定项目、特定账户或特定账户的特定内容,如银行存款、应付账款、应收账款、分部收入和利润以及财务报表要素等。特定财务数据可能直接出现在财务报表或其附注中,也可能是通过分析、累计、汇总等计算间接得出的,还可能直接取自会计记录。但是,如果注册会计师具备专业胜任能力,且存在合理的判断标准,可参照本准则对非财务信息执行商定程序业务。

④注册会计师就执行的商定程序及其结果出具报告。这也是商定程序业务与审计业务的一个重要区别。审计报告是对财务报表发表审计意见。而商定程序业务报告只报告所执行的商定程序及其发现的事实和结果,并不提出鉴证结论。报告使用者自行对注册会计师执行的商定程序及其结果作出评价,并根据注册会计师的工作得出自己的结论。

⑤商定程序业务报告仅限于参与协商确定程序的特定主体使用,以避免不了解商定程

序的人对报告产生误解。这是因为注册会计师所执行的商定程序是与特定主体协商确定的,而其他人由于不了解为什么要执行这些程序,可能会对注册会计师报告的结果产生误解。

2. 商定的程序运用的恰当性

执行商定程序业务与执行审计业务一样也应编制工作计划。注册会计师可以参照相关审计准则的要求,对工作作出合理安排,以有效执行商定程序。注册会计师执行的商定程序与审计程序基本相同。但需要注意的是,实际执行商定程序业务时,可能仅执行上述程序中的一种或几种或某种程序中的一部分,究竟执行哪些程序取决于注册会计师与特定主体商定的结果。另外,由于商定程序具有灵活性,注册会计师可执行的程序也不一定限于上述5种程序,可能会因特定主体的特殊需要执行上述程序以外的其他程序。

注册会计师只有按照业务约定书的要求,全部完成商定的程序后,才能就执行商定程序的结果出具报告。如果应该执行的程序没有执行或执行得不充分,报告的结果就缺少合理的依据。虽然注册会计师执行商定程序的性质、时间和范围取决于与特定主体商定的结果,但在与特定主体协商时,注册会计师不应同意执行过于主观并可能因此产生多种理解的程序。

证据是支持注册会计师报告的基础。注册会计师只有通过执行商定的程序,获取适当的证据,才能据以得出恰当的工作结果。但是,注册会计师不需要为了获取额外的证据,在委托范围之外执行额外的程序。

必须注意的是,当执行商定程序受到客观条件的限制时,注册会计师应征得特定主体的同意来修改程序。如果得不到特定主体的同意(例如,程序是监管机构规定的,不能修改),注册会计师应在报告中说明执行程序所受到的限制,或者解除业务约定。

3. 商定程序业务报告的基本要求

(1)在报告中详细说明业务目的和执行的商定程序。商定程序业务报告应当详细说明业务的目的和商定的程序,以便使用者了解所执行工作的性质和范围。这要求注册会计师在其报告中具体说明所执行的业务的目的,并详细列示所执行的具体程序。例如,在对应收账款明细表执行商定程序的报告中应说明:"……本业务的目的仅是为了协助贵公司评价Y公司应收账款的正确性。"现将执行的程序及得出的结果报告如下:"……取得Y公司编制的2005年12月31日的应收账款明细表,验算合计数,并与总分类账核对是否相符。"

(2)恰当报告得出的结果。在实施了商定的程序,取得适当的证据后,注册会计师应当以获取的证据为依据,恰当地报告执行程序得出的结果。

①注册会计师应当仅报告对特定财务信息执行商定程序的结果及发现的问题,而不应对该财务信息发表意见或者提供可信性保证。

②注册会计师应当报告其执行程序所发现的一切问题。必须注意的是,执行商定程序业务一般不使用重要性原则,除非与特定主体商定了重要性水平的范围。如果运用了重要性原则,注册会计师应当在报告中说明所商定的重要性水平。

③注册会计师应当避免在报告中使用模棱两可、含糊其辞的词语。

12.3.2 对财务信息执行商定程序

1. 对财务信息执行商定程序的目标

对财务信息执行商定程序的目标,是注册会计师对特定财务数据、单一财务报表或整套财务报表等财务信息执行与特定主体商定的具有审计性质的程序,并就执行的商定程序及其结果出具报告。

注册会计师执行商定程序业务,仅报告执行的商定程序及其结果,并不提出鉴证结论。报告使用者自行对注册会计师执行的商定程序及其结果作出评价,并根据注册会计师的工作得出自己的结论。

商定程序业务报告仅限于参与协商确定程序的特定主体使用,以避免不了解商定程序的人对报告产生误解。

2. 对财务信息执行商定程序的基本流程

(1) 签订业务约定书。注册会计师应当与特定主体进行沟通,确保其已经清楚理解拟执行的商定程序和业务约定条款。

注册会计师应当就下列事项与特定主体沟通,并达成一致意见:

①业务性质,包括说明执行的商定程序并不构成审计或审阅,不提出鉴证结论;
②委托目的;
③拟执行商定程序的财务信息;
④拟执行的具体程序的性质、时间和范围;
⑤预期的报告样本;
⑥报告分发和使用的限制。如果接受委托,注册会计师应当与委托人就双方达成一致的事项签订业务约定书,以避免双方对商定程序业务的理解产生分歧。

(2) 计划、程序与记录。注册会计师应当合理制订工作计划,以有效执行商定程序业务。注册会计师应当执行商定的程序,并将获取的证据作为出具报告的基础。

执行商定程序业务运用的程序通常包括:询问和分析;重新计算、比较和其他核对方法;观察;检查;函证。

注册会计师应当记录支持商定程序业务报告的重大事项,并记录执行商定程序的证据。

(3) 出具商定程序业务报告。商定程序业务报告应当详细说明业务的目的和商定的程序,以便使用者了解所执行工作的性质和范围。

商定程序业务报告应当包括下列内容:

①标题;
②收件人;
③说明执行商定程序的财务信息;
④说明执行的商定程序是与特定主体协商确定的;
⑤说明已按照有关准则的规定和业务约定书的要求执行了商定程序;
⑥当注册会计师不具有独立性时,说明这一事实;
⑦说明执行商定程序的目的;
⑧列出所执行的具体程序;

⑨说明执行商定程序的结果,包括详细说明发现的错误和例外事项;
⑩说明所执行的商定程序并不构成审计或审阅,注册会计师不提出鉴证结论;
⑪说明如果执行商定程序以外的程序,或执行审计或审阅,注册会计师可能得出其他应报告的结果;
⑫说明报告仅限于特定主体使用;
⑬在适用的情况下,说明报告仅与执行商定程序的特定财务数据有关,不得扩展到财务报表整体;
⑭注册会计师的签名及盖章;
⑮会计师事务所的名称、地址及盖章;
⑯报告日期。
对财务信息执行商定程序的报告基本格式如下所示。

对应收账款明细表执行商定程序的报告

XX 股份有限公司:

我们接受委托,对光明公司 2005 年 12 月 31 日的应收账款明细表执行了商定程序。这些程序经贵公司最后决定,其充分性由贵公司负责。我们的工作是依据《中国注册会计师相关服务准则第 4101 号——对财务信息执行商定程序》进行的,目的是协助贵公司评价公司应收账款的真实性。现将执行的程序及发现的事实报告如下:

一、执行的程序

1. 取得天明公司编制的 2005 年 12 月 31 日的应收账款明细表,验算合计数,并与总分类账核对是否相符。

2. 从应收账款明细表中抽取 60 家客户,检查销售发票与主营业务收入明细账是否相符。抽取方法是从第 20 家客户开始,每隔 10 家抽取 1 家。

3. 对应收账款明细表中余额最大的 150 家客户寄发询证函,函证余额占应收账款明细表合计数的比例为 85%。

4. 对未回函的客户,检查销售发票、发运凭证和订货单是否相符。

5. 对回函金额不符的客户,取得天明公司编制的差异调节表,并检查调节项目是否适当。

二、发现的事实

1. 执行第 1 项程序,我们发现应收账款明细表合计数正确,并与总分类账核对相符。

2. 执行第 2 项程序,我们发现销售发票与主营业务收入明细账相符,抽取余额占应收账款明细表合计数的 10%。

3. 执行第 3 项程序,我们收到 133 家客户的回函,其余 17 家客户未回函。

4. 执行第 4 项程序,我们发现未回函的 17 家客户的销售发票、发运凭证和订货单相符。

5. 执行第 5 项程序,我们发现回函金额不符的差异通过差异调节表调节消失。

由于我们并非按照审计准则(或审阅准则)进行审计(或审阅)业务,因此不对上述应收账款明细表发表鉴证意见。如果我们执行额外程序或按照审计准则(或者审阅准则)进行审计(或审阅),可能会发现其他应向贵公司报告的事实。

本报告仅供贵公司用于第一段所述目的,不应用于其他用途或分发给其他人士。本报告仅与前述特定项目有关,不应将之扩大到天明公司会计报表整体。

一方会计师事务所(公章)　　　　　　　中国注册会计师　刘平　(签名并盖章)
中国北京市　　　　　　　　　　　　　　2006年2月9日

12.3.3　代编财务信息

1. 代编财务信息业务的目标

代编财务信息业务的目标是注册会计师运用会计(而非审计)的专业知识和技能,代客户编制一套完整或非完整的财务报表,或代为收集、分类和汇总其他财务信息。

注册会计师执行代编业务使用的程序并不旨在、也不能对财务信息提出任何鉴证结论。

2. 代编财务信息业务的基本流程

(1)签订业务约定书。注册会计师应当在代编业务开始前,与客户就代编业务约定条款达成一致意见,并签订业务约定书,以避免双方对代编业务的理解产生分歧。

业务约定书应当包括下列主要事项:

①业务的性质,包括说明拟执行的业务既非审计也非审阅,注册会计师不对代编的财务信息提出任何鉴证结论;

②说明不能依赖代编业务揭露可能存在的错误、舞弊以及违反法规行为;

③客户提供的信息的性质;

④说明客户管理层应当对提供给注册会计师的信息的真实性和完整性负责,以保证代编财务信息的真实性和完整性;

⑤说明代编财务信息的编制基础,并说明将在代编财务信息和出具的代编业务报告中对该编制基础以及任何重大背离予以披露;

⑥代编财务信息的预期用途和分发范围;

⑦如果注册会计师的姓名与代编的财务信息相联系,说明注册会计师出具的代编业务报告的格式;

⑧业务收费;

⑨违约责任;

⑩解决争议的方法;

⑪签约双方法定代表人或其授权代表的签字盖章,以及签约双方加盖的公章。

(2)计划、程序与记录。注册会计师应当制定代编业务计划,以有效执行代编业务。

注册会计师应当了解客户的业务和经营情况,熟悉其所处行业的会计政策和惯例,以及与具体情况相适应的财务信息的形式和内容。

注册会计师应当了解客户业务交易的性质、会计记录的形式和财务信息的编制基础。

注册会计师通常利用以前经验、查阅文件记录或询问客户的相关人员,获取对这些事项的了解。

如果注意到管理层提供的信息不正确、不完整或在其他方面不令人满意,注册会计师应当要求管理层提供补充信息,并考虑执行下列程序:询问管理层,以评价所提供信息的可靠性和完整性;评价内部控制;验证任何事项;验证任何解释。

如果管理层拒绝提供补充信息,注册会计师应当解除该项业务约定,并告知客户解除业务约定的原因。

注册会计师应当阅读代编的财务信息,并考虑形式是否恰当,是否不存在明显的重大错报。

如果注意到存在重大错报,注册会计师应当尽可能与客户就如何恰当地更正错报达成一致意见。如果重大错报仍未得到更正,并且认为财务信息存在误导,注册会计师应当解除该项业务约定。

注册会计师应当从管理层获取其承担恰当编制财务信息和批准财务信息的责任的书面声明。该声明还应当包括管理层对会计数据的真实性和完整性负责,以及已向注册会计师完整提供所有重要且相关的信息。

注册会计师应当记录重大事项,以证明其已按照有关准则的规定和业务约定书的要求执行代编业务。

(3)代编业务报告。代编业务报告应当包括下列内容:
①标题;
②收件人;
③说明注册会计师已按照本准则的规定执行代编业务;
④当注册会计师不具有独立性时,说明这一事实;
⑤指出财务信息是在管理层提供信息的基础上代编的,并说明代编财务信息的名称、日期或涵盖的期间;
⑥说明管理层对注册会计师代编的财务信息负责;
⑦说明执行的业务既非审计,也非审阅,因此不对代编的财务信息提出鉴证结论;
⑧必要时,应当增加一个段落,提醒注意代编财务信息对采用的编制基础的重大背离;
⑨注册会计师的签名及盖章;
⑩会计师事务所的名称、地址及盖章;
⑪报告日期。

代编财务报表业务报告的基本格式如下所示。

代编财务报表业务报告

(收件人名称):

在 ABC 公司管理层提供信息的基础上,我们按照《中国注册会计师相关服务准则第 4111 号——代编财务信息》的规定,代编了 ABC 公司 20×1 年 12 月 31 日的资产负债表,20×1 年度的利润表、股东权益变动表和现金流量表以及财务报表附注。管理层对这些财务报表负责。我们未对这些财务报表进行审计或审阅,因此不对其提出鉴证结论。

××会计师事务所　　　　　　　　　　中国注册会计师:×××
　(盖章)　　　　　　　　　　　　　　　(签名并盖章)
中国××市　　　　　　　　　　　　　　二○××年×月×日

复习思考题

1. 验资报告与审计报告的区别表现在哪些方面?
2. 货币资金审验的主要内容有哪些?
3. 实物资产审验的主要内容有哪些?
4. 无形资产审验的主要内容有哪些?
5. 鉴证业务与其他鉴证业务有哪些区别?

练习题

一、单项选择题

1. 验资从性质上看,是注册会计师的一项(　　)。
   A. 法定审计业务　　B. 法定会计咨询业务　　C. 服务业务　　D. 非法定业务
2. 验资报告的日期是注册会计师(　　)的日期。
   A. 完成审验工作　　B. 写出检验报告　　C. 报送检验报告　　D. 同客户签订约定书
3. 当注册会计师与被审计单位在实收资本及相关的资产、负债的确认方面存在异议,且无法协商一致时,注册会计师应当(　　)。
   A. 出具保留意义的验资报告
   B. 出具拒绝表示意见的验资报告
   C. 在验资报告意见段之后增列说明段,说明理由
   D. 在验资报告意见段之前增列说明段,说明理由
4. 如果投资者以货币资金出资,注册会计师应以(　　)作为验资依据。
   A. 被审验单位开户银行出具的收款凭证和银行存款余额调节表
   B. 被审验单位开户银行出具的收款凭证和银行对账单
   C. 被审验单位银行存款收款凭证和银行对账单
   D. 被审验单位银行存款收款凭证和银行转账凭证
5. 下列业务中,(　　)属于其他鉴证业务。
   A. 财务报表审计　　B. 验资　　C. 历史财务信息审阅　　D. 内部控制审核

二、案例分析题

【资料】经有关部门批准,大正有限责任公司由 A 公司和 B 公司共同出资组建。根据协议、合同和章程的规定,大正公司的注册资本为 4 000 万元,出资双方须于 2006 年 5 月 31 日前缴足。其中,A 公司应出资 2 800 万元,包括货币出资 2 000 万元,房屋建筑物出资 800 万元;B 公司应出资 1 200 万元,包括货币出资 800 万元和专利权出资 400 万元。A、B 公司已办理好出资手续,货币出资部分已存入指定银行账户,房屋建筑物和专利权出资部分已办理产权转移手续。假定亿方会计师事务所接受委托,于 2006 年 6 月 1 日进驻公司进行验资,6 月 8 日完成外勤验资工作,6 月 11 日向公司提交了验资报告。

【要求】根据上述资料,编制验资报告。

参 考 答 案

第1章
一、1. A 2. C 3. A 4. B 5. D
二、1. ACD 2. AB 3. ABD 4. ABC 5. BCD
三、1. √ 2. × 3. × 4. √ 5. √

第2章
一、1. C 2. C 3. B 4. B
二、1. × 2. × 3. × 4. × 5. √ 6. × 7. ×

第3章
一、1. C 2. C 3. C 4. B
二、1. ACD 2. BD 3. ABCD 4. ABCD

第4章
一、1. B 2. D 3. B
二、1. ABCD 2. AD 3. ABCD 4. AC
三、1. √ 2. × 3. √

第5章
一、1. C 2. C 3. A 4. B 5. D

第6章
一、1. A 2. A 3. A 4. A 5. B 6. C 7. C 8. B 9. C
二、1. AC 2. ABD 3. AB 4. ABCD

第7章
二、1. C 2. C 3. B 4. C 5. B 6. D 7. B
三、1. ABCD 2. AD 3. AD 4. ABC

第8章
一、1. C 2. C 3. B 4. C 5. A
二、1. AB 2. ABCD 3. ABC 4. ABD 5. ABCD
三、1. × 2. × 3. √ 4. √ 5. √ 6. √

第9章
二、1. A 2. C 3. B 4. D 5. C 6. D 7. D 8. C 9. B 10. C
三、1. (1) 1 048,2 236,2 413,3 757,2 801;(2) 3 997,690,1 434,3 685,153
    2. 600×(22÷24)=550 答:550万元

第10章
一、1. B 2. C 3. B 4. A 5. C 6. A 7. B 8. D 9. A 10. B
二、1. ABC 2. ABCD 3. BD 4. ABCD 5. ABCD
三、1. √ 2. × 3. × 4. √ 5. √

第11章
一、1. A 2. C 3. B 4. D
二、1. BD 2. ABCD 3. BC 4. BCD 5. ABCD
三、1. √ 2. × 3. × 4. √ 5. √ 6. × 7. × 8. √ 9. ×

第12章
一、1. A 2. A 3. C 4. B 5. D

参 考 文 献

[1] 刘云,张传明.我国西汉时期的财政上计制度[J].财会月刊,2002(8):42-43.
[2] 财政部注册会计师考试委员会办公室.2003年度注册会计师全国统一考试指定辅导教材——审计[M].北京:中国财政经济出版社,2003.
[3] 财政部注册会计师考试委员会办公室.2006年度注册会计师全国统一考试指定辅导教材——审计[M].北京:中国财政经济出版社,2006.
[4] 中国注册会计师协会.2012年度注册会计师全国统一考试辅导教材——审计[M].北京:经济科学出版社,2012.
[5] 娄尔行.审计学概论[M].上海:上海人民出版社,1987.
[6] 中华人民共和国审计署.中国审计规范[M].北京:中国审计出版社,1997.
[7] 白春奎,韩志方.审计学[M].大连:东北财经大学出版社,1992.
[8] 余玉苗.审计学[M].北京:清华大学出版社,2004.
[9] 崔洪涛,易仁萍,侯玉珍,等.内部审计理论与实务[M].北京:中国审计出版社,1992.
[10] 刘建英.审计学[M].长沙:中南大学出版社,2004.
[11] 奚淑琴,吴晓根.审计学[M].北京:经济科学出版社,2004.
[12] 李若山,刘大贤.审计学——案例与教学[M].北京:经济科学出版社,2000.
[13] 刘三昌,杨智杰,杨昌红,等.企业内部审计技术[M].北京:中国财政经济出版社,2004.
[14] 黄世忠.会计数字游戏——美国十大财务舞弊案例剖析[M].北京:中国财政经济出版社,2003.
[15] 马贤明,郑朝晖.点睛财务舞弊——上海国家会计学院财务舞弊研究中心2005年度报告[M].大连:大连出版社,2006.
[16] 秦荣生,卢春泉.审计学[M].4版.北京:中国人民大学出版社,2003.
[17] 赵保卿.内部控制设计与运行[M].北京:经济科学出版社,2005.
[18] 杨有红.企业内部会计控制系统[M].北京:中国人民大学出版社,2004.
[19] 陈少华.防范企业会计信息舞弊的综合对策研究[M].北京:中国财政经济出版社,2003.
[20] 于小镭,徐兴恩.新企业会计准则实务指南与讲解[M].北京:机械工业出版社,2007.
[21] 高雅青,李三喜.上市公司审计案例分析[M].北京:中国时代经济出版社,2003.
[22] 林柄沧.如何避免审计失败[M].北京:中国时代经济出版社,2003.
[23] 刘大贤.审计学[M].4版.北京:首都经济贸易大学出版社,2004.
[24] 李相志.审计学[M].北京:对外经济贸易大学出版社,2001.
[25] ALBRECHT W S.舞弊检查[M].李爽,吴溪,等译.北京:中国财政经济出版社,2005.
[26] 中国注册会计师协会.2006企业会计准则、中国注册会计师执业准则[M].北京:中国时代经济出版社,2006.
[27] 中国注册会计师协会.中国注册会计师执业准则指南[M].北京:中国时代经济出版社,2006.
[28] 中国注册会计师协会.中国注册会计师执业准则(2010)[M].北京:中国财政经济出版社,2010.
[29] 中国注册会计师协会.中国注册会计师执业准则应用指南2010[M].北京:中国财政经济出版社,2010.
[30] 陈汉文.审计[M].2版.厦门:厦门大学出版社,2006.
[31] 王英姿.审计学[M].上海:复旦大学出版社,2007.

[32] 王英姿.审计学原理与实务[M].上海:上海财经大学出版社,2012.
[33] 徐筱凤,李寿喜.现代审计学[M].上海:复旦大学出版社,2005.
[34] 叶陈刚,李相志.审计理论与实务[M].北京:中信出版社,2005.
[35] 刘华,李小敏.现代审计学[M].上海:立信会计出版社,2005.
[36] 刘学华.审计学[M].上海:立信会计出版社,2005.
[37] 刘明辉.审计[M].大连:东北财经大学出版社,2004.
[38] 张继勋.审计学[M].天津:南开大学出版社,2003.
[39] 马春静,高俊莲,林丽.新编审计原理与实务[M].大连:大连理工大学出版社,2009.
[40] 邓川.审计[M].2版.大连:东北财经大学出版社,2011.